传媒艺术学书系 Media Arts Study Series

传媒艺术经典导读

胡智锋　主编
杨　杰　刘　俊　执行主编

A Guide to Classics of Media Arts Study

北京师范大学出版集团
BEIJING NORMAL UNIVERSITY PUBLISHING GROUP
北京师范大学出版社

总　序

胡智锋

一

“传媒艺术学”作为一个学科名称正式推出，并开始招收硕士和博士研究生，始于2011年。传媒艺术是指自摄影术诞生以来，借助工业革命之后的科技进步、大众传媒发展和现代社会环境变化，在艺术创作、传播与接受中具有鲜明的科技性、媒介性和大众参与性的艺术形式与族群。传媒艺术主要包括摄影艺术、电影艺术、广播电视艺术、新媒体艺术等艺术形式，同时也包括一些经现代传媒改造了的传统艺术形式。

这一学科名称及建构的来源，至少有三个：第一，戏剧与影视学中的广播电视艺术学、电影学、数字媒体艺术/新媒体艺术研究；第二，艺术学理论；第三，国际上已有或正在展开的相关研究和学科，如传播艺术(Communication Arts)、传媒艺术(Media Arts)、数字艺术(Digital Arts)等。

或许有人会提出这样的质疑：既然已经有上述众多学科，为什么还要再造出一个新的学科名称呢？难道只是为了另辟蹊径地做一个新的概念表达？假如只是为了这样的目的，这门学科的建构真是意义不大。

之所以要坚持建构这门学科，是因为在我看来，这绝不仅仅是一个名词或表达方式的变化，而是因应着相关学科的发展逻辑，因应着其所对应的行业领域，因应着国家乃至全球的发展需求，做出的审慎判断与选择。

首先，从学科发展的需求来看这一问题。

传媒艺术学所属的艺术学自2011年起正式独立为学科门类，在“艺术学升门”之后下辖的5个新的一级学科中，艺术学理论主体上延续了过去多年所积淀的传统艺术学体系；而戏剧与影视学主体上依然是各二级学科的简单整合。也就是说，戏剧与影视学下属的戏剧戏曲学、电影学、广播电视艺术学，以及相关联的没有明确列入的数字媒体艺术等分支，依然是各自为政、相对独立的状态。

因此，一个突出的问题摆在我们面前，就是一般艺术学理论因其依托于传统艺术品种类型而形成的理论话语体系，常常无暇顾及电影电视，特别是新兴媒体艺术所呈现出的具有差异性、独特性的景观与状态，甚至经常做出相反的判断。而电影艺术、广播电视艺术、新兴媒体艺术等研究和学科，则更多地寻求对各自特色化的规律与规则的阐释，而较少甚至疏离于抽离出一般艺术规律的学理法则。

简言之，一般艺术学理论较少甚至难以解读相对新起的艺术品种与类型，而单门的艺术品种研究偏于形而下的经验阐释，又很难形成规律性的、一般性的理论话语。同属艺术门类，却“话不投机”；显然需要在这二者之间找到一种可以贯通的渠道，这不仅是在满足学科之间对话的需求，更是在回应学科规律、规则发展共同性的需求。

但建构一个可以贯通的学科并非易事。我们在全球视野中，发现和比照了相关联的若干研究，认为“Media Arts”，也就是“传媒艺术”，或许是可以贯通的学科表达方式。我们以此再比照国内的研究，基于过去已有的学科类分，尤其是电影学、广播电视艺术学及数字媒体艺术/新媒体艺术研究等切分的经验，并对这些相关联的学科的共性，如科技性、媒介性、大众参与性等集中的、共同的特质做了探析，认为“传媒艺术学”的表述或许最具概括性。

当我们回到艺术学理论，仔细体味已有的框架与话语，无疑主体上依托于文学、音乐、舞蹈、建筑、绘画、雕塑、戏剧等传统艺术品类，对于工业革命以来伴随着机械、电子、数字等科技性元素的介入而形成的摄影、电影、广播电视、数字新媒体艺术等全新的艺术品类，较少触碰。

重要的还在于，如果说文学、音乐、舞蹈等传统艺术品类可以支撑起一个独立的艺术体系，那么，后面所说的这一族群，则显而易见具备了迥异于前一艺术族群的某些现代性特征。如何对这两个族群做概括性的界分，使其既体现差异，又体现共性？我们认为以“传统艺术”和“传媒艺术”对这两个族群做概括表述，较为妥帖。

因此，我们最终确定以“传媒艺术学”来概括对自工业革命以来，具有科技性、媒介性、大众参与性等突出表征的摄影、电影、广播电视、新媒体艺术等新艺术形态进行的总体性研究。

这门学科的确立与建构，不论是基于对国际传媒艺术学发展的回应，还是基于对已有的单门艺术品类发展和思考的需求，或是基于与传统艺术及其研究的比照，都具有多方面的意义和价值。相较于单一的艺术品类研究，传媒艺术学无疑更具有理论性、概括性；相较于一般艺术学理论，传媒艺术学则更具有鲜明的时代性、针对性。

因此，传媒艺术学的建构可以为已有的单一艺术门类研究找到更为开阔的延展空间，同时也为一般艺术学理论找到增容扩幅的巨大空间，不论是从贯通还是从丰富与拓展的意义上看，其作用都是显而易见的。

其次，从学术发展的需求来看这一问题。

尽管以电影、广播电视、新媒体等为对象和标识的学术研究，取得了相当丰富的学术成果，艺术学理论也高屋建瓴地推出了若干相当厚重的各类著述，但我们不得不面对一个令人忧虑的学术研究状态——

一方面，那些电影、广播电视、新媒体研究等单门艺术样态研究常常因为领域“过窄”，而较难获得学界普遍的接受和认同，甚至处于一种“前学术”状态，或者被视为所研究对象的“说明书式”的附庸，而难以获得较大的学术认同。

另一方面，艺术学理论由于承接了传统的文学理论和艺术理论，而具有较为深厚的历史性积累与沉淀，尽管与文、史、哲等其他相关学科比照，或许难免会受到一些微词，但与前述单一的艺术门类研究相比，其学术理论价值无疑“高大上”得多了。不过，即便如此，在单一艺术门类的学术研究看来，一般艺术理论由于“过宽”、过于“高大上”、过于讲求学理而被视为一种较少接地气的“玄学”。尤其是一般艺术学理论基于传统艺术的话语建构，对于这些新兴的传媒艺术家族成员来说，常常是不解渴的，甚至是失之毫厘差之千里，研究与实践完全相反的情形也并不鲜见。

这种情形无疑会造成在大艺术门类下，艺术学研究“过窄”或者“过泛”的偏执倾向，同样需要找到中介性的学术领域，将偏于经验性的门类艺术研究和偏于学理性的一般性艺术理论研究打通。

换言之，我们对介于“过窄”和“过泛”二者之间的艺术学研究的巨大中间地段的寻找，不仅仅是为了学术命名，也是一次寻找经验与学理、微观与宏观、个别与整体能够互动、对话空间的努力。尤其是对于动态性的、正在发生的、综合性的复杂地段，做出既不乏经验性，又不乏理论性的研究，我想这也是我们某种学术旨趣的追求。传媒艺术学恰恰是满足这样的学术需求倾向的中间地段。

因此，发展传媒艺术研究，对于勾连乃至提升相关单门艺术研究和一般性艺术学研究的理论视域，无疑都将产生重要的积极影响，能够打开全新的天地。

再次，从行业发展的需求来看这一问题。

传媒艺术关联的行业，既包含各类艺术品种，也包含各种传媒品种。艺术与传媒的发展，从大的脉络来看，一百多年来，逐渐呈现出现代性、日常性、融合性的特征：对于创新、独特而打破传统古典秩序规则的“现代性”的追求，对于介质、内容、方式日益世俗化、生活化的“日常性”的追求，对于不同媒介、不同元素跨界的“融合性”的追求。这些成为艺术与传媒发展的总体特征，尤其集中体现在艺术跨界与媒介融合之中。

正是这种跨界融合的艺术与传媒行业的发展现实，让传统的艺术与传媒的创作、传播、接受等各个层面都发生了颠覆性、革命性的变革。这些变革一方面基于艺术表达所依托的材料、媒介本身的迭代，另一方面也基于人们生活方式和审美情趣的变化。

正因此，传统的对于艺术与传媒的认知、判断与解读，已很难适应跨界融合的艺术与传媒发展需要，这呼唤着与这种跨界融合的行业发展需求相适应的新的认知、判断与解读。以融合性、综合性为特征的传媒艺术学的建构，无疑对满足这样的行业需求是大有裨益的。

最后，从文化发展的需求来看这一问题。

传媒艺术所关联的学科、学术与行业，最终都离不开特定文化的支撑。文化的核心是价值体系，而对特定文化价值的判断，离不开文化主体性的自觉，文化主体性的自觉又无法脱离特定时代人类文化普遍性、共同性的基础。

简言之，文化发展的追求是文化主体性的追求，而这种文化主体性又体现为人类文化的普遍性、民族文化的传承性，以及学科、学术、行业自身的创新性。

基于这几点认知，我们认为，一方面，传媒艺术学的建构是与全球视野中普遍存在的传媒艺术研究的潮流和趋势相吻合的，它既对本领域的学术研究具有重要的丰富和开拓价值，又对行业的发展有积极的正向推动作用；另一方面，传媒艺术学的建构充分考虑到中华文化、民族文化主体的传承性需求，基于中国艺术与传媒发展自身的历史经验进行了充分的概括与提炼。因此，传媒艺术学的提出与建构，正是我们文化主体性自觉认知的一种体现。

二

自2011年以来，我们依托传媒艺术与文化研究中心，一方面，招收了多届传媒艺术学的硕士生和博士生，并逐渐形成了学术背景和知识结构较为合理的科研团队和导师团队；另一方面，举办了多届以学术名家讲座为主的“传媒艺术前沿讲座”和以学生前沿话题探讨为主的“传媒艺术工作坊”，形成了初步的传媒艺术学的一些框架和成果。

本丛书就是基于这些年我们对于传媒艺术学的学术思考、人才培养和若干相关活动的经验所做出的判断。这套书系沿着理论和实务两个序列展开，先期主要集中在传承性的典籍、创新性的概论的推出，之后逐步汇成有传媒艺术特质的话语体系。

传媒艺术学的建构，并不是孤立的，我把它看作当代中国学科发展、学术发展、艺术与传媒行业发展，特别是文化发展的一个必然结果。在这些问题上，一方面，我们尊重科学性、传承性，也就是说要有严谨的概念、规范的表述、合理的逻辑及同行的公认等，特别是必须对研究对象的发展规律进行相对客观的揭示；另一方面，对于人文社科的学科发展，特别是艺术类学科的发展来说，其人文性、创新性在某种意义上讲同样重要。同时，体现人类文化共同性、民族文化独特性的价值观及相关的话语体系，同样是彰显我们学科主体性、学术主体性、文化主体性的重要的理念与路径。

总之，传媒艺术学的建构就是秉持上述理念，一方面，我们依托艺术与传媒发展的行业需求；另一方面，我们审慎地研判艺术学科和学术发展的问题和短板，以建设性和创新性的追求，力图为学科和学术的发展打开新的空间与路径。

当然，由于对象本身的复杂性，乃至不确定性，我们的理论建构无论是从核心概念、话语方式、内在逻辑关系，还是我们对于研究对象的判断，以及对相关联的学术典籍的选择和解读，都会因为视野和能力的有限，还不能达到理想的状态和水准。不管怎样，初生牛犊不畏虎，我们以初生牛犊的状态先抛出几本小书，在建构的同时更期待同行同人能够予以关注、批评和指教，一起推动学科与学术的发展与繁荣。

（作者系教育部“长江学者”特聘教授，中国高校影视学会会长，北京电影学院党委副书记、副校长、教授、博士生导师）

目　录

柏拉图文艺对话集·大希庇阿斯篇——论美

一、著作信息

作者：柏拉图，古希腊哲学家，西方最伟大的思想家和哲学家之一。

译者：朱光潜，中国美学家，别名孟实。安徽桐城人。1925年起先后赴英国、法国研习哲学、心理学和艺术史，获博士学位。1933年回国。历任四川大学、武汉大学、北京大学教授，全国美学学会会长，中国科学院哲学社会科学部委员等职。早年接受克罗齐、里普斯的美在直觉说、移情说。主要著作有《悲剧心理学》《文艺心理学》《西方美学史》《谈美》等；主要译著有柏拉图《文艺对话集》、黑格尔《美学》、莱辛《拉奥孔》、克罗齐《美学原理》、维科《新科学》等。

版本：商务印书馆2013年版。

二、著作摘录

苏 只要老天允许，你朗诵大作时，我一定来听。不过谈到文章问题，你提醒了我须先要向你请教的一点。近来在一个讨论会里，我指责某些东西丑，赞扬某些东西美，被和我对话的人问得无辞以对。他带一点讥讽的口吻问我："苏格拉底，你怎样才知道什么是美，什么是丑，你能替美下一个定义么？"我由于愚笨，不能给他一个圆满的答复。会谈之后，我自怨自责，决定了以后如果碰见你们中间一个有才能的人，必得请教他，把这问题彻底弄清楚，然后再去找我的论敌，再和他作一番论战。今天你来得正好，就请你把什么是美给我解释明白，希望你回答我的问题时要尽量精确，免得我再输一次，让我丢脸。你对于这个问题一定知道非常透彻，它在你所精通的学问中不过是一个小枝节。

希 苏格拉底，这问题小得很，小得不足道，我敢说。

苏 愈小我就愈易学习，以后对付一个论敌，也就愈有把握了。

希 对付一切的论敌都行，苏格拉底，否则我的学问就很平庸浅薄了。

苏 你的话真叫我开心，希庇阿斯，好像我的论敌没有打就输了。我想设身处在我的论敌的地位，你回答，我站在他的地位反驳，这样我可以学你应战，你看这个办法没有什么不方便吧？我有一个老习惯，爱提出反驳。如果你不觉得有什么不方便，我想自己来和你对辩，这样办，可以对问题了解更清楚些。

希 你就来对辩吧。那都是一样，我再告诉你，这问题简单得很；比这难得多的问题，我都可以教你怎样应战，教你可以把一切反驳者都不放在眼里。

苏 哈，老天，你的话真开心！你既然答应了，我就尽我的能力扮演我的论敌，向你提问题。你如果向这位论敌朗诵你刚才告诉我的那篇讨论优美的事业的文章，他听你诵完之后，一定要依他的习惯，先盘问你美本身究竟是什么，他会这样说："厄利斯的客人，有正义的人之所以是有正义的，是不是由于正义？"[①]希庇阿斯，现在就请你回答吧，假想盘问你的是那位论敌。

希 我回答，那是由于正义。

苏 那么，正义是一个真实的东西？

希 当然。

苏 有学问的人之所以有学问，是由于学问；一切善的东西之所以善，是由于善？

希 那是很明显的。

苏 学问和善这些东西都是真实的，否则它们就不能发生效果，是不是？

希 它们都是真实的，毫无疑问。

苏 美的东西之所以美，是否也由于美？

希 是的，由于美。

苏 美也是一个真实的东西？

希 很真实，这有什么难题？

苏 我们的论敌现在就要问了："客人，请告诉我什么是美？"

希 我想他问的意思是：什么东西是美的？

苏 我想不是这个意思，希庇阿斯，他要问美是什么。

希 这两个问题有什么分别呢？

苏 你看不出吗？

希 我看不出一点分别。

苏 我想你对这分别知道很多，只是你不肯说。不管怎样，他问的不是：什么东西是美的？而是：什么是美？请你想一想。

希 我懂了，我来告诉他什么是美，叫他无法反驳。什么是美，你记清楚，苏格拉底，美就是一位漂亮小姐。

苏 狗呀[②]，回答的美妙！如果我对我的论敌这样回答，要针对他所提的问题做正确的回答，不怕遭到反驳吗？

希 你怎么会遭到反驳，如果你的意见就是一般人的意见，你的听众都认为你说的有理？

苏 姑且承认听众这样说。但是请准许我，希庇阿斯，把你刚才说的那句话作为我说的，我的论敌要这样问我："苏格拉底，请答复这个问题：如果你说凡是美的那些东西真正是美，是否有一个美本身存在，才叫那些东西美呢？"我就要回答他说，

---

① 有了"正义"这么一个品质，个别的人得到这个品质，才成其为有"正义"的。正义是共相，个别的人有正义是殊相。（编者注：本书"著作摘录"部分的注释为原书注释，全书同。）

② 希腊人发誓，为避免用宙斯大神的名字，用寻常动物来代替。

一个漂亮的年轻小姐的美，就是使一切东西成其为美的。你以为何如？

希 你以为他敢否认你所说的那年轻小姐美吗？如果他敢否认，他不成为笑柄吗？

苏 他当然敢，我的学问渊博的朋友，我对这一点很有把握。至于说他会成为笑柄，那要看讨论的结果如何。他会怎样说，我倒不妨告诉你。

希 说吧。

苏 他会这样向我说："你真妙，苏格拉底，但是一匹漂亮的母马不也可以是美的，既然神在一个预言里都称赞过它？"你看怎样回答，希庇阿斯？一匹母马是美的时候，能不承认它有美吗？怎样能说美的东西没有美呢？

希 你说的对，苏格拉底，神说母马很美，是很有道理的。我们的厄利斯就有很多的漂亮的母马①。

苏 好，他会说，"一个美的竖琴有没有美？"你看我们该不该承认，希庇阿斯？

希 该承认。

苏 他还会一直问下去，我知道他的脾气，所以敢这样肯定。他要问："亲爱的朋友，一个美的汤罐怎样？它不是一个美的东西吗？"

希 这太不像话了，苏格拉底，这位论敌是什么样一个人，敢在正经的谈话里提起这些不三不四的东西？他一定是一个粗俗汉！

苏 他就是这样的人，希庇阿斯；没有受过好教育，粗鄙得很，除掉真理，什么也不关心。可是还得回答他的问题。我的临时的愚见是这样，假定是一个好陶工制造的汤罐，打磨得很光，做得很圆，烧得很透，像有两个耳柄的装二十公升的那种②，它们确是很美的；我回答他说，假如他所指的是这种汤罐，那就要承认它是美的。怎样能不承认美的东西有美呢？

希 不可能否认，苏格拉底。

苏 他会说："那么，依你看，一个美的汤罐也有美了？"

希 我的看法是这样：像这种东西若是做得好，当然也有它的美，不过这种美总不能比一匹母马，一位年轻小姐或是其他真正美的东西的美。

苏 就让你这么说吧，希庇阿斯，如果我懂得不错，我该这样回答他："朋友，赫剌克立特③说过，最美的猴子比起人来还是丑，你没有明白这句话的真理，而且你也忘记，依学问渊博的希庇阿斯的看法，最美的汤罐比起年轻小姐来还是丑。"你看是不是应该这样回答？

希 一点不错，苏格拉底，答得顶好。

苏 他一定这样反驳："苏格拉底，请问你，年轻小姐比起神仙，不也像汤罐比起年轻小姐吗？比起神，最美的年轻小姐不也就显得丑吗？你提起赫剌克立特，他不也说过，在学问方面，在美方面，在一切方面，人类中学问最渊博的比起神来，不过是一个猴子吗？"我们该不该承认，最美的年轻小姐比起女神也还是丑呢？

希 这是无可反驳的。

---

① 希庇阿斯是厄利斯人，厄利斯是希腊南部一个城邦，以产马著名。

② 原文是"六康稽"。康稽是希腊的量名，每康稽约合三个半公升。

③ 赫剌克立特是公元前5世纪初希腊大哲学家，主张火为万物之源，世界常在流动的。

苏 如果我们承认这一点，他就会笑我们，又这样问我："苏格拉底，你还记得我的问题么？"我回答说："你问我美本身是什么。"他又会问："对这个问题，你指出一种美来回答，而这种美，依你自己说，却又美又丑，好像美也可以，丑也可以，是不是？"那样我就非承认不可了。好朋友，你教我怎样回答他？

希 就用我们刚才所说过的话，人比起神就不美，承认他说的对。

苏 他就要再向我说："苏格拉底，如果我原先提的问题是：什么东西可美可丑？你的回答就很正确。但是我问的是美本身，这美本身把它的特质传给一件东西，才使那件东西成其为美，你总以为这美本身就是一个年轻小姐，一匹母马，或一个竖琴吗？"

希 对了，苏格拉底，如果他所问的是那个，回答就再容易不过了。他想知道凡是东西加上了它，得它点缀，就显得美的那种美是什么。他一定是个傻瓜，对美完全是门外汉。告诉他，他所问的那种美不是别的，就是黄金，他就会无话可说，不再反驳你了。因为谁也知道，一件东西纵然本来是丑的，只要镶上黄金，就得到一种点缀，使它显得美了。

苏 你不知道我的那位论敌，希庇阿斯，他爱吹毛求疵，最不容易应付。

希 管他的脾气怎样！面对着真理，他不能不接受，否则就成为笑柄了。

苏 他不但不接受我的答复，还会和我开玩笑，这样问我："你瞎了眼睛吗？把菲狄阿斯[①]当作一个凡庸的雕刻家？"我想应该回答他说，没有这回事。

希 你是对的，苏格拉底。

苏 当然。但是我既承认了菲狄阿斯是一个大艺术家，他就要问下去："你以为菲狄阿斯不知道你所说的那种美吗？"我问他："你为什么这样说？"他会回答："他雕刻雅典娜的像，没有用金做她的眼或面孔，也没有用金做她的手足，虽然依你的看法，要使她显得更美些，就非用金不可。他用的却是象牙，显然他犯了错误，是由于不知道金子镶上任何东西就可以使它美了。"希庇阿斯，怎样回答他？

希 很容易回答，我们可以说，菲狄阿斯并没有错，因为我认为象牙也是美的。

苏 他就会说："他雕两个眼珠子却不用象牙，用的是云石，使云石和象牙配合得很恰当。美的石头是否也就是美呢？"我们该不该承认，希庇阿斯？

希 如果使用得恰当，石头当然也美。

苏 用得不恰当，它就会丑？我们是否也要承认这一点？

希 应该承认，不恰当就丑。

苏 他会问我："学问渊博的苏格拉底，那么，象牙和黄金也是一样，用得恰当，就使东西美，用得不恰当，就使它丑，是不是？"我们是否要反驳，还是承认他对呢？

希 承认他对，我们可以说，使每件东西美的就是恰当。

苏 他会问我："要煮好蔬菜，哪个最恰当，美人呢，还是我们刚才所说的汤罐呢？一个金汤匙和一个木汤匙，又是哪个最恰当呢？"

希 苏格拉底，这是什么样一个人！你肯把他的名字告诉我么？

---

① 菲狄阿斯是希腊的最大的雕刻家，公元前5世纪人，雅典娜女神像是他的杰作之一。

苏　就是告诉你，你还是不知道他。

希　至少我知道他是简直没有受过教育的。

苏　他简直讨人嫌，希庇阿斯！不管怎样，我们怎么回答他呢？对于蔬菜和汤罐，哪一种汤匙最恰当呢？木制的不是比较恰当么？它可以叫汤有香味，不致打破罐子，泼掉汤，把火弄灭，叫客人有一样美味而吃不上口；若是用金汤匙，就难免有这些危险。所以依我看，木汤匙比较恰当，你是否反对这个看法？

希　它当然比较恰当。不过我不高兴和提出这样问题的人讨论。

苏　你很对，朋友。这种粗话实在不配让像你这样一个人听，你穿得这样好，全希腊都钦佩你的学问。至于我咧，我倒不介意和这种人接触。所以我求你为着我的益处，预先教我怎样回辩。他会问我："木汤匙既然比金汤匙恰当，而你自己既然又承认，恰当的要比不恰当的较美，那么，木汤匙就必然比金汤匙较美了，是不是？"希庇阿斯，你看有什么办法可以否认木汤匙比金汤匙较美呢？

希　你要我说出你该给美下什么样定义，免得你再听他胡说八道吗？

苏　对的，不过先请你告诉我怎样回答他的问题：木汤匙和金汤匙哪种最恰当，最美？

希　如果你高兴，回答他说木汤匙最恰当，最美。

苏　现在要请你把你的话说明白一点。如果我回答他说过美就是黄金，现在又承认木汤匙比金汤匙美，我们好像看不出金在哪方面比木美了。不过就现在说，你看什么才是美呢？

希　我就要告诉你。如果我懂的不错，你所要知道的是一种美，从来对任何人不会以任何方式显得是丑？

苏　一点也不错，这回你很正确地抓住我的意思了。

希　听我来说，如果他再反驳，那就算我糊涂了。

苏　老天呀，请你快点说出来。

希　我说，对于一切人，无论古今，一个凡人所能有的最高的美就是家里钱多，身体好，全希腊人都尊敬，长命到老，自己替父母举行过隆重的丧礼，死后又由子女替自己举行隆重的丧礼。

苏　呵，呵！希庇阿斯，这番话真高妙，非你说不出来！凭着赫拉天后，我钦佩你，这样好心好意地尽你的力量来替我解围。但是我们的论敌却毫不动心，他要嘲笑我们，大大地嘲笑我们，我敢说。

希　那是无理的嘲笑，苏格拉底。如果他没有话反驳而只嘲笑，那是他自己丢人，听众们会嘲笑他。

苏　你也许说的对，可是我怕你的回答还不仅引起他的嘲笑。

希　还会引起什么？

苏　他身边也许碰巧带了一个棍子，如果我跑得不够快，他一定要打我。

希　什么？这家伙是你的主人吗？他能打你不要上法庭判罪吗？雅典就没有王法了吗？公民们就可以互相殴打，不管王法吗？

苏　怕的倒不是这些。

希　那么，他打你打得不对，就该受惩罚。

苏　不是那样，希庇阿斯，并非打得不对；如果我拿你的话来回答他，我相信他就很有理由可以打我。

希　苏格拉底，听你说出这样的话，我倒也很相信他很有理由可以打你！

苏　我可不可以告诉你，我为什么认为刚才那番回答该挨棍子？你也要不分青红皂白就打我吗？你肯不肯听我来说？

希　若是我不准你说话，我就罪该万死了。你有什么说的？

苏　让我来说明，还是用刚才那个办法，就是站在我的论敌的地位来说话，免得使他一定要向我说的那些冒昧唐突的话看来像是我向你说的。他会问我："苏格拉底，你唱了这一大串赞歌[①]，所答非所问，若是打你一顿，算不算冤枉？"我回答说，"这话从何说来？"他会说："你问我从何说来？你忘记了我的问题吗？我问的是美本身，这美本身，加到任何一件事物上面，就使那件事物成其为美，不管它是一块石头，一块木头，一个人，一个神，一个动作，还是一门学问。我提到美本身，是一个个字说得很清楚响亮的，我并没有想到听我说话的人是一块顽石，既没有耳朵，又没有脑筋！"你别生气，希庇阿斯，如果这时候我被他吓唬倒了，向他说："可是给我替美下这样定义的是希庇阿斯呀！我向他提的问题正和你所提的一模一样，问的正是不拘那一种时境的美。"你怎么说？你愿不愿我这样回答他？

希　像我所给它的定义，美是而且将来也还是对于一切人都是美的，这是无可辩驳的。

苏　我的论敌会问："美是否永远美呢？"美应该是永远美吧？

希　当然。

苏　现在是美的在过去也常是美的？

希　是的。

苏　他会问我："依厄利斯的客人看，对于阿喀琉斯来说，美是否就是随着他的祖先葬下地呢？对于他的祖先埃阿科斯[②]，对于一切其他神明之胄的英雄们，对于神们自己，美是否也是如此呢？"

希　你说的是什么怪话？真该死！你那位论敌所提的问题太无礼了[③]！

苏　你要他怎样呢？对这问题回答"是"，是否就比较有礼呢？

希　也许。

苏　他会说："也许，你说在任何时候对于任何人，美就是自己葬父母，子孙葬自己，你这番话也许就也是无礼，"要不然，就要把赫剌克勒斯[④]以及我们刚才所提名的那些人作为例外，是不是？

希　我向来没有指神们呀！

苏　看来像也没有指英雄们？

希　没有指英雄们，他们是神们的子孙。

---

①　赞歌指上文希庇阿斯所说的"钱多身体好受尊敬"那段话。

②　阿喀琉斯在特洛亚战争中战死，所以葬在异国。他的祖先埃阿科斯据说是天神宙斯的儿子，死后做了阴间三判官之一。

③　"太无礼"原文有"大不敬""渎神"的意思。因为苏格拉底提到神和英雄。

④　赫剌克勒斯是希腊神话中最大的力士，也是宙斯的儿子。

苏 此外一切人都包括在你的定义里?

希 一点不错。

苏 那么,依你的看法,对于像坦塔罗斯,达达诺斯,仄托斯那样的人是有罪的,不敬的,可耻的事,对于像珀罗普斯以及和他出身相似的那种人却是美的[①]?

希 我的看法是这样。

苏 他就会说:"从此所得出的结论就和你的原来意见相反了,自己葬了祖先,以后又让子孙葬自己,这一件事有时候对于某些人是不光荣的;因此,把这件事看成在一切时境都是美的,比起我们从前所举的年轻小姐和汤罐的例,同样犯着时而美时而丑的毛病,而且更滑稽可笑。苏格拉底,你显然对我老是不能答得恰如所问,我的问题是:美是什么?"亲爱的朋友,如果我依你的话去回答他,他要向我说的讨嫌的话就大致如此,并不见得无理。他向我说话,通常是用这样的口吻;有时他好像怜惜我笨拙无知,对他所提的问题自己提出一个答案,向我提出一个美的定义,或是我们所讨论的其他事物的定义。

希 他怎样说,说给我听听,苏格拉底。

苏 他向我说:"苏格拉底,你真是一个奇怪的思辨者,别再给这种回答吧,它太简单,太容易反驳了。再回头把先前你所提的而我们批判过的那些美的定义,挑一个出来看看。我们说过:黄金在用得恰当时就美,用得不恰当时就丑,其他事物也是如此。现在就来看看这'恰当'观念,看看什么才是恰当,恰当是否就是美的本质。"每次他向我这样谈论,我都无辞反驳。只好承认他对。希庇阿斯,你看美是否就是恰当的?

希 这和我的看法完全一样,苏格拉底。

苏 还得把它研究一番,免得又弄错了。

希 我们来研究吧。

苏 姑且这样来看:什么才是恰当?它加在一个事物上面,还是使它真正美呢?还是只使它在外表上显得美呢?还是这两种都不是呢?

希 我以为所谓恰当,是使一个事物在外表上显得美的。举例来说,相貌不扬的人穿起合式的衣服,外表就好看起来了。

苏 如果恰当只使一个事物在外表上显得比它实际美,它就会只是一种错觉的美,因此,它不能是我们所要寻求的那种美,希庇阿斯;因为我们所要寻求的美是有了它,美的事物才成其为美,犹如大的事物之所以成其为大,是由于它们比起其他事物有一种质量方面的优越,有了这种优越,不管它们在外表上什么样,它们就必然是大的。美也是如此,它应该是一切美的事物有了它就成其为美的那个品质,不管它们在外表上什么样,我们所要寻求的就是这种美。这种美不能是你所说的恰当,因为依你所说的,恰当使事物在外表上显得比它们实际美,所以隐瞒了真正的本质。我们所要下定义的,像我刚才说过的,就是使事物真正成其为美的,不管外表美不美。如果我们要想发见美是什么,我们就要找这个使事物

---

① 据希腊神话,坦塔罗斯、达达诺斯、仄托斯都是宙斯的儿子,珀罗普斯是坦塔罗斯的儿子,宙斯的孙子。这句话的意思是说:自己葬父母,子孙葬自己,这件事对于神和英雄有时光荣,有时不光荣。

真正成其为美的。

希 但是恰当使一切有了它的事物不但有外表美，而且有实际美，苏格拉底。

苏 那么，实际美的事物在外表上就不能不美，因为它们必然具备使它们在外表上显得美的那种品质，是不是？

希 当然。

苏 那么，希庇阿斯，我们是否承认一切事物，包括制度习俗在内，如果在实际上真正美，就会在任何时代都被舆论一致公认其为美呢？还是恰恰与此相反，无论在人与人，或国与国之中，最不容易得到人们赏识，最容易引起辩论和争执的就是美这问题呢？

希 第二个假定是对的，苏格拉底，美最不容易赏识。

苏 如果实际离不开外表——这是当然的——如果承认恰当就是美本身，而且能使事物在实际上和在外表上都美，美就不应该不易赏识了。因此[①]，恰当这个品质如果是使事物在实际上成其为美的，它就恰是我们所要寻求的那种美，但是也就不会是使事物在外表上成其为美的。反之，如果它是使事物在外表上成其为美的，它就不会是我们所寻求的那种美。我们所要寻求的美是使事物在实际上成其为美的。一个原因不能同时产生两种结果，如果一件东西使事物同时在实际上和外表上美(或具有其他品质)，它就不会是非此不可的唯一原因。所以恰当或是只能产生实际美，或是只能产生外表美，在这两个看法中我们只能选一个。

希 我宁愿采取恰当产生外表美的看法。

苏 哎哟，美又从我们手里溜脱了，希庇阿斯，简直没有机会可以认识它了，因为照刚才所说的，恰当并不就是美。

希 呃，倒是真的，苏格拉底，这却出乎我意料之外。

苏 无论如何，我们还不能放松它。我看我们还有希望可以抓住美的真正的本质。

希 一定有希望，苏格拉底，而且不难达到。只要让我有一点时间一个人来想一想，我就可以给你一个再精确不过的答案。

苏 请做一点好事，别尽在希望，希庇阿斯。你看这讨厌的问题已经给我们很多的麻烦了；当心提防着不让它发脾气，一霎就溜走不回来。但是这只是我的过虑，对于你，这问题是非常容易解决的，只要你一个人去清清静静地想一想。不过还是请你别走，当着我的面来解决这问题；并且如果你情愿，和我一道来研究。如果我们找到了答案，大家都好；如果找不到，我就活该认输，你就可以离开我好去破这个谜语。并且在一块儿解决还有这一点便利，就是我不会去麻烦你，迫问你一个人找到的答案究竟是什么样。我提出一个美的定义，你看它如何，我说——请你专心听着，别让我说废话——我说，在我们看，美就是有用的。我是这样想起来的，我们所认为美的眼睛不是看不见东西的眼睛，而是看得很清楚，可以让我们用它们的。你看对不对？

希 对。

---

① 因为美不易赏识，实际美与外表美并不是一事。

苏 不仅眼睛，整个身体也是如此，如果它适宜于赛跑和角斗，我们就认为它美。在动物中，我们说一匹马，一只公鸡或一只野鸡美，说器皿美，说海陆交通工具，商船和战船美，我们说乐器和其他技艺的器具美，甚至于说制度习俗美，都是根据一个原则：我们研究每一件东西的本质，制造和现状，如果它有用，我们就说它美，说它美只是看它有用，在某些情境可以帮助达到某种目的；如果它毫无用处，我们就说它丑。你是否也这样看，希庇阿斯？

希 我也这样看。

苏 我们可否就肯定凡是有用的就是顶美的呢？

希 我们可以这样肯定，苏格拉底。

苏 一件东西有用，是就它能发生效果来说，不能发生效果就是无用，是不是？

希 一点不错。

苏 效能就是美的，无效能就是丑的，是不是？

希 当然。许多事情可以证明这一点，尤其是政治。在国家里发挥政治的效能就是一件最美的事，无效能就是顶可耻的。

苏 你说的顶对。凭老天爷，如果这是对的，知识就是最美的，无知就是最丑的，是不是？

希 你这话是什么意思，苏格拉底？

苏 别忙，好朋友，想起这话的意义，我又有些骇怕了。

希 又有什么可骇怕的，苏格拉底？这回你的思路很正确了。

苏 我倒愿如此。但是请帮我想一想这个问题：一个人对于一件事既没有知识，又没有能力，他能否去做它？

希 没有能力做就是不能做，那是很显然的。

苏 凡是做错了的，凡是在行为或作品中做的不好，尽管他们原来想做好的，也总算是做了，若是他们对于所做的没有能力，他们就不会把它做出来，是不是？

希 当然。

苏 可是人们之所以能做一件事，是因为他们的能力而不是因为他们的无能力。

希 不是因为无能力。

苏 所以要做一件事，就要有能力。

希 不错。

苏 但是所有的人们从幼小时起，所做的就是坏事多于好事，想做好而做不到。

希 真是这样。

苏 那么，这种做坏事的能力，这种虽是有用而用于坏目的的事情，我们叫它们美还是叫它们丑呢？

希 当然是丑的，苏格拉底。

苏 因此，有能力的和有用的就不能是美本身了？

希 能力应该用于做好事，有用应该是对好事有用。

苏 那么，有能力的和有用的就是美的那个看法就留不住了。我们心里原来所要说的其实是，有能力的和有用的，就它们实现某一个好目的来说，就是美的。

希 我是这样想。

苏 这就等于说，有益的就是美的，是不是？

希 当然。

苏 所以美的身体，美的制度，知识以及我们刚才所提到的许多其他东西，之所以成其为美，是因为它们都是有益的？

希 显然如此。

苏 因此，我们认为美和有益是一回事。

希 毫无疑问。

苏 所谓有益的就是产生好结果的？

希 是。

苏 产生结果的叫做原因，是不是？

希 当然。

苏 那么，美是好(善)的原因？

希 是。

苏 但是原因和结果不能是一回事，希庇阿斯，因为原因不能是原因的原因。想一想，我们不是已经承认原因是产生结果的吗？

希 是。

苏 结果是一种产品，不是一个生产者？

希 的确。

苏 产品和生产者不同？

希 不同。

苏 所以原因不能产生原因，原因只产生由它而来的结果。

希 很对。

苏 所以如果美是好(善)的原因，好(善)就是美所产生的。我们追求智慧以及其他美的东西，好像就是为着这个缘故。因为它们所产生的结果就是善，而善是值得追求的。因此，我们的结论应该是：美是善的父亲。

希 好的很，你说的真好，苏格拉底。

苏 还有同样好的话咧：父亲不是儿子，儿子不是父亲。

希 一点不错。

苏 原因不是结果，结果也不是原因。

希 那是无可辩驳的。

苏 那么，亲爱的朋友，美不就是善，善也不就是美。我们的推理是否必然要生出这样一个结论呢？

希 凭宙斯，我看不出有旁的结论。

苏 我们是否甘心承认美不善而善不美呢？

希 凭宙斯，我却不甘心承认这样的话。

苏 好的很，希庇阿斯！就我来说，在我们所提议的答案之中，这是最不圆满的一个。

希 我也是这样想。

苏 那么，我恐怕我们的美就是有用的，有益的，有能力产生善的那一套理论实在都是很错误的，而且比起我们原来的美就是漂亮的年轻小姐或其他所提到的东西那些理论，还更荒谬可笑。

希 真是这样。

苏 就我来说，我真不知道怎样办才好，我头脑弄昏了。希庇阿斯，你可想出了什么意思？

希 暂时却没有想出什么。但是我已经说过了，让我想一想，我一定可以想得出来。

苏 但是我急于要知道，不能等你去想。对了，我觉得我找到了一点线索。请注意一下，假如我们说，凡是产生快感的——不是任何一种快感，而是从眼见耳闻来的快感——就是美的，你看有没有反对的理由？希庇阿斯，凡是美的人，颜色，图画和雕刻都经过视觉产生快感，而美的声音，各种音乐，诗文和故事也产生类似的快感，这是无可辩驳的。如果我们回答那位固执的论敌说，“美就是由视觉和听觉产生的快感”，他就不能再固执了。你看对不对？

希 在我看，苏格拉底，这是一个很好的美的定义。

苏 可是还得想一想，如果我们认为美的是习俗制度，我们能否说它们的美是由视听所生的快感来的呢？这里不是有点差别吗？

希 苏格拉底，我们的论敌也许见不出这个差别。

苏 狗呀，至少我自己的那位论敌会见出，希庇阿斯，在他面前比在任何人面前，想错了或说错了，都使我更觉得羞耻。

希 这是什么人？

苏 这就是苏弗若尼斯的儿子苏格拉底，就是他不容许我随便作一句未经证实的肯定，或是强不知以为知。

希 说句老实话，既然你把你的看法说出了，我也可以说，我也认为制度是有点差别，不是由视觉听觉产生的快感。

苏 别忙，希庇阿斯，正在相信逃脱困难了，我恐怕我们又像刚才一样，又遇到同样的困难。

希 这话怎样说，苏格拉底？

苏 我且来说明我的意思，不管它有没有价值。关于习俗制度的印象也许还是从听觉和视觉来的。姑且把这一层放下不管，把美看作起于这种感觉的那个理论还另有困难。我的论敌或旁人也许要追问我们：“为什么把美限于你们所说的那种快感？为什么否认其他感觉——例如饮食色欲之类快感——之中有美？这些感觉不也是很愉快吗？你们以为视觉和听觉以外就不能有快感吗？”希庇阿斯，你看怎样回答？

希 我们毫不迟疑地回答，这一切感觉都可以有很大的快感。

苏 他就会问：“这些感觉既然和其他感觉一样产生快感，为什么否认它们美？为什么不让它们有这一个品质呢？”我们回答：“因为我们如果说味和香不仅愉快，而且美，人人都会拿我们做笑柄。至于色欲，人人虽然承认它发生很大的快感，但是都以为它是丑的，所以满足它的人们都瞒着人去做，不肯公开。”对这番话我们的论敌会回答说：“我看你们不敢说这些感觉是美的，只是怕大众反对。但是我所要问你的并不是大众看美是什么样，而是美究竟是什么样。”我们就只有拿刚才那番话来回答说："美只起于听觉和视觉所生的那种快感。"希庇阿斯，你是维持这个说法，还是改正我们的答案呢？

希 应该维持我们的说法，苏格拉底，不能更改。

苏 他会说："好，美既然是从听觉和视觉来的快感，凡是不属于这类快感的显然就不能算美了？"我们是否同意呢？

希 同意。

苏 他会说："听觉的快感是否同时由视觉和听觉产生，视觉的快感是否也是如此？"我们说，不然，这两种原因之一所产生的快感不能同时由这两种原因在一起来产生。我想你的意思也是如此，我们所肯定的是这两种快感每种是美，所以两种都是美。是不是应该这样回答他？

希 当然。

苏 他就会说："那么，一种快感和另一种快感的差别是否在它们的愉快性上面？问题并不在这一种快感比另一种快感大或小，强或弱，而在它们的差别是否在一种是快感而另一种不是快感。"我们不以为差别在此，是不是？

希 是的。

苏 他会说："那么，你们在各种快感中单选出视听这两种来，就不能因为它们是快感。是不是因为你们在这两种快感中看出一种特质是其他快感所没有的，你们才说它们美呢？视觉的快感显然不能只因为是由视觉产生的就成其为美，如果是这样，听觉的快感就没有成其为美的理由，因为不是由视觉产生的。"我们对这话是否同意？

希 同意。

苏 "同理，听觉的快感也不能只为是由听觉来的就成其为美，如果是这样，视觉的快感也就没有成其为美的理由，因为不是由听觉产生的。"希庇阿斯，我们是否承认这人说的对呢？

希 很对。

苏 他就会说："可是你们说，视觉和听觉的快感就是美。"我们要承认说过这样的话。

希 不错。

苏 "那么，视觉和听觉的快感应该有一个共同性质，由于有这个共同性质，单是视觉的快感或听觉的快感因而美，两种快感合在一起来说，也因而美。若是没有这个共同性质，它们或分或合，都不能成其为美了。"请你把我当作那人，来回答这问题。

希 我回答说，我看他的话是对的。

苏 一种性质是这两种快感所共同的，而就每种快感单独来说，却没有这种性质，这种性质能否是原因，使它们成其为美呢？

希 你这话怎样说，苏格拉底？两种东西分开来各所没有的性质，合起来如何就能公有那个性质呢？

苏 你以为这是不可能的吗？

希 我不能思议这样的东西的性质。

苏 说的很好，希庇阿斯。就我来说，我觉得我窥见一种东西，像你所认为不可能的。不过我看的不清楚。

希 不能有这样的东西，苏格拉底，你一定看错了。

苏 可是我确实望见一些影像。但是我不敢自信，因为这些影像既然不能让你看见；你是什么样人，我是什么样人，你凭你的学问赚的钱比当代任何人都多，而我却从来没有赚过一文钱。不过我颇怀疑你是否在认真说话，是否在欺哄我来开玩笑，因为这些影像在我面前显得既活跃而又众多。

希 苏格拉底，你有一个方法来测验我是否在开玩笑，那就是，对我说明你以为你看见的究竟是什么样，你就会发见你所说的话荒诞无稽了。你永远不可能发见一个性质不是你或我单独所没有的，却是你和我所共同有的。

苏 你这话是什么意思，希庇阿斯？你也许是对的，可是我不懂得。无论如何，我姑且说明我的想法。在我看，我从来没有而现在也没有的一种性质，就你说，也是你从来没有而现在也没有的，却可以由你和我两人共有。反过来说，我们两人所共有的，可以是我或你单独所没有的。

希 你像一个占卜家在说话，比刚才更玄。想一想，如果我们俩都公正，不是你公正我也公正？同理，如果我们俩都不公正，或是身体都好，不是你如此我也如此？反过来说，如果你是病了，受了伤，挨了打，或是遭遇另一件事，而我也正是如此，不是我们俩都是如此么？再举例子来说，假如我们俩都是金，银，或象牙，或者说，都是高贵的，有学问的，受人尊敬的，老的或少的，或是具有人性的任何其他属性，那么，你和我分开来说，不是各具有这些属性吗？

苏 当然。

希 苏格拉底，你和你的对话人们，你们这批人看事物，向来不能统观全局。你们把美或真实界其他部分分析开，让它孤立起来，于是把它敲敲，看它的声音是真是假。就是因为这个缘故，你们捉摸不住各种本质融贯周流的那个伟大真实界。在目前，你就犯了这个严重的错误，以至于想入非非，以为一种性质可以属于二而不属于二之中各一，反之，属于二之中各一的可以不属于二。你们老是这样，没有逻辑，没有方法，没有常识，没有理解！

苏 我们确实如此，希庇阿斯，像谚语所说的，一个人能什么样就是什么样，不是愿什么样就是什么样。幸好你的警告不断地使我们明白。我现在可不可以在等待你的忠告的时候，就我们这批人的荒谬再给你一个例证呢？我可不可以把我们对这问题的意见说给你听听呢？

希 你不用说，我就知道你要说什么，苏格拉底，因为我对于凡是说话的人们每一个都看得清清楚楚。不过你还是可以说下去，只要你高兴。

苏 我倒是高兴要说。在向你领教以前，亲爱的朋友，我们这批人荒谬得很，相信在你和我两人之中，每个人是一个，因此就不是我们俩在一起时那样的，因为在一起我们是两个，不是一个。我们的荒谬看法就是如此。现在，我们从你所听到的是这样：如果在一起我们是两个，我们俩中间每一个人就绝对必然也是两个；如果分开来每一个人是一个，两人在一起也就是一个。依希庇阿斯先生所说的十全十美的本质论，结论就不能不如此，全体什么样，部分也就什么样；部分什么样，全体也就什么样。希庇阿斯，你算是把我说服了，我再也无话可说了。不过我还想请教一句，好提醒我的记忆：你和我两个人是不是一个，我们每一个人是不是两个？

希 你这是什么话，苏格拉底？

苏 我这话就是我这话。请告诉我：我们俩之中每一个人是不是一个？“是一个”这个属性是不是每一个人的特征？

希 毫无疑问地，是。

苏 如果每一个人是一个，他就不成双，你当然明白单位不成双吧？

希 当然。

苏 我们俩，由两个单位组成的，就不成双吗？

希 没有这个道理，苏格拉底。

苏 因此，我们俩是双数，对不对？

希 很对。

苏 从我们俩是双数，可否得到我们每一个人是双数的结论？

希 当然不能。

苏 那么，一双不必定有一个的性质，一个不必定有一双的性质，这不是正和你原来所说的相反吗？

希 在这一个事例中倒是不必定，但是在我原来所说的那些事例中却都是必定的。

苏 那就够了，希庇阿斯，我们姑且说，这一个事例是像我们所说的，其他事例却不然。如果你还记得我们讨论的出发点，你该记得我原来说的是：在视觉和听觉所产生的快感中，美并不由于这两种快感中某一种所特有，而两种合在一起所没有的那种性质；它也不由于这两种快感合在一起所公有，而其中任何一种快感所没有的那种性质；所需要的那种性质必须同时属于全体，又属于部分，因为你承认过，这两种快感分开来是美，合在一起也是美，就是说，美在部分，也在全体。从此我推到一个结论：如果这两种快感都美，那美是由于这种有，另一种也有的那种性质，不是由于只有这种有，而另一种却没有的那种性质。现在我还是这样看。再请问你一次：如果视觉和听觉的两种快感都美，就合在一起来说可以，就分开来说也可以——那么，使它们成其为美的那种性质是否同时在全体(两种合在一起)，也在部分(两种分开)？

希 当然。

苏 使它们成其为美的是否就是它们每一种是快感，两种合在一起也还是快感那个事实？快感既是美的原因，它能使视听两种快感美，为什么就不能使其他各种快感也同样美，既然它们同样是快感？

希 我还记得这番话。

苏 但是我们宣布过，这两种快感之所以成其为美，是由于它们由视觉和听觉产生的。

希 我们是这样说的。

苏 请看我的推理是否正确。如果我记得不错，我们说过美就是快感，不是一切快感，而是由视听来的快感。

希　不错。

苏　但是“由视听来的”这个性质只属于两种合在一起，不属于单独的某一种，因为像我们刚才所见到的，单独一个不是由双组成的，而双却是由单独的部分组成的。是不是？

希　一点也不错。

苏　使每一个成其为美的就不能是不属于每一个的：“成双”这个性质却不属于每一个。所以在我们的设论中，双就其为双来说，可以称为美，而单独的每一个却可以不美。这个推理线索不是很谨严么？

希　看来它是很谨严的。

苏　那么，我们可不可以就说：美的是双，每部分却不然？

希　你看有没有可以反驳这个结论的？

苏　我看到的反驳在此：在你所列举的那些事例中，某些事物有某些性质，而这些性质，我们常见到，属于全体的也就属于部分，属于部分的也就属于全体。是不是？

希　是。

苏　在我所举的事例中却不然，其中之一就是一双和一个的例。对不对？

希　很对。

苏　那么，希庇阿斯，在这两类事例中，美属于哪一类？属于你所说的那一类吧？你说过，如果我强壮你也强壮，我们俩就都强壮；如果你公正我也公正，我们俩就都公正；如果我们俩都公正，就是你公正我也公正；同理，如果你美我也美，我们俩就都美；如果我们俩都美，就是你美我也美。但是此外还另有一个可能，美可能像数目，我们说过，全体是双，部分可成双可不成双；反之，部分是分数，全体可以是分数可以是整数，由此例推，我想到许多其他事例。在这两类事例中我们把美放在哪一类呢？我不知道你是否和我一样想，依我想，如果说我们俩都美而两人之中却有一个不美，或是说你美我也美，而我们俩却不美，这一类的话未免太荒谬了。你的看法如何？

希　我的看法就是你的看法，苏格拉底。

苏　那就更好了，因为我们用不着再讨论下去了。美既然属于我们所说的那一类，视觉和听觉的快感就不是美本身了。因为如果这快感以美赋予视觉和听觉的印象，它所赋予美的就只能是视听两种感觉合在一起，而不能单是视觉或单是听觉。可是你已经和我承认过，这个结论是不能成立的。

希　我们确是这样承认过。

苏　这个结论既然不能成立，美就不能是视觉和听觉所生的快感了。

希　这是不错的。

苏　我们的论敌会说：“你的路既然走错了，再从头走起吧。你把这两种快感看作美，把其他快感都不看作美，使它们成其为美的究竟是什么呢？”希庇阿斯，我想我们只能这样回答：这两种快感，无论合在一起说，或是分开来说，都是最纯洁无疵的，最好的快感。你还知道有什么其他性质，使它们显得与众不同么？

希　不知其他，它们真是最好的快感。

苏 他就会说："那么，依你们看，美就是有益的快感了？"我要回答是，你怎样想？

希 我和你同意。

苏 他还要说："所谓有益的就是产生善的。可是我们刚才已经看到，原因和结果是两回事，你现在的看法不是又回到原路吗？美与善既然不同，善不能就是美，美也不能就是善。"希庇阿斯，如果我们聪明，最好就完全承认他这话，因为真理所在，不承认是在所不许的。

希 但是说句真话，苏格拉底，你看这一番讨论怎样？我还要维持我原来所说的，这种讨论只是支离破碎的咬文嚼字。美没有什么别的，只要能在法院，议事会，或是要办交涉的大官员之前，发出一篇美妙的能说服人的议论，到了退席时赚了一笔大钱，既可以自己享受，又可以周济亲友，那就是美。这才是值得我们下工夫的事业，不是你们的那种琐屑的强词夺理的勾当。你应该丢开这种勾当，不要老是胡说八道，让人家把你看作傻瓜。

苏 我的亲爱的希庇阿斯，你是一位幸福的人，你知道一个人所宜做的事业，而且把那事业做得顶好，据你自己说。我哩，好像不知道遭了什么天谴，永远在迟疑不定中东西乱窜。我把我的疑惑摆出来让你们学问渊博的先生们看时，我的话还没有说完，就被你们臭骂一顿。你们说，像你自己刚才所说的，我所关心的问题都是些荒谬的，琐屑的，没有意思的。受了你们的教训的启发之后，我也跟你们一样说，一个人最好是有本领在法院或旁的集会上，发出一篇好议论，产生一种有利的结果，我这样说时又遭我的周围一些人们痛骂，尤其是老和我讨论，老要反驳我的那位论敌。这人其实不是别人，是我的一个至亲骨肉，和我住在一座房子里。我一回到家里，他一听到我说起刚才那番话，他就问我知道不知道羞耻，去讲各种生活方式的美，连这美的本质是什么都还茫然无知。这人向我说："你既然不知道什么才是美，你怎么能判断一篇文章或其他作品是好是坏？在这样蒙昧无知的状态中，你以为生胜于死么？"你看我两面受敌，又受你们的骂，又受这人的骂。但是忍受这些责骂也许对于我是必要的；它们对于我当然有益。至少是从我和你们俩的讨论中，希庇阿斯，我得到了一个益处，那就是更清楚地了解一句谚语："美是难的。"

三、著作导读

柏拉图写过近40篇对话，内容广泛，主要涉及政治、伦理教育和哲学问题，美学问题是作为诸多问题的组成部分而散见于大部分对话之中的。专门讨论美学问题的只有《大希庇阿斯篇》，其他能够代表其文艺思想的主要有《伊安篇》《斐德若篇》《会饮篇》《斐利布斯篇》《理想国》《法律篇》等。朱光潜根据法文本《柏拉图全集》、英文本《柏拉图对话集》选译了以上诸篇，形成了中文本的《柏拉图文艺对话集》。1963年第一版发行，以后多次印刷并改版发行。

《柏拉图文艺对话集》集中反映了柏拉图的美学、文艺学思想，一般认为，其主要内容有以下三个方面。

一是文艺与现实的关系。在柏拉图的理论体系里，存在一个最高的理式世界，只有理式世界才是真实的世界，而客观现实世界是理式世界的摹本，至于文艺，则是客观现实世界的摹本，是“摹本的摹本”，“影子的影子”，“和真理隔着三层”。用他经典的“床”例证来阐释：床有三种，第一种床是床之所以为床的那个床的“理式”（Idea，不依存于人的意识的存在）；第二种床是木匠依照床的理式所制造出来的具体的、个别的床；第三种床是画家模仿个别的床所画出来的床。在这三种床中，只有床的理式，即床之所以为床的道理或规律，才是永恒不变的，是一切具体的、个别的床的根源，也只有它才是真实的。而木匠所制作的床，受时间、空间、材料、用途以及木匠本身等事物和条件的限制，个别之间有不同，适用性也不同，没有永恒性和普遍性，所以不能算是真实的，而只是一种“摹本”或“幻象”。至于画家画出来的床，更是从某一角度对木匠之床的外形而非实体的摹写，是“摹本的摹本”，所以更不真实。可见，在柏拉图的理论中，存在着三重世界：理式世界、感性的现实世界、艺术世界。三者之间由后向前存在着层层依附关系，理性世界是第一性的，感性世界是第二性的，文艺世界是第三性的。

有趣的是，从美感教育的角度，他又提出了一个反向的过程：“第一步应从只爱某一个美形体开始”，“第二步他就应学会了解此一形体或彼一形体的美与一切其他形体美是贯通的。这就要在许多个别美形体中见出形体美的形式”，再进一步他就要学会“把心灵的美看得比形体的美更珍贵”。如此，由“个别的美形体”到“全体的美形体”，再到“行为和制度的美”，再到“各种学问知识”的美，最后达到理式世界的最高的美。这就在现实的逻辑和认识的产生间建立起一个辩证的系统。

这一理论不仅是柏拉图用以认识和评判诗人和诗的功能的文艺学基础，也是其构建理想国“正义”的政治学、伦理学、教育学的根基。

二是文艺的社会功用。在《理想国》里，柏拉图对诗提出了重大质疑，甚至提出了“驱逐诗人”的主张。柏拉图的逻辑是：所谓“正义”，就是国家中的每一组成要素（哲学家、保卫者、劳动者）应从事属于自己天性的职业，各守其职、各安其所，即统治者以智慧治理好国家，保卫者凭勇敢保卫好疆土，劳动者以节制搞好生产，恪守本职并彼此互不干涉。与之相一致，人的灵魂中也有三个等级——理性、激情和欲望。这三个要素又分别与国家品质中的智慧、勇敢和节制相对应。与城邦正义理论相类似，柏拉图主张个体灵魂的这三个部分也应该各行其是，就是人的理性、激情和欲望保持在各自的限度之内，从而求得各不同部分的和谐统一，这样才是正义的个体。

在这个基础上，柏拉图提出了诗的“罪状”：诗歌模仿的是“影子的影子”，不是实体和真相，“背弃我们相信是真理的东西”；诗歌容易激发人性中的非理性成分，迎合人的情欲，放纵人的一切欲念，摆脱理性的控制。所以，柏拉图认为，从对青少年的教育出发，应禁止一切不利于青少年健康成长的诗歌在城邦中流传，创造这类诗歌的诗人则应被驱逐出境。

总体上看，柏拉图认为，文艺必须对社会有用，必须服务于政治，必须对青少年的教育有益。

实际上，柏拉图对诗歌和诗人的否定，正是建立在对文艺的影响和功能有深刻认识的基础上的。他在否定诗歌和诗人时所提出的种种理由、所涉及的各个领域，也为后世发现文艺的特点和功能指出了路径。

三是文艺的创作源泉。对于文艺的创作源泉，柏拉图的答案是他的“灵感说”。在《伊安篇》里，诗人是神的代言人，神输送给诗人灵感，又由诗人辗转输送给无数的听众，如同磁石吸铁一样。在这里，诗不是正常思维的产物，甚至在本质上也不是人的产物，而是处于反理智的状态所获得的神的启示。可以说，柏拉图由此提出和强调了文艺创作的独特性，有其合理性。但无疑也将诗人必须具备的知识和技巧一起给否定了。而在《斐德若篇》里，灵感则是不朽的灵魂从前生带来的回忆，在表现上则是一种迷狂状态。“迷狂说”体现了艺术活动尤其是艺术创作的鲜明特点。

与柏拉图的灵感说连带而来的，还有一系列其他文艺创作问题。例如，理智在艺术中的作用，他指出单凭理智不能创造出文艺，文艺创作和抽象逻辑并不相同。又如，艺术才能和技艺修养的关系，他发现单凭技艺知识并不能创造文艺，诗人不同于匠人。再如，文艺的感染力，他的“磁石说”生动譬喻了艺术的深远感染力。

总之，柏拉图及其在《柏拉图文艺对话集》中呈现的思想，是人类思想史上的宝贵财富。正如达·芬奇所说的那样，“凡能够到源头去取泉水的人，决不喝壶中之水”①。读柏拉图，就是尝试回到西方思想史的源头取水。

下面我们主要谈一谈《大希庇阿斯篇》。

首先，《大希庇阿斯篇》中关于“美本身”的追问开启了本体论美学的探索。柏拉图借苏格拉底之口追索的美，不是某一事物或事物某一品性的美，而是使事物之所以为美的那种性质。关于美的讨论在其他对话里也有呈现，在《会饮篇》里，柏拉图更明确地指出，“这种美是永恒的，无始无终，不生不灭，不增不减的。它不是在此点美，在另一点丑；在此时美，在另一时不美；在此方面美，在另一方面丑；它也不是随人而异，对某些人美，对另一些人就丑。还不仅此，这种美并不是表现于某一个面孔，某一双手，或是身体的某一其他部分；它也不是存在于某一篇文章，某一种学问，或是任何某一个别物体，例如动物、大地或天空之类；它只是永恒地自存自在，以形式的整一永与它自身同一；一切美的事物都以它为泉源，有了它那一切美的事物才成其为美，但是那些美的事物时而生，时而灭，而它却毫不因之有所增，有所减。”②

意大利美学家克罗齐认为，柏拉图是世界史上真正提出美学问题的第一人。克罗齐认为：美学问题只能产生在苏格拉底之后，事实上，美学问题正是和柏拉图一起产生的，他是第一个，也是唯一的一个对艺术问题做过真正伟大否定的人。用李醒尘的话说，柏拉图在美学史上的重大贡献，就在于他最早创立了本体论的美学，

① [美]凯·埃·吉尔伯特、[德]赫·库恩：《美学史》上卷，序言，1页，上海，上海译文出版社，1989。

② [古希腊]柏拉图：《柏拉图文艺对话集》，249～250页，北京，商务印书馆，2013。

揭示和肯定了美不同于平庸现实和感觉的高贵性的一面，从而使人对美有了更深刻的认识。[①]

其次，《大希庇阿斯篇》在围绕美本身的质疑和推索中，提出了诸多美学问题及相关范畴。在柏拉图对“不是美”的事物或属性进行反驳时，涉及了美与快感、美与美感、美与形式、美的主观性和客观性、美的相对性等问题，开启了几乎所有关于美的研究的范畴。正如陈中梅所说的，“在西方人文科学的发展历史上，柏拉图（和苏格拉底）第一次以如此炽烈的热情，通过如此精到的分析，在如此宽阔的作业面上对美和审美问题进行了深入的研究，取得了极其丰硕的成果。他对快感以及快感与诗歌（悲剧、喜剧等）之关系问题的探讨，在一些方面具有开创性的意义，即使在今天看来仍然具有不衰的学术价值，永驻的历时性魅力。”[②]后世关于美的定义，如“美是整一性”（亚里士多德）、“美是适宜”（贺拉斯）、“美是神明的理性”（普罗提诺）、“美是关系”（狄德罗）、“美是快感”（休谟）、“美是理念的感性显现”（黑格尔）、“美是生活”（车尔尼雪夫斯基）、“美是成功的表现”（克罗齐）、“美是客观化了的快感”（桑塔耶纳）、“美是有意味的形式”（克莱夫·贝尔），等等，都可以在柏拉图这里找到发端。而美学中关于自然美、社会美、形式美、实用美、制度美等的分类，也可以说是滥觞于此。所以，鲍桑葵说，“柏拉图就凭着他那哲学家的本能，搜罗并整理出一批比他的抽象美学理论的内容更能启发人的经验，并提出了一些只有比较具体的批判才能解答的难题”[③]。

再次，《大希庇阿斯篇》展现了逻辑推理的过程，演示了知识生成的脉络。柏拉图在对美是“年轻漂亮的小姐”“母马或汤罐”“黄金”“恰当”“有用”“快感”等做的一系列否定性推衍中，展现了一种逻辑的方法和理性的思维：从日常的现象入手，向着明确的目标，以严格的逻辑追问、诘难和推导，得出符合其逻辑的结论。这与柏拉图的老师也即对话集中的主角苏格拉底的主张完全一致，苏格拉底曾说，“我唯一所知的是我一无所知”，“人生在世，不经审查，不经反思，是无价值的一生”。正是在这样的路线上，产生了柏拉图提出追求现象后面的理想性的理式，继而又影响到柏拉图的学生亚里士多德，创立了严格的形式逻辑。同时，它也生动演示了思想和观念形成的过程：从现实中产生问题——问题深化——产生认识——伴随认识而来的方法。一切都要经过严格的审视、理性的反思、逻辑的证明，才具有说服力，成为真知识。西方的知识体系正是在这一严格的逻辑中建立起来的。根据爱因斯坦的说法：西方文化的特质，在于两点，一是亚里士多德的形式逻辑，二是文艺复兴产生的实验科学。而这两点都是在苏格拉底、柏拉图和亚里士多德所建立的基础上产生出来的。

对于初学者来说，《大希庇阿斯篇》提供了一个传统的理论研究的典范和模板，呈现了一种科学研究的精神，让我们学会在繁杂的现象中直指本质、自我叫板、力

① 李醒尘：《西方美学史教程》，34页，北京，北京大学出版社，1994。
② 陈中梅：《柏拉图诗学和艺术思想研究》，316页，北京，商务印书馆，1999。
③ ［英］鲍桑葵：《美学史》，74页，北京，商务印书馆，1985。

争全面、学会布局。毫不夸张地说，对此篇，如果只读观点，而忽略了过程和方法，则必有“买椟还珠”之憾！

最后，《大希庇阿斯篇》呈现出高超的修辞水平和论辩艺术。《大希庇阿斯篇》是柏拉图对话中典型的对话语体，从整体上体现出一种协商、互动、交流的交往理性。其严密的逻辑、清晰的脉络、层层推进的结构、先立后驳的手法、追求整一的系统思想……不仅使文章读起来兴味十足，也使文章的睿智和辞采给人留下深刻的印象。这些都是值得我们关注和学习的地方。

（撰稿人：张政法）

诗　学

一、著作信息

作者： 亚里士多德，古希腊学术集大成者，被誉为“百科全书式的学者”，其学术研究既涉及数学、物理学等自然学科，也包括哲学、教育学等人文学科。其著作从美学、逻辑学至政治学、伦理学，几乎涵盖了哲学的各个领域，主要有《工具论》《形而上学》《物理学》《政治学》《诗学》等。这些作品对后世有着极大的影响。

译者： 陈中梅，中国社会科学院外国文学研究所研究员，古希腊文学学者。翻译有《诗学》《伊利亚特》《奥德赛》等著作。

版本： 商务印书馆 1996 年版。

二、著作摘录[①]

(一)第 2 章

既然摹仿者表现的是行动中的人，[②] 而这些人必然不是好人，便是卑俗低劣

---

① 本篇著作摘录所使用的符号意义如下：

符号(下列符号分别表示属性不同的内容)

[] 虽有抄本依据，但和上下文不相协调的词语

†† 原来模糊不清、经校订缀补的词语

〈〉 校订者增补的词语

*** 损蚀部分

ff. 及后续部分

p. 页

pp. 页(复数)

* 说明

¯ 长音符(位于字母之上)

& 和

② 作者马上即会告诉我们，悲剧是对行动的摹仿——它之摹仿行动中的人物，是出于摹仿行动的需要。(编者注：本书在引用时对原注释进行了相应处理，如此处舍去“译文第 6 章第 47—48 行”，全书余同。)

者[1](性格[2]几乎脱不出这些特性，人的性格因善[3]与恶相区别)，他们描述的人物就要么比我们好，要么比我们差，要么是等同于我们这样的人。正如画家所做的那样：[4] 珀鲁格诺托斯[5]描绘的人物比一般人好，泡宋[6]的人物比一般人差，而狄俄努西俄斯[7]的人物则形同我们这样的普通人。

上文提及的各种摹仿艺术显然也包含这些差别，也会因为摹仿包含上述差别的对象而相别异。这些差别可以出现在舞蹈、阿洛斯乐和竖琴乐里，也可以出现在散文和无音乐伴奏的格律文里，比如，荷马描述的人物比一般人好，[8] 克勒俄丰[9]的人物如同我们这样的一般人，而最先写作滑稽诗的萨索斯人赫革蒙[10]和《得利亚特》的作者尼科卡瑞斯[11]笔下的人物却比一般人差。这些差别同样可以出现在狄苏朗勃斯和诺摩斯里，因为正如提摩瑟俄斯[12]和菲洛克塞诺斯[13]都塑造过圆目巨

---

① 原文用了形容词 spoudaious 和 phaulous。作者认为，人有“高雅”或“高贵”和“低劣”或“低俗”之分，前者指注重品行、有责任心和荣誉感的、能够认真对待生活(因而也应被认真对待)的“君子”，后者指能力和品行欠佳的、无足轻重的、不值得认真对待的“小人”。Spoudaios 有时意为“严肃的”($1448^{b}34$，第 4 章第 27 行；$1449^{b}10$，第 5 章第 14 行；$1449^{b}24$，第 6 章第 3 行)，其对立面是“滑稽可笑的”(geloios)。悲剧可以死里逃生或亲人团聚结尾，但不能不严肃。悲剧摹仿严肃的行动。在柏拉图看来，《奥德赛》亦是一出悲剧。《诗学》用了好几个表示“好”的词。

② Ethē，可能和 ethō“习惯于”(及 ethos“习惯”)同源《尼各马可斯伦理学》$2.1.1103^{a}17$。在公元前八世纪，ēthos 可指“熟悉的位置”。荷马用它指马“常去的地方”(《伊利亚特》6.511，另参考《奥德赛》14.411)；黑西俄得(Hesiodos)用它指人的“住所”(《农作和日子》167，525)及“习惯”或“习惯性行为”。黑西俄得大概是最早用该词指“性情”或“性格”的作者。

③ Aretē，“好”、“善”、“优秀”。用于指人时，该词常作“美德”解。

④ 《诗学》多次将作诗和绘画等艺术相比较。

⑤ 珀鲁格诺托斯((Polugnōtos)，萨索斯(Thasos)人，公元前五世纪的大画家，善于描绘处于是非冲突中的人物的表情(参见 J. J. Pollitt，*The Ancient View of Greek Art*：*Criticism*，*History*，*and Terminology*，New Haven：Yale University Press，1974 ，pp. 188-189)。亚氏建议让青少年欣赏珀鲁格诺托斯等擅长表现性格(或好的气质或精神面貌)的画家的作品，而不要让他们接触泡宋的画作(《政治学》$8.5.1340^{a}35$—37)。

⑥ Pausōn ，雅典画家。阿里斯托芬在《阿卡耳那伊人》(*Akharnenses*)第 854 行里提到过一位名叫泡宋的画家。《诗人篇》指出，泡宋喜描绘滑稽可笑的人物。

⑦ 罗马学者帕里尼乌斯(Gaius Plinius Secundus)曾提及一位名叫狄俄努西俄斯(Dionusios)的画家(《自然研究》(*Historia Naturalis*) 35.113)，不知是否就是此君。

⑧ 假如真像作者以为的那样(他认为《马耳吉忒斯》乃荷马所作)，那么，荷马亦应描写过“低劣的人”。

⑨ 克勒俄丰(Kleophōn)是公元前四世纪的雅典悲剧诗人，其作品早已如数佚失。《舒达》(*hē Souda*)中提到过一位名叫克勒俄丰的悲剧诗人并记载了他的某些作品的名称。亚氏曾批评他(如果不是另一位克勒俄丰的话)用词不当(《修辞学》$3.7.1408^{a}14$—16)。在第 22 章里，作者嫌他的作品“平淡无奇”。

⑩ Hegēmōn，旧喜剧诗人，擅写滑稽作品，公元前五世纪下半叶时住在雅典。在他的努力下，滑稽作品得以成为一种独立的艺术，并被列为比赛项目。Parodia 可作“滑稽史诗”解。萨索斯(Thasos，现名 Thaso 或 Tasso)是爱琴海北部的一个岛屿。

⑪ 尼科卡瑞斯(Nikckharēs)是和阿里斯托芬同时代的喜剧诗人，其父菲洛尼得斯(Philōnidēs)亦是喜剧诗人。《舒达》收录了尼氏的十部作品的名称。*Deiliad* 即一部描写 deilos (“胆小鬼”)的史诗。若作 *Deliad* 理解，则为“德洛斯的故事”(德洛斯(Dēlos)是爱琴海中的一个小岛)。

⑫ 提摩瑟俄斯(Timotheos 约公元前 450—前 360 年)系米利都(Milētos)人，擅写狄苏朗勃斯，和欧里庇得斯相交甚笃。提氏还是一位音乐的革新者。他的《波斯人》(*Persae*，*The Oxford Classical Dictionary* 称之为一曲 lyric nome)是一部成功之作，其中相当一部分被保存了下来。《诗学》两次提及他的《斯库拉》。

⑬ 菲洛克塞诺斯(Philoxenos 约公元前 436—前 380 年)，库瑟拉(Kuthēra)人，亦以写作狄苏朗勃斯闻名。他曾借圆目巨人的形象讽刺过西西里的独裁者狄俄努西俄斯(Dionusios)一世。如果说提摩瑟俄斯把合唱引进了诺摩斯，菲洛克塞诺斯则将独唱引进了狄苏朗勃斯。

人[1]的形象一样，诗人可以不同的方式表现人物。此外，悲剧和喜剧的不同也见之于这一点上：喜剧倾向于表现比今天的人差的人，[2] 悲剧则倾向于表现比今天的人好的人。[3]

(二)第6章

用六音步格摹仿的诗[4]和喜剧，我们以后再谈。[5] 现在讨论悲剧，先根据上文所述，[6] 给它的性质[7]下个定义。

悲剧是对一个严肃、完整、[8] 有一定长度的行动[9]的摹仿，它的媒介是经过"装饰"的语言，[10] 以不同的形式分别被用于剧的不同部分，[11] 它的摹仿方式是借助人物的行动，而不是叙述，通过引发怜悯和恐惧使这些情感[12]得到疏泄。[13] 所谓"经过装饰的语言"，指包含节奏和音调[即唱段][14]的语言，所谓"以不同的形式分别被用于不同的部分"，指剧的某些部分仅用格律文，而另一些部分则以唱段的形式组成。

---

① 荷马史诗中的圆目巨人(Kuklōpes)或独目巨人，是一群散居在某个边远地带的、以畜牧为生的野蛮人。俄底修斯(Odusseus)和他的伙伴们曾到过那里，并因误进了一个名叫珀鲁斐摩斯((Poluphemos)的圆目巨人的洞穴而被抓。俄底修斯设计弄瞎了巨人的眼睛，然后混在羊群里逃出了洞穴(参阅《奥德赛》9. 105ff.)。珀鲁斐摩斯是海神波塞冬(Poseidōn)的儿子，为同伙中最强健者。菲洛克塞诺斯可能借珀鲁斐摩斯影射独裁者，而提摩瑟俄斯则可能以较为严谨的笔调描述了这位"草莽英雄"的经历。

② 在古希腊，喜剧亦可描写有身份的上层人物，可惜此类作品早已荡然无存。《诗学》没有告诉我们是否可将此类作品中的人物归入"低劣者"之列。罗马剧作家帕拉乌吐斯(Titus Maccius Plautus)在《安菲特鲁俄》(*Amphitruo*)的开场白中写道，如果一部作品的 dramatis personae("戏剧人物")既包括神和贵族，又有平民和奴隶，那么就可称这部剧作为"悲喜剧"(tragicomodia)。

③ 在这两句话里，"表现"亦可作"摹仿"解。

④ 即史诗。史诗取六音步格(hexametros)，每个音步由一个长音节和两个短音节构成。在占时方面，两个短音节大致等于一个长音节。六音步格又名"英雄格"(hērōos、hērōikon 或 hērōikon metron)。这里指的是用六音步格作成的摹仿型作品，因而不包括诸如恩培多克勒的《论自然》一类的著作。六音步长短短格适用于史诗，因为它"最庄重，最有分量"。

⑤ 关于史诗的论述始于第 23 章。《诗学》第 2 卷(或另一部分)讨论喜剧，可惜早已失传。

⑥ 上文已经论及或涉及的内容包括：悲剧(一)是一种摹仿艺术，(二)摹仿高贵者的(即严肃的)行动，(三)应有一定的长度，(四)摹仿的媒介是节奏、唱段和格律文，(五)由不同的部分(即对话和合唱)组成，(六)采用表演的方式。上文尚未涉及行动的完整性的问题。

⑦ "性质"原文作 ousia。在亚里士多德哲学里，ousia 是一个重要的概念。

⑧ Teleias。一个物体如果有了应该具有的一切，即包容了组成这个事物所必需的一切要素和部分，这个物体便是完整划一的(teleion kai holon，《物理学》3. 6. 207^{a} 9)。用于形容产品和艺术品时，teleios 意为"完美的"或"精美的"，近似于拉丁词 perfectus。

⑨ 亚里士多德伦理学认为，行动(praxis)既不同于生产(poiēsis)，也不同于纯度很高的思辨活动(见《尼各马可斯伦理学》6. 4. 1140^{a}ff.，1. 2. 1139^{a}26ff.)。Praxis 的主体是人，因而是一种受思考和选择(proairesis，参见注 51)驱动的、有目的的实践活动(参考同上，4. 2. 1139^{a}31—^{b}5)。严格说来，只有智力健全的成年人才有组织和进行 praxis 的能力(《欧德摩斯伦理学》2. 8. 1224^{a}28—30)。所以，对行动引起的后果，当事人必须承担应该由他承担的责任(或某一部分责任)。

⑩ Hēdusmenōi logōi。Hēdusma 原意为"调味品"(参见《尼各马可斯伦理学》9. 10. 1170^{b}29)。

⑪ Tois moriois，moria 在此指与悲剧的"量"有关的"部分"。"不同的形式"直译作"每一种类型"(eidos)。

⑫ 根据原文，似亦可作"此类情感"解。参考《修辞学》2. 1. 1378^{a}19—22，《政治学》8. 8. 1342^{a}12。《修辞学》第 2 卷对怜悯和恐惧作了详细的阐述。

⑬ 在定义所包括的内容中，"净化"(katharsis)是《诗学》现存部分没有作过说明的唯一的一项内容。

⑭ Harmonia [kai melos]。Harmonia 和 melos 意思接近，但后者似更明确地包含"有歌词"之意。Kai melos 是对 harmonia 的(或许是可有可无的)说明。

既然摹仿通过行动中的人物进行，那么，戏景[①]的装饰就必然应是悲剧的一部分，[②]此外，唱段和言语亦是悲剧的部分，因为它们是人物进行摹仿的媒介。所谓“言语”，[③]指格律文的合成本身，至于“唱段”[④]的潜力，我想不说大家也知道。既然悲剧是对行动的摹仿，[⑤]而这种摹仿是通过行动中的人物进行的，这些人的性格和思想就必然会表明他们的属类[⑥]（因为只有根据此二者我们才能估量行动的性质[思想和性格乃行动的两个自然动因]，而人的成功与失败取决于自己的行动）。因此，情节是对行动的摹仿；[⑦]这里说的“情节”[⑧]指事件的组合。所谓“性格”，[⑨]指的是这样一种成分，通过它，我们可以判断行动者的属类。“思想”[⑩]——我的意思是——体现在论证观点或述说一般道理的言论里。[⑪]

由此可见，作为一个整体，悲剧必须包括如下六个决定其性质的成分，[⑫]即情

---

① Opsis，原意为“外观”、“形貌”等，译作“戏景”，表“演出情景”之意。Opsis是重要的，因为观看演出实际上是观看人物在戏场或戏台上的活动；opsis又不是那么重要的，因为即使仅凭阅读或听人讲诵，人们也能领略到悲剧的美和气势。作者在下文中用了“装饰”(kosmos)一词，绝非出于偶然。Opsis可能主要指人物的外观，不过，我们有时似乎很难把人物的活动和周围的环境分割开来。原文$1453^{b}1$中的opsis似可作泛指的“剧景”解。

② Meros，即下文中的“成分”。

③ 像dianoia等词汇一样，lexis也是个不易准确释译的术语。译作“语言”，似嫌泛了点；译作“措词”，难免显得有些拘谨；译作“文体”或“风格”，读来又略带几分生硬。作“言语”或“话语”解，虽说相对好一些，亦不能完整表达lexis的内涵（当然，即使在《诗学》里，lexis亦可表示不同的意思）。Lexis的词根是leg-（比较legein，“说”、“讲”），加上后缀，包含动作之意，故不仅可作“言语”解，而且还带有“正确地使用语言”的意思（参考《修辞学》$3.1.1403^{b}16$）。难怪作者认为，lexis即“格律文的合成”或“通过词（或语言）表达意思”。Lexis指格律文或散文，不指词和音乐的接合，即melos（但亚氏亦用lexis指狄苏朗勃斯中的“言词”，《修辞学》$3.3.1406^{b}2$）。第20—22章对lexis作了较为细致的分析。

④ Melopoiia，即“歌的制作”。悲剧的写作包括两个部分，即格律文（念白、对话）的合成（lexis）和唱段（或歌）的合成（melopoiia）。因此，悲剧诗人既是格律文的写作者，又是唱段的写作者（melopoios）。欧里庇得斯称埃斯库罗斯为“一个弊脚的melopoios”（阿里斯托芬《蛙》（*Ranae*）1249—1250）。

⑤ 作者反复强调了悲剧是对行动的摹仿的观点。比较：悲剧是对行动和生活的摹仿；悲剧摹仿的不仅是一个完整的行动，而且是能引发恐惧和怜悯的事件。

⑥ 或：这些人必须在性格和思想方面具备某些特性（poious tinas）。To poion亦可作“性质”或“品质”解。

⑦ 悲剧是对行动的摹仿。

⑧ 作者对muthos进行了限定：muthos在此指“情节”，而不是通常所说的“故事”。

⑨ 亚氏认为，性格（ēthē）属伦理美德的研究范畴。伦理美德得之于习惯（ethos）或习惯性活动。人们通过正义的行动而成为有正义感的人（详见《尼各马可斯伦理学》$2.1.1103^{a}31—^{b}2$）。性格出自实践，也体现在实践之中，也就是说，通过一个人的抉择或行动，人们可以看出他的性格。

⑩ Dianoia指在理智和智能制导下的精神活动，可解作“推理”、“思想”和“思考”等。在亚里士多德哲学里，psukhē（“心灵”）包括可引发行动（praxis）的三个成分，即aisthēsis（“感觉”）、orexis（“欲望”）和nous（“理智”）（《尼各马可斯伦理学》$6.2.1139^{a}17—18$）。Nous是psukhē的精华，其功用是思考（dianoia）。作为一种推理思考，dianoia可包括以下三个方面的知识，即epistēmē（“科学或系统知识”）、tekhnē（“制作知识”）和phronēsis（“实践或行为知识”）（《分析续论》（*Analytica Posteriora*）$1.33.89^{b}7—9$）。《诗学》赋予dianoia如下两个“特点”：（一）体现在（某些）言论之中，（二）可以反映人的说理能力。

⑪ 或：指论证观点或说明道理的言论。*Gnōmē*指具一定概括力的、能说明某个道理的言论。对一般人而言，它是经验的总结，生活的教训；它的作用是告诉人们如何为人处世（参见《修辞学》$2.21.1394^{a}21—25$）。Gnōmē不回答纯理论问题，既不解释数学定义，也不从哲学的高度分析和说明宇宙的起源、极限和归向。Gnōmē不是智慧（sophia）的最高表现形式，也不是人对世界的最后解释，因此不同于纯哲学的结论或“第一哲学”的研究内容和成果。

⑫ Merē，指和悲剧的“质”有关的“成分”和“部分”。

节、性格、言语、思想、戏景和唱段，其中两个指摹仿的媒介，一个指摹仿的方式，另三个为摹仿的对象。① 形成悲剧艺术的成分尽列于此。† 不少诗人†——或许可以这么说——使用了这些成分，② 因为作为一个整体，戏剧包括戏景、③ 性格、情节、言语、唱段和思想。

事件的组合④是成分中最重要的，因为悲剧摹仿的不是人，而是行动和生活⑤[人的幸福与不幸均体现在行动之中；生活的目的是某种行动，而不是品质；⑥ 人的性格决定他们的品质，但他们的幸福与否却取决于自己的行动。]⑦所以，人物不是为了表现性格才行动，而是为了行动才需要性格的配合。⑧ 由此可见，事件，即情节是悲剧的目的，⑨ 而目的是一切事物中最重要的。此外，没有行动即没有悲剧，但没有性格，悲剧却可能依然成立。⑩ 事实上，当代大多数悲剧诗人⑪的作品缺少性格，一般说来，许多诗人的作品也都有这个毛病。再以画家为例：比较珀鲁格诺托斯和宙克西斯⑫的作品可以看出，前者善于刻画性格，而后者的画作却无性格可言。再则，要取得我们所说的悲剧的功效，⑬ 只靠把能表现性格，⑭ 言语和思想都处理得

---

① 媒介：言语和唱段；方式：戏景；对象：情节、性格和思想。

② Eidē，等于 merē。

③ 校订本作†opsis ekhei pan†，其中 ekhei pan 可作“具所有的成分”解。但如果说每部悲剧都包括这里提及的六个成分，我们又该如何解释第 33—34 行中的内容呢？

④ 即情节。

⑤ 艺术摹仿生活的观点在公元前四世纪大概已相当流行。和作者同时代的演说家鲁库耳戈斯（Lukourgos）说过，诗人“摹仿生活”（《谴责莱俄克拉忒斯》（*Kata Leōkratous*）102）；亚氏本人也曾引述过阿尔基达马斯（Alkidamas）的话：《奥德赛》是生活的镜子（《修辞学》3. 3. 1406^{b}12—13）。

⑥ 或：而不是为了形成（某种）品质。

⑦ 生活的目的（telos）是追求幸福（eudaimonia）。亚氏一再指出，幸福不是“状态”，而是“活动”（energeia，《尼各马可斯伦理学》1. 6. 1098^{a}16，10. 6. 1176^{b}6—7；《政治学》7. 3. 1325^{a}32—34）。“活动”（或行动）包括我们今天所说的某些“状态”，如幸福、思考等。亚里士多德认为，幸福本身即包含自己的目的（《尼各马可斯伦理学》10. 6. 1176^{b}30—31）。

⑧ 悲剧摹仿人物的行动，而不是他们的性格，因为只有通过表现行动，才能揭示生活的目的（即对幸福的追求）和人生的意义。具有某种品质或养成某种性格和习性，不是生活的最终目的。所以，在作者看来，性格“屈从”于行动（即情节）是很自然的事（今天的诗人、剧作家和小说家们或许不会完全同意这一点）。亚氏的戏剧理论明显地受到他的伦理学思想的影响。

⑨ 这里，“事件”（pragmata）和“情节”等义。“即”原文作 kai。作者认为，情节是悲剧中最重要的成分，因此是悲剧的目的（telos tragōidias）。

⑩ 当时是否有人主张重性格、轻情节，不得而知。

⑪ 指欧里庇得斯以后，即公元前四世纪的悲剧诗人。

⑫ 宙克西斯（Zeuxis）出生在鲁卡尼亚（即 Lucanus）境内的赫拉克雷亚（Herakleia）。在柏拉图的《普罗塔哥拉斯篇》（可能作于公元前 430 年左右）里，他还是一位刚到雅典不久的年轻人。宙克西斯是一位誉满希腊城邦的画家（另参考西塞罗《论创造》（*De Inventione* 或 *De Inventione Rhetorica*）2. 1. 1），以画面绮丽和逼真著称。他画的葡萄曾使飞鸟“受骗”（帕里尼乌斯《自然研究》35. 65）。尽管作者认为宙氏的作品不表现性格，帕里尼乌斯却称他的“裴奈罗珮”是一幅展现人物道德情操的画作（同上，35. 63）。

⑬ 作者不曾用整段的文字讲述悲剧的功效（ergon tragōidias），有关论述散见在几个章节之中。简言之，悲剧的 ergon 是：通过能使人惊异的剧情引发怜悯和恐惧并使人们在体验这些情感中得到快感。从某种意义上来说，ergon 的实现，也就意味着悲剧达到了预期的或应该达到的目的；不过，实现这个目的似应有观众或读者的参与。

⑭ 讲演者不仅应通过语言准确地表达意思，而且还应用合适的词语表现自己的性格，以争取听众的了解和支持（详见《修辞学》2. 1. 1377b23ff.）。在讲演中，话语分三类，即表示性格的话语（ēthikos logos）、激发情感的话语（Pathētikos logos）和说理的话语（apodeiktikos logos）。

很妥帖的话语连接起来是不够的;① 相反，一部悲剧，即使在这些方面处理得差一些，但只要有情节，即只要是由事件组合而成的，却可在达到上述目的方面取得好得多的成效。另外，悲剧中的两个最能打动人心的成分是属于情节的部分，即突转和发现。② 还有一点可资证明：新手们一般在尚未熟练掌握编排情节的本领之前，即能娴熟地使用言语和塑造性格——在这一点上，过去的诗人也几无例外。③

因此，情节是悲剧的根本，用形象的话来说，是悲剧的灵魂。④ 性格的重要性占第二位(类似的情况也见之于绘画：一幅黑白素描比各种最好看的颜料的胡乱堆砌更能使人产生快感)。悲剧是对行动的摹仿，它之摹仿行动中的人物，是出于摹仿行动的需要。

第三个成分是思想。思想指能够得体地、恰如其分地表述见解的能力;⑤ 在演说中,⑥ 此乃政治⑦和修辞艺术的功用。⑧ 昔日的诗人让人物像政治家似地发表议论,⑨ 今天的诗人则让人物像修辞学家似地讲话。⑩ 性格展示抉择⑪(无论何种)⑫的性质[在取舍不明的情况下],⑬ 因此，一番话如果根本不表示说话人的取舍，是不

---

① 比较柏拉图《法伊德罗斯篇》268C-D。

② 《诗学》几次连用突转(peripeteia)和发现(anagnōrisis)，可见二者的关系之密切。突转和发现(或认出、意识到)是区别复杂情节和简单情节的两个成分。

③ 在现存的悲剧中，除《雷索斯》被疑为是欧里庇得斯早年的作品外(参考第5章注22)，其余的都不是作者“初出茅庐”时的作品。

④ 灵魂(psukhē)是生命之根本，即 arkhē，(《论灵魂》1.1.402a6—7)。Psukhē 乃事物中最重要的、决定其性质、功用和意义的部分。布莱希特(Bertolt Brecht)不是亚氏戏剧理论的“信徒”，但仍在某种程度上同意情节是悲剧之灵魂的观点(参见《安提戈涅模式》(*Antigonemodell*) 5)。

⑤ 或：思想指说可以说的和合适的话的能力。

⑥ Epi tōn logōn，亦可作“在讲话中”解。

⑦ Politikē，即关于城邦(polis)生活的艺术。当时的 politikē 还包括伦理学等(参考《尼各马可斯伦理学》1.2.1094a26—b10，《修辞学》1.2.1356a25—27)，因此比我们今天所说的“政治”含义广一些。政治是全体公民的事，关心政治(即城邦的事务)是全体公民的义务。

⑧ 译作“政治和修辞艺术中的演说即具此种功用”，似乎也过得去。

⑨ 或：……像公民似地讲话。

⑩ 原文用了副词 rhētorikōs。在公元前四世纪，雅典文坛上不乏重修辞的悲剧诗人。瑟俄得克忒斯(修辞大师伊索克拉忒斯(Isokratēs)的学生)既是出色的修辞学家(西塞罗很欣赏他的文采，见《演说家》51.172)，又是多产的悲剧诗人。阿斯图达马斯和阿法柔斯(Aphareus)等名诗人也都专门学过修辞(详见 G. Xanthakis-Karamanos，“The Influence of Rhetoric on Fourth-Century Tragedy”，*Classical Quarterly* (N. S.) 29(1979)，pp. 66-69)。在公元前五世纪的诗人中，欧里庇得斯写过大段的“演说词”(参见《特洛伊妇女》(*Troades*) 914—1032)。自公元前五世纪末起，修辞可能已带有为了实现某种政治目的而不合适地利用言论控制和引导舆论的含义。

⑪ Proairesis 指智力正常的人在经过认真考虑(bouleusis)后作出的“抉择”或“决定”(参见《尼各马可斯伦理学》3.3.1113a9—12)。一般说来，proairesis 是对有助于实现某个目的的方式的选择(同上，3.3.1113a12—14，6.2.1139a31—33)。Proairesis 是亚里士多德行为哲学中的一个不可忽视的成分，与之相关的重要概念包括 nous (“理智”)、dianoia (“思考”)和 ēthē(“性格”)(同上，3.3.1139a33—35)。根据亚氏的伦理思想，选择是一种带倾向性的行为，因而也就可以和应该接受道德标准的检验。由此可见，将这句话译作“性格显示人的道德意向”，亦是可以的。

⑫ 括弧为译者所加。

⑬ 阿拉伯译本中没有这一“说明”。

能表现性格的。思想体现在论证事物的真伪或讲述一般道理的言论里。①

第四个成分是†话语中的†言语。② 所谓"言语"，正如我们说过的，指用词表达意思，其潜力在诗里和在散文③里都一样。在剩下的成分里，唱段是最重要的"装饰"。④ 戏景虽能吸引人，却最少艺术性，⑤ 和诗艺的关系也最疏。一部悲剧，即使不通过演出⑥和演员的表演，也不会失去它的潜力。⑦ 此外，在决定戏景的效果方面，服装面具师⑧的艺术比诗人的艺术起着更为重要的作用。

(三)第7章

定义有了，⑨ 现在讨论应如何编组事件的问题，因为在悲剧里，情节是第一，也是最重要的成分。⑩

根据定义，悲剧是对一个完整划一，⑪ 且具一定长度的行动的摹仿，因为有的事物虽然可能完整，却没有足够的长度。⑫ 一个完整的事物由起始、中段和结尾组成。⑬ 起始指不必承继它者，但要接受其他存在或后来者的出于自然之承继的部分。与之相反，结尾指本身自然地承继它者，但不再接受承继的部分，它的承继或是因为出于必须，或是因为符合多数的情况。⑭ 中段指自然地承上启下的部分。因此，组合精良的情节不应随便地起始和结尾，它的构合应该符合上述要求。⑮

此外，无论是活的动物，还是任何由部分组成的整体，若要显得美，⑯ 就必须符合以下两个条件，即不仅本体各部分的排列要适当，而且要有一定的、不是得之

---

① Dianoia 包含运用智力进行思考或推理之意，故这句话似亦可作如下解：人们通过推理论证事物的真伪或发表包含一般性道理的言论。

② "话语中的"一语是个不必要的"说明"，因为 lexis 即指供念诵的"话"或"台词"，而不是供唱诵的歌词或唱词。

③ Epi tōn logōn。Logos 在此与"诗"或"格律文"形成对比。

④ 演说者不应把"调料"(修饰性词语)当"菜肴"(《修辞学》3.3.1406^{a}18—20)。

⑤ 换言之，戏景是个相对次要的成分。高明的诗人不应借助戏景引发怜悯和恐惧，因为那是缺少艺术性的做法。有无艺术性亦是作者评判发现之优劣的标准。

⑥ Agōn，(公开)"演出"、"比赛"。

⑦ "潜力"原文作 dunamis。根据亚氏的哲学思想，事物的 dunamis 是属于事物本身的东西。因此，即使事物没有进入运作状态，它的潜力依然存在。从这个意义上来说，悲剧，即便躺在书架上，也不会失去它的 dunamis。

⑧ Skeuopoios，由 skeuos("器械"、(演员的)"服装")和 poiein("制作")组成，此间所指可能比"服装面具制作师"的含义广一些。

⑨ 事实上，作者没有给每个成分下定义。

⑩ 或译作：这是第一、也是最重要的一件事。作者反复强调了情节的重要性。

⑪ Teleias kai holēs。悲剧的定义中有 teleias 一词，holēs 的出现，可能是为了强调。如果说 holon 和 teleion 不是严格意义上的同义词，它们的意思也是"十分接近的"(《物理学》3.6.207^{a}13)。

⑫ Megethos，或作"体积"解。

⑬ 类似的论述也见之于柏拉图的《法伊德罗斯篇》264C。

⑭ 或：在大多数情况下是如此(参考《分析续论》2.12.96^{a}8—10)。在下文中，作者用"必然"和"可然"表达了同样的意思。

⑮ 直译：应该使用上述成分(ideai，即起始、中段和结尾)。

⑯ 美的要素包括顺序、比例和限度(《形而上学》12.3.1078^{a}36—37，另参考《论题》(*Topica*) 3.1.116^{b}21—23)。

于偶然的体积，因为美取决于体积和顺序。[1] 因此，动物的个体太小了不美(在极短暂的观看瞬间里，该物的形象会变得模糊不清)，[2] 太大了也不美(观看者不能将它一览而尽，故而看不到它的整体和全貌——假如观看一个长一千里[3]的动物便会出现这种情况)。[4] 所以，就像躯体和动物应有一定的长度一样——以能被不费事地一览全貌为宜，情节也应有适当的长度[5]——以能被不费事地记住为宜。

用艺术标准来衡量，作品的长度限制[6]不能以比赛的需要和对有效观剧时间[7]的考虑来定夺。不然的话，若有一百部悲剧参赛，[8] 恐怕还要用水钟来记时呢——†就像人们传说的那样。†[9] 但是，若从以事物本身的性质决定其限度的观点来看，只要剧情清晰明朗，篇幅越长越好，因为长才能显得美。[10] 说得简要一点，作品的长度要以能容纳可表现人物从败逆之境转入顺达之境或从顺达之境转入败逆之境的一系列按可然或必然[11]的原则依次组织起来的事件为宜。长度若能以此为限，[12] 也就足够了。

(四)第 13 章

承上文所述，现在似有必要讨论如下问题：在组织情节时，诗人应追求什么，避免什么，[13] 以及应该怎样才能使悲剧产生它的功效。

---

① 美的个体应有一定的体积(参考《政治学》$7.4.1326^{a}33$，《尼各马可斯伦理学》$4.3.1123^{b}6$—8，比较希罗多德《历史》1.60。“体积”原文作 megethos；“顺序”原文作 taxis，亦可作“排列”解。

② 亚氏认为，物体的体积和对它进行观察所需的时间之间存在着某种必然的关联(参考《物理学》$4.13.222^{b}15$)。物体太细小，使人难以分辨它的组成部分(美的个体应有完好的内部组织)，也弄不清它是怎么组合起来的，自然就无美可言。

③ 毫无疑问，这是一种夸张的说法。一个 stadion 等于六个 plethra，合六百零六英尺九英寸。

④ 在原文中，括弧止于“全貌”。

⑤ Mēkos，比较 megethos。

⑥ Horos，“限制”，亦可作“定义”解。

⑦ 原文作 pros tous agōnas kai tēn aisthēsin，“与比赛和感察有关”。

⑧ 当然，这是夸张的说法，学问家的严谨没有泯灭他的幽默感。在城市狄俄努西亚戏剧比赛中，一天内上演的悲剧一般不超过三部。

⑨ 或：正如人们有时提及的那样。阿拉伯译文作：正如人们惯常所说的那样。在法庭上，为了使卷入纠纷的双方有相等的说话时间，古希腊人曾用水钟记时。现存的古文献中查不到在悲剧比赛中用水钟记时的记载。

⑩ 对这里的提法不可作过于机械的理解——作者大概不会鼓动诗人写一万行的悲剧。事实上，作者刚刚说过，情节的长度应以能被不费事地记住为宜。所以，即便是史诗，也不宜拉得过长。

⑪ 可然(to eikos)和必然(to anankaion)可能是当时的学者们所熟悉的术语(柏拉图曾合用过这两个词，见《提迈俄斯篇》40E)。亚氏认为，事物的存在或不存在，事情的发生或不发生，若是符合一般人的看法，这种存在或不存在，发生或发生便是可然的(《分析论》(*Analytica Priora*) $2.27.70^{a}2$—6，另参阅《修辞学》$1.2.1357^{a}34$ff.)。“必然”排斥选择或偶然：一个事物若是必然要这样存在，就不会那样存在；一件事情若是必然会发生，就不会不发生(《形而上学》$4.5.1010^{b}26$—30)，“可然”和“必然”将在下文中反复出现。

⑫ 对悲剧的长度，作者没有作出硬性的规定，这是明智的。公元前五世纪的悲剧一般不超过 1 600 行。在现存的索福克勒斯的悲剧里，《俄底浦斯在科罗诺斯》(*Oedipus Coloneus*)最长，为 1 779 行，《特拉基斯妇女》(*Trachiniae*)最短，为 1 278 行。在现存的欧里庇得斯的作品中，《赫拉克勒斯的后代》(*Heraclidae*)最短，仅 1 055 行。

⑬ 或：注意什么。

既然最完美的悲剧的结构应是复杂型、而不是简单型的,① 既然情节所摹仿的应是能引发恐惧和怜悯的事件(这是此种摹仿的特点),那么,很明显,首先,悲剧不应表现好人②由顺达之境转入败逆之境,因为这既不能引发恐惧,亦不能引发怜悯,倒是会使人产生反感。③ 其次,不应表现坏人由败逆之境转入顺达之境,因为这与悲剧精神背道而驰,在哪一点上都不符合悲剧的要求——既不能引起同情,④ 也不能引发怜悯或恐惧。再者,不应表现极恶的人由顺达之境转入败逆之境。此种安排可能会引起同情,却不能引发怜悯或恐惧,因为怜悯的对象是遭受了不该遭受之不幸的人,而恐惧的产生是因为遭受不幸者是和我们一样的人。⑤ 所以,此种构合不会引发怜悯或恐惧。⑥ 介于上述两种人之间还有另一种人,⑦ 这些人不具十分的美德,⑧ 也不是十分的公正,他们之所以遭受不幸,不是因为本身的罪恶或邪恶,而是因为犯了某种错误。这些人声名显赫,生活顺达,如俄底浦斯、苏厄斯忒斯⑨和其他有类似家族背景的著名人物。

---

① 简单剧中以穿插式的为最次。

② Epieikeis andres,此处应指"完美无缺的人"方能和下文的意思相吻合,因为有缺点的好人仍然是好人。第15章指出,诗人在摹仿易怒的、懒散的或性格上有其他缺陷的人物时,也应既求相似,又要把他们写成好人;人物的性格必须好。阿基琉斯是个好人,但不是完人。应该承认,作者没有在用词上区别"好人"和"完人"是一个缺憾。

③ "反感"(miaron)不是悲剧应该引发的情感。

④ 从词源上来看,philanthrōpon 和名词 philothrōpia("友善"、"善良",由 phil-("爱")和 anthrōpos("人")组成)同"宗",可作"同情"解。值得注意的是,在亚里士多德伦理学里,"同情"不是一个孤立的概念。对遭受苦难者的同情,包含了对导致苦难者的愤怒和乐于见到后者受惩的心情。人们同情不该遭受但实际上遭受了苦难的人,对命运之神使不配走运的人"发迹"感到愤懑不平(参考《修辞学》2.9.1386b8—15)。所以,philanthropon 又可作"满足人的道德要求(或愿望)的"解。

⑤ 校订本重复了怜悯和恐惧的对象:前者……,后者……,怜悯……,恐惧……。悲剧英雄或人物也是人,而不是神。他们有人的弱点和喜怒哀乐,也会像一般人那样犯错误。从这个意义上来说,他们和我们或一般人没有太大的区别。悲剧之所以感人,和这一点很有关系。但是,悲剧人物出身高贵,地位显赫,举足轻重——这些人往往和神有着直接和具体的交往,在一个崇尚力量和英雄的时代里有过不寻常的经历。这一切又是一般人所不可企及的。从这个意义上来说,悲剧摹仿或表现比今天的人好的人。

⑥ 根据逻辑推理,似还应有另一种境况变化,即好人由败逆之境转入顺达之境。为何不见提及此种变化,原因颇费猜度。是源出传抄者的遗误,还是因为作者觉得此类变化完全背离悲剧精神,故而不值一提?事实上,此种变化不仅悲剧中有,而且还出现在作者为之总结出一般性大纲的《伊菲革涅娅在陶罗依人里》里。作者不认为伊菲革涅娅应该杀了俄瑞斯忒斯,然后再表示追悔,相反,他很欣赏欧里庇得斯的处理方式。在《诗学》里,需要读者发挥想象力的地方颇多,这里所指,只是其中的一例而已。

⑦ 可以称此种人为悲剧的"主人公",但作者没有使用这个词。

⑧ "美德"原文作 aretē。美德分两种,一种为心智美德(dianoētikai aretai),如哲学思辨,另一种为伦理美德(ēthikai aretai),如克制(《尼各马可斯伦理学》1.13.1103a5—6)。

⑨ 苏厄斯忒斯(Thuestēs)和阿特柔斯(Atreus,阿伽门农和墨奈劳斯之父)同为裴洛普斯(Pelops)之子。裴洛普斯杀了神之信使赫耳梅斯(Hermēs)的儿子,赫耳梅斯因此发誓要让裴氏家族遭殃。他给了阿特柔斯一只象征王权的金羊。苏厄斯忒斯通过与阿特柔斯之妻通奸之便偷取了金羊,事发后被逐出城外。其后,阿特柔斯烹煮了苏厄斯忒斯的儿子,并以兄弟修好为名邀请苏氏赴宴。索福克勒斯、阿伽松、卡耳基诺斯、阿波洛道罗斯(Apollodōros)、开瑞蒙、克勒俄丰以及罗马诗人厄纽斯(Guintus Ennius)和塞奈卡(Lucius Annaeus Seneca)等都写过苏厄斯忒斯的经历。索福克勒斯写过一出《苏厄斯忒斯》和一出《苏厄斯忒斯在西库恩》,均已失传,《苏厄斯忒斯在西库恩》的内容包括:苏厄斯忒斯在不知对方是自己的女儿裴洛庇娅(Pelopia)的情况下,同她生子埃吉索斯。阿特柔斯把后者养大成人并指使他去杀苏厄斯忒斯。苏厄斯忒斯认出女儿后,裴洛庇娅含羞自尽;愤怒的埃吉索斯杀了阿特柔斯。

由此看来，一个构思精良的情节必然是单线的，[①] 而不是——像某些人所主张的那样——双线的；[②] 它应该表现人物从顺达之境转入败逆之境，而不是相反，即从败逆之境转入顺达之境；[③] 人物之所以遭受不幸，不是因为本身的邪恶，而是因为犯了某种后果严重的错误——当事人的品格应如上文所叙，也可以更好些，但不能更坏。事实证明，我们的观点是正确的。起初，诗人碰上什么故事就写什么戏，而现在，最好的悲剧都取材于少数几个家族的故事，[④] 例如，取材于有关阿尔克迈恩、[⑤] 俄底浦斯、俄瑞斯忒斯、[⑥] 墨勒阿格罗斯、[⑦] 苏厄斯忒斯、忒勒福斯[⑧]以及其他不幸遭受过或做过可怕之事的人的故事。所以，用艺术的标准来衡量，最好的悲剧出自此类构合。因此，那些指责欧里庇得斯[⑨]以此法编写悲剧并批评他在许多作

---

① Haplous 在此作“单线的”解，和 diplous（“双线的”）形成对比。注意，单线情节和简单情节不是同一个概念。就单线情节和双线情节而言，作者认为前者优于后者；就简单情节和复杂情节而言，作者认为后者优于前者。

② 双线发展的情节往往会引出两个结局，即好人得到好报，恶人受到惩罚（见下文）。“某些人”所指不明。

③ 这一观点可能和第 14 章中的有关论述相矛盾。

④ 作为一种趋势，可能始于公元前五世纪下半叶。Muthos 在此作“故事”解。

⑤ 阿尔克迈恩（Alkmaiōn）是安菲阿拉俄斯之子。为了替父报仇，杀死母亲厄里芙勒，后被复仇女神逼疯。普索菲斯（Psophis）国王为他净罪，并以女儿嫁之；遇荒年出走，又婚，被前妻的兄弟杀死。索福克勒斯、欧里庇得斯、阿伽松、瑟俄得克忒斯、尼各马可斯和阿斯图达马斯等都写过有关阿尔克迈恩的悲剧。欧里庇得斯的《阿尔克迈恩在科林索斯》（已失传）的剧情包括如下内容：阿尔克迈恩和女祭司生女提西芬奈（Tisiphonē）；提氏成年后被卖作奴隶，落到了阿尔克迈恩手中，后者直到回科林索斯认领女儿时，才发现自己做了乱伦之事。

⑥ Orestēs 是慕凯那伊（Mukēnai）国王阿伽门农和克鲁泰梅丝特拉之子。据《奥德赛》，俄瑞斯忒斯于阿伽门农被害后的第八年回来，杀了埃吉索斯，并可能还杀了克鲁泰梅丝特拉（3.306—310）。另传阿伽门农死时，俄瑞斯忒斯还在襁褓之中，经仆人（一说姐姐厄勒克特拉）保护而免遭毒手。俄氏为父报仇后受到复仇女神的追究，备尝艰辛，经雅典娜（Athēnē）干涉获赦。现存的有关悲剧表现（一）俄氏的回归，（二）姐弟相认，（三）复仇及其后的遭遇。作品包括埃斯库罗斯的《奠酒人》和《复仇女神》，索福克勒斯的《厄勒克特拉》（*Electra*），以及欧里庇得斯的《俄瑞斯忒斯》（*Orestes*）和《伊菲革涅娅在陶罗依人里》。

⑦ 墨勒阿格罗斯（Meleagros）是俄伊纽斯（Oineus）和阿尔莎娅（Althaia）之子，传说中著名的勇士。墨勒阿格罗斯杀过大熊（《伊利亚特》9.543），当卡鲁冬（Kaludōn）受到攻击时，因受过母亲的诅咒而拒绝出战（同上，9.567），死于特洛伊（Troia，即 Ilios，或 Ilion）战争之前（同上，2.642）。据传墨氏出生时，命运之神告诉阿尔莎娅，火炉里的一小段木块燃尽后，她的儿子就会死去；阿尔莎娅随即藏起了木块。成年后的墨氏杀了母亲的兄弟，阿氏于悲痛中燃着木块，随后自缢而死。弗鲁尼科斯（Phrunikhos）、索福克勒斯、欧里庇得斯、安提丰（Antiphōn）和索西格奈斯（Sōsigenēs）等都写过以墨勒阿格罗斯的经历为题材的悲剧。

⑧ Telephos 是赫拉克勒斯和忒革亚（Tegea）公主奥格（Augē）的儿子。奥格生子于神庙之中，由此引发了一场瘟疫。国王把她卖到海外，孩子亦遭遗弃。婴儿幸得母鹿哺乳，后被牧人救起，取名忒勒福斯[参考：thēlan（“吸吮”），elaphos（“鹿”）]。若干年后，忒勒福斯登上了慕西亚（Musia）国王的宝座。据说在慕西亚曾与奥格成婚，以后才互知对方的身份。埃斯库罗斯写过一部《忒勒福斯》（*Telephus*），一部《慕西亚人》（*Musi*），索福克勒斯写过一套关于忒勒福斯的三连剧，欧里庇得斯作过一部《忒勒福斯》和一部《奥格》。

⑨ 欧里庇得斯（Euripidēs 约公元前 485—前 406 年），著名的悲剧三巨头之一，于公元前 455 年首次参赛，成绩平平，生前仅五次获奖。一生中写过约九十二部作品，剩十九部传世。欧里庇得斯生前饱受喜剧诗人的讽刺，去世后，其作品比他在世时享有更高的声誉。《诗学》对他有批评，亦有赞扬；作者把他的《伊菲革涅娅在陶罗依人里》看作悲剧中的精品。

品里以人物的不幸结局的人,[①] 犯了同样的错误,[②] 因为正如我们说过的,这么做是正确的。一个极好的见证是,只要处理得当,在戏场上,在比赛中,此类作品最能产生悲剧的效果。因此,尽管在其他方面手法不甚高明,[③] 欧里庇得斯是最富悲剧意识的诗人。

第二等的结构[④]——一些人认为是第一等的——是那种像《奥德赛》那样包容两条发展线索,到头来好人和坏人分别受到赏惩的结构。[⑤] 由于观众的软弱,此类结构才被当成第一等的;[⑥] 而诗人则被观众的喜恶所左右,为迎合后者的意愿而写作。[⑦] 但是,这不是悲剧所提供的快感——此种快感更像是喜剧式的。[⑧] 在喜剧里,传说[⑨]中势不两立的仇敌,例如俄瑞斯忒斯和埃吉索斯,[⑩] 到剧终时成了朋友,一起退出,谁也没有杀害谁。[⑪]

(五)第 14 章

恐惧和怜悯可以出自戏景[⑫],亦可出自情节本身的构合,[⑬] 后一种方式比较好,

---

① 其实,索福克勒斯没有少写以“悲”结尾的作品,欧里庇得斯也没有少写以“喜”结尾的悲剧。据德国学者古德曼(Alfred Gudeman)统计,索福克勒斯写过四十三部以“悲”结尾的作品,欧里庇得斯写过四十六部;索氏写过十六部以“喜”结尾的作品,欧氏写过二十四部(囿于资料,此类统计不易达到很高的精度)。作者称欧里庇得斯为最富悲剧意识(或最有悲剧感)的诗人,可能是因为他的某些作品突出表现了“悲”的缘故。“许多”,抄本 B 作“大多数”。

② 指责欧里庇得斯以悲终剧的人和主张情节应双线发展的人一样,对悲剧的性质和目的缺乏必要的了解。

③ 《诗学》对欧里庇得斯的批评涉及下述三个方面:(一)情节的编制,(二)性格的塑造,(三)歌队的使用。

④ “结构”在此等于“情节”。“第二等的”“即”“次好的”。

⑤ 《奥德赛》的结局是:俄底修斯脱险还家,与妻儿团聚;求婚者们则罪有应得,下场凄惨。柏拉图认为,诗人不应编写好人遭殃,恶人走运的故事(参见《国家篇》3.392B),因为真正的好人不会、也不应该不幸福。美好的事物应该符合道德的原则,文学艺术应该接受道德标准的检验。亚氏的观点是,悲剧不等于道德说教,它有自己的内容和形式,亦有自己的制作方式和评审标准。因此,他不认为“惩赏分明”的悲剧是理想的上乘之作。在这里,取自史诗的例子也同样适用于对悲剧的分析。

⑥ 或:才显得像是第一流的。

⑦ 依普通观众的喜恶评判作品的优劣,在当时可能是较为普遍的现象。柏拉图主张,评审人员应是观众的先生,而不应被观众的喜恶所左右(参阅《法律篇》2.659A-C,另参考《高尔吉阿斯篇》501D—502A)。

⑧ 喜剧的功效(ergon)在于表现滑稽并借此逗人发笑(参考 *Tractatus Coislinianus* 中对喜剧的定义),因此明显地不同于悲剧的 ergon。受引发的情感不同,人所体验到的快感也就不同。

⑨ “传说”原文作 muthos。

⑩ 埃吉索斯(Aigisthos),苏厄斯忒斯之子,出生后即遭遗弃,幸得山羊哺乳(其名字的前半部可能取自 aix,“山羊”),后被阿特柔斯收养。阿伽门农出兵特洛伊后,埃吉索斯趁机勾引了克鲁泰梅丝特拉,以后又合谋杀害了凯旋的阿伽门农(参见《奥德赛》1.35—36)。

⑪ 早期的喜剧诗人,如厄庇卡耳摩斯、瑟俄彭珀斯(Theopompos)、菲鲁里俄斯(Philullios)、卡利阿斯(Kallias)、普拉同等都从《奥德赛》中选取过题材。“中期喜剧”中有一些取材于《伊利亚特》和其他史诗或传说的作品,史诗故事在“新喜剧”中比较罕见(参见 D. B. Monro,*Homer's Odyssey* Books 13—24,Oxford:Clarendon Press,1901,p. 415)。作者或许无意特指某一部作品,虽然喜剧诗人阿勒克西斯(Alexis 约公元前 372—前 270 年(?))可能写过一部《俄瑞斯忒斯》。

⑫ 阿里斯托芬曾嘲笑欧里庇得斯,说他故意让人物穿起破衣烂衫,以引发观众的怜悯(《蛙》1063,另参见《阿卡耳那伊人》407—445)。

⑬ 悲剧艺术的核心是如何编排事件(即组织情节)。情节是悲剧的灵魂。诗人应通过情节打动观众,表现自己的艺术水平。戏景是一个相对次要的成分,其效果如何,主要不是取决于诗人的艺术。

有造诣的诗人才会这么做。组织情节要注重技巧，使人即使不看演出而仅听叙述，也会对事情的结局感到惊然和产生怜悯之情[①]——这些便是在听人讲述《俄底浦斯》的情节[②]时可能会体验到的感受。靠借助戏景来产生此种效果的做法，既缺少艺术性，且会造成靡费。[③] 那些用戏景展示仅是怪诞、[④] 而不是可怕的情景的诗人，只能是悲剧的门外汉。我们应通过悲剧寻求那种应该由它引发的，而不是各种各样的快感。既然诗人应通过摹仿使人产生怜悯和恐惧并从体验这些情感中得到快感，那么，很明显，他必须使情节包蕴产生此种效果的动因。

接着要讨论的是，哪些事情会使人产生畏惧和怜惜之情。[⑤] 此类表现互相争斗的行动必然发生在亲人之间、仇敌之间或非亲非仇者之间。如果是仇敌对仇敌，那么除了人物所受的折磨外，无论是所做的事情，还是打算做出这种事情的企图，[⑥] 都不能引发怜悯。如果此类事情发生在非亲非仇者之间，情况也一样。[⑦] 但是，当惨痛事件发生在近亲之间，比如发生了兄弟杀死或企图杀死兄弟，儿子杀死或企图杀死父亲，母亲杀死或企图杀死儿子，儿子杀死或企图杀死母亲或诸如此类的可怕事例，[⑧] 情况就不同了。诗人应该寻索的正是此类事例。对历史上流传下来的故事，[⑨] 我指的是如俄瑞斯忒斯杀克鲁泰梅丝特拉[⑩]或阿尔克迈恩杀厄里芙勒[⑪]这样的事例，不宜作脱胎换骨式的变动；[⑫] 但是，诗人仍应有所创新，巧妙

---

① 情感有其外露的一面，人的感觉会通过表情表现出来(参考《论灵魂》1.1.403ᵃ6—8)。

② Ton tou Oidipou muthon，在此似亦可作"俄底浦斯的故事(或传说)"或"俄底浦斯的故事的情节"解。从作者对索福克勒斯的《俄底浦斯王》一剧的熟悉和喜爱的程度来看，这个短语可能指该剧的情节。

③ 即需要 khorēgos 的努力。Khorēgia 可泛指演出的费用。

④ 据说埃斯库罗斯喜用怪诞的戏景，他的 *Eumenides* 中的复仇女神们模样极其可怕，曾使孕妇流产(参考《埃斯库罗斯传》(*Vita Aeschyli*)7)。这里所指可能即为诸如此类的事例。

⑤ 作者在此用"畏惧"和"怜惜"(参考《修辞学》3.16.1417ᵃ13)取代了"恐惧"和"怜悯"，意思上无实质性区别。

⑥ 或：无论是做了这种事情，还是即将做出这种事情。

⑦ 即也不能引发怜悯。

⑧ 这里涉及的实际上是人类学中的一个重要课题，即关于血污(blood pollution)的问题。在古希腊，杀死亲人是难以辩解的罪过；当事者即便有足够的理由，仍须接受某种形式的惩罚和必要的净洗(有时还会受到神的追究)。以原始宗教为背景的有关血污的观念，会给当事人带来难以忍受的心理压力。这一点可以从传说和某些悲剧(如《俄瑞斯忒斯三连剧》和《俄底浦斯王》等)中看得很清楚。即使在古典时期(公元前五至前四世纪)，这一观念仍在很大的程度上支配着人们的潜意识，影响着人们对宗教和法律的思考。对此感兴趣的读者，不妨读一读柏拉图的《法律篇》第 9 卷。

⑨ "故事"原文作 muthos。

⑩ 克鲁泰梅丝特拉(Klutaimēstra)是屯达瑞俄斯(Tundarēos)之女，阿伽门农之妻。荷马认为克鲁泰梅丝特拉的本质是好的(《奥德赛》3.266)，只是经不起坏蛋埃吉索斯的勾引；她的主要过错是杀了卡桑德拉(Kassandra 同上，11.422)。斯忒西科罗斯(Stēsikhoros)强调了爱神阿芙罗底忒(Aphroditē)的驱使(作为对屯达瑞俄斯的报复)。埃斯库罗斯等诗人为克氏提供了一条荷马史诗中不曾提及的"理由"或"借口"，即阿伽门农对爱情的不忠。

⑪ 厄里芙勒(Eriphulē)是安菲阿拉俄斯之妻，因受贿而逼迫丈夫参加七勇攻瑟拜的战斗。安菲阿拉俄斯自知不能生还，嘱其子阿尔克迈恩为他报仇。索福克勒斯的《英雄的后代》(*Epigoni*)和阿斯图达马斯的《阿尔克迈恩》涉及了阿尔克迈恩的复仇之举。亚里士多德认为，即使受到逼迫，受逼者也不能无所不为；欧里庇得斯对阿氏杀母一事的处理是"荒唐的"(《尼各马可斯伦理学》3.1.1110² 6—29)。

⑫ 因为这些都是家喻户晓的事——改动的幅度过大，就难以取信于人。

地[1]处理此类传统素材。至于“巧妙地”的含义，我们还要作进一步的解释。

行动的产生，可以通过如下途径。可以像早先的诗人那样，让人物在知晓了解情势的情况下做出这种事情——亦即如欧里庇得斯所做的那样：[2] 他笔下的美狄娅[3]便是在此种情况下杀了自己的孩子。[4] 人物亦可做出行动，但在做出可怕之事时尚不知对方的真实身份，以后才发现与受害者之间的亲属关系，如索福克勒斯笔下的俄底浦斯所做的那样。[5] 诚然，此事不在剧内，[6] 但悲剧本身亦可包容流血事件，如阿斯图达马斯[7]笔下的阿尔克迈恩或《俄底修斯负伤》一剧里忒勒戈诺斯的作为。[8] 除此而外的第三种方式是，人物在不知自己和对方之关系的情况下打算做出某种不可挽回之事，但在动手之前，因发现这种关系而住手。除了这些以外，再无其他可行的方式，因为行动必然不是做了，便是没有做，而当事人亦必然不是知道，便是不知道有关情况。

在这些方式中，最糟的是在知情的情况下企图做出这种事情而又没有做。[9] 如此处理令人厌恶，且不会产生悲剧的效果，因为它不表现人物的痛苦。因此，除了偶尔为之外——如《安提戈涅》中海蒙和克瑞恩的冲突[10]——诗人一般不写这样的事例。次糟的是把事情做出来。[11] 较好的方式是在不知情的情况下做出此种事情，事后才发现相互间的关系。[12] 如此处理不会使人产生反感，而人物的发现还会产生震

---

① Kalōs，副词，字面意思为“好”、“漂亮地”。

② 从原文来看，似较难确定 *hoi palaioi*（“早先的诗人”）中是否包括欧里庇得斯。欧里庇得斯是一位勇于革新的诗人，在这一点上，他似乎和阿伽松较为相似。欧氏写过不少复杂剧，而埃斯库罗斯等诗人擅写没有发现的简单剧。但从生卒年代来看，欧氏虽然出生晚于索福克勒斯，却和后者同年去世。

③ 美狄娅（Mēdeia）乃科尔基斯（Kolkhis）国王埃厄忒斯（Aeētēs）的爱女，精于巫术，曾帮助情人伊阿宋（Iasōn）获取金羊毛。这里指的是欧里庇得斯的《美狄娅》（*Medea*）一剧中的内容：为了报复伊阿宋对爱情的不忠，悲愤交加的美狄娅亲手杀了她和伊阿宋的两个儿子。在第 15 章里，作者批评了《美狄娅》的结局方式。

④ 阿拉伯译文在此后还有一句：或他们可能在知情的情况下打算做出行动，结果却没有做。

⑤ 这是一种“较好的”方式。

⑥ Exō tou dramatos，字面意思为“在剧外”，但剧外之事仍可能在情节的“结”之内。

⑦ 公元前四世纪有过两位父子都以阿斯图达马斯（Astudamas）为名的悲剧作家。父子中有一人是伊索克拉忒斯的学生。老阿斯图达马斯的第一部作品于公元前 389 年上演；父子中有一人（可能是小阿斯图达马斯）于前 372 年在比赛中获胜。小阿斯图达马斯生前已蜚声雅典，他的《阿尔克迈恩》将传说中的蓄意杀母改为出于无知（不知情）。他的《赫克托耳》是一部成功之作（普鲁塔耳科斯《雅典人的光荣》（*De Gloria Atheniensium*）7，《道德论》349F）。两位诗人的作品得以传世的还不到二十行。

⑧ 忒勒戈诺斯（Tēlegonos）是俄底修斯和基耳凯（Kirkē）之子。受母命外出寻父，于黑暗中抵达伊萨凯。混战中刺伤了俄底修斯，待后者咽气后方知他的身份。《俄底修斯负伤》（*Traumatia Odusseus*）乃索福克勒斯所作，已失传。

⑨ 上文不曾提及此种方式（阿拉伯译文将其列为第二种可能）。似有两种解释：（一）抄本有遗漏，（二）为第一种方式的变体，故无需另作说明。

⑩ 海蒙（Haimōn）是克瑞恩（Kreōu）之子，安提戈涅（Antigonē，俄底浦斯和伊娥卡丝忒之女）的未婚夫。俄底浦斯出走后，其子厄忒俄克勒斯（Eteoklēs）和珀鲁内开斯（Poluneikēs）为争夺王位相互残杀致死，克瑞恩遂成为瑟拜的实际统治者。兄弟死后，安提戈涅意欲为其土葬，克瑞恩执意不允，安氏便以死相抗。海蒙悲愤交加，用剑击克瑞恩，被后者躲过（参阅索福克勒斯《安提戈涅》（*Antigone*））。

⑪ 即在知情的条件下不仅企图，而且真的把对方杀了。如此处理尚能表现痛苦（pathos），故而比上述方式略好些。但“知情”（或知道对方的身份）是个不很理想的行动“前提”——大凡只有“无知”才能引出发现，没有突转或发现的情节只能是简单型的（《美狄娅》即属此类作品）。

⑫ 如俄底浦斯所做的那样。

惊人心的效果。最好的方式是上述最后一种。我指的是下列情况，比如，在《克瑞斯丰忒斯》里，梅罗珮打算处死儿子，但在杀他的前一刻认出并赦免了他；[①] 在《伊菲革涅娅》里，姐弟俩有过类似的经历；[②] 在《赫蕾》里，儿子在交出母亲的前一刻认出了她。[③] 这就是为什么——正如我们刚才所说的——悲剧取材于少数几个家族的故事的原因。诗人们在寻索能在情节中产生此种效果[④]的题材时，碰巧——而不是凭技巧——找到了一些如愿以偿的机会。所以，他们不得不把注意力集中在那几个有过此类痛苦经历的名门望族的故事上。

关于事件的组合以及情节应取什么类型的问题，以上所述足矣。

(六)第15章[⑤]

关于性格的刻画，诗人应做到以下四点。第一、也是最重要的一点是，性格应该好。[⑥] 我们说过，言论[⑦]或行动若能显示人的抉择〈无论何种〉，即能表现性格。[⑧] 所以，如果抉择是好的，也就表明性格亦是好的。每一类人中都有自己的好人，妇人中有，[⑨] 奴隶中也有，[⑩] 虽然前者可能较为低劣，后者则更是十足的下贱。第二，

---

① 克瑞斯丰忒斯(Kresphontēs)是梅塞尼亚(Messēnia)国王和梅罗珮(Meropē)之子。珀鲁丰忒斯(Poluphontēs)弑“君”窃国，并强占了梅罗珮。有人将幼小的克瑞斯丰忒斯偷送出城。珀鲁丰忒斯出重金悬赏克氏的脑袋，成年后的克氏即以要赏金为由返回王宫。梅罗珮恨他杀了自己的儿子，急于复仇，就在斧起即落的那一刻，克氏的仆人闯了进来，澄清误会，促成了母子的相认(另参考《尼各马可斯伦理学》3. 1. 111ª11—12)。《克瑞斯丰忒斯》(*Kresphontēs*)系欧里庇得斯所作，已失传。

② *Iphigeneia* 即 *Iphigeneia ē en Taurois* 或 *Iphigenia Taurica*，且译作《伊菲革涅娅在陶罗依人里》。

③ “儿子”指弗里克索斯(Phrixos)，阿萨马斯(Athamas)和女神奈法蕾(Nephalē)之子，赫蕾(Hellē)的兄弟。据传阿萨马斯的后妻伊诺((Inō)出于对奈法蕾的一双儿女的妒忌，决心害死他(她)们。她把将用于撒播的种子烤熟，人为地制造灾情，以后又串通去德尔福祈求神谕的使者，假称只有牺牲弗里克索斯和赫蕾才能消灾避难。奈法蕾让儿女们骑着金毛公羊逃生，但赫蕾在途中掉入海里，海峡因此得名 Hellēspontos(“赫蕾的海”)。《赫蕾》(Hellē)的作者及剧情不明。此番叙述似乎和第 13 章第 20—21 行中表述的观点相矛盾。既然悲剧应该表现人物从顺达之境转入败逆之境，又何以容得“大团圆”式的结局？以亲人团聚结局是否能引发怜悯和恐惧？倘若不能，悲剧又将如何实现它的功效(ergon)？或许，作者的意思是，命运变化指的是总的趋势——就大势而言，优秀的悲剧不应表现人物由败逆之境转入顺达之境——而如何处理发现只是个具体问题，因此，只要大势把握得好，“刀不血刃”也不会影响悲剧的效果。遗憾的是，作者没有就此作出必要的说明。

④ 即引发怜悯和恐惧。

⑤ 本章讨论 ēthos(“性格”)，因而再次打断了自第 7 章开始的对情节的讨论(第 12 章从“量”的角度出发，列举和说明了组成悲剧的成分)。

⑥ “好”原文用了 khrēsta。Khrēstos 包含(同类事物中)“优秀的”之意(比较 khrēsmos，“有用的”)。khrēstos 和 spoudaios 及 epieikēs 意思接近。古希腊人一般不用 spoudaios 形容奴隶。另两个表示“好”的词是 kalos 和 agathos。

⑦ “言论”原文作 logos，在此与“行动”(praxis)形成对比。

⑧ 或：悲剧即有了性格(有的悲剧缺少或没有性格)。

⑨ 女人的美德包括外表美、能纺织、善理家、贞洁、忠诚等(参考《伊利亚特》1. 115，《奥德赛》24. 193—196，柏拉图《梅农篇》71E，亚里士多德《修辞学》1. 5. 1361ª5—7)。可望成为国之栋梁的男子不应效仿女人的行为(《国家篇》3. 395C—E)。亚里士多德继承了希腊人传统的“男尊女卑”的观点：就本质而言，男性比女性优越(详见《政治学》1. 5. 1254ᵇ13—16；另参考 K. J. Dover，*Greek Popular Morality in the Time of Plato and Aristotle*，Oxford：Basil Blackwell，1974，pp. 98-102)。

⑩ 直译：因为妇人可以好，奴隶也可以好。对奴隶，亚氏没有很高的要求。作为奴隶，只要不十分缺少理智，不过于胆小以至无法胜任分内的工作，就算可以了(《政治学》1. 13. 1260ª35—36)。正人君子不可摹仿奴隶的举动(《国家篇》3. 395E)。

性格应该适宜。人物可以有具男子汉气概的性格，[①] 但让女人表现男子般的勇敢或机敏却是不合适的。第三，性格应该相似，[②] 这一点与上文提及的性格应该好和适宜不同。第四，性格应该一致。即使被摹仿的人物本身性格不一致，而诗人又想表现这种性格，他仍应做到寓一致于不一致之中。[③] 不必要的卑劣性格，可举《俄瑞斯忒斯》中墨奈劳斯的表现为例；[④] 不相宜和不合适的性格，可举《斯库拉》中通过俄底修斯的恸哭[⑤]以及梅拉尼珮的言论所表现的性格为例；[⑥] 不一致的性格，可以《伊菲革涅娅在奥利斯》中伊菲革涅娅的表现为例：请求免死的她和后来的她判若二人。[⑦]

刻画性格，就像组合事件一样，必须始终求其符合必然或可然的原则。这样，才能使某一类人按必然或可然的原则说某一类话或做某一类事，才能使事件的承继符合必然或可然的原则。由此看来，情节的解显然也应是情节本身发展的结果，[⑧] 而不应借"机械"[⑨]的作用，例如在《美狄娅》[⑩]和《伊利亚特》的准备归航一节中那样。[⑪] 机械应被用于说明剧外[⑫]的事——或是先前的[⑬]、凡人不能知道的事，或是以后的、

---

① 抄本作：人物可以有具男子汉气概的性格，卡塞尔将它改作"女人可能具有男子般的性格"似无太大的必要。Andreios 意为"男子般的"、"勇敢的"。比较 anēr，"男人"、"丈夫"。

② "相似"(homoion)，和谁相似呢？比较易于接受的解释似应为：像生活中的人。上文指出，狄俄努西俄斯描绘和我们一样的普通人，遭受不幸者是和我们一样的人，而"和我们一样的人"和生活中的人大概不会有实质性的区别。另一种解释是：和原型相似。对本段所列的四点要求，第二段没有举例说明的只有这一点。

③ 参考柏拉图《小希庇阿斯篇》367A。

④ 墨奈劳斯(Menelaos)，斯巴达(Spartē 或 Sparta，即拉凯代蒙)国王，阿伽门农的胞弟，海伦(Helenē)的丈夫。在《俄瑞斯忒斯》(欧里庇得斯作)里，墨奈劳斯没有帮助危难中的侄儿俄瑞斯忒斯，有失英雄和长辈的风度(682—715，1056ff.)。这一例子还出现在第 25 章里。当然，作者没有说绝对不能表现卑劣的性格，关键在于有没有必要。

⑤ 《斯库拉》(Skulla)描写俄底修斯在海怪吞食了他的随从后放声恸哭，此举不符合人物的地位和身份(须知俄底修斯是一位智勇双全的英雄；关于海怪斯库拉吞噬俄氏的六位随从一事，见《奥德赛》12.245ff.)。《斯库拉》是一部狄苏朗勃斯，作者提摩瑟俄斯。本段同时取例于悲剧和狄苏朗勃斯。

⑥ Melanippē 是欧里庇得斯的《梅拉尼珮》或《聪明的梅拉尼珮》(Melanippē hē sophē)中的主人公。梅拉尼珮将波塞冬和她所生的一对双胞胎遗弃，为归途中的父亲所遇。其时孩子正在吸吮牛乳，老人因此断定孩子系母牛所生——此乃不祥之兆。他下令将小生命火焚祭神。为救孩子，梅氏讲了一套内容深奥的话，以说明牛不会生人的道理。其父不为所动，梅氏只得道出真情，最后在波塞冬的干预下救出了孩子。能言善辩是男人的美德。

⑦ 《伊菲革涅娅在奥利斯》(*Iphigenia Aulidensis*)是欧里庇得斯的作品。为借顺风，联军统帅阿伽门农决定献出爱女。当伊菲革涅娅得知这一消息后，于惊恐中表现出求生的愿望(1211—1252)。其后，为了希腊的利益，伊氏又毅然表示愿意牺牲自己(1368—1401)。

⑧ 第 18 章将讨论情节的"结"和"解"。本段讲述情节，打断了上文和第 4 段之间的衔接。

⑨ 原文作 apo mēkhanēs("来自机械")。Mēkhanē("机械")指一种简易的、由手工操作的吊车，用以送神，偶尔也送人。"机械送神"亦指"神的突然出现和调解"，比如在下文所举的例子中，雅典娜的出现实际上无需机械的帮助。靠 deus ex machina 解决争端，不是上策。在公元前五世纪，欧里庇得斯是较常使用"机械送神"的剧作家。"机械送神"亦引申指突然出现的事物(参见《形而上学》1.4.985^{a}18)。

⑩ Medea，作者欧里庇得斯。这里所指可能是该剧的结尾部分：美狄娅乘坐突兀而至的龙车逃往雅典，躲过了伊阿宋的报复。第 25 章指出了该剧中的另一件不合情理之事，即雅典国王埃勾斯的突然出现。

⑪ 雅典娜的干预(详见《伊利亚特》2.109—210)只能算是排解纠纷，而不是严格意义上的"解"(lusis)。受宙斯的欺骗，阿伽门农以为特洛伊城指日可下。为了激发斗志，他故意宣布要率军返航。不料军士们信以为真，吵闹着要马上启程。经雅典娜点拨，俄底修斯说服众人，稳住了军心。在《荷马问题》里，亚氏对此事作了分析。似可把这句话看作对荷马的间接的批评。

⑫ Exō tou dramatos，"剧外"。

⑬ 即发生在作品所包容的事件之前的事。

须经预言和告示来表明的事，因为我们承认神是明察一切的。事件中不应有不合情理的内容，即使有，也要放在剧外，① 比如在《俄底浦斯》里，索福克勒斯就是这样处理的。

既然悲剧摹仿比我们好的人，诗人就应向优秀的肖像画家学习。② 他们画出了原型特有的形貌，在求得相似的同时，把肖像画得比人更美。③ 同样，诗人在表现易怒的、懒散的或性格上有其他缺陷的人物时，也应既求相似，又要把他们写成好人④荷马描绘的阿基琉斯尽管倔犟，⑤ 但仍然是个好人。⑥

诗人必须注意上述各点，此外，还应注意感察的效果问题⑦——这一点必然与诗艺有关——事实上，人们可能在这方面⑧常出差错。关于此类问题，⑨ 我们在那篇已发表的著述⑩中已作过足够的说明。

(七)第 16 章⑪

何谓发现，上文已有交待。现在讨论发现的种类。第一种是由标记引起的发现。由于诗人缺少才智，此种发现尽管最少艺术性，⑫ 却是用得最多的。此类标记中，有的是天生的，如"地生人身上的矛头标记"，⑬ 或卡耳基诺斯⑭在《苏厄斯忒斯》中所

---

① 原文意为"悲剧之外"。

② Mimeisthai，亦可作"仿效"解。

③ 珀鲁格诺托斯描绘的人物比一般人好，宙克西斯所画的人物比生活中的人更美。

④ 直译：也应既要把他们反映在性格上，又要把他们写成好人。"表现"亦可作"摹仿"解。

⑤ 或：倔拗者的例子。阿基琉斯(Akhilleus)乃裴琉斯和女神瑟提丝(Thetis)之子，《伊利亚特》中首屈一指的英雄。由于受到阿伽门农的侮辱，阿基琉斯拒绝出战，从而导致了希腊人在战场上的失利。阿伽门农差人送去厚礼说情，但裴琉斯之子不为所动，后被好友帕特罗克洛斯(Patroklos)之死激怒，出战杀了赫克托耳。阿基琉斯是唯一仍在使用人祭的希腊将领——荷马认为这是一种罪恶(《伊利亚特》23.176)。他对赫克托耳尸体的蹂躏，是"不体面的"(同上，22.395；另参阅 24.14ff.)。

⑥ Agathon 既可作人名，亦可作"好"解。

⑦ "感察"(aisthēsis)的主体可能是观众。从上下文来看，本段内容若出现在第 17 章之首，似更贴切些。

⑧ 或：在这些事上。

⑨ Peri autōn ，"关于这些"，似亦可作"关于这些过失"解。

⑩ 指三卷本对话《诗人篇》。

⑪ 第 16 章继续讨论情节(发现是情节中的一个成分)。论述情节，《诗学》用了两个"单元"：第 7 至第 14 章为第一单元(中间插入了第 12 章)，第 16 至第 18 章为第二单元。第二单元可能是对第一单元的补充。

⑫ "缺少艺术性"是"不好"的同义语。作者希望诗人意识到"艺术性"的重要性。在区分论据的优劣时，亚氏用了同样的评析标准(参见《修辞学》1.2.1355^{b}35)。

⑬ 这句话可能引自某位悲剧诗人的作品(可能是欧里庇得斯或小阿斯图达马斯的《安提戈涅》)。据传卡德摩斯(Kadmos)遵父命外出寻找被宙斯带走的姐妹欧罗珮(Eurōpē)，后奉神谕在他跟行的母牛下卧处建城(即后来的瑟拜)。杀巨龙，将龙牙埋于地下，长出一群好斗的武士。武士们互相残杀，存五人，为瑟拜人的祖先，其后代身上都有矛头标记。在欧里庇得斯的《安提戈涅》(*Antigone*)里，克瑞恩正是根据陌生人身上的矛头标记，认出了后者原来是自己的孙子(即海蒙和安提戈涅的儿子)。

⑭ 卡耳基诺斯(Karkinos)出生于悲剧世家(其祖父、父亲和儿子都是悲剧诗人)，公元前四世纪多产的剧坛名流，写过约一百六十部剧作，十一次获奖，可惜作品已全数佚失。卡耳基诺斯的名字多次出现在亚氏的论著里(参见《修辞学》2.23.1404^{b}10.3.16.1417^{b}18，《尼各马可斯伦理学》7.7.1150^{b}10)。

用的星状胎记;[①] 有的是后天才有的,包括身上的,如伤疤,和身外的,如项链,[②] 或如《图罗》中引起发现的小船。[③] 使用上述发现,手法有高低之别,比如,保姆以一种方式发现了俄底修斯,而牧猪人以另一种方式发现了他,尽管引出发现的都是伤疤。[④] 牧者的发现和所有通过标记证明身份的发现,都比较缺乏艺术性。[⑤] 较好的发现出自情况的突然变化,[⑥] 如"盥洗"中的发现。[⑦]

第二种是由诗人牵强所致的发现,因而也没有多少艺术性可言。可举《伊菲革涅娅》[⑧]中俄瑞斯忒斯如何让对方知道他就是俄瑞斯忒斯一事为例:[⑨] 伊菲革涅娅是通过托人送信一事被认出来的,[⑩] 而俄瑞斯忒斯却说了诗人,而不是情节的发展要他说的话。[⑪] 所以,此种发现的缺点和刚才说过的那种差不多,[⑫] 因为俄瑞斯忒斯亦可通过出示什么标记来证明自己的身份。[⑬] 索福克勒斯的《忒柔斯》中通过"梭子的诉说"引起的发现,[⑭] 是此种发现的又一个例子。

第三种是通过回忆引起的发现,其触发因素是所见到的事物——例如,狄开俄

---

① 据传西普洛斯(Sipulos)国王唐塔洛斯(Tantalos)曾杀子裴洛普斯敬神。除黛梅忒耳(Dēmētēr)吃掉一块肩肉外,其他诸神都没有碰这道不寻常的菜肴。其后,奉宙斯之命,诸神把切开的部分复原成人,并用象牙填补了肩上的残缺。裴洛普斯后代肩上的星状标记便是由此而来的。Thuestēs 的内容大概包括:阿特柔斯烹煮了苏厄斯忒斯的儿子并邀请苏氏赴宴,苏氏因看到肉上的星状标记而知道阿特柔斯杀了他的孩子。

② 借用 perideraia(单数 perideraion ,"项链"、"项饰物")和摇篮等小物品引出发现的做法,可能是古希腊悲剧观众所熟悉的。在现存的悲剧中,包含此种发现的只有欧里庇得斯的《伊昂》(*Ion*)。

③ 图罗(Turō)是波塞冬和莎尔蒙纽斯(Salmōneus)的女儿。《奥德赛》中提到波塞冬冒充河神厄尼裴乌斯(Enipeus 图罗的情侣)接近图罗,致使后者怀孕的事(11.235—252)。图罗将孩子遗弃,被牧马人救起。《图罗》(*Turo*)为索福克勒斯所作,已失传,内容可能包括图罗由认船(她曾将儿子置此船上漂走)进而认人一事。

④ 保姆奉命为客人洗脚,无意中发现了伤疤并由此认出了俄底修斯(《奥德赛》19.386—475)。牧猪人和牧牛人的发现属另一种情况:俄底修斯不仅道出了自己的身份,而且还显露出腿上的伤疤以为证明(同上,21.205—225)。在《荷马问题》里,亚氏从逻辑的角度出发,对如此使用标记提出了异议:腿上有伤疤的不一定就是俄底修斯。《奥德赛》中颇多发现。

⑤ 或:牧者的发现及所有类似的发现都缺乏艺术性——问题在于证明身份时所用的方式。

⑥ Peripeteia,一般作"突转"解。但是,"盥洗"中的发现没有导致情节的突转——此时的裴奈罗珮(Penelopē)尚不知陌生人就是她的丈夫。俄底修斯的"进攻"始于他被裴氏发现以后。

⑦ 在公元前四世纪,荷马史诗尚未按数字分卷。当时,《奥德赛》按内容分段,"盥洗"包括第 19 卷的大部分。大约在公元前三世纪,亚历山大的学者们将《伊利亚特》和《奥德赛》分别截为二十四卷。

⑧ 即《伊菲革涅娅在陶罗依人里》。

⑨ 抄本 B 和阿拉伯译本作:她发现此人就是俄瑞斯忒斯。

⑩ 用艺术的观点来衡量,这是最佳的发现。

⑪ 俄瑞斯忒斯不仅说出自己是谁,而且还道出了一系列他和伊菲革涅娅都知道的事情(参见该剧第 811—826 行)。

⑫ 即这种发现和上文所说的由标记引起的发现一样缺乏艺术性。

⑬ 比如,欧里庇得斯完全可以让俄瑞斯忒斯出示伊菲革涅娅的织物,这与口头"论证"并没有什么不同。对于发现,作者的评判标准似乎是:(一)得之于情节之自然发展的发现,优于由"自报家门"引出的发现,(二)意料之外、情理之中的发现,优于斧迹明显、为发现而安排的发现,(三)有突转伴随的发现,优于单纯的、一般的发现。

⑭ 斯拉凯(Thraikē' 或 Thrēkē)国王忒柔斯(Tereus)娶妻普罗克奈(Proknē),其后奸污了她的姐妹菲洛梅拉(Philomēla)并割掉了后者的舌头。菲洛梅拉把经过编织在织物上,使普罗克奈知道了忒柔斯的暴行。剧本仅剩片断传世。

革奈斯的《库普利亚人》中的人物因看见画像而哭泣。① 在"给阿尔基努斯讲的故事"中，竖琴诗人的吟述打动了俄底修斯，对往事的回忆使他潸然泪下。② 这俩人因此而被发现。③

第四种是通过推断引出的发现。比如，《奠酒人》中有这样一个推断：一个像我的人来了；除了俄瑞斯忒斯外，没有人像我，因此是俄瑞斯忒斯来了。④ 诡辩家珀鲁伊多斯⑤曾就如何处理伊菲革涅娅的发现⑥提过看法——他说，让俄瑞斯忒斯作出如下推断是合理的：我姐姐是被杀了献祭的，现在轮到我了。⑦ 在瑟俄得克忒斯的《图丢斯》里，父亲的话也是个推断：我来寻子，却因此自身难保。⑧ 再以《菲纽斯的儿子们》⑨中的发现为例：女人们⑩一看到那地点便知命运不佳——她们注定要死在那儿，因为那是她们遗弃男孩们的地方。⑪

还有一种复合的、由观众的错误推断⑫引起的发现。例如在《伪装报信人的俄底修斯》⑬中，诗人提供的前提是，只有俄底修斯才能开这张弓，其他人都不足以胜

---

① 狄开俄革奈斯(Dikaiogenēs)是公元前五世纪下半叶的悲剧及狄苏朗勃斯诗人，其作品已全部佚失。*Kuprioi* 中的发现大概是这样的：萨拉弥斯(Salamis)人忒乌克罗斯(Teukros)在塞浦路斯建立了另一个萨拉弥斯后回到故乡，因"见画生情"(看到其父忒拉蒙(Telamōn)的画像)而暴露了身份。

② 在聆听德摩道科斯(Demodokos)唱诵希腊人用木马计攻破特洛伊城的故事时，俄底修斯忍不住哭了起来，由此引出身份的"曝光"(《奥德赛》8. 521ff.，9. 16—20)。接着，俄底修斯向阿尔基努斯(Alkinoos)等讲述了自己的经历(同上，9—12 卷)。亚氏评论道，俄底修斯的此番述说可以引发怜悯或愤怒(《修辞学》3. 16. 1417^{a}13—14)。"讲给阿尔基努斯听的故事"(Alkinbu apologos)是个节段名称。阿尔基努斯是斯开里亚(Skheria)国王，曾热情款待过俄底修斯。

③ 或：他们因此发现了他(俄底修斯)。

④ "我"即厄勒克特拉。厄勒克特拉(Elektra)发现父亲墓前的头发和墓旁的脚印均与自己的相似，这些是她进行推断的依据(168—234)。《奠酒人》是埃斯库罗斯的作品。

⑤ Poluidos。历史上是否有过一位名叫珀鲁伊多斯的辩说家，史籍中查不到答案。公元前五世纪末至前四世纪初有过一位以珀鲁伊多斯为名的狄苏朗勃斯诗人(没有证据表明他同时又是辩说家)，其作品曾在前399—前 380 年间获奖。至于他有没有写过悲剧，不详。

⑥ 或：《伊菲革涅娅在陶罗依人里》中的发现。

⑦ 抄本 A 及阿拉伯译本中没有"他说"一语。

⑧ 瑟俄得克忒斯(Theodektēs 约公元前 375(或更早些)—前 334 年)出生在鲁基亚((Lukia)的法塞利斯(Phasēlis)，曾从师柏拉图，亦是亚里士多德的学生和朋友。瑟俄得克忒斯是一位有才华的修辞学家和悲剧诗人，写过五十部悲剧，在十三次比赛中八次获胜，作品仅以片断传世。图丢斯(Tudeus)是俄伊纽斯(参见第 13 章注 22)之子，狄俄墨得斯(Diomēdēs)的父亲(据《伊利亚特》，图丢斯是一位矮小、强悍的斗士(5. 801))。在 *Tudeus* 里，他可能因为说了这句话而被即将处死他的儿子所发现。

⑨ *Phineidai*，或《菲纽斯的儿子们》，作者及剧情不明。菲纽斯(Phineus)是一位国王。后妻虐待他和前妻克勒娥帕特拉(Kleopatra)的儿子，以后又弄瞎了他们的眼睛(一说菲纽斯亲手弄瞎了孩子们的眼睛)。另据传说，克勒娥帕特拉因见孩子们遭到遗弃，一气之下扎瞎了他们的双眼。

⑩ 可能指菲纽斯的后妻和她的侍女们(或孩子的保姆们)。

⑪ 由此看来，发现的对象亦可是某个事实或某种结果。

⑫ Paralogismos。倘若 q 的出现一般紧接在 p 的出现之后，那么，当人们看到 q 时，便会想当然地以为在此之前一定已出现过 p。这是一种不严密的推理。雨后的土地总是湿的，但下雨不是使土地变湿的唯一原因(《论诡辩反驳》(*De Sophisticis Elenchis*)1. 5. 167^{b}6—8)。Ek… theatrou 意为"出于观众的……"，也就是说，作出错误推断的是观众，而不是剧中人。但是，到目前为止，发现是剧中人的发现，观众不是发现的主体。根据这一点，德国学者 Hermann 认为这里的 theatrou 系 thaterou ("双方中的一方")的笔误。若作 thaterou 解，发现的主体似乎就只能是剧中人。校译者们一般倾向于接受抄本中的 theatrou。

⑬ *Odusseus ho Pseudaggellos*，不知系何人所作，已失传。可能由装成报信人的俄底修斯告诉裴奈罗珮俄底修斯已死的消息，借此引出矛盾和冲突。情节中或许包括《奥德赛》第 21 卷中的某些内容。

任，而俄底修斯也说他可以开这张弓，尽管还没有见过它。[①] 但是，当人们以为俄底修斯会以开弓来表明自己的身份时，他却以认弓来实现这一点——这中间便包含了一个错误的推断。[②]

在所有的发现中，最好的应出自事件本身。[③] 这种发现能使人吃惊，其导因是一系列按可然的原则组合起来的事件。索福克勒斯的《俄底浦斯》中有这样的发现，《伊菲革涅娅》里也有类似的例子，因为在那种情况下，伊菲革涅娅想要托人送信回家是符合可然性的。只有此类发现不要人为的标示[④]和项链的牵强。其次是通过推理引出的发现。[⑤]

(八)第26章

也许有人会问，[⑥] 史诗和悲剧这两种摹仿，哪一种比较好。要是较为不粗俗的摹仿比较好，而较为不粗俗的摹仿总是指那种具较高欣赏能力的观众可以接受的摹仿，那么，很明显，一种通过表演来表现一切的摹仿是粗俗的。[⑦] 演员们以为不加些自己的噱头观众就欣赏不了，因此在表演时[⑧]用了许多动作，一如下等的阿洛斯演奏者——这些人在不得不摹仿掷铁饼的情景时便扭转起身子，在表演《斯库拉》时又冲着歌队领队穷扯乱拉。[⑨] 悲剧被看作是一种具有上述特点的艺术。再比较前辈演员对后辈演员的看法。由于卡利庇得斯[⑩]表演过火，慕尼斯科斯[⑪]时常称其为"猴子"；[⑫] 品达罗斯[⑬]也受过类似的评价。整个悲剧艺术之于史诗，就如后辈演员之于前辈演员一样。人们故而说道，[⑭] 史诗的对象是有教养的听众——他们的欣赏无需

① 只有抄本B保留了1445a14中的to toxon后面的十四个词；阿拉伯译文虽然模糊不清，但似仍可证明抄本B在这一点上的权威性。

② 原文很含糊，不易准确释译。以认弓"验证"身份似不十分妥当，因为虽然只有俄底修斯可以对付这张弓，但能够认弓的却不止他一人。

③ 上文已提过这一点。

④ Sēmeia，不单指可见的标记，还包括其他"提示"，如通过话语表明身份等(像欧里庇得斯笔下的俄瑞斯忒斯所做的那样)。阿拉伯译文中没有"标示"一词。

⑤ 可能包括正确的和错误的推断。

⑥ 或：有人或许会迷惑不解。

⑦ 比较《国家篇》3.397A—B。

⑧ Diskon mimeisthai，亦可作"摹仿(飞转的)铁饼"解。

⑨ 演奏者既要拉人，就不能不中断吹奏。当时的狄苏朗勃斯已具摹拟艺术的特点，也就是说，表演者已开始用较多的动作配合叙述。由于取消了antistrophē，歌队成员的活动变得更为自由了(参考《问题》19.15.918b13—29)。

⑩ 卡利庇得斯(Kallippidēs)于公元前427年左右开始他的演员生涯，于前418年在莱那亚戏剧比赛中获演出奖。据色诺芬记载，卡利庇得斯的表演能催人泪下(《讨论会》(*Symposium*)3.11)。

⑪ 慕尼斯科斯(Munnis kos)是公元前五世纪的悲剧演员，曾在埃斯库罗斯后期的作品里扮演过角色。慕氏是戏坛宿将，从艺时间长达四十年(公元前460—前420)，在前422年获表演奖。

⑫ 卡利庇得斯的过错可能不在于他太会摹拟，而在于用了过多的噱头或小动作。

⑬ Pindaros。除《诗学》外，古文献中没有关于他的记载。注意，不是那位饮誉古希腊的抒情诗人品达。

⑭ 动词为复数形式，可见持下列观点的可能是一批人。

身姿的图解——而悲剧则是演给缺少教养的观众看的。[①] 所以，如果说悲剧是一种粗俗的艺术，那么它显然是二者中的较为低劣者。

然而，[②] 首先，这不是对诗艺，而是对演技[③]的指责，因为史诗吟诵艺人[④]和比赛中的歌手亦可能犯滥摆姿势的毛病，可分别以索西斯特拉托斯和俄普斯的谟那西瑟俄斯[⑤]的表演为例。其次，应该被取消的并不是所有的动作——除非把舞蹈也列入取消之列——而是那些卑贱者的动作：卡利庇得斯曾为此受过指责，当代的一些人亦因此而受到批评，理由是摹仿了下贱的女人。[⑥] 再者，如史诗那样，悲剧即使不借助动作也能产生它的效果，因为人们只要仅凭阅读，便可清楚地看出它的性质。[⑦] 因此，如果悲剧在其他方面都优于史诗，这个问题就不一定成为悲剧本身的缺憾。

此外，悲剧优于史诗还因为它具有史诗所有的一切[⑧]（甚至可用史诗的格律）。[⑨] 再则，悲剧有一个分量不轻的成分，即音乐[⑩][和戏景]，[⑪] 通过它，悲剧能以极生动的方式提供快感。另外，无论是通过阅读还是通过观看演出，悲剧都能给人留下鲜明的印象。[⑫] 再者，悲剧能在较短的篇幅内达到摹仿的目的[⑬]（集中的表现比费时的、

---

① 在《法律篇》里，已经跨入老人行列的柏拉图写道：男孩爱看喜剧，妇人、青年以及大多数普通人爱看悲剧，上了年纪的长者爱听史诗（2.658D—E）。亚里士多德欣赏荷马式的直接摹仿，认为悲剧是严肃文学中的精品。表演是一种高于，而不是（像柏拉图所以为的那样）低于叙述的摹仿形式。尽管如此，人的素质（包括是不是自由人）和教养如何，仍然是亚氏区别观众群体的标准。在论及音乐比赛和观众的关系时，他把后者分为两类，一类是受过教育的自由人，另一类是从事各种行当的体力劳动者（参考《政治学》8.7.1342^{a}18—28）。

② 阿拉伯译文作：让我们讨论这些问题。

③ Hupokritikē，可作"演技"或广义上的"表演"解。无论是在诗里，还是在讲演艺术里，hupokritikē 都是一个重要的内容（《修辞学》3.1.1403^{b}24—25）。

④ 诵说史诗时，艺人亦会附带作些表演。所以，从某种意义上来说，吟诵艺人或吟诵诗人（rhapsōdos）也是演员（hupokritēs）。柏拉图称伊昂为 rhapsōidos 和 hupokritēs（《伊昂》536A）。

⑤ 关于索西斯特拉托斯（Sōsistratos）和谟那西瑟俄斯（Mnasitheos），除了这里提供的信息外，我们几乎一无所知。俄普斯（Opous）在洛克罗伊（Lokroi）境内。

⑥ 字面意思为：因为他们不摹仿（生来）自由的女人（eleutherai gunaikai）。没有证据表明卡利庇得斯扮演过身份低下的女人，他的过错很可能是把女人演得低贱了。在古希腊戏剧舞台上，有台词的角色（包括女角色）一概由男人扮演。

⑦ 亦可作"看出它的属性"（即属于哪一种悲剧）解（第 18 章提及过四种悲剧）。即使没有演员的表演，悲剧也不会丧失它的 dunamis。在现存的古文献中，最早提及有人看读悲剧的是阿里斯托芬（《蛙》52）。在公元前五世纪下半叶至前四世纪上半叶，悲剧的服务对象主要还是观众，但受公众喜爱的作品已能吸引较多的读者，换言之，当时已出现了文学作品的读者群（参考 C. B. Gulick, *The Life of the Ancient Greeks*, New York: Cooper Sqcare, 1902, republished 1973, p. 108）。

⑧ 但史诗却没有悲剧所有的全部成分。

⑨ 即六音步长短短格。在现存的悲剧里，用此种格律写成的段落不仅短促，而且数量很少（参考《特拉基斯妇女》1010—1022，《祈求者》（*Supplices* 欧里庇得斯作）271—274，282—285）。

⑩ Mousikē（在此和 melos 等义）在《诗学》中仅出现这一次。Mousikē 亦可指"诗"。

⑪ 从语法上来看，这是个病句。"音乐"和"戏景"是两个成分，但 meros 和下文中的关系代词 hēs 却为单数形式。有人建议将 meros 作非技术性术语理解，即把它想象成一个包括音乐和戏景的成分。有的校译者主张将 di'hēs 改为 hail 或 di'has。[和场面]出现在所有的抄本和阿拉伯译文里。

⑫ 阅读中不易发现某些通过观看演出可以发现的失误。"观看演出"原文作 epi tōn ergōn，可作"在表演中"解。

⑬ "篇幅"原文作 mēkos（"长度"）。第 5 章第 16 行中的"长度"指情节所包含的时间跨度。篇幅的长短和作品的时间跨度既不完全一样，又有某种内在的关联。

“冲淡”①了的表现更能给人快感；我的意思是，比如说，假设有人把索福克勒斯的《俄底浦斯》扩展成《伊利亚特》的规模，便会出现后一种情况)。还有，史诗诗人的摹仿在整一性方面欠完美(可资说明的是，任何一部史诗的摹仿都可为多出悲剧提供题材)。② 所以，若是由他们编写一个完整的情节，结果只有两种：要是从简处理，情节就会给人像是受过截删的感觉；倘若按史诗的长度写，情节又会显得像是被冲淡了似的。我的意思是，比如说，如果一部作品由若干个行动组成——正如《伊利亚特》和《奥德赛》便是由许多这样的、本身具一定规模的部分组成的③——便会出现在整一性方面欠完美的情况。然而，这两部史诗不仅在构合方面取得了史诗可能取得的最佳成就，而且还最大限度地分别摹仿了一个整一的行动。④

由此看来，如果悲剧不仅在上述方面优于史诗，而且还能比后者更好地取得此种艺术的功效⑤(它们提供的不应是出于偶然的，而应是上文提及的那种快感)，那么，它就显然优于史诗，因为它能比后者更好地达到它们的目的。

关于悲剧和史诗本身，它们的种类和部分，部分的数量和区别，决定其效果之好坏的原因以及关于提出的问题和对问题的解答，就谈这么多。⑥

三、著作导读

《诗学》大概是亚里士多德在雅典哲学学校讲学时的讲稿(或者是门人的笔记)，没有经过亚里士多德的整理和加工，因此其中有些地方前后矛盾，有些地方阐述不清。《诗学》在流传中有散佚，它只讨论了悲剧，论喜剧的部分已经遗失，史诗谈得很少，抒情诗(酒神颂歌、长笛曲、竖琴曲)并没有谈到。现存版本共二十六章，可

---

① 原意为用水把酒“冲淡”(参考《政治学》2.4.1262^{b}14—22)。

② “史诗的摹仿”可能包括作品的主要情节和穿插。

③ “许多部分”是否包括穿插？作者没有明说。一部优秀的作品只摹仿一个完整的行动，而这个“行动”似乎不同于“部分”——作者从未说过一部作品应该摹仿一个部分——后者只是情节(或行动)的组成部分而已。但在本段文字里，作者似乎没有明确区分“行动”和“部分”的不同，尽管他没有说《伊利亚特》和《奥德赛》是由“许多行动”组成的。

④ 根据作者本人的倾向以及他在第8章第1段和第23章第2段中的有关论述，我们似乎可以循着他的思路，把史诗的结构分作两种，一种是由主要内容加次要内容组成的“主次结构”(如《伊利亚特》)，另一种是由一些无明显主次之分的内容组成的“均等结构”(如《小伊利亚特》等)。两种结构的根本不同点在于，用“均等结构”不能或很难摹仿一个完整的行动。荷马史诗尽管篇制宏大，内容跌宕，但主题明确，衔接巧妙，读来给人一气呵成之感。其他史诗诗人没有荷马的气魄和诗才，他们的作品不是“流水账”，便是“散沙一盘”，读来缺乏整体感和立体感。作者赞赏荷马的构思和编排内容的方法，但没有严格区分两种结构中的作用不同、导向不同的部分。不仅如此，在论及应用范畴时，他还混淆了两种不同性质的内容(或结构)。比如，他说过，《伊利亚特》和《奥德赛》的内容各可提供一出、至多两出悲剧的题材，而《小伊利亚特》则为八出以上的作品提供了素材。在提及前者时，他指的可能是作品的核心内容(不包括许多次要内容或穿插)，而在提及后者时，他指的可能是其中分段式的、在重要性方面大致均等的内容。

⑤ “此种艺术”指内容严肃的诗。请注意，作者似乎已把悲剧和史诗当作一种艺术的两种表现形式。亚氏认为，《奥德赛》中的某些内容能引发怜悯和愤怒(参考柏拉图《伊昂篇》535B—E)。

⑥ 亚氏常用 peri men oun …eirēstho tosauta(或 tauta)结束对一个问题的讨论并转入另一个论题。此段文字表明，对悲剧和史诗的讨论已告结束。抄本B在此后似有“关于讽刺诗和喜剧”一语(后继二词已无法辨认)。

分为五个部分：第一章至第五章可看作全书的第一部分，亚里士多德在此提出了他的摹仿说，理析了艺术的起源和概念；第二部分即第六章至第二十二章，这一部分主要讨论了悲剧，先给出了悲剧的定义，然后分析了悲剧的成分，重点在情节和性格，最后为悲剧的写作，特别是词汇和风格；第三部分即第二十三章至第二十四章，此两章讨论史诗；第四部分即第二十五章，反驳了对诗人的指责；第五部分即第二十六章，得出了悲剧比史诗优越的结论。

如果做一个整体的梳理，我们可以这样来理解悲剧：悲剧是对于一桩重大、完整且有一定广度的事件的摹仿，它的媒介是语言，具有各种藻饰，分别在剧的各部分使用，摹仿方式是表演而不是叙述，借唤起怜悯与恐惧来使这两种感情得到宣泄。我们还可以看到：每部悲剧必须具备六个成分，它们分为三组——作为摹仿媒介的文词和歌曲，作为对象的性格、思想和布景，作为方式的结构。而剧的好坏也取决于这六个成分。

应该说，从整体上看，《诗学》现有的内容仍然能够反映亚里士多德的主要观点和思想。所以，尽管车尔尼雪夫斯基声称这是“残缺不全的节本或者是惨遭窜改的改本”，却仍然认为“《诗学》是第一篇最重要的美学论文，也是迄至前世纪(18 世纪)末叶一切美学概念的根据”，而亚里士多德“是第一个以独立体系阐明美学概念的人，他的概念竟雄霸了二千余年”。[①]

《诗学》在逻辑、结构甚至措辞上并不难理解，我们不必在这里逐章进行解释。但是，如果想要透彻理解并掌握亚里士多德的深层思想、有关脉络和相关影响，仅仅懂得字面上的意思尚不够，还需要特别注意以下几个方面的内容。

第一，亚里士多德的“摹仿论”在哲学观念上与柏拉图存在重大差异。亚里士多德继承了柏拉图关于摹仿的思想，但又从根本上与之不同。柏拉图认为物质世界是对理式世界的摹仿，所以作为现实世界模仿者的文艺就成了“摹本的摹本”“影子的影子”。而亚里士多德则肯定了我们所居住的这个世界本身就是真实的世界，不是“理式”的影子或摹本。而文艺所摹仿的是现实生活，是人，因而文艺当然也具有客观真实性，从而肯定了文艺的认识功能。

亚里士多德还认为，诗人应创造合乎必然律与可然律(所谓可然律是指在假定条件下产生某种结果的可能性；必然律是指根据因果关系在已定的条件下产生某种结果的必然性)的情节，反映现实中本质的、普遍的东西。在这里，摹仿不是在抄袭事物的表面现象，而是要揭示事物的本质和规律(今天我们所主张的“艺术来自生活又高于生活”以及所坚持的典型化创作方法，也植根于此)。于是，摹仿成了诗人从生活中发现内在规律、赋予材料以形式的创造性的活动。而文艺既然按照必然律和可然律进行创造，那它就比普遍的现实更高，更富于理想化，因而也更真实、更美。这个基本思想贯串在《诗学》之中，是对诗与艺术的最有力的辩护，也是亚里士多德对于美学思想的一个最有价值的贡献。

第二，亚里士多德肯定了诗(悲剧)的社会功用。柏拉图认为诗能激动人的感情，扰乱人的灵魂，使人理智混乱，因此是有害的；亚里士多德则认为悲剧可以陶冶人

---

① ［俄］车尔尼雪夫斯基：《美学论文选》，124～129 页，北京，人民文学出版社，1957。

的性情，使人理智健全，因此是有益的。在亚里士多德看来，摹仿是学习的基础，是人类生来就有的自然倾向，爱好节奏和谐之类美的形式也是人类生来就有的自然倾向。自然倾向就是生机，它要求宣泄，要求满足，否则心理健康就会受到影响。因此，文艺激发情绪，产生快感，但可以通过净化来获得平衡，这并不会激发人性中“卑劣的部分”，是“无害”的。悲剧通过唤起人们的怜悯与恐惧之情，使他们的性情得到陶冶或净化①，他们会“感到一种舒畅的松弛”，获得一种“无害的快感”，从而得到道德(政治)教育。这是对诗与诗人的辩护，亚里士多德坚持诗对情绪起净化作用，有益于阅听者的心理健康，从而也有益于社会。这就肯定了文艺积极的社会功用。

第三，亚里士多德有严密的逻辑和科学的方法。亚里士多德善于运用严密的逻辑，把研究对象和其他相关的对象区分开来，找出它们的同异，然后再对研究对象进行细化分类，逐步寻找规律，下定义。在亚里士多德的理论谱系里，他先把艺术和“理论科学”“实践科学”区别开来，找出它的特点在于“创造”；然后再从艺术(包括工艺等)中分出我们所了解的美的艺术，即他所谓“摹仿的艺术”，找出它们的特点在于“摹仿”；接下来他用摹仿的“手段”(或“媒介”)“对象”和“方式”作为标准来区别诗和其他艺术(如绘画、音乐、舞蹈)以及诗本身各种(如史诗、悲剧、喜剧、颂歌等)特质和规律以及彼此之间的同异和关系。从中，我们能够看到学科划分与建构的清晰轮廓。甚至可以说，在亚里士多德的文章中，我们可以见到至今不废的学术的规范。

与此相关的是，亚里士多德还把一些其他学科的观点和方法应用到文艺理论领域，他从生物学里带来了有机整体的概念，从心理学里带来了艺术的心理根源和艺术对观众的心理影响两个重要的方面，从历史学里带来了艺术种类的起源、发展与演变的观点。这些相关学科的观点和方法的应用，对亚里士多德的诸多文艺见解的形成有着重大影响。后来，欧洲文艺理论领域里有所谓“自然科学派”“心理学派”和“历史学派”，也都可以从亚里士多德的《诗学》里找出他们的源流。

第四，《诗学》有基于文艺本身的理论视野、研究思路。《诗学》不仅是古希腊戏剧，特别是悲剧的成就和经验的总结，而且也是对那个时代艺术实践的概括。在文中我们能多次看到戏剧家索福克勒斯和欧里庇得斯等人，还可以见到荷马及画家波吕格诺托斯和宙克西斯等人的名字。可见，亚里士多德的理论是从事实出发、基于具体的创作实践的。他把艺术史、文学史作为他理论的根据，不是对文艺做单纯的形而上的推衍，而是从戏剧创作和演出的历史材料中抽象出一般性的理论。这在一定程度上确立了把文艺作为文艺学甚至是美学观照对象的主体地位。

第五，见于全篇之中的其他重要观点和认识。在《诗学》中，我们几乎在每一章都可以发现一些重要的观点和精彩的论述，这些观点至今仍然对戏剧和文艺理论产

---

① 原文 Katharsis，陈中梅版译作“疏泄”(也有译作宣泄的)，罗念生版译作“陶冶”，其他较有代表性的译法是朱光潜的“净化”。“陶冶说”强调 Katharsis 是使怜悯与恐惧经过一次次的激起而得到锻炼，日久就会达到适度。“净化说”则强调 Katharsis 是使怜悯与恐惧得到宣泄而达到平静，即把过度的情感发泄掉，从而感到一种“轻松舒畅的快感”，同时又能使自然情感得到正常的调节，这样，教育和快感就在“净化”作用中得到统一。其实，无论是“净化”还是“陶冶”，本质都是相同的，都是通过某种手段使情感达到平衡或平静。

生着重大的影响，不可忽略。这里，我们不一一指出，而用朱光潜的总结加以提领："(1)诗的真理是普遍与特殊的统一，这不但已建立了典型说，而且也已隐含黑格尔的'美是理念的感性显现'那个定义；(2)艺术反映现实，但须经过理想化，'照事物应当有的样子去摹仿'，主观理想应与客观规律符合，这里已见出'主观与客观的统一'；(3)艺术是有机的整体，部分与全体密切联系，才产生和谐；(4)在人物性格的塑造中，艺术的考虑与伦理的考虑须统一，不应象(像)柏拉图那样片面地从政治观点看艺术，这里已隐含政治标准与艺术标准的统一；(5)文艺的功用首先在对客观事物的认识，其次在形式和谐所引起的美感；情节的内在逻辑要求布局有头有尾有中部；这里已隐含内容与形式统一而内容起决定作用的原则。"①

（撰稿人：张政法）

① 朱光潜：《西方美学史》上卷，102～103页，北京，商务印书馆，2011。

美　学

一、著作信息

作者： 黑格尔，德国哲学家，德国古典唯心主义的集大成者。杜宾根大学哲学博士。曾任家庭教师，纽伦堡文科中学校长，海德堡大学、柏林大学教授。

译者： 朱光潜。

版本： 商务印书馆 2011 年版。

二、著作摘录

（一）

我们原来的出发点是引起动作的普遍的有实体性的力量。这些力量需要人物的个性来达到它们的活动和实现，在人物的个性里这些力量显现为感动人的情致。但是这些力量所含的普遍性必须在具体的个人身上融会成为整体和个体。这种整体就是具有具体的心灵性及其主体性的人，就是人的完整的个性，也就是性格。神们[①]变成了人的情致，而在具体的活动状态中的情致就是人物性格。

因此，性格就是理想艺术表现的真正中心，因为它把前面我们作为性格整体中的各个因素来研究的那些方面都统一在一起。因为理念作为理想（这就是说，作为经过表现出来供感性知觉和观照的，而且在它的活动中发生动作和自实现的理念），在它的得到定性的状态中就是自己和自己发生关系的主体的个性。但是真正的自由的个性，如理想所要求的，却不仅要显现为普遍性，而且还要显现为具体的特殊性，显现为原来各自独立的这两方面的完整的调解和互相渗透，这就形成完整的性格，这种性格的理想在于自身融贯一致的主体性所含的丰富的力量。

现在我们要从三方面来研究人物性格：

第一，把性格作为具备各种属性的整体，即作为个别人物来看，也就是就性格本身的丰富内容来看；

第二，这种整体同时要显现为某种特殊形式，因为性格应显现为得到定性的；

---

① “神们”（Die Göatter），指上文所说的“普遍的力量”。

第三，性格(作为本身整一的)跟这种定性(其实就是跟它本身)融会在它的主体的自为存在里[①]，因而成为本身坚定的性格。

我们现在就来阐明这些抽象的意思，把观念弄得更明确一点。

(二)

a)情致既然是在一个完满的个性里显现出来的，所以情致在它的得到定性的状态中不复是艺术表现的全部的和唯一的兴趣，而变成只是发生动作的人物性格中的一个方面，尽管这个方面是主要的。因为人不只具有一个神来形成他的情致；人的心胸是广大的，一个真正的人就同时具有许多神，许多神只各代表一种力量，而人却把这些力量全包罗在他的心里；全体奥林匹斯[②]都聚集在他的胸中。古人有一句话说："人啊，你根据你自己的情欲，把神创造出来了！"就是这个意思。事实上希腊人随着文化的进步，他们的神也就愈来愈多了；而他们的较早期的神都比较呆板些，没有表现成为具有个性和定性的神。

因此，人物性格也须现出这种丰富性。一个性格之所以能引起兴趣，就在于它一方面显出上文所说的整体性，而同时在这种丰富中它却仍是它本身，仍是一种本身完备的主体。如果人物性格没有见出这样的完满性和主体性，而只是抽象的，任某一种情欲去支配的，它就会显得不是什么性格，或是乖戾反常、软弱无力的性格。个别人物的软弱无力，正在于上文所说的那种永恒的力量没有显现为他本身固有的自性，即没有显现为主体固有的属性。

例如在荷马的作品里，每一个英雄都是许多性格特征的充满生气的总和。阿喀琉斯是个最年轻的英雄，但是他一方面有年轻人的力量，另一方面也有人的一些其他品质，荷马借种种不同的情境把他的这种多方面的性格都揭示出来了。阿喀琉斯爱他的母亲特提斯[③]，布里赛斯[④]被人夺去，他为她痛哭，他的荣誉受到损害，他就和阿伽门农争吵，这就成为《伊里亚特》中以后一切事变的出发点。此外，他也是帕屈罗克鲁斯和安惕洛库斯的最忠实的朋友[⑤]。他一方面是个最漂亮最暴躁的少年，既会跑，又勇敢，可是另一方面他也很尊敬老年人；他所信任的仆人，忠实的腓尼克斯，躺在他的脚旁，在帕屈罗克鲁斯的丧礼中他对老人涅斯托[⑥]表示最崇高的敬礼。但是对于敌人，他却显得容易发火，脾气暴躁，爱报复，非常凶恶，例如他把赫克托[⑦]的尸体绑在他的车后，绕着特洛伊城拖了三个圈子，但是老普莱亚姆来到他的营帐，他的心肠就软下来了，他暗地里想到自己的老父亲，就伸出手来给哭泣的老国王去握，尽管这老国王的儿子是他亲手杀了的。关于阿喀琉斯，我们可以说：

---

① 即代表某一普遍力量的人物自觉到他是代表这种普遍力量的。

② 奥林匹斯山是诸神所居地，即代表全体的神，或全体的普遍力量。这番话表现了黑格尔的人道主义。

③ 特提斯，女海神，嫁了凡人，生阿喀琉斯。

④ 布里赛斯，阿喀琉斯所获的女俘。

⑤ 两个都是阿喀琉斯的密友，帕屈罗克鲁斯被特洛伊大将赫克忒战死后，阿喀琉斯要替他报仇，才出来参战。

⑥ 希腊军中的老谋士。

⑦ 这是《伊利亚特》里最有名的一段，赫克忒战死了，他的父亲普莱亚姆到希腊军营里要求领回他的尸首，阿喀琉斯答应了。

“这是一个人！高贵的人格的多方面性在这个人身上显出了它的全部丰富性。”荷马所写的其他人物性格也是如此，例如俄底修斯、第阿默德、阿雅斯、阿伽门农、赫克忒、安竺罗玛克[①]，每个人都是一个整体，本身就是一个世界，每个人都是一个完满的有生气的人，而不是某种孤立的性格特征的寓言式的抽象品。比起这些人物来，皮上起茧的什格弗里特[②]，特洛伊的哈根[③]甚至于音乐家浮尔考，尽管也是些强有力的个性，都显得黯淡无光。

只有这样的多方面性才能使性格具有生动的兴趣。同时这种丰满性必须显得凝聚于一个主体，不能只是乱杂肤浅的东西，或是偶然心血来潮的激动——就像小孩子们把一切可拿到的东西都拿到手，就它们临时发出一些动作，但是见不出性格。性格不能如此，它必须渗透到最复杂的人类心情里去，守在那里面，在那里面吸收营养来充实它自己，而同时却又不停滞在那里，而是要在这些旨趣、目的和性格特征的整体里保持住本身凝聚的稳固的主体性。

特别适宜于表现这样完整性格的是史诗，其次是戏剧和抒情诗。

(三)

b)但是艺术还不能停留在这种单纯的整体上面，因为我们所说的是具有定性的理想，因此就有一个更迫切的要求，就是要性格有特殊性和个性。特别是动作，动作在它的冲突和反动作中必须见出界限明确的内容(意蕴)。因此戏剧中的主角大半比史诗中的主角较为简单。要显出更大的明确性，就须有某种特殊的情致，作为基本的突出的性格特征，来引起某种确定的目的、决定和动作。但是如果这界限定得过分死板，以至使一个人物仅仅成为某种情致——例如爱情和荣誉感之类——的完全抽象的形式，那么，一切生气和主体性也就会完全消失了，而这种艺术表现也就会因此枯燥贫乏——例如法国的戏剧作品就是如此。所以性格的特殊性中应该有一个主要的方面作为统治的方面，但是尽管具有这个定性[④]，性格同时仍须保持住生动性与完满性，使个别人物有余地可以向多方面流露他的性格，适应各种各样的情境，把一种本身发展完满的内心世界的丰富多彩性显现于丰富多彩的表现。索福克勒斯的悲剧形象就具有这种生动性，尽管他所写的情致本身是很单纯的。我们可以拿这样形象的塑造上的完备性来比拟雕刻的形象。雕刻虽然有很明确的定性，却仍然可以表现性格的多方面性。它一方面要表现一种力求向外宣泄的、以全力集中于某一个焦点上的热烈情绪，另一方面在它的静穆风味里，它也把泰然融合各种力量于一身的那种坚定的中立性表现出来。但是这种安然无扰的统一性却不是停留在某一种抽象的定性上面，而是在它的美里让人预感到它在千变万化的情况里可以产生一切可能的表现[⑤]。在真正的雕刻形象里我们可以看到一种静穆而深刻的意味，其

① 都是《伊利亚特》里的主要人物，安竺罗玛克是赫克忒的妻子。

② 什格弗里特，《尼伯龙根歌》里的日耳曼民族英雄。

③ 哈根和浮尔考都是《尼伯龙根歌》里的重要角色。

④ 即主要的方面。

⑤ 这句话和下句“使一切力量得到实现的潜能”都是一般所说的“富于暗示性”或“言有尽而意无穷”。

中包含有使一切力量得到实现的潜能。比起雕刻来，绘画、音乐和诗所表现的人物性格还更需要有内在的丰富多彩性，真正的艺术家们都了解这一点。例如莎士比亚在《罗密欧与朱丽叶》[①]里所写的主要情感是爱情，但是我们看见罗密欧在最变化多端的关系里，例如在对他的父母、朋友和侍童的关系中，在同杜巴尔特的在荣誉感上的冲突和决斗中，在对僧侣的尊敬和信任中，甚至在坟场上和卖毒药给他的药师的对话中，他都始终一贯地显得尊严高尚，用情深挚。朱丽叶也是一样的从许多关系的整体中显出她的性格，例如她对父母、保姆、巴里斯伯爵，以及神父劳伦斯的关系。尽管有这些复杂的关系，她在每一种情境里也是一心一意地沉浸在自己的情感里，只有一种情感，即她的热烈的爱，渗透到而且支持起她整个的性格。她的这种爱像无边的大海一样深广，所以她说得很对："我付出的愈多，我保留的也就愈多，这两方面都是无限的。"

从此可知，所表现的尽管只是一种情致，这一种情致也必须展示出它本身的丰富性。在抒情诗里也是如此，但是抒情诗里的情致不能变成具体情况中的动作。这就是说，在抒情诗里情致也须表现为一种发展完满的内心生活的内在情况，这种内心生活也可能在一切环境和情境中从一切方向表现出来。有生动流利的语言，有一种能结合到一切事物上、能把过去化成现在、能把全部外在环境转化为内心生活的象征表现的想象力，能不畏避深入的客观思考而且在阐明这种思考中能显出一种高远宏大的清明高尚的心灵——这样一种能表现内在世界的性格丰富性对于抒情诗也是很适合的。单凭知解力来看，一方面有一个统治的定性，而另一方面在这个定性范围以内又有这样的多方面性，好像是不可能的。例如在阿喀琉斯的高尚的英雄品质里，美的基本特征在于他的少年人的力量，他对他的父亲和朋友，心肠都是很柔软的；人们会问：像他这样的人怎么可能怀着恶毒的仇恨拖着赫克忒的尸首绕着特洛伊城走呢？莎士比亚所写的一些小丑几乎都充满着聪明伶俐和天才式的幽默，这也显得很不相称。人们会问：这样聪明伶俐的人怎样能干出那样笨拙的勾当？从此可知，知解力爱用抽象的方式单把性格的某一方面挑出来，把它标志成为整个人的唯一准绳。凡是跟这种片面的统治的特征相冲突的，凭知解力来看，就是始终不一致的。但是就性格本身是整体因而是具有生气的这个道理来看，这种始终不一致正是始终一致的、正确的。因为人的特点就在于他不仅担负多方面的矛盾，而且还忍受[②]多方面的矛盾，在这种矛盾里仍然保持自己的本色，忠实于自己[③]。

---

① 《罗密欧与朱丽叶》的情节见莎士比亚的悲剧(已有中译)；杜巴尔特是朱丽叶家族的人，反对她和罗密欧恋爱，因此同罗密欧发生了决斗，罗密欧把他杀死了。僧侣即下文的劳伦斯，是暗下帮助他们两人结婚的。罗密欧最后到朱丽叶的坟上和巴里斯伯爵决斗(朱丽叶家族原先已把她许配给巴里斯伯爵)，把他杀死之后，服药自尽。

② "担负"原文是 tragen，即"带有"；"忍受"原文是 ertragen，前后相关。

③ 以上几段说明黑格尔对于艺术中人物性格的要求，理想的性格一方面要有一种普遍力量或人生理想作为他的情致的根源，同时还要是一个多方面的丰富的有血有肉的人物，否则就成为死板的公式化的抽象品。植根于普遍力量的情致在性格中须居统治的地位，把多方面的特质融会成为一个整体。这是单一与杂多的统一。黑格尔关于人物性格所说的两种表现方式就是马克思和恩格斯所强调的莎士比亚化和席勒式的分别(参看马克思和恩格斯分别给拉萨尔论悲剧的信)。

(四)

c)因此，人物性格必须把它的特殊性和它的主体性融会在一起，它必须是一个得到定性的形象，而在这种具有定性的状况里必须具有一种一贯忠实于它自己的情致所显现的力量和坚定性。如果一个人不是这样本身整一的，他的复杂性格的种种不同的方面就会是一盘散沙，毫无意义。和本身处于统一体[①]，艺术里的个性的无限和神圣就在于此。从这方面看，对于性格的理想表现，坚定性和决断性是一种重要的定性。像我们前已约略提到的，性格之所以有这种坚定性与决断性，是由于所代表的力量的普遍性与个别人物的特殊性融会在一起，而在这种统一中变成本身统一的自己与自己融贯一致的主体性和整一性。

在提出这种要求时，我们还应该反对近代艺术的许多特殊现象。

例如在高乃依的《熙德》里[②]，爱情与荣誉的冲突是写得很辉煌的。这样本身见出差异面的情致当然可以导致冲突；如果这种情致表现为在同一性格中的内在冲突，当然也可以产生堂皇典丽的修辞和娓娓动听的独白，但是同一心灵的分裂，时而由抽象的荣誉转到爱情，时而又由抽象的爱情转到荣誉，这样翻来覆去，本身就违反性格所必有的真正决断性和统一性。

另外一种情形也和个别人物的决断性相矛盾，那就是主角本已受某一种情致的驱遣，却又让一个次要的角色来约制他，说服他，因而可以把责任推诿到那个次要角色身上去，例如像拉辛的《斐笃尔》[③]的主角被伊娜尼说服了那样。一个真正的人物性格须根据自己的意志发出动作，不能让外人插进来替他作决定。只有在根据自己的意志发出动作时，他才能对自己的行动负责任。

人物性格的不坚定性还有一种方式，特别表现在近代德国作品里，这就是长久在德国统治着的那种感伤主义的内在的软弱。我们可以举《维特》作为一个最近的有名的例子。维特是一个完全病态的性格，没有力量能摆脱爱情的顽强执着。他吸引人的是他的热情和优美的情感生活，例如由文化教养所形成的对于自然的笃爱以及性情的温柔。这种性格的软弱在后来的艺术作品里就每况愈下，采取了许多其他方式。例如雅柯比[④]在他的《浮尔德玛》里所写的那种“灵魂美”就是一种。这部小说充分表现了上述基于主角错觉的心情的幽美，主角自以为有道德，比旁人优越而沾沾自喜。他自以为有一种高尚神圣的心灵，可是他对现实世界的一切方面的关系都是很别扭的。他的软弱表现于对现实世界的真正有意义的事不但不肯去做，而且不能忍受。其所以如此，是由于他抱着自我优越感来看现实世界，以为其中一切都值不得他关心，因而对它加以否定。这种“幽美的灵魂”对于人生的真正有价值的道德方

---

① 即性格中丰富多彩性统一于一个统治的普遍力量或人生理想。

② 《熙德》(*Le Cid*)，法国17世纪剧作家高乃依的杰作，主角罗竺里格为了替父亲报仇，杀了他的爱人希曼的父亲，这部剧本就是写这种爱情与荣誉的冲突。

③ 《斐笃尔》(*Phaedre*)，法国17世纪剧作家拉辛的杰作，写女主角钟情于自己丈夫的前妻的儿子的故事。伊娜尼是她的乳母，斐笃尔屡次受她的怂恿，例如怕丈夫知道她向儿子求爱的丑事，斐笃尔就听乳母的话，诬告儿子侮辱她。

④ 雅柯比(Jacobi，1740—1814)，德国作家，歌德的朋友。

面的旨趣是漠不关心的，他只孤坐默想，像蜘蛛吐丝一样，从自己肚子里织出他的主观的宗教和道德的幻想。这种人除掉大肆炫耀这种过度的自我优越感之外，还加上无限的敏感，要求世上一切人都要时时刻刻能发现、了解并且尊敬他的这种孤独的灵魂美。如果旁人办不到，他就伤心刺骨，一辈子不平。于是他的全部人性、友谊和爱情就都马上垮台了。凡是伟大坚强的性格所不大介意的东西，例如一点冬烘气，一点鲁莽和笨拙，对于这种人却是不能忍受和难以理解的，一点微不足道的事情就可以使这种人的心情陷于极端绝望的境界。这就产生了永无止境的忧伤抑郁，愤愤不平，悲观失望，从此又产生了种种对人对己的辛酸默想，引起了一种痉挛症，甚至于心也坚硬狠毒起来了，这就是这种"幽美心灵"的内心世界的全部痛苦和软弱的表现。没有人能同情这种乖戾心情，因为一个真正的人物性格必具有勇气和力量，去对现实起意志，去掌握现实。这种永远只把眼睛朝自己看的主体性所引起的兴趣只是一种空洞的兴趣，尽管这种人自以为是高人一等的真纯的人物，自以为有些神圣的东西藏在他的心灵最深处，而其实所谓神圣的东西一经揭露出来，只是穿便衣戴便帽，最平凡不过的东西。

性格缺乏内在的实体坚实性，还表现于另一种方式：就是把上述那种奇怪的所谓较高尚的心情的幽美转化为实体，把它了解为独立自足的力量。描写魔术、磁性催眠术、"通天眼"、睡行症等等的作品就属于这一类。在这种作品里活人被认为与这些幽暗玄秘的力量有关系，这些力量一方面就附在他身上，另一方面对于他的内心世界却又是一种外在的另一世界，他要受它的决定和支配。这种不可知的力量里好像有一种深不可测的神奇的真理，是凡人所不能掌握和理解的。但是这种幽暗的力量一到艺术的领域就会马上被赶出，因为在艺术的领域里没有什么是幽暗的，一切都是清晰透明的，而这种不可知的力量只能是精神病的表现，而描写它的诗也只能是晦涩的、琐屑的、空洞的，例如霍夫曼的作品和亨利·封·克莱伊斯特的《洪堡亲王》①。真正艺术家用来作为理想性格的意蕴和情致所寄托的不是这些神奇鬼怪的东西，而是性格所熟习的现实生活的旨趣。特别是"通天眼"在近代诗里已变成猥琐庸俗。但是席勒在《威廉·退尔》里写阿亭豪生老人在临死前宣告他的祖国的命运，这种预言却处理得很恰当。总之，为着要造成冲突或是要引起兴趣，而就用精神病来代替健全的性格，这种办法总是永远不能成功的。所以在艺术里写精神病态必须极端谨慎。

近代滑稽说，也可以说是属于这种不顾人物性格的统一性和坚定性的荒谬的表现方法。这个错误的理论把诗人们引上迷途，使他们在一个人物性格里摆上许多不能融会成为统一体的差异面，因而使性格失其为性格。依这一说，如果一个人物初出现时本有一种定性，马上这种定性就要转化为它的对立面，因而使性格表现成为只是对它的定性和它本身的否定。滑稽原则的拥护者把这种情形看成真正高度艺术的表现，认为观众不应为任何本身有积极意义的旨趣所打动，应该能超越这种旨趣，因为滑稽本身是能超越一切的。他们还想根据这个原则去解释莎士比亚所写的一些

① 霍夫曼是德国颓废派的始祖，《谢拉皮翁兄弟》的作者。克莱伊斯特（Heinrich von Kleist，1777—1811），德国反动浪漫派的诗人和剧作家。《洪堡亲王》是一部歌颂普鲁士君主，宣扬狭隘民族主义的剧本。

人物性格。例如麦克伯夫人据说是个性情温柔的笃爱丈夫的女人，尽管她不仅赞助暗杀国王的阴谋，而且怂恿麦克伯去实现这阴谋。但是莎士比亚的特点正在于他把人物性格描绘得果断而坚强，纵然写的是些坏人物，他们单在形式方面[①]也是伟大而坚定的。哈姆雷特固然没有决断，但是他所犹疑的不是应该做什么，而是应该怎样去做。现在人们却把莎士比亚所写的人物性格也弄成鬼魂似的，以为翻来覆去三心二意，毫无效果的软浆状态，本身就可以使人发生兴趣。但是艺术理想却在于理念是现实的，既然要现实，就要人物确实是个主体，这就是说，他应该是本身坚定的统一体。

关于艺术中的足见性格的个性，话说到此就够了。主要原则就是要有一个丰富充实的心胸，而这心胸中要有一种本身得到定性的有关本质的情致，完全渗透到整个内心世界里，艺术不仅要把这情致本身，而且还要把这种渗透过程都表现出来。但是这情致却不能在人的心胸中自归消灭，以至显得只是一种本身不关本质的空虚的情致[②]。

三、著作导读

> 在马克思主义以前，西方美学和文艺理论的书籍虽是汗牛充栋，真正有科学价值而影响深广的也只有两部书，一部是古希腊的亚里士多德的《诗学》，另一部就是十九世纪初期的黑格尔的《美学》。
>
> ——朱光潜《美学·译后记》

黑格尔于1817年冬季在海德堡大学开始讲授美学，包括后来在柏林大学的美学讲演，共五次(1817年，1820年，1823年，1826年，1829年)。黑格尔逝世后，他的门徒霍托(Heinrich Gustav Hotho，1802—1873)根据他亲笔写的提纲和几个听课者的笔记编辑成书，于19世纪30年代出版于柏林。在《美学·全书序论》中，黑格尔开篇指出："这些演讲是讨论美学的；它的对象就是广大的美的领域，说得更精确一点，它的范围就是艺术，或则毋宁说，就是美的艺术。"相比于"美学"这一名称，黑格尔更愿意称之为"艺术哲学"，"或者更确切一点，'美的艺术的哲学'"。

《美学》第一卷主要是对艺术美的基本原理的探讨。在黑格尔的美学体系中，艺术的特征是美，因此他给"美"下的定义是"美就是理念的感性显现"，这也可以理解为艺术的定义，"艺术就是理念的感性显现"。其中，理念是艺术的内容，诉诸感官的形象是艺术的形式，美的艺术要把这两方面调和成为一种自由的统一的整体。因此，艺术的任务在于"用感性形象来表现理念，以供直接观照"，所以，"艺术在符合艺术概念的实际作品中所达到的高度和优点，就要取决于理念与形象能互相融合而

① 即离开坏的实质而专从外表上去看人物性格的坏的方面，坏也要显出伟大的气魄。

② 在这一段里，黑格尔对于近代资产阶级颓废主义的文艺给了一个非常中肯的诊断和无情的痛击。在当时这种颓废倾向刚开始，以后它就愈来愈厉害。本章中以上部分所讲的实际上就是马克思、恩格斯所讲的典型环境和典型人物性格问题，读者最好参照着看，想一想马克思、恩格斯对黑格尔继承了什么，批判了什么。

成为统一体的程度"[①]。由此可见，黑格尔是从概念或基本原则出发，来推演艺术发展具体情况的。"绝对理念"是其美学体系的基本出发点，艺术是由绝对理念本身生发出来的，艺术的目的是绝对本身的感性表现。尽管马克思、恩格斯对黑格尔的客观唯心主义哲学体系进行了系统的彻底的批判，但对其历史发展观点首先给予了高度的评价："黑格尔第一次——这是他的巨大功绩——把整个自然的、历史的和精神的世界描写为一个过程，即把它描写为处在不断的运动、变化、转变和发展中，并企图揭示这种运动和发展的内在联系。"[②]这里所说的"运动和发展的内在联系"就是辩证法的线索。"黑格尔辩证法的出发点是任何事物都含有本身的对立面或内在矛盾，就是这种内在矛盾在推动事物的发展"[③]，这样的"合理内核"也同样体现在黑格尔对于美的艺术的思考中。可以说，《美学》不仅是一部美学理论著作，更是一部艺术史大纲，是一部睿智的艺术发展史。

《美学》第二卷具体从艺术类型观点追溯象征型、古典型和浪漫型三种艺术的特征及其历史发展。"艺术是理念的感性显现"，黑格尔让一个概念——"绝对精神"，即理念——成为其艺术史发展的起源。绝对精神自己会变化发展，其本身所包含的矛盾，不断自我否定，成为其发展的根本动力，因此，艺术史的发展就是理念自我发展的结果。理念来自精神方面，感性形式来自感官所接触的自然方面。这两个方面的关系在具体的艺术发展过程中，可能处理得恰到好处，也有可能有所偏重，黑格尔根据因理念与形象的关系不同而呈现出的差异将艺术理想的发展分为三种特殊类型，即三个阶段：象征型(如古埃及艺术)、古典型(如希腊艺术)、浪漫型(如中世纪艺术)。其中，只有古典型艺术达到了完美的顶峰，理性内容与感性形象达到了完满的和谐一致，"没有什么比它更美，现在没有，将来也不会有"。如果说，在象征型艺术中，想象力倾向于努力从自然转到精神，形式(感性自然)压倒内容(主体精神)；在古典型艺术中，形式(感性自然)是内容(主体精神)符合本质的表现；那么，在浪漫型艺术中，内容(主体精神)则溢出形式(感性自然)。而绝对精神是无限的、自由的，不断发展的，在发展到艺术的高级阶段后，依然要无限发展，即精神进一步脱离物质，无限溢出，直至感性形象不再重要，只专注于精神本身，以至于艺术只剩下纯粹的理念，这不仅导致浪漫型艺术的解体，也导致了艺术本身的解体，艺术最终被宗教、哲学代替。虽然在《美学》中，黑格尔没有明说艺术终将灭亡，但可以见出他对于艺术的未来是极其悲观的："我们尽管可以希望艺术还会蒸蒸日上，日趋于完善，但是艺术的形式已不复是心灵的最高需要了。我们尽管觉得希腊神像还很优美，天父、基督和玛利亚在艺术里也表现得很庄严完善，但是这都是徒然的，我们不再屈膝膜拜了。"[④]朱光潜先生称之为"替艺术唱挽歌的声调"！

第三卷、第四卷在前两卷的基础上，从三种类型所代表的艺术门类出发，讨论建筑、雕刻、绘画、音乐和诗(包括戏剧)等门类艺术的特征及其历史发展。正如黑格尔在《美学·全书序论》中所言，"假定理想的概念和一般艺术类型的问题都已解决

① [德]黑格尔：《美学》第1卷，90页，北京，商务印书馆，2011。
② [德]恩格斯：《反杜林论》，转引自黑格尔：《美学》第3卷下册，339页，北京，商务印书馆，2011。
③ [德]黑格尔：《美学》第3卷下册，339页，北京，商务印书馆，2011。
④ [德]黑格尔：《美学》第1卷，132页，北京，商务印书馆，2011。

了，剩下的只是如何用某种感性材料去实现那理想和类型”①，即研究艺术美如何在各门艺术及其作品中展开为一个实现了的美的世界。其中专门论诗的第四卷是全书精华所在，朱光潜先生认为其与第一卷有同等重要性，诗是黑格尔本人研究较深的一门艺术，且黑格尔认为“诗是一切艺术的共同因素，一切艺术里都必有诗，一切艺术发展阶段都必出现诗”②。

综观《美学》，其基本错误在于黑格尔的唯心史观，即把物质与精神的关系本末倒置，但正如马克思主义创始人对于黑格尔辩证法的充分肯定，朱光潜先生认为《美学》就是把艺术描写为辩证发展过程并揭示其发展线索的范例。艺术类专业学生，钻研《美学》，有重要意义。首先，有助于深入了解黑格尔哲学、美学理论。一方面，黑格尔客观唯心主义哲学体系与辩证法是其对“美的艺术”思考的出发点；另一方面，书中具体生动的艺术发展实例又是对黑格尔客观唯心主义及辩证法的形象阐述。其次，有助于深入理解马克思主义理论。在哲学方面，黑格尔总结了他以前两千多年西方思想的发展，在美学与文艺理论方面也是如此。马克思、恩格斯所创立的辩证唯物主义和历史唯物主义是在工人运动蓬勃发展的新形势之下批判地继承黑格尔及其门徒费尔巴哈等人的成果，其文艺理论中的许多观点都可以溯源至《美学》，如人的全面发展、“外化”和“异化”以及典型环境、典型性格、悲剧“冲突”等。最后，有助于指导艺术创作实践。《美学》中有很多精辟的见解可以给艺术创作以启示。例如，黑格尔非常重视艺术作品中人物性格的塑造，认为“性格就是理想艺术表现的真正中心”。他主张人物的性格必须具有丰富性或完整性，并高度赞叹荷马作品对于人物性格的塑造，也极其欣赏莎士比亚，认为其人物性格的特点是“具有个性的、现实的、生动的、高度多样化的”，认为莎士比亚从来不会让某一抽象的情致，如麦克伯的政权欲、朱丽叶的爱情，或奥赛罗的妒忌，去淹没掉人物丰富的个性，而是“在突出一种情欲中，使人物还不失其为一个完整的人”……诸如此类的思考与马克思、恩格斯所推崇的“莎士比亚化”不谋而合，对我们今天艺术创作实践中人物形象的塑造有着重要的启发意义。

（撰稿人：吴辉）

---

① ［德］黑格尔：《美学》第1卷，103页，北京，商务印书馆，2011。

② ［德］黑格尔：《美学》第3卷下册，346页，北京，商务印书馆，2011。

1844年经济学哲学手稿

一、著作信息

作者：马克思，无产阶级革命导师，马克思主义创始人。
译者：中共中央马克思恩格斯列宁斯大林著作编译局。
版本：人民出版社 2000 年版。

二、著作摘录

（一）

我们且从当前的经济事实出发。

工人生产的财富越多，他的产品的力量和数量越大，他就越贫穷。工人创造的商品越多，他就越变成廉价的商品。物的世界的增值同人的世界的贬值成正比。劳动生产的不仅是商品，它生产作为商品的劳动自身和工人，而且是按它一般生产商品的比例生产的。

这一事实无非是表明：劳动所生产的对象，即劳动的产品，作为一种异己的存在物，作为不依赖于生产者的力量，同劳动相对立。劳动的产品是固定在某个对象中的、物化的劳动，这就是劳动的对象化。劳动的现实化就是劳动的对象化。在国民经济学假定的状况中，劳动的这种现实化表现为工人的非现实化，对象化表现为对象的丧失和被对象奴役，占有表现为异化、外化。

（二）

现在让我们来更详细地考察一下对象化，工人的生产，并且考察对象即工人产品在对象化中的异化、丧失。

没有自然界，没有感性的外部世界，工人什么也不能创造。它是工人的劳动得以实现、工人的劳动在其中活动、工人的劳动从中生产出和借以生产出自己的产品的材料。

但是，自然界一方面在这样的意义上给劳动提供生活资料，即没有劳动加工的对象，劳动就不能存在，另一方面，也在更狭隘的意义上提供生活资料，即维持工人本身的肉体生存的手段。

(三)

因此，工人越是通过自己的劳动占有外部世界、感性自然界，他就越是在两个方面失去生活资料：第一，感性的外部世界越来越不成为属于他的劳动的对象，不成为他的劳动的生活资料；第二，感性的外部世界越来越不给他提供直接意义的生活资料，即维持工人的肉体生存的手段。

因此，工人在这两方面成为自己的对象的奴隶：首先，他得到劳动的对象，也就是得到工作；其次，他得到生存资料。因此，他首先是作为工人，其次是作为肉体的主体，才能够生存。这种奴隶状态的顶点就是：他只有作为工人才能维持自己作为肉体的主体，并且只有作为肉体的主体才[能]是工人。

……

那么，劳动的外化表现在什么地方呢？

首先，劳动对工人来说是外在的东西，也就是说，不属于他的本质；因此，他在自己的劳动中不是肯定自己，而是否定自己，不是感到幸福，而是感到不幸，不是自由地发挥自己的体力和智力，而是使自己的肉体受折磨、精神遭摧残。因此，工人只有在劳动之外才感到自在，而在劳动中则感到不自在，他在不劳动时觉得舒畅，而在劳动时就觉得不舒畅。因此，他的劳动不是自愿的劳动，而是被迫的强制劳动。因此，这种劳动不是满足一种需要，而只是满足劳动以外的那些需要的一种手段。劳动的异己性完全表现在：只要肉体的强制或其他强制一停止，人们会像逃避瘟疫那样逃避劳动。外在的劳动，人在其中使自己外化的劳动，是一种自我牺牲、自我折磨的劳动。最后，对工人来说，劳动的外在性表现在：这种劳动不是他自己的，而是别人的；劳动不属于他；他在劳动中也不属于他自己，而是属于别人。在宗教中，人的幻想、人的头脑和人的心灵的自主活动对个人发生作用不取决于他个人，就是说，是作为某种异己的活动，神灵的或魔鬼的活动发生作用，同样，工人的活动也不是他的自主活动。他的活动属于别人，这种活动是他自身的丧失。

因此，结果是，人(工人)只有在运用自己的动物机能——吃、喝、生殖，至多还有居住、修饰等等——的时候，才觉得自己在自由活动，而在运用人的机能时，觉得自己只不过是动物。动物的东西成为人的东西，而人的东西成为动物的东西。

吃、喝、生殖等等，固然也是真正的人的机能。但是，如果加以抽象，使这些机能脱离人的其他活动领域并成为最后的和惟一的终极目的，那它们就是动物的机能。

我们从两个方面考察了实践的人的活动即劳动的异化行为。第一，工人对劳动产品这个异己的、统治着他的对象的关系。这种关系同时也是工人对感性的外部世界、对自然对象——异己的与他敌对的世界——的关系。第二，在劳动过程中劳动对生产行为的关系。这种关系是工人对他自己的活动——一种异己的、不属于他的活动——的关系。在这里，活动是受动；力量是无力；生殖是去势；工人自己的体力和智力，他个人的生命——因为，生命如果不是活动，又是什么呢？——是不依赖于他、不属于他、转过来反对他自身的活动。这是自我异化，而上面所谈的是物的异化。

我们现在还要根据在此以前考察的异化劳动的两个规定推出它的第三个规定。

人是类存在物，不仅因为人在实践上和理论上都把类——他自身的类以及其他物的类——当作自己的对象；而且因为——这只是同一种事物的另一种说法——人把自身当作现有的、有生命的类来对待，因为人把自身当作普遍的因而也是自由的存在物来对待。

无论是在人那里还是在动物那里，类生活从肉体方面来说就在于人(和动物一样)靠无机界生活，而人和动物相比越有普遍性，人赖以生活的无机界的范围就越广阔。从理论领域来说，植物、动物、石头、空气、光等等，一方面作为自然科学的对象，一方面作为艺术的对象，都是人的意识的一部分，是人的精神的无机界，是人必须事先进行加工以便享用和消化的精神食粮；同样，从实践领域来说，这些东西也是人的生活和人的活动的一部分。人在肉体上只有靠这些自然产品才能生活，不管这些产品是以食物、燃料、衣着的形式还是以住房等等的形式表现出来。在实践上，人的普遍性正是表现为这样的普遍性，它把整个自然界——首先作为人的直接的生活资料，其次作为人的生命活动的对象(材料)和工具——变成人的无机的身体。自然界，就它自身不是人的身体而言，是人的无机的身体。人靠自然界生活。这就是说，自然界是人为了不致死亡而必须与之处于持续不断的交互作用过程的、人的身体。所谓人的肉体生活和精神生活同自然界相联系，不外是说自然界同自身相联系，因为人是自然界的一部分。

异化劳动，由于(1)使自然界，(2)使人本身，使他自己的活动机能，使他的生命活动同人相异化，也就使类同人相异化；对人来说，它把类生活变成维持个人生活的手段。第一，它使类生活和个人生活异化；第二，把抽象形式的个人生活变成同样是抽象形式和异化形式的类生活的目的。

因为，首先，劳动这种生命活动、这种生产生活本身对人来说不过是满足一种需要即维持肉体生存的需要的一种手段。而生产生活就是类生活。这是产生生命的生活。一个种的整体特性、种的类特性就在于生命活动的性质，而自由的有意识的活动恰恰就是人的类特性。生活本身仅仅表现为生活的手段。

动物和自己的生命活动是直接同一的。动物不把自己同自己的生命活动区别开来。它就是自己的生命活动。人则使自己的生命活动本身变成自己意志的和自己意识的对象。他具有有意识的生命活动。这不是人与之直接融为一体的那种规定性。有意识的生命活动把人同动物的生命活动直接区别开来。正是由于这一点，人才是类存在物。或者说，正因为人是类存在物，他才是有意识的存在物，就是说，他自己的生活对他来说是对象。仅仅由于这一点，他的活动才是自由的活动。异化劳动把这种关系颠倒过来，以致人正因为是有意识的存在物，才把自己的生命活动，自己的本质变成仅仅维持自己生存的手段。

通过实践创造对象世界，改造无机界，人证明自己是有意识的类存在物，就是说是这样一种存在物，它把类看作自己的本质，或者说把自身看作类存在物。诚然，动物也生产。它为自己营造巢穴或住所，如蜜蜂、海狸、蚂蚁等。但是，动物只生产它自己或它的幼仔所直接需要的东西；动物的生产是片面的，而人的生产是全面的；动物只是在直接的肉体需要的支配下生产，而人甚至不受肉体需要的影响也进行生产，并且只有不受这种需要的影响才进行真正的生产；动物只生产自身，而人再生产整个自然界；动物的产品直接属于它的肉体，而人则自由地面对自己的产品。动物只是按照它所属的那个种的尺度和需要来构造，而人懂得按照任何一个种的尺度来进行生产，并且懂得处处都把内在的尺度运用于对象；因此，人也按照美的规律来构造。

因此，正是在改造对象世界中，人才真正地证明自己是类存在物。这种生产是人的能动的类生活。通过这种生产，自然界才表现为他的作品和他的现实。因此，劳动的对象是人的类生活的对象化：人不仅像在意识中那样在精神上使自己二重化，而且能动地、现实地使自己二重化，从而在他所创造的世界中直观自身。因此，异化劳动从人那里夺去了他的生产的对象，也就从人那里夺去了他的类生活，即他的现实的类对象性，把人对动物所具有的优点变成缺点，因为从人那里夺走了他的无机的身体即自然界。

同样，异化劳动把自主活动、自由活动贬低为手段，也就把人的类生活变成维持人的肉体生存的手段。

因此，人具有的关于自己的类的意识，由于异化而改变，以致类生活对他来说竟成了手段。

这样一来，异化劳动导致：

(3)人的类本质——无论是自然界，还是人的精神的类能力——变成对人来说是异己的本质，变成维持他的个人生存的手段。异化劳动使人自己的身体，同样使在他之外的自然界，使他的精神本质、他的人的本质同人相异化。

(4)人同自己的劳动产品、自己的生命活动、自己的类本质相异化的直接结果就是人同人相异化。当人同自身相对立的时候，他也同他人相对立。凡是适用于人对自己的劳动、对自己的劳动产品和对自身的关系的东西，也都适用于人对他人、对他人的劳动和劳动对象的关系。

总之，人的类本质同人相异化这一命题，说的是一个人同他人相异化，以及他们中的每个人都同人的本质相异化。

（四）

共产主义是私有财产即人的自我异化的积极的扬弃，因而是通过人并且为了人而对人的本质的真正占有；因此，它是人向自身、向社会的即合乎人性的人的复归，这种复归是完全的，自觉的和在以往发展的全部财富的范围内生成的。这种共产主义，作为完成了的自然主义＝人道主义，而作为完成了的人道主义＝自然主义，它是人和自然界之间、人和人之间的矛盾的真正解决，是存在和本质、对象化和自我确证、自由和必然、个体和类之间的斗争的真正解决。它是历史之谜的解答，而且知道自己就是这种解答。

因此，历史的全部运动，既是它的现实的产生活动——它的经验存在的诞生活动，——同时，对它的思维着的意识来说，又是它的被理解和被认识到的生成运动。

（五）

我的普遍意识不过是以现实共同体、社会存在物为生动形式的那个东西的理论形式，而在今天，普遍意识是现实生活的抽象，并且作为这样的抽象是与现实生活相敌对的。因此，我的普遍意识的活动——作为一种活动——也是我作为社会存在物的理论存在。

首先应当避免重新把“社会”当作抽象的东西同个体对立起来。个体是社会存在物。因此，他的生命表现，即使不采取共同的、同他人一起完成的生命表现这种直接形式，也是社会生活的表现和确证。人的个体生活和类生活不是各不相同的，尽管个体生活的存在方式是——必然是——类生活的较为特殊的或者较为普遍的方式，而类生活是较为特殊的或者较为普遍的个体生活。

作为类意识，人确证自己的现实的社会生活，并且只是在思维中复现自己的现实存在；反之，类存在则在类意识中确证自己，并且在自己的普遍性中作为思维着的存在物自为地存在着。

因此，人是一个特殊的个体，并且正是他的特殊性使他成为一个个体，成为一个现实的、单个的社会存在物，同样，他也是总体，观念的总体，被思考和被感知的社会的自为的主体存在，正如他在现实中既作为对社会存在的直观和现实享受而存在，又作为人的生命表现的总体而存在一样。

可见，思维和存在虽有区别，但同时彼此又处于统一中。

（六）

因此，一方面，随着对象性的现实在社会中对人来说到处成为人的本质力量的现实，成为人的现实，因而成为人自己的本质力量的现实，一切对象对他来说也就成为他自身的对象化，成为确证和实现他的个性的对象，成为他的对象，这就是说，对象成为他自身。对象如何对他来说成为他的对象，这取决于对象的性质以及与之相适应的本质力量的性质；因为正是这种关系的规定性形成一种特殊的、现实的肯定方式。眼睛对对象的感觉不同于耳朵，眼睛的对象是不同于耳朵的对象的。每一种本质力量的独特性，恰好就是这种本质力量的独特的本质，因而也是它的对象化的独特方式，它的对象性的、现实的、活生生的存在的独特方式。因此，人不仅通过思维，而且以全部感觉在对象世界中肯定自己。

另一方面，即从主体方面来看：只有音乐才激起人的音乐感；对于没有音乐感的耳朵来说，最美的音乐毫无意义，不是对象，因为我的对象只能是我的一种本质力量的确证，就是说，它只能像我的本质力量作为一种主体能力自为地存在着那样才对我而存在，因为任何一个对象对我的意义（它只是对那个与它相适应的感觉来说才有意义）恰好都以我的感觉所及的程度为限。因此，社会的人的感觉不同于非社会的人的感觉。只是由于人的本质客观地展开的丰富性，主体的、人的感性的丰富性，如有音乐感的耳朵、能感受形式美的眼睛，总之，那些能成为人的享受的感觉，即确证自己是人的本质力量的感觉，才一部分发展起来，一部分产生出来。因为，不仅五官感觉，而且连所谓精神感觉、实践感觉（意志、爱等等），一句话，人的感觉、感觉的人性，都是由于它的对象的存在，由于人化的自然界，才产生出来的。

三、著作导读

《1844 年经济学哲学手稿》(又译作《1844 年经济学—哲学手稿》)是马克思于1844 年在巴黎时期撰写的部分手稿，后结集为《1844 年经济学哲学手稿》，由于撰写于巴黎，我们习惯简称其为《巴黎手稿》，首次全文发表于《马克思恩格斯全集》1932年历史考证版第一部分第三卷。

1844 年是马克思哲学思想逐渐形成的关键时期，因此，学界通常将《德意志意识形态》、《经济学批判大纲》(《1857—1858 年经济学手稿》)与《1844 年经济学哲学手稿》并称为马克思的三大手稿。《1844 年经济学哲学手稿》中提出的重要范畴“异化”和美学命题“美的规律”更是具有标志性意义，因此，《巴黎手稿》被视作马克思主义美学理论的奠基石，成为今天美学研究领域不能也无法漠视的重要内容。

《1844 年经济学哲学手稿》之所以以“经济学哲学”为题，是因为马克思撰写的逻辑起点是经济学问题，这是马克思理论研究的一贯路径，人学问题的揭示是从社会经济问题入手的，即以政治经济学的视野与方法探究人的具体存在与人的本质问题。同样，《1844 年经济学哲学手稿》的全篇即按照古典经济学中的工资、资本的利润、地租以及异化劳动和私有财产等经济学问题层层深入，通过辩证批判的方法进行了深刻的解析，旗帜鲜明地对资本主义社会存在的劳动“异化”现象予以剖析、批判，从而建构起“劳动异化”学说。

《1844 年经济学哲学手稿》通过深刻揭示、批判资本主义社会中存在的人的本质被严重异化的弊端，推演出作为类的存在物的人的本质所理应具有的丰富内涵——自由自觉——这也正是马克思主义理论的批判性力量所在。在私有财产、私有财产和劳动、私有财产和共产主义部分，马克思通过对资本主义异化的批判，提出了共产主义伟大理想，他认为，“共产主义是私有财产即人的自我异化的积极的扬弃，因而是通过人并且为了人而对人的本质的真正占有；因此，它是人向自身、向社会的即合乎人性的人的复归，这种复归是完全的、自觉的和在以往发展的全部财富的范围内生成的。这种共产主义……是人和自然界之间、人和人之间的矛盾的真正解决，是存在和本质、对象化和自我确证、自由和必然、个体和类之间的斗争的真正解决。它是历史之谜的解答，而且知道自己就是这种解答。”[①]马克思的论断具有深刻的历史感和辩证色彩，揭示了科学社会主义的真理性。手稿对黑格尔的整个哲学体系进行了批判，汲取了其中的“合理内核”——辩证法，摒弃了唯心主义的弊端，这是形成马克思主义哲学体系的关键环节。可见，《1844 年经济学哲学手稿》是马克思科学理论形成过程中的一部里程碑式的著作，是其学术生涯中极为重要的学术成果，也是我们美学研究的必读书目之一。

首先，《1844 年经济学哲学手稿》找到了人学问题研究的正确途径，从而深刻揭示了作为类的存在物的人的本质，这为美的本质问题的研究奠定了坚实而科学的路径。

---

① [德]马克思：《1844 年经济学哲学手稿》，81 页，北京，人民出版社，2000。

千百年来对于“人的本质规定性是什么”的问题众说纷纭，有的侧重揭示人的自然性特征，有的突出人的社会性特征，有的则张扬人的精神性特征。总之，各种观点从不同的层面和角度揭示了人的某方面的特征，取得了许多富有价值的成果，虽然都有真理性的一面，但由于不能准确地揭示人的存在方式——人类社会实践活动，失去了人与外在客观物质世界以及人与自身相联系的现实基础，也就失去了对“现实的、活生生”的人的肯定。这些理论或者单纯地强调外在世界对人的直观的决定作用而相对忽视人的主体性、精神性，虽然坚持唯物论，但落入形而上学的窠臼；或者抽象地发展了人的主观性、能动性而忽视人之存在的现实性、具体性的内涵与规定，又陷入唯心主义的泥潭。马克思主义在前人研究成果的基础上，辩证地否定了康德、黑格尔等哲学流派的理论学说，对人的研究立足于坚实的唯物论基石之上，通过人的具体存在方式这一正确途径，以辩证法为有力武器，科学地揭示了人的本质规定性。

马克思主义认为，一个种的全部特性、类特性就在于生命活动的性质，人的本质必然蕴涵于人的生命活动的形式中，人的生命活动的形式就是人的存在方式，而人的存在方式又是以其生命的维系为前提的，由此可见，能够为人类生存提供基本物质条件的人类社会物质实践活动才是人的生命活动的形式，即人的存在方式。人的类特征的丰富性与多层次性的统一恰恰在人类社会实践中得以现实生成与充分展现。人的现实存在与展现方式是人的社会实践，在实践中形成了人与自然、人与人以及人的自身主体与自身客体之间的诸多对象性关系，人的全部丰富性内涵通过人类社会实践的主体与客体对象之间构成的不同关系体系而得以存在与呈现。正是在实践中，人由自然存在物转化为自觉的、有意识的、能动的、社会的存在物。并且，作为人的存在方式的实践使客体改造与主体提升之间互为条件、互为前提、互相影响、互相促进，并不断提高到一个新的水平。正是在这个主客体之间互动建构的过程中，人的本质得到不断丰富与发展完善，自然性、社会性与精神性相统一的完整的人的概念才得以展现。因此，对人的认识与把握的实质就是以实践为基点的对人的自然性、社会性与精神性的辩证统一性的全面揭示与准确阐释。

物质生产活动构成了人类社会实践的基础层面，由此生成了人与自然、人与社会的多重复合关系结构并通过这种多重复合关系结构显示人的内在规定的多样性统一与不同层面的复杂特征。物质生产实践活动是人与自然之间进行的物质交换活动，是人类生命维系与传承之最基本、最具前提性的条件，它确定了人与自然的对象性关系，使人由自然、自在的存在物转化为具有主体性的、有意识的、有别于自然原生态的类的存在物。正是在这种最基本的社会实践活动中，人与自然的对象性关系日臻完善，趋向和谐，人的本质也在这个不断完善的主体与客体的双向建构过程中得以丰富与提升。人类的社会实践活动决定了人的实践既求真，又求善，还求美，由此形成了人与自然的不同性质的对象性关系。“求真”是指人类为了自身的存在与发展必须遵循客观规律，遵循客观规律的前提是认识客观规律，因此，人类在实践中就要不断探索大自然的奥秘，由此形成了人与自然的认识关系。认识关系在客体方面表现为自然规律，在主体方面表现为求真的科学意识。在认识自然规律、掌握自然规律的基础上运用自然规律以实现趋利避害的目的——这就是人类社会实践的合目的性所在。人类社会实践的合规律性的“合”本身就隐含着目的性，即以人类自身的存在与发展为目的和出发点，是人与客体对象之间形成的一种价值关系，即“求善”，这反映了人类区别于动物的根本性：“动物的生产是片面的，而人的生产是全面的……动物只是按照它所属的那个种的尺度和需要来构造，而人懂得按照任何一个种的尺度来进行生产，并且懂得处处都把内在的尺度运用于对象。”①

人的目的性表现为价值判断与价值取向。人类存在的合规律性驱动人从事科学研究与科学探索，由此推动自然科学的不断发展，表现在客体方面是人类改造自然能力的提高，表现在主体方面则是人的科学意识和科学精神的形成与提升；人类存在的合目的性激发人类以更高的热情和更顽强的意志去从事科学研究，探寻自然规律，由此形成了人类社会的人文精神。科学精神要求人的科学意识遵从自然规律，主体受制于客体；人文精神要求客体服务于主体，主体驾驭客体，客体服从主体。这样，主体受制于客体与客体受制于主体之间就形成了矛盾对立，要实现人的存在与发展的和谐，就要将人的科学精神与人文精神协调一致，这就是合规律性与合目的性的统一，也就是马克思所讲的“美的规律”，即人与客体之间形成的审美关系。在生产实践的过程中，现实的主体不仅要与自然客体形成特定的对象性关系，而且，还要“以一定的方式进行生产活动”，由此而“发生一定的社会关系和政治关系”②，于是，人与人之间便形成了特殊的社会关系，这时的人就表现为社会的属性，因此，“人的本质并不是单个人所固有的抽象物，在其现实性上，它是一切社会关系的总和”③。

由此可见，马克思主义哲学对人的本质的规定是以实践这一人的基本存在方式为研究基点，通过人在社会实践中表现出的自然性、社会性和精神性的不同层面特征的分析，揭示出人的本质规定是丰富性与多样性相统一的特点的。因此，如果我们仅仅从人的自然属性、生物属性视角研究人的本质，或者单纯以人的社会性或精神性对人进行厘定，或者将人的科学精神与人文精神予以割裂而将其中的某个方面无限放大上升为人的全部本质规定，或者只看到人的感性、生物性的一面而忽视人的理性、精神性的存在的特征，或者相反，等等；这些对人的本质特征的片面、静止、孤立的界定都偏离了人之为人的应有的内涵。

其次，《1844 年经济学哲学手稿》提出了著名的“美的规律”命题，成为迄今为止对美学研究中“美是什么”这一千古之谜的科学解答。

早在 2000 多年前，柏拉图就感叹说“美是难的”，可谓一语中的，道出美的本质问题研究的困难。柏拉图从客观唯心主义基础出发，认为美的本质是“美的理式”，将美的理式与美的具体存在形态分裂；毕达哥拉斯学派认为美是数的和谐比例，譬如黄金分割；亚里士多德一方面继承了柏拉图的思想，即承认理式的存在，另一方面又对柏拉图的唯心主义思想进行批判，在方法论上抛弃了神秘的哲学思辨，对客观世界进行冷静、客观的逻辑分析，强调“理”在“事”中，并认识到一般和特殊不可

① [德]马克思：《1844 年经济学哲学手稿》，58 页，北京，人民出版社，2000。

② 《马克思恩格斯选集》第 1 卷，71 页，北京，人民出版社，1995。

③ 《马克思恩格斯选集》第 1 卷，56 页，北京，人民出版社，1995。

分割，承认现实世界的真实性，认为美是客观存在，美是由适当比例构成的客观事物的内在和外在关系的总和；中世纪将美归功于上帝和神灵，认为美是神韵万丈光芒的“溢出”；文艺复兴时期高举人文主义大旗，认为自然科学是艺术的基础，因此，遵循科学主义原则与方法，对美的本质的问题的认识也建立于此，认为美感完全建立在各部分之间神圣的比例关系上，提出影响深远的“镜子说”观点。英国经验主义美学人物荷迦兹注重理论联系实际，从经验到理论，强调感性在美的研究工作中的重要性，从感性视角提出了美的分析的六项原则，不过，其研究仅适用于纯形式美、装饰美，是比较简单的，在人的形体美研究上缺乏说服力，忽略了人的性格、情感等精神内涵，是美学研究中的形式主义者。英国经验主义集大成者休谟认为美的本质是愉悦快感，美是不能定义的，只能凭感觉认识，美不是事物本身的属性，它只存在于观赏者的心里，每一个人心里见出一种不同的美，美就等于美感——快感与痛感不只是美与丑的必有的随从，而且也是美与丑的真正本质，产生美的原因在于效用，这个效用不仅是观赏者个人的实际利害，更是对所有人或者和对象有关的人来说的，因此，美对人有效，必然随人的利益不同而显出分歧；至于美的共通性机制在于同情说，即共鸣，是人心设身处地地分享旁人的情感或假想的事物的情感的功能，如柱子，上细下粗的形状就会产生安全感，而上粗下细则自然萌生危险感。英国经验主义美学较早对审美心理进行研究，但把美完全归于内心，有些片面。法国美学家狄德罗提出了“美在关系”说，尽管他还难以正确把握诸多关系之间的辩证关系，但他能够将关系范畴和美的本质联系起来，认识到了美具有客观性、主观性和社会性，他在美学史上的影响也是不容忽视的。康德深知美的问题研究的极其复杂性，试图将英国经验主义美学与德国大陆理性派美学相结合，将感性与理性沟通，于是，他从审美判断有无利害关系、审美判断有无普遍性、审美判断有无目的性、审美判断的必然性等方面全面论述了美的问题。尽管康德理论本身也存在这样或那样的矛盾，但他的美学思想揭示了美的复杂特性，展现了审美中的矛盾现象，使美学走到了前所未有的深度，成为之后一切美学研究的基础。黑格尔以巨大的逻辑力量构建宏伟的哲学大厦，以历史与逻辑相统一的辩证法将美的本质问题研究推向前所未有的高度，提出了“美是理念的感性显现”这一著名论断，成为美学研究的一个里程碑。

马克思立足于人类社会实践这一坚实基础，科学地揭示了美的本质问题，提出了“美的规律”这一经典命题。

实践是人的生存方式，在实践中现实地生成了人与世界的对象性关系。在这里，首先要区分原本的世界与对象化的世界（客体世界）两个范畴之间的联系与差异。哲学所讲的物质世界是自然的、自在的、原生态的、广袤无垠的世界，但是，由于人类主观与客观诸多条件的限制，这个物质世界的绝大部分是远离我们的“视野”的，不会与人类发生任何关系，是没有现实意义的“无”；人类只有通过社会实践才能与这个世界的某些部分发生各式各样的关系，并逐渐将之变成“我的”世界，即对象化为主体化的客观世界。由此可见，无论人类怎样将自然的世界对象化为客体世界，两者之间的差异都是巨大的，后者相对于前者来说都是微乎其微的。我们所谈论的客观世界是指对象化的客体世界，它与主体世界相提并论。人与客体世界形成的对象性关系，依据客体属性、与客体属性相吻合的主体的本质力量，以及由此二者所形成的不同性质的对象性关系，分作认识关系、伦理关系和审美关系三种。审美关系是审美客体和与审美客体属性相一致的审美主体本质力量之间形成的特殊的对象性关系，美的本质问题必须纳入审美关系框架之中探讨。

"美的规律"就是主体与客体之间所形成的自由和谐状态所蕴含的规律。这里，客体对象属性具有美的因素，主体具有欣赏(接受)客体美的因素的本质力量——其一，具有相应的生理功能，这是生理前提条件，就如失聪者无法欣赏优美的乐曲；其二，主体还要具有审美心理与审美能力，"只有音乐才激起人的音乐感；对于没有音乐感的耳朵来说，最美的音乐毫无意义，不是对象，因为我的对象只能是我的一种本质力量的确证"[①]，这里，马克思凸显了主体本质力量在审美关系和审美活动中的重要意义。同时，也说明了在审美活动中主体的审美本质力量的不断提升的历史过程与动因。

《1844年经济学哲学手稿》不仅揭示出诸如"美的规律"等经典命题，还为我们提供了美学研究的科学的方法论，对于正确把握美的起源、审美创造活动中的主客体及其辩证关系等都具有积极的启迪作用。

（撰稿人：杨杰）

① [德]马克思：《1844年经济学哲学手稿》，87页，北京，人民出版社，2000。

艺术哲学

一、著作信息

作者：伊波利特·阿道尔夫·丹纳，法国著名史学家、文艺理论家。他是法国实证主义代表人物，巴黎政治学院的奠基人之一。他在文学史及文学批评方面著有《拉封丹及其寓言》《英国文学史》《评论集》《评论续集》《评论后集》，在哲学方面著有《十九世纪法国哲学家研究》《论智力》，在历史方面著有《现代法国起源》十二卷，在艺术批评方面著有《意大利游记》及《艺术哲学》。列在计划中而没有写成的作品有《论意志》及《现代法国起源》的其他各卷。他是历史文化学派的奠基者和领袖人物，被称为“批评家心目中的拿破仑”，他的《艺术哲学》对19世纪的文艺研究产生了深远的影响。

译者：傅雷，著名翻译家、作家、教育家、美术评论家。他翻译了大量的法文作品，其中包括巴尔扎克、罗曼·罗兰、伏尔泰等名家著作。其有两子傅聪、傅敏，傅聪为世界范围内享有盛誉的钢琴家，傅敏为英语教师。

版本：江苏文艺出版社2012年版。

二、著作摘录

（一）

丹纳受十九世纪自然科学界的影响极深，特别是达尔文的进化论。他在哲学家中服膺德国的黑格尔和法国十八世纪的孔提亚克（孔德）。他认为世界上一切事物，无论物质方面的或精神方面的，都可以解释；一切事物的产生，发展，演变，消灭，都有规律可寻。他的治学方法是“从事实出发，不从主义出发；不是提出教训而是探求规律，证明规律”；换句话说，他研究学问的目的是解释事物。他在本书中说：“科学同情各种艺术形式和各种艺术流派，对完全相反的形式与派别一视同仁，把它们看做人类精神的不同的表现，认为形式与派别越多越相反，人类的精神面貌就表现得越多越新颖。植物学用同样的兴趣时而研究橘树和棕树，时而研究松树和桦树；美学的态度也一样，美学本身便是一种实用植物学。”这个说法似乎他是取的纯客观态度，把一切事物等量齐观；但事实上这仅仅指他做学问的方法，而并不代表他的人生观。他承认“幻想世界中的事物像现实世界中的一样有不同的等级，因为有不同的价值”。他提出艺术品表现事物特征的重要程度，有益程度，效果的集中程度，作为衡量艺术品价值的尺度；特别值得注意的是特征的有益程度，因为他所谓有益的特征是指帮助个体与集体生存与发展的特征。可见他仍然有他的道德观点与社会观点。

在他看来，物质文明与精神文明的性质面貌都取决于种族、环境、时代三大因素。这个理论早在十八世纪的孟德斯鸠，近至十九世纪丹纳的前辈圣伯夫，都曾经提到；但到了丹纳手中才发展为一个严密与完整的学说，并以大量的史实为论证。他关于文学史，艺术史，政治史的著作，都以这个学说为中心思想；而他一切涉及批评与理论的著作，又无处不提供丰富的史料做证明。英国有位批评家说：“丹纳的作品好比一幅图画，历史就是镶嵌这幅图画的框子。”因为这个缘故，他的《艺术哲学》同时就是一部艺术史。

我们在今日看来，丹纳更大的缺点倒是在另一方面：他虽则竭力挖掘精神文化的构成因素，但所揭露的时代与环境，只限于思想感情，道德宗教，政治法律，风俗人情，总之是一切属于上层建筑的东西。他没有接触到社会的基础；他考察了人类生活的各个方面，却忽略了或是不够强调最基本的一面——经济生活。

（二）

我的方法的出发点是在于认定一件艺术品不是孤立的，在于找出艺术品所从属的，并且能解释艺术品的总体。

第一步毫不困难。一件艺术品，无论是一幅画，一出悲剧，一座雕像，显而易见属于一个总体，就是说属于作者的全部作品。这一点很简单。人人知道一个艺术家的许多不同的作品都是亲属，好像一父所生的几个女儿，彼此有显著的相像之处。你们也知道每个艺术家都有他的风格，见之于他所有的作品。倘是画家，他有他的色调，或鲜明或暗淡；他有他特别喜爱的典型，或高尚或通俗；他有他的姿态，他的构图，他的制作方法，他的用油的厚薄，他的写实方式，他的色彩，他的手法。倘是作家，他有他的人物，或激烈或和平；他有他的情节，或复杂或简单；他有他的结局，或悲壮或滑稽；他有他风格的效果，他的句法，他的字汇。这是千真万确的事，只要拿一个相当优秀的艺术家的一件没有签名的作品给内行去看，他差不多一定能说出作家来；如果他经验相当丰富，感觉相当灵敏，还能说出作品属于那位作家的哪一个时期，属于作家的哪一个发展阶段。

这是一件艺术品所从属的第一个总体。下面要说到第二个。

艺术家本身，连同他所产生的全部作品，也不是孤立的。有一个包括艺术家在内的总体，比艺术家更广大，就是他所隶属的同时同地的艺术宗派或艺术家家族……到了今日，他们同时代的大宗师的荣名似乎把他们湮没了；但要了解那位大师，仍然需要把这些有才能的作家集中在他周围，因为他只是其中最高的一根枝条，只是这个艺术家庭中最显赫的一个代表。

这是第二步，现在要走第三步了。这个艺术家庭本身还包括在一个更广大的总体之内，就是在它周围而趣味和它一致的社会。因为风俗习惯与时代精神对于群众和对于艺术家是相同的；艺术家不是孤立的人。我们隔了几世纪只听到艺术家的声音；但在传到我们耳边来的响亮的声音之下，还能辨别出群众的复杂而无穷无尽的歌声，像一大片低沉的嗡嗡声一样，在艺术家四周齐声合唱。只因为有了这一片和声，艺术家才成其为伟大。而且这是必然之事：菲狄阿斯，伊克蒂诺，一般建筑巴台农神庙和塑造奥林匹亚的朱庇特的人，跟别的雅典人一样是异教徒，是自由的公民，在练身场上教养长大，参加搏斗，光着身子参加运动，惯于在广场上辩论，表决。他们都有同样的习惯，同样的利益，同样的信仰，种族相同，教育相同，语言相同，所以在生活的一切重要方面，艺术家与观众完全相像。

要了解一件艺术品，一个艺术家，一群艺术家，必须正确地设想他们所属的时代的精神和风俗概况。这是艺术品最后的解释，也是决定一切的基本原因。这一点已经由经验证实；只要翻一下艺术史上各个重要的时代，就可看到某种艺术是和某些时代精神与风俗情况同时出现，同时消灭的。

我唯一的责任是罗列事实，说明这些事实如何产生。我想应用而已经为一切精神科学开始采用的近代方法，不过是把人类的事业，特别是艺术品，看做事实和产品，指出它们的特征，探求它们的原因。科学抱着这样的观点，既不禁止什么，也不宽恕什么，它只是鉴定与说明。科学不对你说："荷兰艺术太粗俗，不应当重视，只应当欣赏意大利艺术。"也不对你说："哥德式艺术是病态的，不应当重视；你只应该欣赏希腊艺术。"科学让各人按照各人的嗜好去喜爱合乎他气质的东西，特别用心研究与他精神最投机的东西。科学同情各种艺术形式和各种艺术流派，对完全相反的形式与派别一视同仁，把它们看做人类精神的不同的表现，认为形式与派别越多越相反，人类的精神面貌就表现得越多越新颖。植物学用同样的兴趣时而研究橘树和棕树，时而研究松树和桦树；美学的态度也一样；美学本身便是一种实用植物学，不过对象不是植物，而是人的作品。因此，美学跟着目前精神科学与自然科学日益接近的潮流前进。精神科学采用了自然科学的原则，方向与谨严的态度，就能有同样稳固的基础，同样的进步。

什么叫做艺术？本质是什么？我想把我的方法立刻应用在这个问题上。——我不提出什么公式，只让你们接触事实。这里和旁的地方一样，有许多确切的事实可以观察，就是按照派别陈列在美术馆中的艺术品，如同标本室里的植物和博物馆里的动物一般。艺术品和动植物，我们都可以分析；既可以探求动植物的大概情形，也可以探求艺术品的大概情形。研究后者和研究前者一样，毋须越出我们的经验；全部工作只是用许多比较和逐步淘汰的方法，揭露一切艺术品的共同点，同时揭露艺术品与人类其他产物的显著的不同点。

艺术家改变各个部分的关系，一定是向同一方向改变，而且是有意改变的，目的在于使对象的某一个"主要特征"，也就是艺术家对那个对象所抱的主要观念，显得特别清楚。诸位先生，我们要记住"主要特征"这个名词。这特征便是哲学家说的事物的“本质”，所以他们说艺术的目的是表现事物的本质。“本质”是专门名词，可以不用，我们只说艺术的目的是表现事物的主要特征，表现事物的某个凸出而显著的属性，某个重要观点，某种主要状态。

这儿我们接触到艺术的真正的定义了，这个定义应当理解得很清楚；我们要强调并且明确地指出，什么叫做主要特征。我可以马上回答说：主要特征是一种属性；所有别的属性，或至少是许多别的属性，都是根据一定的关系从主要的特征引申出来的。

艺术的目的就是要把这个特征表现得彰明较著；而艺术所以要担负这个任务，是因为现实不能胜任。在现实界，特征不过居于主要地位；艺术却要使特征支配一切。特征在现实生活中固然把实物加工，但是不充分。特征的行动受着牵制，受着别的因素阻碍，不能深入事物之内留下一个充分深刻充分显明的印记。人感觉到这个缺陷，才发明艺术加以弥补。

“艺术品的目的是表现某个主要的或凸出的特征，也就是某个重要的观念，比实际事物表现得更清楚更完全；为了做到这一点，艺术品必须是由许多互相联系的部分组成的一个总体，而各个部分的关系是经过有计划的改变的。在雕塑，绘画，诗歌三种模仿的艺术中，那些总体是与实物相符的。”

认识了艺术的本质，就能了解艺术的重要。我们以前只感觉到艺术重要，那只是出于本能而非根据思考。我们只重视艺术，对艺术感到敬意，但不能解释我们的重视和敬意。如今我们能说出我们赞美的根据，指出艺术在生活中的地位。——在许多方面，人是尽力抵抗同类与自然界侵袭的动物。他必须张罗食物、衣著、住处，同寒暑、饥荒、疾病斗争。因此他耕田，航海，从事各式各种的工商业。——此外，还得传种接代，还得抵抗别人的强暴。因此组织家庭，组织国家；设立法官、公务员、宪法、法律、军队。有了这许多发明，经过这许多劳动，人还没有越出第一个圈子：他还不过是一个动物，仅仅比别的动物供应更充足，保护更周密而已；他还只想到自己和同类。——到了这个阶段，人类才开始一种高级的生活，静观默想的生活，关心人所依赖的永久与基本的原因，关心那些控制万物，连最小的地方都留有痕迹的，控制一切的主要特征。要达到这个目的，一共有两条路：第一条路是科学，靠着科学找出基本原因和基本规律，用正确的公式和抽象的字句表达出来；第二条路是艺术，人在艺术上表现基本原因与基本规律的时候，不用大众无法了解而只有专家懂得的枯燥的定义，而是用易于感受的方式，不但诉之于理智，而且诉之于最普通的人的感官与感情。艺术就有这一个特点，艺术是“又高级又通俗”的东西，把最高级的内容传达给大众。

（三）

我们一开始就可以说：“作品的产生取决于时代精神和周围的风俗。”我以前曾经向你们提出这规律，现在要加以证明。

这规律建立在两种证据之上，一种以经验为证，一种以推理为证。第一种证据在于列举足以证实规律的大量事例；我曾经给你们举出一些，以后还要再举。我们敢肯定，没有一个例子不符合这个规律；在我们所研究的全部事实中，这规律不但在大体上正确，而且细节也正确，不但符合重要宗派的出现与消灭，而且符合艺术的一切变化一切波动。——第二种证据在于说明，不但事实上这个从属关系[作品从属于时代精神与风俗]非常正确，而且也应当正确。我们要分析所谓时代精神与风俗概况；要根据人性的一般规则，研究某种情况对群众与艺术家的影响，也就是对艺术品的影响。由此所得的结论是两者有必然的关系，两者的符合是固定不移的；早先认为偶然的巧合其实是必然的配合。凡是第一种证据所鉴定的，都可用第二种证据加以说明。

精神气候仿佛在各种才干中做着“选择”，只允许某几类才干发展而多多少少排斥别的。由于这个作用，你们才看到某些时代某些国家的艺术宗派，忽而发展理想的精神，忽而发展写实的精神，有时以素描为主，有时以色彩为主。时代的趋向始终占着统治地位。企图向别方面发展的才干会发觉此路不通；群众思想和社会风气的压力，给艺术家定下一条发展的路，不是压制艺术家，就是逼他改弦易辙。

首先是总的形势；其次是总的形势产生特殊倾向与特殊才能；其次是这些倾向与才能占了优势以后造成一个中心人物；最后是声音，形式，色彩或语言，把中心人物变成形象，或者肯定中心人物的倾向与才能：这是一个体系的四个阶段。第一阶段带出第二阶段，第二阶段带出第三阶段，第三阶段带出第四阶段；一个联合略有变化，就引起以下各个阶段相应的变化，同时表明以前的阶段也有相应的变化，所以我们单凭推理就能向后追溯或向前推断。据我判断，这个公式能包括一切，毫无遗漏。假定在各个阶段之间，再插进改变后果的次要原因；假定为了解释一个时代的思想感情，在考察环境之外再考察种族；假定为了解释一个时代的艺术品，除了当时的中心倾向以外，再研究那一门艺术进化的特殊阶段和每个艺术家的特殊情感；那么不但人类幻想的重大变化和一般的形式，可以从我们的规律中找出来源，并且各个民族流派的区别，各种风格的不断的变迁，直到每个大师的作品的特色，都能找出本源。采取这样的步骤，我们的解释可以完全了，既说明了形成宗派面貌的共同点，也说明了形成个人面貌的特点。我们将要用这个方法研究意大利绘画；那要费相当的时间，也有不少困难，希望你们集中注意，使我能完成这件工作。

定律一经证实，既适用于昨天，也适用于明天；将来和过去一样，事物的关系必然跟着事物一同出现。所以我们不应当说今日的艺术已经到了山穷水尽之境。事实只是某几个宗派消亡了，不可能复活；某几种艺术凋谢了，将来的时代不会再供给它们所需要的养料。但艺术是文化的最早而最优秀的成果，艺术的任务在于发现和表达事物的主要特征，艺术的寿命必然和文化一样长久。至于将来的艺术是什么形式，五大艺术中哪一种能为将来的思想感情提供一个适当的模子，不在我们研究范围之内。但我们敢断定新形式必定会出现，模子必定会找到。只消放眼一看，就能发觉今日人的生活情况和精神状态变化的深刻、普遍、迅速，非任何时代可比。

（四）

无论什么时代，理想的作品必然是现实生活的缩影，倘使我们观察现代人的心灵，就会发觉感情与机能的变质、混乱、病态，可以说患了肥胖症，而现代人的艺术便反映出这种精神状态。——中世纪的人，精神生活过分发展，一味追求奇妙与温柔的梦境，沉溺于痛苦，厌恶肉体，兴奋过度的幻想和感觉竟会看到天使的幻影，一心一意地膜拜神灵……——文艺复兴时期……那些男女圣者在苦修与受难的刑具中间保持强壮的身体、鲜艳的皮色、英俊的姿势，大可在古代的欢乐的赛会中充当捧祭品的少女、体格完美的运动员。——到了今日，塞得满满的头脑，种类繁多而互相矛盾的主义，过度的脑力活动，闭门不出的习惯，不自然的生活方式，各大京城中的狂热的刺激，使神经过于紧张，过分追求剧烈与新鲜的感觉，把潜伏的忧郁，渺茫的欲望，无穷的贪心，尽量发展。

（五）

艺术品的目的是表现基本的或显著的特征，比实物所表现的更完全更清楚。艺术家对基本特征先构成一个观念，然后按照观念改变实物。经过这样改变的物就"与艺术家的观念相符"，就是说成为"理想的"了。可见艺术家根据他的观念把事物加以改变而再现出来，事物就从现实的变为理想的；他体会到并区别出事物的主要特征，有系统地更动各个部分原有的关系，使特征更显著更居于主导地位；这就是艺术按照自己的观念改变事物。

（六）

艺术品的目的是使一个显著的特征居于支配一切的地位。因此，一件作品越接近这个目的越完善；换句话说，作品把我们提出的条件完成得越正确越完全，占的地位就越高。我们的条件有两个，就是特征必须是最显著的，并且是最有支配作用的。让我们细细研究一下艺术家的这两个任务。——为了简化工作，我只预备考察模仿的艺术：雕塑、戏剧音乐、绘画与文学，主要是后面两种。这就够了；因为你们已经知道模仿的艺术与非模仿的艺术之间的联系。两者都要使某个显著的特征居于领导地位。两者都是用的同样的方法，就是配合或改变各个部分的关系，然后构成一个总体。唯一的差别是绘画，雕塑与诗歌这些模仿的艺术，把物质方面的和精神方面的各种关系再现出来，制成相当于实物的作品；而非模仿的艺术，纯粹音乐与建筑，是把数学的关系配合起来，创造出不相当于实物的作品。但是这样组成的一阕交响乐、一所神庙和一首诗一幅画同样是有生命的东西；因为乐曲与建筑物也是有组织的，各个部分也互相依赖，受一个指导原则支配；也有一副面目，也表示一种意图，也用表情来说话，也产生一种效果。所以非模仿的艺术是和模仿的艺术性质相同的理想产物，产生非模仿艺术和产生模仿艺术的规律相同，批评非模仿艺术的规则，和批评模仿艺术的规则也相同；非模仿艺术只是总的艺术部门中的一类，除了我们已经知道的限制以外，我们为模仿艺术找到的原理对非模仿艺术同样适用。

(七)

因此特征的价值与艺术品的价值完全一致，艺术品表现了特征，就具备特征在现实事物中的价值。特征本身价值的大小决定作品价值的大小。特征经过作家或艺术家的头脑，从现实世界过渡到理想世界，本身毫无损失，特征在理想世界中和在现实世界中一样，仍然是一些或大或小的力量，对于攻击的抵抗或强或弱，能产生深度广度不一的效果。就因为此，艺术品的等级反映特征的等级。在自然界的顶峰是控制别的力量的最强大的力量；在艺术的顶峰是超过别的作品的杰作；两个顶峰高低相同，最高的艺术品所表现的便是自然界中最强大的力量。

(八)

由此得出一个结论：作品中的特征越显著越占支配地位，作品越精彩。我们用两个观点分析显著的特征：一个是看特征是否更重要，就是说是否更稳定更基本；一个是看特征是否有益，就是说对于具备这特征的个人或集团，是否有助于他们的生存和发展。这两个观点可以衡量特征的价值，也可以定出两个尺度衡量艺术品的价值。我们又注意到，这两个观点可以归结为一个，重要的或有益的特征不过是对同一力量的两种估计，一种着眼于它对别的东西的作用，一种着眼于它对自身的作用。由此推断，特征既有两种效能，就有两种价值。于是我们研究特征怎么能在艺术品中比在现实世界中表现得更分明，我们发见艺术家运用作品所有的元素，把元素所有的效果集中的时候，特征的形象才格外显著。这样便建立起第三个尺度；而我们看到，作品所感染所表现的特征越居于普遍的、支配一切的地位，作品越美。所谓杰作是最大的力量发挥最充分的作品。用画家的术语来说，凡是优秀作品所表现的特征，不但在现实世界中具有最高的价值，并且又从艺术中获得最大限度的更多的价值。我可以用比较通俗的说法说明这个意思。

三、著作导读

《艺术哲学》一书是丹纳在美术学校讲课时讲稿的辑录，自1865年起，按照他的讲课顺序陆续出版，到1869年完结，最后结集在一起(在最终定稿时次序和标题有所修改)，就成了我们现在看到的版本。本书共分为五编，分别为《艺术品的本质及其产生》《意大利文艺复兴期的绘画》《尼德兰的绘画》《希腊的雕塑》和《艺术中的理想》。首尾两编侧重理论分析，是丹纳关于艺术本质、研究方法和艺术价值评判标准等内容的理论分析与观点呈现；中间三编侧重艺术史的讲述，在艺术史的叙述和讨论中贯彻了他的观念和方法。全书史论结合，集中而详尽地阐释了丹纳的艺术理论。

首先，我们要明确的是丹纳并不是一个单纯的文艺理论家，准确地说他是以社会学家的眼光来看待艺术、解释艺术的，所以他的解释和理论，并不是“内部”的，而多是“外部”的，即从与艺术有关的社会现象入手，所以说本书虽然以“艺术哲学”为题，但并没有从普通意义上的“美学”或“哲学”的角度来解释艺术(Philosophy 应做宽泛的理解，也有“原理”的意思)。丹纳的研究是实证主义的，他认为包括艺术在内的一切社会现象都是有规律可循的，人文社会科学的研究方法和自然科学的研究方法是类似的，研究艺术就是要从具体的艺术史和艺术现象入手，而不是从理论出发，从而找到其产生、发展、变化、消亡的规律。

丹纳还认为艺术品不是孤立的，他认为艺术品是一个“总体”中的一部分，在此他做了类似于三个包围圈式的描述：某件艺术品从属于某个艺术家全部作品总体，某个艺术家和他的作品又从属于某个艺术流派或艺术家家族，而艺术流派或艺术家家族又从属于整个社会。那么，看待艺术作品和艺术现象就不能仅仅将眼光放在“艺术本身”，而应将其与更为广泛的社会联系在一起，即从“总体”出发去理解和分析艺术现象。从这一思维方法出发，丹纳认为艺术的“主要特征”就是艺术的“本质”，而“艺术的目的就是要表现事物的主要特征”，主要特征就是事物最为突出的、显著的某种特性。其他的属性都从属于这一属性，是从主要特征中引申、生发出来的。也就是说丹纳认为一个优秀艺术家的主要任务就是创造“典型”。以此为基础，丹纳提出了他的关于艺术生产规律和艺术评价标准的理论。

丹纳认为艺术品的产生要经过四个阶段：第一个阶段要把握所要表现内容的“总的形势”，也就是“主要特征”；第二个阶段要把握“总的形势”产生的“特殊倾向与特殊才能”；第三个阶段是让这些“倾向与才能”占据优势，逐渐汇聚到一个中心人物身上；第四个阶段赋予作品“声音，形式，色彩或语言，把中心人物变成形象”。显然这是从一个社会学家的角度来分析艺术创作过程的，而现实中艺术家的创作方式和过程则是多种多样的，从形式到内容的创作方式也可以创作出优秀的艺术作品。

丹纳认为艺术评价标准有三条重要的尺度，那就是“表现事物特征的重要程度、有益程度、效果的集中程度”。也就是说艺术品表现事物的特征越重要、越有益、越集中，其价值就越高。第一，特征的重要程度是艺术品评价标准的“内容标准”。丹纳认为特征有重要、次要之别，最不容易产生变化的、“深刻而经久”的特征才是重要的特征。第二，特征的有益程度则是艺术品评价标准的“道德标准”，丹纳认为“爱是最有益的特征”，爱是“超乎一切之上的动力”，爱的“对象越广大，我们越觉得崇高”。第三，效果的集中程度是艺术品评价的“艺术表现标准”，丹纳认为，在艺术作品中要使这些重要的而且有益的特征在作品中比在现实世界中表现得更分明，也就是要通过人物、情节、风格等要素塑造典型形象。

而他将“种族”“环境”“时代”视为文艺产生、发展、变化和终结的决定性因素，是他这种“总体”观念的具体体现。那么，“种族”“环境”“时代”指的是什么呢？丹纳所说的“种族”指的是“天生的和遗传的那些倾向，人带着它们来到这个世界上。这些倾向因民族的不同而不同”。现在我们可以将其理解为“种族特性”(或者称之为“民族特征”，二者基本可以混用)，如希腊人的纯真浪漫，蒙古人的骁勇善战，犹太人的勤奋智慧等。种族特性是一种“不受时间影响，在一切形势、一切气候中始终存在的特征”，它体现在某个种族的语言、制度、信仰、哲学之中，与一个种族的历史发展过程紧密相连。某个种族虽然会在历史的发展过程中有所变化，但必有其不变的一种特性，这种特性就是“种族特征”，它深刻地留存在一个种族的生命记忆之中。丹纳所说的“环境”既指自然环境，又包括社会环境，是影响艺术发展变化的“外部力量”。自然环境包括气候、土壤等因素，它们会影响到一个民族的精神特征和文艺发展。例如，希腊人的艺术和谐优美，与希腊人生活在阳光充足、风景优美的自然环境中有着必然的联系。而社会环境主要有政治制度、宗教信仰、国家战争、生活情趣等内容，它们也与一个民族的精神旨趣和文艺发展有着深刻联系。丹纳所说的“时代”主要指的是“精神气候”，即在各种因素影响之下形成的某种社会精神氛围，这种精神气候会影响到艺术家的创作，从而影响到整个文艺的发展。例如，积极昂扬的社会氛围会产生热烈奔放的艺术，而消极抑郁的社会氛围会产生悲哀消沉的艺术。

研读本书，我们主要可以从以下几点进行思考。第一，丹纳之所以能够提出这样的观点，对文艺现象有着较强的解释力度，是因为他以宏观的、整体的视角观察和思考问题。当我们解释一种当代的传媒、艺术或文化现象时，若仅仅限于作品或现象本身，往往会迷惑不解，原因就在于视野过于狭窄，所以我们应当将单个作品或现象放置于整个宏阔的社会“环境”中进行考察，从多个维度进行分析。而我们需要注意的是“种族、环境、时代”是三个重要的维度，若有其他的外部因素也应当考虑进来，应当进行多维观察。第二，对整体的艺术发展而言，丹纳的观点是非常具有解释力的，但对某些具体的艺术作品、文艺现象的解释就显得有些薄弱，究其原因就在于，丹纳的解释其实是一种外部的解释，而缺乏从艺术品内部的解释，毕竟艺术不同于其他社会事物，艺术除了作为一种社会现象之外，还有其独特的发展规律。因此，宏观的、整体的视角，应当与微观的、个体的视角相结合，即我们在解释某个传媒、艺术或文化现象时，应当将其放置于整个环境中进行系统的考察，也应当具体分析作品(或事件)的内在特点，将二者结合起来，才能形成更有力量的解释。第三，“史实”与“观念”的问题。就本书的主体内容(二编、三编、四编)而言，其实可以视作一部“观念史”，即以“种族、环境、时代”的观念来解释某些文艺的发展史，即梳理历史的时候可以用一种“观念”来结构历史。历史的发展是庞杂多样的，以“观念”为脉络来结构历史，能够更好地解释历史，厘清历史的发展脉络。同时，我们也应当注意历史的发展与历史的书写是两个不同的概念，历史的书写往往以某种“观念”进行串联与概括，这样书写才能有条理，脉络清晰。而真正的历史的发展则是多样的，书写者所秉持的“观念”只是一种视角，一种解释的方式，但不能排斥在“观念”之外的因素和解释。以此，“观念”应当是以历史发展事实为根据的，在尽可能多地掌握历史事实的基础上不断修正观念、完善观念。

（撰稿人：赵曦）

悲剧心理学——各种悲剧快感理论的批判研究

一、著作信息

作者：朱光潜。

译者：张隆溪，著名文化学者，北京大学硕士，美国哈佛大学博士，曾任教北京大学和加州大学河滨分校，现为瑞典皇家人文、历史及考古学院唯一健在华裔外籍院士，欧洲科学院院士，香港城市大学“长江学者”讲座教授，美国哈佛大学、耶鲁大学及韦斯理大学杰出学人讲座教授。

版本：人民文学出版社 1983 年版。

二、著作摘录

（一）

我们在下文准备讨论的问题可以用一句话来概括：我们为什么喜欢悲剧？

只要我们想到，痛苦和灾难一般只会引起哀怨，这个问题就越显得难解了。伟大的波斯王泽克西斯(Xerxes)在看到自己统率的浩浩荡荡的大军向希腊进攻时，曾潸然泪下，向自己的叔父说：“当我想到人生的短暂，想到再过一百年后，这支浩荡的大军中没有一个人还能活在世间，便感到一阵突然的悲哀。”他的叔父回答说：“然而人生中还有比这更可悲的事情。人生固然短暂，但无论在这大军之中或在别的地方，都找不出一个人真正幸福得从来不会感到，而且是不止一次地感到，活着还不如死去。灾难会降临到我们头上，疾病会时时困扰我们，使短暂的生命似乎也漫长难捱了。”①

这些话并非一两个人的哀叹，而是在历史上时常可以听见的。人们不断因为人世的苦难而呻吟。只要记住《圣经·旧约》中的约伯和其他由于神的愤怒而遭难的人，我们就不能责怪他们怨天尤人了。然而奇怪的是，人们固然憎恶苦难，却又喜欢观看舞台上演出的悲惨事件。他们看过美狄亚杀死自己的儿女，或李尔王受到亲生女儿的虐待，却心满意足地离开剧院回家去。

因此，人们在悲剧中获得快乐似乎不是什么值得引以为荣的事情，也曾使许多心地虔诚的人困惑不安。例如圣·奥古斯丁在他的《忏悔录》里就说过这样一段有趣的话：

---

① 希罗多德：《历史》，一八六二年英文版，第四卷第三十八页。

> 戏剧也曾使我迷恋，剧中全是表现我的痛苦的形象和激起我的欲望之火的形象。没有谁愿意遭受苦难，但为什么人们又喜欢观看悲惨的场面呢？他们喜欢作为观众对这种场面感到悲悯，而且正是这种悲悯构成他们的快感。这不是可悲的疯狂又是什么？因为一个人愈是受到悲惨情节的感染，就愈难摆脱这类情节的控制。[①]

圣·奥古斯丁提出的这个问题，也许我们喜欢看戏的人大多数都想到过。当我们想在近代心理学中去寻求答案时，不禁会失望地发现，心理学往往不适当地忽略了悲剧快感的问题。康德的《纯粹理性批判》对悲剧未发一言。里波(Ribot)在《情感心理学》论审美感情的一章里，德拉库瓦教授(Prof. Delacroix)在他的近著《艺术心理学》里，关于悲剧的论述都是语焉不详。这样的忽略确实令人惊异，因为近代心理学已经把探索的光芒照到了几乎人类活动的一切领域，从唾液腺的条件反射直到梦和种族记忆的朦胧区域。对文学领域的探测也并没有放松，例如弗洛伊德派论神话传说的著作以及布隆代尔教授最近深入研究伟大的小说家马塞尔·普鲁斯特的心理发展过程的著作。谷利格(Greig)在他的《笑的心理学》后面所附的参考书目里，提到不下三百来种对喜剧进行心理研究的专著。谁不希望有一本论悲剧的著作可以和柏格森那篇文笔优美、说理透彻的《论笑》(实即论喜剧)媲美呢？为什么论喜剧的著作已经这样多，论悲剧的又这样少呢？难道人们更喜欢喋喋不休地谈论人生的光明面，而一旦说到悲剧，却保持一种适合于悲剧的庄重的缄默吗？

(二)

忽略悲剧快感的问题无疑不能以这个问题不重要为理由来辩解。悲剧向来被认为是最高的文学形式，取得杰出成就的悲剧家也是人间最伟大的天才。他们在心理科学还未流行之前就已是最深刻的心理学家。从埃斯库罗斯到莎士比亚和歌德，世界上最聪明的人在悲剧中积累了大量心理学的智慧，所以心理学家忽视悲剧肯定是不明智的……快乐与痛苦的关系是心理学家们感到棘手的另一个问题。快乐和痛苦之间是质的差别，抑或仅仅是量的差别？它们能否混合在一起？痛苦能否转化为快乐？所有这些问题如果和悲剧快感的问题联系起来，就会研究得更透彻。同情的本质、情绪缓和的作用以及其他许多心理学问题，不用说，都和我们将要讨论的问题密切联系在一起。

(三)

我们可以举一个简单的例子，假设有一位商人、一位植物学家和一位诗人同时在看一朵樱花。如果他们每一个人都遵从自己的思考习惯，那么这同一朵花就会产生三种不同的印象，引出三种不同的态度。商人总想着谋利，于是他就会计算这朵花在市场上能卖出的价，并且和园丁讲起生意来。植物学家会去数一数花瓣和花柱，把开花的原因归结为土质肥沃，给花分类，并且给它一个拉丁文的学名。但诗人却

---

① 圣·奥古斯丁：《忏悔录》，一九〇七年英文版，第三卷第二节。

是那么单纯，对他说来，这朵小花就是整整一个世界。他全神贯注在这朵花上而忘记了一切。转瞬之间这朵小花变成一个有生命的活物，对着他微笑，引得他的同情。在美的享受到极度狂喜的一刻，诗人把自己也化成了花，分享着花的生命和感情。我们在这里见到的，便分别是实用的、科学的和审美的态度。

（四）

对审美对象单纯的观照由于“距离”而成为可能。

主体和客体之间这种“切身的”而又“有距离的”关系……即“距离的自我矛盾”（“Antinomy of Distance”）。

主体和客体之间的关系既然是“切身的”，客体能成功而强烈地吸引我们的程度就会直接对应于客体与我们的智力特点和经验的个人特质完全一致的程度。它愈是诉诸我们内心深处的欲望和本能，愈是与我们过去的经验和谐一致，就愈能吸引我们的注意，有助于我们的理解，并引起我们的兴趣和同情。如果它离人的经验太遥远，或太违背人情，人们对它就会不理解，因而也就不能欣赏。

另一方面，主体和客体之间的关系既然必须“有距离”，客观现象与主观经验的协调就不应当太完全，以致把主体束缚在实际的态度上，也就是导致距离的丧失。客体愈是激起我们的欲望，使我们回想起自己的个人经验，我们就愈会把思想集中在自己身上，想到自己的悲欢、自己的希望与忧患，而不是去凝神观照客体本身。

于是这就产生了一个矛盾，也正是它构成所谓“距离的自我矛盾”。

为什么很多人自认为有足够的个人经验写诗或小说，却总是写不成功。德拉库瓦教授写道：“为了描述自己的感情，艺术家应当达到某种程度的客观化（il faut que l'artiste l'exteriorise en quelque sorte），成为自己的模仿者（imitateur de lu-imeme）”[①]。“客观化”其实就是形成距离的另一种说法。

因此，距离取决于两个因素：主体和客体。为了形成距离，主体必须通过自然的天赋或反复的训练具有一定程度的艺术才能……另一方面，为了引起人的审美态度，客体必须多多少少脱离开直接的现实，这样才不致太快地引出实际利害的打算……诗，正如华兹华斯所说，是“在平静中回味到的情感”。

因此艺术成功的秘密在于距离的微妙调整。布洛说：“在创作和鉴赏中最好的是最大限度地缩短距离，但又始终有距离。”“距离过度”是理想主义艺术常犯的毛病，它往往意味着难以理解和缺少兴味；“距离不足”则是自然主义艺术常犯的毛病，它往往使艺术品难于脱离其日常的实际联想。艺术必须保持一定的距离，所以它在本质上是形式主义的和反写实主义的。距离的程度随艺术形式的不同而不同。一切艺术中最重形式的是音乐，它把表现成分减到最低限度，却保持着最大程度的距离。

---

① 德拉库瓦：《艺术心理学》，第八六页。

（五）

一般说来，戏剧艺术由于是通过真正的人来表现人的行动和感情，所以有丧失距离的危险。它有写实的倾向，容易在观众头脑里产生活动在真实世界里的虚假印象。和别的艺术形式比较起来，它有许多不利条件。

除此而外，戏剧以真人为艺术媒介还有一个不利之处，那就是观众很容易取一种批判态度。

写实主义与悲剧精神是不相容的。悲剧中的痛苦和灾难绝不能与现实生活中的痛苦和灾难混为一谈，因为时间和空间的遥远性，悲剧人物、情境和情节的不寻常性质，艺术程式和技巧，强烈的抒情意味，超自然的气氛，最后还有非现实而具暗示性的舞台演出技巧，都使悲剧与现实之间隔着一段"距离"。悲剧情节通过所有这些"距离化"因素之后，可以说被"过滤"了一遍，从而除去了原来的粗糙与鄙陋。

可以说所有的悲剧都是如此。悲剧中可怖的东西必须用艺术的力量去加以克制，使之改观，使它只剩下美和壮丽。悲剧表现的是理想化的生活，即放在人为的框架中的生活。它是现实生活中不可能找到现成的艺术作品。实际生活中的确有许多痛苦和灾难，它们或者是悲惨的，或者是可怕的，但却很少是最严格意义上的"悲剧"。它们没有"距离化"，没有通过艺术的媒介"过滤"；它们缺少伟大的悲剧中理想的人物和形式的美。因此，象许多论者那样以实际生活中所见的苦难为类比来讨论悲剧，完全是错误的。

（六）

从常识观点看来，幸灾乐祸显然是心怀恶意的表现，从悲剧的表演中获得快感就是幸灾乐祸，所以结论是不言而喻的。……巨大的灾难临到我们自己头上时，便成为悲痛的根源；但降临到别人头上却给我们最大的快感。

这不是因为我们对别人的不幸感到快乐，而是因为我们庆幸自己逃脱了类似的灾难。桑塔亚那教授（Prof. Santayana）赞同这一观点。他写道："（在悲剧中）可以感到恶，但与此同时，无论它多么强大，却不能伤害到我们，这种感觉可以大大刺激我们自己完好无恙的意识。"[①]人总是随时害怕痛苦，在我们这个到处充满邪恶与苦难的世界里，这也是自然的事情。人所能期望的最大幸福就是摆脱痛苦。悲剧之所以强烈地吸引我们，就是因为在表现各方面都比我们强的人所遭受的痛苦和灾难时，它大大突出了我们比他们好的命运。

① 桑塔亚那：《论美感》，第二三六页；参见爱狄生（Addison）：《旁观者》，第四一八期。

（七）

观赏一部伟大悲剧就好象观看一场大风暴。我们先是感到面对某种压倒一切的力量那种恐惧，然后那令人畏惧的力量却又将我们带到一个新的高度，在那里我们体会到平时在现实生活中很少能体会到的活力。简言之，悲剧在征服我们和使我们生畏之后，又会使我们振奋鼓舞。在悲剧观赏之中，随着感到人的渺小之后，会突然有一种自我扩张感，在一阵恐惧之后，会有惊奇和赞叹的感情。英雄气魄却只是令人鼓舞而不会首先使人感到一阵恐惧。

因此，恐惧是悲剧感中一个必不可少的成分。但是，这种恐惧不能和实际生活中的恐惧混为一谈。如果说悲剧不等于纯粹的英雄气魄，那么它也不等于纯粹的恐怖。纯粹的恐怖不仅不能鼓舞和激励我们，反而让人郁闷而意志消沉……让我们比较一下普列伏（Abbé Prévost）的《曼侬·莱斯柯》与《罗密欧与朱丽叶》，巴尔札克[1]的《高老头》与《李尔王》，陀思妥耶夫斯基的《罪与罚》与《哈姆莱特》，或者雷马克的《西线无战事》与《麦克白》。上面提到的这些小说都是同类作品中的佼佼者，又都和与之相比的悲剧杰作在题材上有些类似。但它们却不能产生伟大悲剧总会产生的那种令人振奋的效果。我们读过这些小说之后，很少会感到胸襟开阔。之所以会有这样的差别，首先是因为这些小说把痛苦和恐怖描写得细致入微，却没有用辉煌壮丽的诗的语言去“形成距离”，其次是因为它们的主要人物往往缺乏悲剧主角的崇高和悲壮。纯粹的恐怖并不能产生悲剧感，正如航船遇难或地震并不能使受害者变成悲剧中的英雄，报纸上描绘得栩栩如生的犯罪新闻和受灾报导并不能算是悲剧一样。尽管日常谈话中也常常用到“悲剧”二字，现实生活中却并不存在悲剧。纯粹的恐怖在效果上正好与英雄气魄相反，它们互相缺乏对方所具有的东西。英雄气魄可以鼓舞我们，但不能首先激起我们的恐惧之情，而纯粹的恐怖使我们感到恐惧，却又不能给我们激励和鼓舞。悲剧却必须同时产生这两种效果。

（八）

现在，悲剧产生的快感就容易解释了：这是往往伴随着洋溢的生命与紧张的活动而起的快感。

因此，悲剧感是崇高感的一种形式。但是这两者又并不是同时并存的：悲剧感总是崇高感，但崇高感并不一定是悲剧感。那么，使悲剧感区别于其他形式崇高感的独特属性又是什么呢？就是怜悯的感情……如果我们面对崇高的对象而感到怜悯，那对象对于我们立即就不再是崇高的了。作为一种美的形式，可以说崇高恰恰是可悯的对立面。悲剧的奇迹就在于它能够将这两对立面结合在一起。

因此，要给悲剧下一个确切的定义，我们就可以说它是崇高的一种，与其他各种崇高一样具有令人生畏而又使人振奋鼓舞的力量；它与其他各类崇高不同之处在于它用怜悯来缓和恐惧。

---

① 编者注：现一般译作巴尔扎克。

（九）

痛苦在悲剧中被感觉到并得到表现，与此同时，它那郁积的能量就得到宣泄而缓和。这种郁积能量的缓和不仅意味着消除高强度的紧张，而且也是唤起一种生命力感，于是这就引起快感。这种由痛感转化而成的快感更加强悲剧中积极的快感，这种积极快感的原因一方面是悲剧的怜悯和恐惧，另一方面则是作为艺术品的剧作的美，如整一和适当的比例、声音与形象的和谐、性格描述的深刻真实等等。

（十）

悲剧感与崇高感是互相关连的。在这两种情形里，我们都会在暂时的抑制之后，感到一阵突发的自我的扩展。悲剧和崇高的事物先压制我们，使我们深感自己渺小无力，甚至觉得自己卑微不足道，但它立即又鼓舞我们，让我们分享到它的伟大，使我们感到振奋和高尚。正象歌德在《浮士德》中所说：

在那幸福的时刻，
我感到自己渺小而又伟大

这话正可以表现悲剧宿命的两面观。一方面，我们在命运的摆布下深切感到人是柔弱而微不足道的。无论悲剧人物是怎样善良、怎样幸运的一个人，他都被一种既不可理解也无法抗拒的力量，莫名其妙地推向毁灭。另一方面，我们在人对命运的斗争中又体验到蓬勃的生命力，感觉到人的伟大和崇高。这两者的矛盾只是表面的。史勒格尔说得好，“人性中的精神力量只有在困苦和斗争中，才充分证明自己的存在。”[①]正如人的伟大只有在艰难困苦中才显露出来一样，只有与命运观念相联结才会产生悲剧；但纯粹的宿命论并不能产生悲剧，悲剧的宿命绝不能消除我们的人类尊严感。命运可以摧毁伟大崇高的人，但却无法摧毁人的伟大崇高。悲剧的悲观论和乐观论也有这样的两面。任何伟大的悲剧都不能不在一定程度上是悲观的，因为它表现恶的最可怕的方面，而且并不总是让善和正义获得全胜；但是，任何伟大的悲剧归根结蒂又必然是乐观的，因为它的本质是表现壮丽的英雄品格，它激发我们的生命力感和努力向上的意识。悲剧总是充满了矛盾，使人觉得它难以把握。理论家们常常满足于抓住悲剧的某一方面作出概括论述，而且自信这种论述适用于全部悲剧。有人在悲剧中只见出悲观论，又有人只见出乐观论；有人视命运为悲剧的根基，又有人完全否认悲剧与命运有任何关系。他们都正确又都不正确——正确是说他们都抓住了真理的一个方面，不正确是说他们都忽略了真理的另一个方面。完善的悲剧理论必须包罗互相矛盾的各个方面情形——命运感和人类尊严感、悲观论和乐观论，所有这些都不应当忽略不计。

---

① 史勒格尔：《戏剧艺术与文学演讲集》，第六六至六九页。

（十一）

在悲剧中，可怖的东西被艺术力量所征服而变化，我们是处在审美状态中，我们的快感在本质上是审美快感。恶意、道德同情、正义观念以及其他各种实际考虑或者根本在悲剧快感里就不存在，或者只是侵占了本来不属于它们的地位。

（十二）

他们大多从道德观点去看待悲剧。然而我们都同意，悲剧是艺术品，悲剧的欣赏首先是一种审美经验。在审美观照中，我们的确常常感到一种同情，但却不是通常的伦理道德意义上的同情。道德同情和审美同情有三方面的重大区别。首先，道德同情往往明白意识到主体和客体之间的界限，审美同情却消除了这种界限，我们忘掉自己，加入被观照的客体的生命活动中。其次，道德同情不可能脱离主体的生活经验和个性，并往往伴随着产生希望和担忧；审美同情却把那一瞬间的经验从生活史中孤立出来，主体“迷失”在客体之中。最后，道德同情是一种实际态度，最终会变为行动，我们会力求使我们同情的客体摆脱痛苦；审美同情并不导致实际的结果，它仅仅涉及见别人悲而悲、见别人喜而喜这样的模仿活动。我们也可以用这样的话来表示这同一种区别：道德同情使我们对客体采取行动，而审美同情则使我们和客体一起行动。

理想的观众（以及理想的演员）或许应处于这两个极端之间，他对悲剧应能从情感和理智两方面都作出反应。他在情感上把自己和剧中人物等同起来；多少能和他们共命运，这就使他对人物心理能获得第一手的直觉认识。这是理解悲剧的首要条件。他在理智上又能控制自己，把悲剧看成一件艺术品，并注意各个局部与总体之间的关系。完全进入情绪而没有超然的观照和清醒的理智，就看不到悲剧的形式美；完全超然而没有同情的渗透，则不可能象真正的审美经验那样达到情绪的白热化。因此，悲剧快感的原由必须在情绪的缓和及智力方面好奇心的满足两个方面去寻找。

（十三）

悲剧的欣赏首先是一种活动，所以自然会产生一般人类活动所共有的快感……生命总是随时努力在活动中实现自己，情感就是这种努力成功或失败的标志：活动不受阻碍，生命能量得以畅然一泄时即为快感；活动受到阻碍，生命能量被抑制而郁积时即为痛感。大家都知道死是生的对立面，死亡就是一切生命活动的停止。一切有生命的东西最害怕的就是活动的停止。无所事事的怠惰状态是一种令人痛苦的情形，人们努力寻求各种寄托以躲避这种状态。杜波认为，悲剧正是这种寄托方式之一，它可以消除我们的无聊，给我们以快乐。但生命也需要变动，人们很快会厌腻一种寄托方式，渴求别的东西。悲剧不仅是一种使精神有所寄托的东西，也是一种转移注意的方式。它使我们摆脱日常生活的单调贫乏，这也是它能给人快乐的原因之一。

无论使精神有所寄托还是转移注意，都能使生命能量得到发挥，给人以紧张感、努力感或生命力感。我们在悲剧中不是欣赏痛苦的场面，而是欣赏它使我们兴奋和振奋的强烈刺激。桑塔亚那教授曾写道："我们喜欢的不是一种恶，而是喜欢那种生动而令人振奋的感觉，那是一种善。"

（十四）

大多数人类活动所共有的这种种快感来源，当然不会产生悲剧特有的那种快感，甚至不会产生一般的艺术快感。……悲剧唤起的活动不是服务于任何外在的实际目的，而是以它本身为目的。这就是席勒所说"自由的活动"或"过剩精力的自然发泄"。因此，艺术是现实的补偿，它为我们提供一个比现实更能给人满足的想象的世界。这样谈论悲剧也许有些出人意表，因为悲剧描绘的是生活的阴暗面。但是，悲剧确实能弥补现实的不足。与我们的日常行动的狭小圈子比较起来，悲剧世界至少是一个有着非凡的举动、强烈的感情、超人的毅力和英雄的气魄的世界。尼采用象征意义的语言描绘悲剧世界，说它是日神的光辉所照耀的一幅明朗的图画，在其中具有酒神精神的人忘掉他原初的痛苦，在美的外貌中得到补偿。

和一般艺术一样，悲剧也是被人深切地体验到、得到美的表现并传达给别人的一种情感经验。强烈情感的经验本身就是快乐的源泉，表现的美和同感的结果更能增强这种快乐。

悲剧和别的戏剧形式一样，与一般艺术的区别在于它用真人为媒介，生动逼真地模仿一个行动。

以上我们主要谈论的是艺术的一些总的性质，但悲剧还有它的特殊属性。悲剧和其他戏剧艺术形式的区别在于它表现最严肃的行动。人生最严肃的方面不是天真的欢乐或全然的幸福，而是受难和痛苦，所以悲剧表现的是恶、不幸和灾祸。

在悲剧中，怜悯主要是由命运感唤起的。我们因为事情竟会如此而深感惋惜，而我们出于对人类的同情，深心希望一切是另一个样子。这种情感常常给悲剧增添悲观和忧郁的色彩，使它近于带有悲哀感的秀美，形成一种特殊的美。

然而仅仅是带有悲哀感的秀美，并不能产生真正的悲剧，因为它缺少那种鼓舞人和令人振奋的力量。这种力量是由恐惧的情绪引起的。作为审美感情的恐惧是崇高感的一个重要成分。

总而言之，我们在悲剧中既感到怜悯，又感到恐惧。因此我们可以说，悲剧感是崇高与可怜两种效果的结合，而以崇高为最主要的成分……在怜悯和恐惧之外，我们还应当加上惊奇、赞美或崇敬。在悲剧中，人的尊严的意识和命运观念同等重要。没有冲突，没有对灾难的反抗，就不会有悲剧。悲剧人物在那冲突之中总是失败，但精神上却总是获胜，始终顽强不屈。如果感觉不到一点惊奇和赞美之情，那就等于对悲剧精神的一个基本部分全然没有体会。

三、著作导读

该书是中国著名美学家朱光潜先生早年留学欧洲时期的著作，初稿 1927 年写于爱丁堡大学，后来他在法国斯特拉斯堡大学学习期间进行了修订。1933 年，法国斯特拉斯堡大学出版社以英文出版了朱光潜先生的《悲剧心理学》。1983 年，美学家张隆溪先生将其翻译成中文，由人民文学出版社出版。这是朱光潜先生美学思想的重要代表作之一，也是在国际上产生了广泛影响的中国美学家的重要学术著作。

该书看似切口很小甚至论题显得有些偏狭，但却蕴含了深刻的思想，牵涉着多个学科领域的内容，对于认知“悲剧快感”这一独特的艺术现象具有重要的学术价值和艺术实践的指导价值。本书提出了“悲剧快感”这个涉及艺术学、美学、哲学、心理学、社会学等多个学科的重要学术命题，并对其进行了多个学科维度的深刻分析与阐释，这对艺术创作与生产本身也具有广泛的指导、借鉴与参考价值。同时，本书的写作框架完整、文献丰富、论述与阐释逻辑严密；从论题的选定到论述的展开，整个论证的过程严谨、缜密，堪为人文学科学术研究的经典模本。

本书的第一章沿着“是什么”“为什么”“怎么样”三个层次递进展开。

“是什么”即对“悲剧快感”这一独特心理现象的阐述与辨析。本章首先旗帜鲜明地提出核心命题：我们为什么喜欢悲剧？接着以历史上的波斯王泽克西斯的感慨以及从《圣经·旧约》到美狄亚、李尔王等戏剧中的悲惨事件入手，对这一问题进行了现实与戏剧中的延伸表述。随后作者又引了圣·奥古斯丁的一段忏悔，即为什么喜欢戏剧中主角的落难这一“悲剧快感”的特殊心理，并指出若干近代相关联的学术名著几乎没有触及这一重要命题，以此为论据，来说明这一问题没有得到足够研究。

“为什么”即为什么“悲剧快感”这一如此普遍的艺术现象在众多的相关研究中没有得到足够的体现。作者从心理学的快乐与痛苦的关系、艺术学中艺术与道德的关系、文艺批评中批评与创作的关系，以及文学批评、舞台表演艺术乃至哲学与宗教等多个方面对于悲剧快感的存在以及不同的关注视角做了进一步的阐述。从而回答了悲剧快感“为什么重要”“为什么值得研究”这一问题。

“怎么样”即应当以什么样的研究方法来对“悲剧快感”展开研究。作者从心理学、哲学、艺术学、美学、艺术批评、宗教等多个层面提出了相关联的若干重要概念，如审美观照、恶意、同情心、道德、乐观和悲观的人生观、好奇心等，并进而提出从悲剧杰作、悲剧评论、创作者和评论者的言论、哲学家的言论、个人直观印象等多个维度展开研究，也就是“怎么样”进行研究。这一部分回答了具体的研究路径和方式的问题，不仅阐释了论题本身的价值，同时也具有方法论的启示和意义。

第二章的核心目标是阐释生活中的悲剧与戏剧艺术中的悲剧之间的本质区别，尤其是探讨如何通过各种艺术手段使人们产生“心理距离”，从而由生活中的悲剧转化为艺术中的悲剧。本章开篇假定了一个场景，即一位商人、一位植物学家和一位诗人，同时在看一朵樱花而产生了三种不同的态度。商人看到樱花，想到的是谋利和生意；植物学家看到樱花，想到的是土壤与命名；诗人看到樱花，只有欣赏与狂喜。作者认为，这三种不同的态度分别对应的是实用的、科学的和审美的态度。这与马克思所说的日常生活、科学与艺术的把握世界的方式是完全一致的。

由此，作者沿着“审美态度—审美经验”的路径对来自实际生活中的悲剧与艺术中的悲剧做了区隔。而对于如何从日常生活转化为艺术与审美，作者找到了“心理距离”这一核心概念。因心理距离的存在，从而形成了艺术与生活的区隔，进而得出了一个重要的结论，这便是“艺术成功的秘密在于距离的微妙调整”。[①] 作者引用布洛的关于距离的论述之后，又明确地将不理想的距离设定为两个极端，这便是“距离过度”和“距离不足”。对于距离过度，作者认为这是理想主义艺术的弊病，由于远离生活而难以引发人们的亲近感；而距离不足则是自然主义艺术的弊病，过度接近生活而难以产生审美感受。因此，距离的微妙调整就成为理想的心理距离的标尺。这与我们常说的艺术创作、艺术表演中的分寸以及对分寸的把握是同样的意涵。

那么如何才能产生理想的心理距离或审美距离呢？作者结合艺术史，特别是戏剧史上的诸多悲剧杰作，提出了产生恰当艺术距离的六种方式。这便是“空间和时间的遥远性”“人物、情境与情节的非常性质”“艺术技巧与程式”“抒情成分”“超自然的气氛”“舞台技巧和布景效果”。的确，许多悲剧善于通过不同的空间(地理位置)、不同的时间(历史阶段)以及传奇性的情节、人物、脸谱、类型和表演程式(类似中国戏曲)及音乐和唱诗等抒情表达，神、鬼、巫等超自然的元素以及声、光、电等舞台布景的设计，使戏剧舞台中的悲剧既来源于生活，又与真实的生活产生必要的距离。

作者对这种“距离化”的“过滤”倍加欣赏。他认为悲剧中恐怖的内容“必须用艺术的力量去加以克制，使之改观，使它只剩下美和壮丽”[②]。这是作者的核心的理念，也就是说他认为真正的悲剧不能原封不动地保留生活中的悲惨与恐怖，而必须用上述各种艺术的方式去进行处理，这样才能产生恰当的心理距离，进而产生审美感受。作者强调“悲剧表现的是理想化的生活，即放在人为的框架中的生活。它是现实生活中不可能找到现成的艺术作品”[③]。这里作者强调了艺术的人为的“框架”的重要价值，正是拥有了恰当的艺术框架进而使得悲剧从生活原生态的痛苦、灾难、悲惨、可怕中被“过滤”出来，成为理想的艺术中的悲剧，而不再是原生态的悲剧。

第三章围绕着悲剧快感与恶意的区别，第四章围绕着悲剧快感与同情的区别，第五章围绕着怜悯和恐惧的情感体验，分别展开对比分析。从表面上看，悲剧快感与人类的心存恶意似乎有某些表面的相似，但作者认为，生活中的心存恶意，没有怜悯与惋惜，而艺术中的悲剧貌似与心存恶意相似，但其巨大的差异恰恰在于拥有惋惜与怜悯的情感的浸润。关于同情，作者认为生活中的同情是完全道德化的同情，不具有审美意义，而艺术中的同情是超越功利的审美同情，因此与实际生活中的道德同情产生了区隔。同样带有怜悯和恐惧，生活中的悲剧仅仅是怜悯与恐惧，而艺术中的悲剧除此之外更灌注了巨大的崇高感。正是因为崇高的介入和浸润，使得生活中的怜悯与恐惧升格为艺术中的怜悯与恐惧。

---

① 朱光潜：《悲剧心理学》，27页，北京，人民文学出版社，1983。

② 朱光潜：《悲剧心理学》，40页，北京，人民文学出版社，1983。

③ 朱光潜：《悲剧心理学》，40页，北京，人民文学出版社，1983。

第六章则对悲剧中的正义观念，即人物的性格与命运问题进行了生活与艺术的对比分析。同样是悲剧人物，他们的性格与命运处于何种状态才能唤起人类足够的正义感？作者同样将实际“生活中道德化的”与“艺术中的审美化的”两种不同的人物性格与命运进行了对比，从而帮助我们理解，真正的艺术中那些唤起人们正义感的精神分享的悲剧人物，其特点是介于日常生活中的“好”与“坏”之间的那种类型。

第七章作者对黑格尔的悲剧理论和布拉德雷对于黑格尔的研究，进行了深入探讨，尤其是对于命运、正义、善恶等问题进行了对比、分析和阐释。第八章则对叔本华和尼采的悲剧理论进行了阐释、分析与解读。第九章对悲剧中一种独特的快感元素，即“忧郁的解剖”——也就是从痛感到快感，进行了深入分析。朱光潜主张，从心理距离和审美距离的视角，通过艺术的距离化，将生活中具有痛感的忧郁，转化为一种艺术化的唤起“生命力感”也就是“快感”的一种结果。

第十章则对“净化”问题进行了解读。这就是悲剧给人带来的由“痛感”到“快感”的过程。悲剧可以使人获得内在潜能的宣泄和整体情绪的净化。这是由弗洛伊德的理论衍生出来的解读。

第十一章对悲剧生命力感，也就是一种通过距离化的艺术表现释放出的强大的力量给人带来的震撼和激动进行了解读。第十二章则从超自然的视角，如宿命论等宗教与哲学的视角，对悲剧中的一种特殊的情感进行了分析、解读，同时也涉及西方戏剧悲剧精神与宗教、哲学的关系，以及东方戏剧缺少宗教与哲学支撑的戏剧晚熟的历史发展状况的分析。

最后，第十三章则对上述章节的核心观点进行了简要回顾和梳理，从而对“悲剧快感”命题做了系统的总结。

总之，本书以“悲剧快感”为核心命题，借助艺术学、美学、心理学、哲学、宗教学等多个学科的相关理论，结合历史上的诸多悲剧杰作，以心理距离为核心的理论框架，展开从生活到艺术的对比分析；对悲剧中的若干快感范畴和对应的生活中的“痛感范畴”进行针对性的对比剖析，从而回答了悲剧快感的由来的问题，并揭示了悲剧从生活中的痛感到艺术中的快感的这种转化的“秘诀”。

本书表面看来只聚焦于悲剧快感及相关理论的探究，但它所形成的理论观点，尤其是由生活痛感转化为悲剧快感的“审美距离”这一规律对于所有的艺术创作都具有广泛的指导、借鉴与参考价值。该书不仅在悲剧理论、艺术理论方面给我们提供了若干重要的、基础性的学理框架与思想，而且对于具体的艺术生产与创作也有相当深刻的启示。这种启示至少包括以下几点。

其一，艺术创作来源于生活“原生态”，但这种“原生态”不能简单地移植到艺术创作中，而应用适当的“艺术框架”进行过滤和处理。

其二，艺术创作对于生活“原生态”，一定要保持审美的距离，艺术水准的高低，艺术作品的高下，恰恰在于对审美距离的恰当尺度或分寸的把握。距离过度难免脱离实际生活，难以与读者和受众产生共鸣；距离不足又往往会模糊艺术与生活的关系，难以产生审美的感受。这一思想是本书中的亮点，是作者成熟的艺术辩证法思想的深刻显现。以此我们可以联想到，许多对立的元素，如远与近、浓与淡、大与小、真与假等多种艺术元素，貌似对立，但艺术创作应该在这种极端对立的元素中寻求平衡，方能产生最佳的艺术效果。

其三，产生审美距离，需要诸多艺术的技巧与方式。这其中不论是空间与时间、艺术技巧与程式，还是一些特定的、特别的、特殊的情感、氛围与技巧的渗透与设计，都是人为的“艺术框架”，这些框架对于艺术创作是最重要的。所有的艺术创作，从某种意义上讲就是寻找理想与恰当的“艺术框架”的过程。找到与所要表达的、再现的内容相匹配的、合适的框架，是艺术创作成熟与成功的标志与保障。

（撰稿人：胡智锋）

文化模式

一、著作信息

作者：露丝·本尼迪克，美国当代著名文化人类学家。20世纪初少数的女性学者，受到弗朗兹·博厄斯的影响，同爱德华·萨丕尔提出最早的文化形貌论(Cultural Configuration)，认为文化如同个人，具有不同的类型与特征。本尼迪克早年学习英国文学，故其作品文笔高妙，并善于作诗以及细腻的描述。她的作品以《文化模式》(*Patterns of Culture*)与《菊与刀》(*The Chrysanthemum and the Sword*)最为著名。尽管她论述的重要性已被其他理论取代，但其著作中提出的问题，至今仍受到人类学、历史学等学科的重视与关注。

译者：何锡章，华中科技大学中文系教授，博士生导师。

黄欢，文化学者。

版本：华夏出版社1987年版。

二、著作摘录

(一)

从未有人以原始的眼光看过这个世界。他看到的这个世界正是由一套明确的风俗、制度和思维方式改造过的世界。即使在哲学的探索中，他也不能追究这些既定的陈规老套；其真与伪的概念仍与他特有的传统风俗紧密相关。约翰·杜威曾严肃指出，风俗在形成个体行为中所起的作用与个人能影响传统风俗的任何方式相比，犹如个人母语的总词汇量与他牙牙学语时所用的取自家庭语汇的词汇量之比。当一个人认真研究有自发发展机会的社会秩序时，这种考察只能是一种准确精密的事实观察。个体生活历史首先是适应由他的社区代代相传下来的生活模式和标准。从他出生之时起，他生于其中的风俗就在塑造着他的经验与行为。到他能说话时，他就成了自己文化的小小的创造物，而当他长大成人并能参与这种文化的活动时，其文化的习惯就是他的习惯，其文化的信仰就是他的信仰，其文化的不可能性亦就是他的不可能性。每个出生于这个团体的孩子都将与其一起分享它们，而出生在这个地球另一半球的孩子，则不能分享到这一半球的千分之一的风俗。没有什么社会问题比风俗作用问题更令我们有责任去理解了。在我们对风俗的规律、多样性作出明智的认识之前，我们将仍不理解人类生活的主要复杂的事实。

在我们富有人情的文明中，不会出现野孩。但只有将一个婴幼儿置于另一种族和另一文化之中，这一点才会具有意义。一个为西方家庭收养的东方孩子，就会学习英语、对养父母会表现出那种在与他一起游戏的孩子们中流行的态度，长大成人后也会从事他们选择的同样职业。他吸收了收养他的团体的整套文化特质，而生身父母团体的那套文化特质就失去了作用。当整个民族用几代人的时间抛弃传统文化，而采纳另一相异风俗时，同样的进程就会大规模发生。北方城市的美国黑人文化几乎在每一细节上，都已与同城的白人文化十分接近，几年前，人们对哈莱姆人进行文化调查时，这种黑人的显著特质之一是：他们时兴对次日证券交易额后三位相联数字打赌，与同样偏爱于亲自在股票交易中下赌注的白人相比，至少他们付出的代价更小，然而却不乏不确定性和激动人心，这是对白人模式的一种变异，尽管难有较大的背离。多数哈莱姆文化特质与白人团体中流行的文化形态仍具有较为密切的联系。

自人类历史开端以来，在整个世界上都可以看到各民族有能力吸收另一血缘民族的文化。人的生物结构对此并未造成更大的困难。人在生物结构上的细部差别不会把人从属于某种特殊的行为变异之下，例如，人类在不同文化中已制定出的有关婚配，交易等社会解决办法的巨大多样性，在各自创造性才能的基础上，都同等可能。文化并不是一种生物遗传复合体。

现代政治的推论是，有关我们把我们的精神和文化成就归于任何经过选择的遗传特质的论点，是不具任何基础的。在西方文明中，领导才能已经成功地在不同时期传给了闪米特、含米特族，传到了地中海地区的白人亚群、后来还传给了北欧的日耳曼民族。文明的文化连续性无可怀疑，无论当时谁是传袭者。我们必须接受人类遗传特性所提供的一切结论，其中最重要的一个结论是生物遗传行为的影响范围很小，而传统继承的文化进程的作用巨大。

(二)

在文化中也是这样，我们必须想象出一道巨大的弧，在这个弧上排列着或由人的年龄周期、或由环境、或由人的各种活动提供的一切可能的利益关系。一种利用了很大一部分这些关系的文化，如同使用了所有的吸气音①，所有的声门爆破音、唇音、齿音、咝音以及从无声到有声、从口腔到鼻腔的喉音的某种语言一样，让人不可理解。作为一种文化，其特性取决于对这个弧上某些节段的选择。各地人类社会在其文化习俗制度中，都作了这种选择。

事物的真相毋宁是，在文化的单一性或复杂性的每一层面上，可能的人类制度

① 吸气音：南部非洲霍屯督语的一种发音方法。——译注

和动机都多得不可计数，而且人类的明智正表现在对这些现象的差异采取一种极为宽容的态度。没有人能完全参与一种文化，除非他一直是根据该文化形式受到培养并生活其中。但他却能够把他在自己的文化中所意识到的外来文化参与的意义同样赋予其他的文化。

文化差异不仅是各社会能够毫不费力地精化或拒绝生活的各个方面的结果，它更主要是文化特质的复杂交织所导致的结果。正如我们刚说过的那样，任何传统制度的最终形式，都远远超过了原始的人类冲动。从很大程度上讲，这种最终形式取决于该特质与源于不同经验领域的其他种种特质的交融方式。

(三)

我们有汗牛充栋的文献可以证明文化间的差异。人类行为领域在某些社会中可能会遭到忽视，直到它显而易见才会引起人们的重视；在有的场合，它甚至是不可想象的。或者它也可以垄断整个有机的社会行为，连极相异的情形也只能在它的巧妙操纵之中。不具有相互内在联系、而且在历史上独立的种种特质，现在却结合在一起而且变得不可分割，为那些没产生这种认同的地区中无对应物的行为提供了所需的理由。这种情形的必然结果是，无论从行为的哪个方面来看，各种标准从积极的到消极的不同文化中都会无处不在。我们可以设想，在某个杀人的问题上，所有民族都会一致同意加以谴责。相反，在另一杀人问题上，如果邻国间外交关系已经断绝，或一个人根据风俗杀死先出生的两个孩子，或丈夫有权决定妻子的生死，或孩子有义务杀死未老的双亲，那么，就可以认为杀人者是无可指责的。被杀者可能是个偷鸡摸狗之徒，或是最先拔掉上牙者，或出生在星期三。造成意外死亡的人在一些民族中要遭受苦刑，而在另一些民族中则可不了了之。

然而，世界风俗的差异并不是一件我们只能无可奈何地予以编年纪录的事情。在这里自我折磨，在那里人头落地；一部落强调婚前的童贞，另一部落却是青春的放纵，这并不是一些毫无关系的事实的罗列，其中每一种都会令人吃惊，不管它在哪被发现或未被发现。同样，自杀或杀人的禁忌，虽与绝对标准无关，但也不系偶然。当我们明确认识到文化行为是局部的，人为的、极易变化的时候，文化行为的意义也不会衰竭。它也有达到整合的趋向。一种文化，就象一个人，或多或少有一种思想与行为的一致模式。每一文化之内，总有一些特别的，没必要为其他类型的社会分享的目的。在对这些目的的服从过程中，每一民族越来越深入地强化着它的经验，并且与这些内驱力的紧迫性相适应，行为的异质项就会采取愈来愈一致的形式。当那些最不协调的行为被完全整合的文化接受后，它们常常通过最不可能的变化而使它们自己代表了该文化的具体目标。我们只有先理解那个社会的情感与理智的主要动机，我们才能理解这些行为所采取的形式。

文化，也超过了它们的特质的总和。我们可能对某一部落的婚姻形式、礼仪性舞蹈和青春期入会仪式的分布状况了如指掌。然而却可能毫不理解一个为它自己的目的而利用这些元素的整体文化。为了实现这个目的，人们从周围地区可能的特质中选择出可利用的东西，放弃不可用的东西。人们还把其他的特质加以重新铸造，使它们符合自己的需求。在文化组合的整个进程中，其进程的作用没有必要去认识，但在人类行为模式化的研究中，如果忽视了它，那就意味着放弃了用理智阐明它的可能性。

这种文化的整合毫不神秘。它与一种艺术风格的形成并保持下来的过程一样。哥特式建筑，开始于几乎仅是对高度和光的偏爱，通过某种在其技巧中发展起来的审美趣味原则的作用，成了13世纪独特的、划一的艺术。它抛舍了那些不相适应的成份。根据其目的对其他成份作了修改，并发明了与自己审美鉴赏力相一致的另一些成份。当我们对其进程给予历史性描述时，我们不可避免地要运用泛灵论的表述方式，似乎在这一伟大艺术形式的发展中，有着选择和目的。但这是由于我们语言形式的障碍所致。实际上不存在有意识的选择和目的。最初，仅是在局部形式与技巧中的一种轻淡的偏好，后来，它们自我表现得愈来愈强，根据愈来愈明确的标准给予整合，而在最终形成了哥特式艺术。

在这伟大艺术风格中所发生的一切，也同样会在作为整体的文化中发生。所有导向谋生、婚配、战争、崇拜神灵等五花八门的行为，根据文化内部发展起来的无意识选择原则，转化为一致的模式。

（四）

如果说普韦布洛人提供了能有效地弱化象嫉妒之类暴烈感情出现的习惯制度，那么，他们更为关注的则是提供对待死亡的日神式方法。然而，在这二者之间却存在着差异。嫉妒，从多种不同文化习俗来看，很显然是能够通过文化安排而有效地培育起来的一种情感，否则就可能丧失其存在的资格。但死亡是难以逃避的。近来死亡是生活给予的最直接的冲击，它威胁着团体的团结，尤其当死者是成人时，就会要求进行巨大的再调整，并常常意味着给生者造成孤独凄凉与悲哀。

普韦布洛人本质上是现实的，而且他们也不否认对死亡的悲伤。他们与我们将要讨论的那些文化不同，他们把对某一近亲的哀悼变成一次野心暴露或恐怖的场面。普韦布洛视死亡为损失，而且是重大的损失。但他们制订了一套详细方法，尽可能使损失迅速过去，尽可能减少冲动的情绪。这些方法的重点在于使哀者忘却这一切。他们从死者头上割下一绺头发，并用火熏发以净化过度的悲伤者。他们用与死亡相关的左手，散撒黑色玉米，“建造一条黑色之路”，意思是把黑暗置于他们自己与他们的悲哀之间。在伊斯列塔，在第4天晚上亲属与死者遗体告别之前，主持仪式的祭司在地上设一祭坛，并在其上为死者置起祷杖，把死者生前的弓、箭、用于擦尸的毛刷和死者衣服等物置于坛上。此外，还放上一碗法水，一篮大家供献的食品。地上，在房门到祭坛的地上，祭司铺设了一条让死者进入房内的玉米路。他们一道为死者进最后一次食，并把他送走。一位祭司向每人洒上法水，然后打开房门。其首领对死者讲话，请他进来用餐。此时，他们似乎听见门外的脚步声和摸门的声音。死者进来吃了饭，接着，首领把水洒在他出去的路上，让他离去；祭司们“将他赶出村子”。祭司们手握为死者所置的祷杖，抱着他的衣服和个人私物，毛刷、饭碗。到村外后，祭司们摔碎毛刷和碗，将一切东西埋藏起来。完后一路跑回，也不回头张望，到家便闩上门，抵御死者，并以坚硬小刀在门上刻一十字架以防死者进入。这算是与死者正式绝交。首领告诫人们，不要再把此事记在心头"他死已 4 年了"。在仪式和传说里，他们常有将日变成年或把年变成日的观念。时间的流逝，消除了他们的哀伤。大家散去，哀悼结束了。

然而，无论一个民族具有什么样的心理倾向，死亡都是一个不可回避的事实。在祖尼，人们对不能排除的死亡对近亲造成的巨大影响的日神式的不安和苦痛，非常清楚地表现在他们的习惯之中。他们尽量减少死亡的震动。葬礼是他们所有的一切仪式中最简单最少戏剧性的仪式。在这种场合，找不到任何进入岁时仪式的那种精心安排和绞尽脑汁的痕迹。尸体立即下葬，也无祭司主持。

这两种对死亡的态度是人们熟悉的两种相反的行为类型，并且大多数人都承认两者的同质性。普韦布洛人已使一种制度化了；草原部落则将另一种制度化了。当然，这并不意味着那种强烈而无度的悲哀在西部草原丧亲家庭的每个成员中都会被唤起；或在普韦布洛人里，在接受忘却悲哀的告诫后，只有用那种在摔破毛刷时得以表现的痛苦去自我调整。实际上，在一种文化中，他发现了一条沟通自己情感的通道；而在另一文化中则找到的是另一途径。大多数人都是采用他们文化中已形成的渠道。如果他们能得到这种渠道，他们就会有适当的表达方式。如果他们找不到，他们处处都会有偏离常轨的问题。

（五）

西北海岸整个经济系统都热衷于为此种固执观念服务。一个首领能获得他寻求的胜利主要有两种手段。一种是向对手提供大量财物以致对手不能按要求的利息回赠以达到羞辱对手的目的；另一种就是毁灭财富，两种情形，都要求回赠，虽然第一种情形使授者财富得到增加，而第二种情形则使他剥夺了自己的财产。两种方法的结局在我们看来，似乎是对立的两极。而对夸库特耳人来说，它们不过是征服敌手的互补手段，生活的最高荣耀莫过于彻底破坏的行为。完全和出售铜器一样，它是一种常常对敌手发出的挑战，敌手为挽回面子，就不得不毁灭相等数量的珍贵财物。

毁灭财产的形式无穷。在盛大的赠财宴上，大量消耗烛鱼油就被当作破坏性的竞争。慷慨的主人，让客人尽情食用烛鱼油，而且还把油泼到火上。既然客人靠火而坐，燃烧的油的热浪使他们强烈不安，这也被视为竞争的一个部分。为了避免丢丑，他们必须保持原状，即使烈火熊熊，直燎屋椽，也不得动弹。面对房屋将毁的威胁，主人也必须表现出一种根本不在乎的神态。一些最为高贵的首领在屋顶上置一男人的雕像。也就是所谓的呕吐者，嘴上接有木槽，以让贵重的烛鱼油象水流一样不断通过雕像开着的大口倾泻到房下的火堆上，如果油宴超过了客方首领早先举办的宴会，客人就必须离开，开始准备回礼宴，以此超过敌手举办的宴会。如果他认为主人的宴会不能和自己举办过的宴会相匹敌，便极力羞辱主人，后者则采取某些进一步的措施来确立他的高贵性。

为此目的，主人可能派出使令者去砸碎四只独木舟，并把碎片堆放到火上烧掉。

或者就杀一个奴隶。或毁掉一尊铜器。在赠财宴上打碎的所有铜器，绝不是对铜器所有人造成的财富损失。毁坏铜器有许多层次。首领觉得没有更充足的理由毁他的贵重的铜器礼物时，可能只切下一块，这样，敌手也必须从一等价铜器上切下一块。这种回赠财物的过程仍然相同，就象已经给予了整个铜器一般。在与不同敌手的竞争中，一件铜器可能沿着海岸，被分撒在几百英里的地带。最后当一个高贵的首领得到了全部散失的碎铜后，就把它们重铸成器，该铜器的价值也大大提高。

（六）

祖尼、多布、夸库特耳三种文化不仅仅是行为和信仰的异质分类。它们各自都有一些其行为指向的目标以及它们的制度深入发展的目标。它们的相互差异不只是因为一种特质此有彼无，而是由于另一种特质在两个地区以不同形式出现。它们更大的差异在于整体定位的不同方向。它们沿着不同的道路前进，追求着不同的目的，而且，在一种社会中的这些目的和手段不能以另一社会的目的和手段来判断，因为从本质上讲，它们是不可比的。

诚然，所有文化并未将它们成千上万的行为种类铸成一个平衡对称、匀整和谐的模式。就象某些个人一样，某些社会制度也未使各种活动都服从于一个主导动机。它们是分散的。如果某一时候，它们似乎追求着确定的目的，那么，在另一时刻，它们却又明显越出常轨，与原来行进路线大相径庭，以前的活动并没给日后的活动提供线索和暗示。

这种整合的缺乏似乎是某些文化的特点，就象极端整合是另一些文化的特征一样。它并不是处处都由于相同的环境所致。象不列颠哥伦比亚境内那些部落，就是从周围各种文明中吸收营养而组成了自己的文化特质。它们文化模式中的成分不一，操纵财富的模式来自一文化区域，部分宗教习俗吸收的是另一文化区域的成分，而对立的制约物则又取自其他文化区域。它们的神话，是其周围区域中三个不同神话圈所代表的有关不同文化英雄的奇特传说的混合物。尽管它们对其他文化制度极端殷勤，但它们的文化仍极端贫乏。没有什么东西是深刻到足以给这个文化提供主体性的东西。它们的社会组织不是精心建构而成，它们的礼仪比世界上任何地区都贫乏，编篮细工和珠饰技艺仅为造型艺术的活动提供了有限的范围。就象某些不加区别地接受了许多不同方向的影响的个人一样，他们的部落行为模式是杂乱众存和随意偶然的。

试图在现代社会学中运用人类学上的文化区域的努力，只能在极有限的程度上有所收获，因为不同的生活方式在今天主要不是空间分布的问题。在社会学家中，现在有一种把时间浪费在“文化区域概念”上的倾向。确切地说，这种“概念”是没有的，当特质按地理自我组合时，它们就必须从地理角度给予处理。当它们不是按地理自我组合时，制定一种至多不过是从松散的经验范畴中抽出来的原则也没有意义。在我们的文明里，从人类学观点看，有一种遍布地球的一致的世界主义文化，但在劳动阶级和名流阶层之间，在以教堂生活为中心的团体与以人生竞赛为中心的团体之间，同样有着空前的区别。

在对文化整合进行理解时，有一个社会事实必须予以考虑。这就是传播的意义，人类学巨大的主体研究已致力于了解人类模仿的事实。原始地区特质传播的范围就是极其惊人的人类学事实之一。服饰、技艺、仪式、神话、婚姻上的经济交易等特质，在所有的大陆上都得到了广泛传播。一个大陆上的每个部落都常常以某种形式拥有这种特质。在这广大区域中的某些地区，已在这种原料上打上了特殊的目的和动机的烙印。普韦布洛利用了农作方法、巫技手段和广为流传的属于北美广大区域的神话。另一大陆上的日神文化必然会同其他原料一起起作用。两种文化会共同具有它们早已改变了的那种可从自己大陆得到的原料的方向，但它们可得到的特质则是不同的。因而世界上不同地区的可比结构将不可避免地拥有不同的内容。通过将普韦布洛与其他北美文化——这些文化具有相同成分但使用方式不尽相同——进行比较，我们就能理解普韦布洛文化运动的方向。同理，通过研究希腊文明在东地中海各种文化中的地方结构，就能极好地理解希腊文明中对日神形的强调。要清楚理解文化整合的进程，就必须辨析它与了解传播事实相背的方面。

（七）

在社会作用与个人作用之间并没有天然的对抗。19 世纪的二元论所造成的最令人误解的错误观念之一是，社会所失个人所得，个人所失社会所得。自由的哲学、自由放任主义①的政治信条、改朝换代的革命，都建立在这种二元论之上。人类学理论中关于文化模式与个人重要性之间的争论，只不过是从这种社会本质的基本概念荡起的小小涟漪。

实际上，社会和个体并不是对立的。个人的文化背景给他提供了谋生的原料，原料是贫乏的，个人就要受苦；原料是丰富的，个人就有了实现自己愿望的机会。每个人的个人兴趣取决于其文明世代的积累是否丰富。最丰富的乐感只能在其传统的范围和标准下显示出来。可能重要的是，它会增强那种传统，但它的成就只能与其文化所提供的乐器和音乐理论成比例。同样，在某个美拉尼西亚部落里，观察的才能只能被耗费在微不足道的魔幻宗教的范围之内，潜能的实现取决于精确的方法论的发展；没有其文化精心建构的必要概念和工具，潜能便无从实现。

完整意义上的社会从来不是一个与组成它的个人相分离的存在。没有个人参与其中的文化，任何个体甚至连其潜能的门槛都无法达到。反之，文化中所具有的任何要素，归根到底没有不是个人所作的贡献。除了来自具体的男人、女人或孩子的行为之外，还能从其他地方获得任何文化的特质吗？

三、著作导读

《文化模式》是美国著名学者、20 世纪文化人类学的重要奠基人本尼迪克的代表

① 原文为法文 Laissez faire，可译为不干涉主义，尤指政府对商业的态度。——译注。

性著作之一。她还著有探究日本文化的名著《菊与刀》等。《文化模式》一书基于诸多国家和区域——尤其是某些独特的、保留着特定乃至原始生活状态的民族、部落，对其特殊行为、习俗进行深入考察，同时运用跨学科的理论创造性地提出了“文化模式”的理念与学说。本尼迪克的“文化模式”理论打破了西方文化自我尊崇的“傲慢”与“偏见”，强调了人类文化的多样性、差异性。同时，这些差异性和多样性的文化也在历史性的整合中形成了诸多的文化模式。这些文化模式对于人类的行为产生了重要而深刻的影响。本尼迪克的研究，对于不同文化之间的相互理解和相互尊重具有重大的学术思想意义。

该书由何锡章、黄欢翻译，1987 年由华夏出版社推出，列入“二十世纪文库”丛书。本尼迪克从 20 世纪 20 年代初期就开始进行文化研究。她研究的突出特点是将实证性的自然科学研究方法与富于想象力的人文科学研究方法进行有机结合，同时将对个体性的心理分析的研究方法与用于特定种族、民族的整体性的研究方法有机结合。她的研究既富于深刻的学理性，又以其丰富而生动的案例描述，呈现出色彩斑斓的鲜活性。本尼迪克的研究，不仅具有重要的学术开创意义，而且对现实的国际关系、国家关系等重大决策的形成产生了深刻影响。

该书作为文化研究的早期代表性著作，其核心观点是强调整体性的种族、民族的特定文化模式对个体人的行为、情感、思想的深刻影响，以此呈现出不同文化对于人的不同塑造，进而为不同文化之间的相互理解与沟通提供深刻的学术依据。本尼迪克认为，以习俗为代表的文化模式毫无疑问深刻地塑造着个体人的经验与行为，进而形成每个个体的特定习惯，以此彰显出以习俗为标志的文化对于个体人的深刻影响。恰如作者所言：“个体生活历史首先是适应由他的社区代代相传下来的生活模式和标准。”[①]这句话表达了“适者生存”的意涵，也就是说每个个体人，只有适应他所生存的那个环境的文化模式和标准，才能得以生存和发展。“从他出生之时起，他生于其中的风俗就在塑造着他的经验与行为。”这句话更是旗帜鲜明地表达了整体性的文化对于个体人深刻的塑造与影响。

作者在第一章中通过不同种族之间的对比，一方面看到他们种族生物性遗传的特殊性，如哈莱姆人与白人在同样的行为当中有一种微妙的变异；另一方面更多看到的是文化的力量，也就是一种文化对另外一种文化的侵入或替代将超越种族的生物性遗传作用，如当黑人融入白人的文化中时，更多体现的是与白人文化“十分接近”的一面。因此，文化的影响力远远超过了种族性、生物性的遗传的作用。而文化的影响正如作者所说，“不是一种生物遗传复合体”，显然这是更具社会意义的风俗和模式。因此，作者明确地指出：“把我们的精神和文化成就归于任何经过选择的遗传特质的论点，是不具任何基础的。”[②]“领导才能”这一西方式的文化模式，有效地传递给了世界不同的民族。作者以此为例，从而对生物遗传行为做了否定，而对传统继承的文化进程的作用，给予了更高的评价。她通过白人与黑人、西方文明与其他几种文明的对比，充分显示出尽管来自不同种族的生物性遗传也会发生作用，也

① ［美］露斯·本尼迪克：《文化模式》，2 页，北京，华夏出版社，1987。
② ［美］露斯·本尼迪克：《文化模式》，11 页，北京，华夏出版社，1987。

会影响到文化的模式，但相比而言，文化的力量——文化作为风俗和模式的影响力和作用，远超生物性遗传的作用。

“弧”是该书创造的一个非常形象的概念。作者将文化的各种要素表述为一道“弧”，将“弧”上的各个要素，解读为某些阶段的选择。“弧”强调了文化整体性的客观影响力，强调文化模式的整体塑造和烙印，而“选择”则强调了某种主体性。如果说“弧”是一个限定性的力量，那么“选择”则是不同文化主观性的、差异性的主体性行为。

作者在“文化的整合”这一章中，首先强调了文化之间的差异性。文化的差异甚至能让同样一个行为形成完全相反的理念与态度。正因此，作者指出文化行为是“局部的、人为的、极易变化的”①。从这个意义上，作者强调了从文化的差异性到文化行为的不确定性，这是我们把握文化问题的一种基本判断。但同时，作者又强调了文化以及文化行为的另一面，即与差异性、不确定性相对立的一致性、统一性的一面。这就是文化以及文化行为在历史的进程中也会由于“整合”而形成统一的模式，恰如许多部落的统一的习俗，恰如某个时代的统一的艺术风格和样态。文化完全可以通过各种要素的历史性的“整合”而形成某个区域或某个时代相对统一、相对一致而具有共性特质的“模式”，也就是“文化模式”。作者通过对哥特式建筑——13世纪具有强烈时代特质的统一的艺术风格(哥特式艺术风格)的分析，肯定了与文化差异性、不确定性相对应的文化的“整合”和通过“整合”形成特定文化模式的共性的、同质性的特质。

“差异性”是各个文化的基本特质。为什么各个文化之间呈现出了显著差异？这源于人类极其复杂的既定制度和主观动机。这便形成了“文化的单一性和复杂性”。“单一性”强调的是文化本身的排他性的显著个性、与众不同的差异性和自身的稳定性。而“复杂性”则强调不同文化之间的交织所形成的复杂的文化景观以及整体形成的人类文化多姿多彩的景观。这也展示了作者对于文化模式的深入理解：既强调了某种文化模式的单一性特质，也强调了不同文化模式整体形成的人类文化的复杂性景观，以及不同文化交错交织所形成的复杂景观。

第四章对普韦布洛人的描述，体现了本尼迪克鲜明的表达个性与特色。她以普韦布洛人对于死亡的态度与方式为例，以生动形象的情景描述表达她对于这种文化独特、理性而深刻的理解与解读。我们知道世界各国、各个民族对于死亡的态度和方式大体上是相近的。例如，痛苦、悲哀、敬畏与厚葬，等等。但不同文化对于死亡的理念与表达方式千差万别。普韦布洛人对于死者的处理方式，如割下头发，散撒黑色玉米，将死者生前所用的器物进行祭奠，模仿死者的走路、声音并洒水，将死者驱赶出去等，一方面表达对死者一定的伤感和重视，另一方面又尽可能通过复杂的仪式，将死者尽快地与生者进行隔离，使生者不受死者的影响。这些关于死亡的理念和模式让我们看到普韦布洛人的独特的文化理念与特质。

作者通过对西北海岸夸库特耳人独特的处理财产的象征仪式的描述，来表达他们的特定的价值观或说“文化模式”。作者认为，夸库特耳人通过盛大的“赠财宴”上

① [美]露斯·本尼迪克：《文化模式》，36页，北京，华夏出版社，1987。

的“燃烧的火”和“点燃的油”来表达对财产的毁灭和消耗，进而象征性地达到毁灭对方财产并羞辱对方的效果。尽管这在现实层面未必见得产生多大的效应，但是在精神层面或说文化层面产生的效应却是显而易见的。

作者对“祖尼、多布、夸库特耳”这三种文化进行了实证考察，对三种文化复杂的形成因素和文化模式进行了深入解读，包括他们的宗教信仰、祈祷仪式、婚姻，他们对财富的处理、不同性别相处的方式以及道德惩戒等。进而，作者对不同文化模式背后的成因、特质以及文化模式对位于族群中的个体人的影响做了深入阐释，从而提出：文化是一种生动的经验，它需要在特定的时间空间中进行考察，而不是一种简单的“概念”。而不同文化之间相似的或相近的行为的发生，则是文化模式得以“传播”的结果。恰恰是文化的传播，使得不同族群相互模仿，进而形成了不同文化之间的汇合或说“整合”。作者整体上强调文化模式对于个人的深刻塑造与影响，但同时也重视个体的人对于文化的反作用。恰如书中所言：“完整意义上的社会从来不是一个与组成它的个人相分离的存在。”[1]也就是说，一个成熟的社会或者文化的整体，离不开每一个具体个人的存在，恰恰是每一个个体的参与，才使得整体的社会与文化得以形成。这是该书的另外一个重要的思想或观点，即强调文化模式形成背后的个体的贡献及力量。

（撰稿人：胡智锋）

① ［美］露斯·本尼迪克：《文化模式》，196页，北京，华夏出版社，1987。

技术与文明

一、著作信息

作者： 刘易斯·芒福德，1895年出生于美国纽约长岛弗拉兴镇。高中毕业后，1912—1918年先后就读于纽约城市学院和哥伦比亚大学，并在纽约大学学习过社会研究。1914年开始接受著名生物学家、教育家、城市与区域规划科学的先驱之一帕特里克·格迪斯的启蒙影响。1923年芒福德成为美国区域规划协会的基本成员。1938年发表《城市文化》一书，从此享誉世界。他强调城市规划的主导思想应重视各种人文因素，从而促使欧洲的城市设计重新确定方向。第二次世界大战前后，他的著作被波兰、荷兰、希腊等国家一些组织当作教材，培养了新一代的规划师。芒福德曾被许多英语国家的重要建筑和城市规划机构聘为荣誉成员。

1951—1959年，芒福德任宾夕法尼亚大学城市规划教授，1959—1961年任研究教授，1961—1964年先后在加利福尼亚大学和威斯雷因大学任研究教授。芒福德的贡献和影响远远超出城市研究和城市规划的领域，而深入哲学、历史、社会、文化等诸多方面。他曾十余次获得重要的研究奖和学术创作奖，其中，1961年获英国皇家建筑学金奖，1971年获拉昂纳多·达·芬奇奖章，1972年获美国国家文学奖章。

译者： 陈允明、王克仁、李华山。

版本： 中国建筑工业出版社2009年版。

二、著作摘录

（一）

《技术与文明》一书最早在1934年出版。当时，学者们虽然常将当代称作“机器时代”，但总是把“机器时代”的发轫定为18世纪。本书作者的亲戚，汤因比(A. J. Toynbee)在19世纪80年代曾用“工业革命”一词来描写当时的技术创新。尽管人类学家和考古学家对于原始人类使用的器具相当重视，有时不免过分强调了工具的有形作用；但是技术对人类文化的更广泛的影响却无人涉及过：技术是有用的，确为实践所需要，但与“真善美”并不相干。

《技术与文明》一书打破了忽视技术的传统：它不仅首次总结了一千年来西方文明的技术历史，而且揭示了各种社会环境（包括寺院制度、资本主义制度、科学、戏剧、奢华、战争等)与发明家、企业家和工程师所取得的较为专门的成果之间的相互作用。卡尔·马克思(Karl Marx)曾错误地假定，技术的能力(生产力)会自动地向前发展，从而决定其他机构和制度的特点；本书作出的新的分析则表明，生产力和生产关系之间是相互作用的，它们之间呈多方面的关系：一种儿童玩具会导致一项新的发明，例如电影，而异地友人之间的即时交谈的古老梦想则促使莫尔斯发明了电报。

本书讨论的主题，我早在1930年8月发表在《抄写员》杂志的一篇名叫《机器所演的戏》(The Drama of the Machines)的杂文中就提到过。在该文中，我说：

> “如要对机器有清晰的认识，我们不仅要考虑其实际方面的根源，还要研究其心理方面的根源；同样，也必须考察机器对美学和道德的影响。一个世纪以来，我们一直将机器在技术上取得的成功孤立起来加以考察；我们对发明家和科学家精妙绝伦的工作赞不绝口；不是把制造出来的新仪器的实际应用说得天花乱坠，就是因其取得的成果有限而将其说得一无是处。”
>
> “但是，如我们用新的角度来考察这个问题，上面的不少假设就要推翻。我们会看到，机器还涉及人的价值观，这是我们过去从未想过的；我们会发现，机器还带来能源的浪费、损失和滥用，而这些过去是被普通的经济学家所漠视、所掩饰的。机器确实使我们周围的物理环境发生了巨大的变化，但是，从长远来说，这种变化也许比不上机器在精神方面对文化的贡献。”

(二)

虽然人们常把当代称之为“机器时代”，但很少有人对现代技术有恰如其分的看法，对现代技术的来源也很少有清晰的概念。流行的历史学家们常将现代工业的巨大变革的开始定为据说是瓦特(Watt)发明蒸汽机的时间；在传统的经济学教科书中，常将纺织自动化机械的应用也同样列为决定性的转折点。但事实上，就西欧而言，在“工业革命”造成翻天覆地的变化之前，至少有700年的一段长时期内，机器一直在不断地稳步发展。在人们出于爱好和兴趣而造出复杂的机器并加以完善之前，他们早已开发、使用机器了。人们在对秩序的追求最终在工厂中体现出来之前，早已在寺院、军队和账房等场合里一显身手了。就过去150年内所有的物质文明的重大发明而言，它们的背后不但有技术上长时间的内部发展，还有人们的观念在不断变化。只有人们的愿望、习惯、思想和目标等重新定向了，新的工业过程才可能得到大规模的发展。

为了理解技术在现代文明中所起的决定性的作用，我们必须详细考察其在意识形态和社会方面作准备的阶段。我们不仅要对新的机械和工具的出现作出解释，我们还必须说明其文化背景，如何使人们可以广泛地接受这些新的机械和工具，并取得好处。因为，应该注意这个事实：机械化和严格的组织管理，这两者本身在历史上并非是新花样：新的仅是这种机械化和严格管理现在已是有计划地、有形地在统治我们生活的方方面面。就其他的文明而言，虽然在技术方面也达到非常高的程度，但显然，技术的方法和目的并未对文明产生深刻的影响……他们有各种机器，但他们并无“机器体系”这个概念。只有西欧人，才将物理科学和精密的工艺加以发展，使之达到了其他文化所没有达到的境地，从而使整个的生活模式与机器的步调和能力相适应。

很明显，所谓的工业革命，也即从18世纪开始的一系列的工业上的变化，只是在时间更长得多的长征中出现的一个转折点。

(三)

在当今的文明中，机器源自何方？显然，不止一个来源。我们的机器文明代表了种种习惯、思想、生活模式的一个汇聚体，也包括技术器械；虽然部分技术器械在开始时与其参与创造的文明正好是南辕北辙的。但是，在世界的总图景中，新的秩序第一次露了面：在机器出现的最开始的700年内，时空的概念发生了巨大的变化，这次变革触及了人类生活的方方面面。思维的定量方法用来研究大自然，其第一步就是有规律地测量时间；而新的、与机械关联的时间概念部分出自寺院的规程。

基督徒定时祈祷和礼拜使灵魂得到永恒的祝福。这是否就是基督教的集体需求，使得人们感到要养成遵守时间和按时办事的习惯？(而资本主义文明竟然充分利用了这些习惯!)这种似非而是的说法，虽有嘲弄意味，却是人们必须接受的。不管怎么说，到了公元13世纪，我们已有了机械时钟的不容置疑的记录……这种仪器很快传出了寺院，按时传送的钟声使工人和商人的生活有了新的规律性。钟楼上的大钟几乎可以说是标志了都市的存在。从遵守时间到按时服务到按时记账再到按时分配。在这个进程之中，永生和来世逐渐淡出了人类活动的度量标准和兴趣中心了。

现代工业时代的关键机器不是蒸汽机，而是时钟。在时钟发展史的每一个阶段，它都是机器的出色代表，也是机器的一个典型符号；即使到了今天，时钟仍然无处不在，为其他机器所不及……我们如果要求消耗确定量的能量，做到标准化、自动化，准确控制时间直到生产出最终产品，就这几方面来说，时钟在现代技术中一直处于领先地位。它在每个发展阶段中都是带头的，它所达到的完美是其他机器所难以望其项背的。而且，时钟也是其他很多不同机器的一种模型，分析臻于完善的时钟的运动、分析它复杂的齿轮结构和传动方式，是这些机器取得成功的重要原因。

时钟还是一种有能源驱动的机件，其“产品”是分和秒；就其本质而言，它把时间和人们的具体活动的事件分离开来了，帮助人们建立这样一种信念：即存在一个独立的、数学上可度量其序列的世界，这是科学的专门领域。在人们日常生活的经验里，并不很容易找到这种信念的基础……机械时间展开来是一连串数学上孤立的时刻；而有机体的时间，柏格森(Bergson)称为时段，其效果是累积的。在一定的意义下，机械时间可以像时钟的指针或动画的一个个画面那样，向前或向后走。而有机体的时间只能朝一个方向运动，经历出生、生长、发育、衰老、死亡这样一个周期。已经死亡的过去，是对于尚未出生的将来而言的，我们面对的总是现在。

根据桑戴克(Thorndike)的说法，在公元1345年左右，人们开始普遍接受将一小时划分成6C分钟、将一分钟划分成60秒的做法。正是这种将时间划分的抽象框架，愈来愈成为人们行动和思考的参考点。

通过将一天发生的事件更紧密地联系起来，通过协调人们彼此的行动，使工作效率大为提高，这一点不应被低估：这种提高不能简单地用功率的单位“马力”来衡量。我们可以想像，要是今天没有了时间的协调，整个社会将很快遭到破坏，直至崩溃。现代工业体制没有煤、铁和蒸汽固然不行；但如果没有钟表更加不行。

(四)

回顾过去数千年的历史，我们可以把机器体系和机器文明划分成三个连续但又相互重叠、相互渗透的阶段：始生代技术时期、古生代技术时期和新生代技术时期。

虽然每个技术阶段都大体上代表人类的某个特定的历史时期，但更重要的特征是每个阶段都是一个技术体系。也就是说，每个技术阶段都有其特定的发源地，倾向于利用某种特定的资源和原材料，有其生产能源和利用能源的特定方式，当然也有其特定的生产方式。最重要的是每个阶段都产生了特殊类型的劳动者。他们受到的训练方式不同，开发的资质不同，忽视的资质也不相同。每个阶段都传承了、也进一步发展了社会传统，但着力推进的方面有所不同。

按照能源和使用的典型材料而言，始生代技术时期是一个“水能—木材”体系；古生代技术时期是“煤炭—钢铁”体系；而新生代技术时期是“电力—合金”体系。

(五)

在人类历史的大部分时间当中，人所使用的工具和器皿总体说来都是他自身机能的延伸。这些工具和器皿没有，或者更重要地是看起来没有独立存在的价值。尽管这些工具都是工匠的亲密伙伴，也能反过来促进人的能力，使他的目光更加锐利，使他的技能更加精湛，教会他尊重被加工材料的自然属性。工具使人们和环境更和谐地相处，但这并不是因为工具能够帮助人们重新塑造环境，而是因为工具使人们认识到了自身的局限性。在睡梦中他可以无所不能，但在现实中他必须考虑石头的重量，切割下来的石头不能太重，以至于自己都搬不动。在人类的智慧之书中，木匠、铁匠、陶匠和农民都写下了自己的篇章，虽然并没有署上自己的名字。在这个意义上，无论在哪个时代，技术永远都是教育和自律的手段。

如果说手工艺的教育价值主要体现在操作过程中，那么机器体系的教育价值则主要体现在准备阶段的设计中。

真正妨碍我们认识到这一点的人，恰恰就是那些自以为讲实际的人。因为，在机器的发明者和产业家看来，机器只是一种手段，它的重要性只是停留在工厂和市场，不会进入人类生活的其他领域。

也许机器产业很多言过其实的成就其实都是不值一提的东西，也许很多机器生产的产品都是赝品，不能长存于世，但是机器体系在逻辑和具体技巧上的贡献却是永恒的。它们都能跻身于人类征服自然的最高成就之中。人们可以对它们的实际结果表示崇敬或者怀疑，但导致这些成就的方法却对人类有着永恒的价值。因为机器体系在手工劳动和简单工具的基础上又添加了完整的、系列的艺术；因为它在人类的生活环境中又开辟了一个全新的领域，受文化熏陶的人能够在这个领域中劳动、感受和思考。当然，机器体系也拓展了人类器官的能力和感受范围，向世人展现了感觉上的新领域，一个全新的世界。机器体系所创造的艺术有着自身的确切标准，也能够以自身独特的方式满足人类的精神需求。

（六）

20世纪机器体系发达的环境和11世纪至13世纪的城堡、要塞及吊桥有着某种原始的关联。晚些时候，有位于图尔奈（Tournay）的桥梁，吕贝克马林基希（Marienkirche）地区的砌砖和拱顶。这些早期的尝试和最新的谷物升降机与钢制起重机一样有着相同的艺术特质。但现在这种艺术特质已经拓展到所有经验领域了。看看一艘现代轮船的起重机、绳索和梯子。在晚上我们很容易就能够看到这种景象：轮廓分明的白色线条和轮廓分明的阴影很生硬地交织在一起。这就是一种新的审美体验。这种审美体验必须以同样分明的方式表达出来：如果在这里寻找某种过渡和基调的话，你就会看不见一种在机械形式和机械光影的使用中所产生的新特质……当你走在汉堡港的码头，看着那些在港口不停装卸货物的巨大的鸟形钢制起重机：它们那跨幅宽阔的支撑结构，那长长的起重臂，以及巨大构架的优雅运动，一种奇特的愉悦感就会油然而生。这样看似轻盈的结构居然蕴藏这如此巨大的力量！这种规模的力量在其他环境下还从来没有存在过。比起它们，埃及金字塔就像是一堆泥塑！你也可以把眼睛贴近一台显微镜的目镜，轻轻地聚焦它那高倍数的镜头，观察一根头发、一片树叶的切片或者一滴血。这个世界中充斥着如此丰富而神秘的形状和色彩，就像人们在深海中看到的奇观。你也可以站在仓库里，看着码得整整齐齐的一排排浴缸、U形管或奶瓶。每个都是完全一样的尺寸、大小、形状和颜色，延伸出去几百米。这种同一种模式不断重复延伸所造成的特殊视觉效果，过去只能在巨大的庙宇和排列整齐的军队中才能看到，而这些在今天这个机器世界里已是司空见惯的现象了。这种重复的物体排列能给人一种美感，就像独一无二、不可重复的物体一样。

那些不能给我们提供这些体验的情况，大都是物体表面在起作用。摇曳的光影、色彩间的细微差别、音调、氛围，尤其是人体和生物背景展现出来让人捉摸不透的和谐。所有这些，都属于更传统层次的体验，属于未经修饰的自然。但是，当人们面对这些新出现的机器和设备，看着那轮廓分明的表面，生硬的体积，刻板的形状，一种全新的体验和快乐不禁油然而生。解读这种新的体验就成为艺术所面临的新课题。虽然上述现象随着机械产业的到来早已出现，但在画家和雕刻家将它们解读之前，人们并没有认识到它们的艺术价值。这种无人理睬的状态延续了一个世纪。当然，人们有时也会欣赏这些新的形式，但只是把它们看作进步的象征。但艺术，就其本身而言，其价值在于它是什么，而不是它代表什么。19世纪工业化的环境对它们缺乏足够的关注，因此这些现象未能升格为艺术欣赏。当然，偶尔也会出现某个才华横溢的艺术家，如埃菲尔铁塔的设计者埃菲尔。但即使是他的作品，人们也投以深深的怀疑目光。

就在人们对工业化的欢呼声最高、信心最足的时候，机器世界的环境却被认为从根本上是丑陋的。这种丑陋感是如此的强烈，以至于人们会觉得即使垃圾、废物、矿渣、金属碎屑和尘土之类的东西使得环境更丑陋了一些，也没有什么可怕的。正如瓦特时代的人们一心想让蒸汽机发出更大的吼声，以提高其功率，早期工业化的人们也在很大程度上认为机器是越不美观越好。

立体主义画家可能是第一个打破机器和丑陋这种固有关联的艺术门派。他们指出，机器不仅能够创造美，而且机器也已经创造了美。

对机械审美表达得最完整、也最精彩的也许就是布朗库西(Brancusi)的雕塑了，因为他的作品同时表达出了形式、方法和符号。在他的作品中人们首先注意到了原材料的重要性，无论是重量、形状、质地、颜色，以及最后的抛光。如果布朗库西用木头作材料的话，他会尽一切可能保持树木生长的原貌，突出而不是削弱自然赋予木材的形态。然而，如果他用大理石作材料的话，他会把大理石那光洁如缎的材质发挥到极致，保持其最圆润、光洁的外形。这种对材料本来属性的尊重进一步影响了他对所刻画对象的理解。正如在科学中那样，个体消失了，剩下的只是类别。

在把对机器的感知看成是艺术灵感源泉的过程中，新一代的画家和雕塑家建立了全新的观念。过去浪漫主义者认为机器体系是艺术的天敌，现在他们从这种偏见中提炼出了艺术。而且这些艺术家开始本能地重新解读把当代世界和文艺复兴时期区别开来的时空概念。这个过程的发展其实在摄影和电影拍摄中体现得最为明显：因为后者就是用机器记录的艺术。

（七）

照相机以及照片的历史，说明了一个典型的两难命题。那就是，机械工艺的发展和把它运用到有审美价值的物体上所产生的矛盾。机器体系所展示出来的特殊技艺以及它可能造成的曲解，在这个过程中都表现得非常明显。

最初，由于摄影技术尚不发达，人们总是能够合理地使用相机。摄影师正忙于应付棘手的化学和光学问题，所以当时的照相技术能够做到什么，人们就接受什么，不敢越雷池半步。正因为如此，早期的摄影师拍摄的一些风格凝重的作品，尤其是来自爱丁堡的戴维·奥克塔维厄斯·希尔(David Octavius Hill)的作品，达到了很高的完美程度。的确，即使是后来的作品，能够超越它们的也寥寥无几。后来，随着透镜性能的改善，乳胶感光度的提高，新型相纸取代了老式的银版印刷，摄影师越来越在意怎样摆弄镜头前的物体才能获得更高的美学价值。但他不是把这种“光技术”的美学价值进一步推向前进，而是小心翼翼地回到了传统油画的技法上来，努力使他拍摄的照片符合经典画家所达成的某些美学上的预想……这种从单纯的机械摄影退化到矫揉造作的拙劣模仿的做法毁了整整一代摄影师。这就像用现代化的制造家具的机器来模仿已经消亡的手工古董。这种做法的背后当然是当事人忽视了摄影所特有的潜力和这种潜力所能够创造的内在审美情趣。

无论摄影师花费了多少心血，也不管它曝光的时间有多长，照片，就其本身而言，不过是一个简单的映像而已。从本质上看，它就是要从日常生活中上千个平平常常、毫不起眼的随机造型中甄选出少数具有独特审美价值的瞬间。摄影师不能够按照自己的方法来随意重新组织影像，他必须按照事物的本来面貌而拍摄。他所能够改变的也只有拍摄对象的位置、取景角度、光照强度和镜头焦距。他必须尊重和理解阳光、大气、一天中的时间、一年中的季节、手中照相机的性能、化学冲洗的过程等等。因为照相机本身并不能够帮助他完成一切。最终的拍摄效果取决于一刹那的美感与合适物理条件的耦合。

摄影艺术的可贵之处就在于它征服了形式非常不同的另一种现实世界，因为它给那些一闪而过、转瞬即逝的时刻赋予了永恒。也许只有摄影艺术才能应对和充分表现我们生活的现代社会中纷繁复杂的方方面面。摄影，作为我们时代人类喜剧的历史记录者，无论是巴黎的阿特盖(Atget)的作品，还是纽约的斯蒂格里茨的作品，它们既是戏剧性的艺术夸张，也是记录性的忠实再现。摄影作品不仅传达了当时当地的形态和触感，它还通过拍摄视角和时机的选择间接地反映了我们的内心世界，我们的希望，我们的价值观念以及我们的诙谐幽默。

上文中对摄影艺术的阐释可能对电影来说就更恰当了。电影从一诞生开始就显示了它独一无二的魅力：能够抽象并复制运动中的物体。早期电影中所表现的赛跑和追逐的场面指明了这种艺术发展的正确方向。在后来的商业化发展过程中，人们把电影当成重现小说和戏剧的一种载体，在视觉上重现完全不同种类的艺术的一种模仿。这就使得电影艺术有些退化的感觉。所以我们必须区分开来的是，究竟是把电影作为一种冷冰冰的复制工具，而且其复制效果在很多方面比舞台上的真实表演还要逊色很多的手段，还是把电影本身看成一种艺术。

今天，在表达我们感知和情感的电影当中，时间和空间不仅有自己的坐标轴，而且要考虑观察者的位置。而观察者本身也不再是固定的，他的变换着的位置也部分决定了电影的图像。电影，通过它的特写、远景，通过不断变化的事件和无处不在的视角，通过它不断变换的时空场面，通过镜头中相互作用的物体，通过把远景拉到近处毗邻的位置——就像即时交流那样，最后通过它表达主观成分、变形扭曲和幻觉的手段，使它成为唯一能够以任何具体形式来表达当今独特世界观的艺术手段。这种世界观使我们的文化与历史上曾经有过的任何一种文化都有所不同。

电影通过借用我们平时在行驶的列车和汽车上的切身体验，用象征手法创造了一个我们用任何直接体验都无法把握的世界。电影呈现给我们一个相互渗透、相互影响的世界，而且没有任何明显的目的。电影能够帮助我们更加具体地思考这个世界。这在文化同化过程中绝不是一个小小的胜利。虽然在很多时候被愚蠢地滥用，电影还是当之无愧地成为新生代技术时代的一个主要的艺术形式。通过机器体系，我们有了新的可能来理解这个我们曾参与改造的世界。

但是就艺术本身而言，机器体系作为一种工具显然具有多种多样且相互矛盾的可能。它可以被动地作为体验的一种替代品；它可以用于假冒某些古老的艺术形式；也可以利用本身的优势来集中、深化和表达新的体验。作为原始经验的替代品，机器体系本身是无能为力的；而且确实可能会削弱我们的感受。这就好像，如果观察者的眼力不佳的话，再好的显微镜也是白搭。所以，机器体系能否成功地创造艺术，也取决于能否在其使用者的身上培养出器官的、生理学上的以及精神上合适的能力。机器体系不能成为逃避必不可少的切身体验的偷懒方式。沃尔多·弗兰克(Waldo Frank)说得好，“艺术在付诸实践以前，不能够成为一种语言，于是也不能够成为一种体验。对于能够演奏乐器的人来说，机器仿制的音乐是有很丰富的含义的，因为他拥有的经验能够同化这种音乐。但是当机器仿制成为常规模式的时候，剩下的寥寥无几的音乐创作人就会感到特别孤单而没有创作激情了。这时，体验音乐的能力也就消失了。其实，同样的事情也发生在电影、舞蹈，甚至体育上。”

在产业化中，当人退化成机器人的时候，机器就能够名正言顺地替代人。但在艺术中，机器体系只能拓展和加深人本身所具有的机能和直觉。当留声机和收音机使人们不再有歌唱冲动的时候，当摄像机使人们不再有观察的欲望的时候，当汽车的广泛使用使人们不愿再走路的时候，机器体系的作用是使人们的机能退化，距离瘫痪只有一步之遥。但在把机械工具用于艺术的时候，我们应当害怕的不是机器体系本身。主要的危险在于不能把机器艺术整合到我们的生活经验当中去。如果我们放弃这种精神的话，机器替代人的这种有悖常理的事情就会发生。有意识地去同化机器就是一种有效防治滥用机器的手段。卡尔·布克(Karl Bücher)说得好，“我们不能放弃在更高层次的和谐上将机器和艺术融和起来的希望。这种希望将使我们的精神得以回归幸福的宁静，使我们的肉体得到和谐的发展。这在原始状态下生存的人们的身上表现得最为明显。”机器体系并没有摧毁这样的美好前景。相反，通过更有意识地利用机器体系来培育艺术，通过更好地选择如何使用它们，我们就能让机器体系在人类文明的各个角落更充分地发挥作用。因为，在文明的底层必须是直接的、没有任何间隔的生活体验。如果想从机器体系中提取任何支撑生命的东西，我们就必须自己去看、去触摸、去感受、去把玩、去歌唱、去舞蹈、去交流。如果我们自己的灵魂是空虚的，那么机器体系只能够使我们更加空虚。如果我们一开始就是消极而无能为力的，那么机器体系将使我们变得更加孱弱。

三、著作导读

《技术与文明》首次出版于1934年，本导读摘录的是1963年再版后的译著。新书未对原书加以改动，主要原因是芒福德认为《技术与文明》对旧的思想方法提出了挑战，但未被普遍接受，狭隘的技术进步决定论仍在影响着人们。再有就是，他后来获得的新知识和新观点，已经在一系列的论文和其他著作中做了修改和补充，而且书中提供的基本观点也足以帮助人们理解后来发生的事件。

该书的第一章探讨了工业革命前西方社会在思想观念方面的变化，主要趋向体现为有机的思想精神与无机的物质对象分离，从而为西方机器文明的迅速发展奠定了坚实的基础。时钟形成了时间概念的客观化，使得时间与人的活动分离。时间概念的离散性、稳定性和可测量的性质，促使人们建立了科学的信念。时间成为可分割、调整的对象，也使组织、协调、提高效率成为可能；透视规律的发现、应用将空间从主观意识的范畴转变成为能够测量的对象，人们建立了全新的时空概念，于是征服时空成为人们的目标；资本主义的现代经济形式早于现代科学技术的出现，从实物交换经济到以数字为代表的货币经济培养了人们科学的思维习惯。此外，中世纪的宗教、军团化的社会机制以及对大自然态度的改变等，也都是工业革命爆发的重要基础。

第二章分析了工业革命前推动机械化发展的各种力量。采石、采矿的行业几乎可以追溯到远古，虽然采掘技术一直相对落后，但是采矿业的衍生物始终在稳步发展，熔炼、锻造等工艺推动了生产，而采矿业的方法、理念更是逐渐成为西方发展工业的主导模式；樵夫、矿工和铁匠一起构成了原始形式的工程师，樵夫发明的车床将往复运动变为圆周运动，对机器发展具有决定性的贡献；从原始的猎手到士兵，从追逐猎物到追逐敌人，对猎物和权力的欲望驱动了战争和武器的发展，很多技术都是因为战争才出现的，现代工业的大规模批量生产、标准化和可替换性也都是始于军备的压力。可以说，在这几百年的历史里人们积累、孕育了绝大部分的技术元素和未来技术发展的胚胎。

第三章到第五章是芒福德划分的三个技术历史分期，即始生代技术时期、古生代技术时期和新生代技术时期，这种分期方式是他在他的老师格迪斯教授的观点上发展而来的。格迪斯教授否认了将工业文明作为一个整体的看法，认为应该划分为两个完全不同的阶段——始生代技术时期和新生代技术时期，而芒福德则认为这种方式忽略了在它们之前重要的准备阶段。不仅如此，芒福德还强调了每个时期都是一个技术体系的观点，不同时期对应了不同的文化生活。在技术的层面上，始生代技术时期是一个“水能—木材”的体系，水力、风力和木材是可再生的自然资源，人们的经济活动和定居点常集中于这种资源和材料丰富的地区；古生代技术时期是“煤炭—钢铁”体系，煤和铁都是不可再生的资源，重工业通常靠近矿区或者运输成本低廉的地区，资源开采严重破坏了环境；新生代技术时期是“电力—合金”的体系，对此，芒福德表达了积极的乐观态度，认为电能有助于恢复被破坏了的生态，并能改变古生代技术的野蛮发展。不过，后来他修正了自己的看法，因为他看到新技术反而加强了工业生产的集中化。在文化生活的层面上，始生代技术时期的机械化程度较低，人们在生产中的自主性、创造性较高，感知能力很强；古生代技术时期形成了大规模的机械化工业，生产的中心转移到工厂，工人沦为机器的配件，生活也成为呆板的机械模式；新生代技术时期，芒福德发现了机器开始为人类服务的变化，虽然没有形成完整的技术体系，但却对此表示出了乐观的态度。

第六章评述了机器文明经过三个阶段的发展后给西方社会造成的影响；第七章讨论的是在机器体系的同化过程中，机器体系对文化拓展起到的积极作用；第八章是作者基于上述的讨论分析，对机器体系的未来发展提出了自己的观点。总体而言，机器体系发展的三个阶段对西方社会产生了不同程度的影响，地理面貌、城市布局以及人们的文化生活等方面都发生了变化，各种因素共同构建了当前的机器文明。尽管有了长时间的文化准备，机器体系还是在社会上引起了对它的抗拒，浪漫主义、回归大自然、体育运动等抵制和代偿都是机器体系下的社会反应。不过，随着科学技术的发展和机器体系的普及，人类的思想也更加客观化，这为人类在新的环境下带来很多不同于传统的新体验、新感知和新标准等，合理评价机器体系的价值，提高对机器体系的同化能力，才能使机器体系更好地为人类服务。在对机器体系发展方向的论述中，芒福德在技术有机论的思想下对社会能源、能量的转化、生产、消费等诸多方面提出了具体的建议。在他看来，机器体系中的很多弊端都是将技术与生命分割的结果，未来技术发展唯有纳入生命的秩序中，才能真正造福于人类。

芒福德的学术思想和学术成果具有跨学科的性质，技术与城市规划是他的两大研究主题。芒福德很少将媒介和传播作为议题，更多地是在讨论文化与艺术的问题中有所涉及。即便如此，由于他在著作中表现出来的生态学视野，他仍被很多学者公认为媒介环境学派的奠基人，他的《技术与文明》被当作奠基之作。当前，在媒介技术快速发展的背景下，媒介技术学派的学者伊尼斯、麦克卢汉等重新成为人们讨论的热门话题，就更不能忽视芒福德的著作思想在媒介研究中的重要价值。

《技术与文明》内容丰富，思想精深，导读摘录了芒福德在技术发展和文化艺术方面的主要思想，摘录内容对传媒艺术学的启示包括以下几点：首先，科技性是传媒艺术学的重要特征，芒福德有关技术历史分期的思想，有助于我们转换视角，从技术发展的角度开展对传媒艺术的历史研究；其次，现代传媒技术发展日新月异，传播媒介的技术形态愈加丰富，从媒介技术本身的特质出发开展艺术创作和理论研究将是传媒艺术学发展的重要维度；最后，芒福德在学术研究中的人本主义视角启示我们，作为机器记录的艺术，传媒艺术不能成为原始经验的替代品，如何将传媒艺术整合到我们的生活经验中，让这种机器记录的艺术更好地为人类服务，是传媒艺术值得探讨的问题。

（撰稿人：俞锫）

艺术问题

一、著作信息

作者： 苏珊·朗格，德裔美国人，著名哲学家，符号论美学代表人物之一，先后在美国哈佛大学、哥伦比亚大学、纽约大学等校任教，主要著作有《哲学新解》《情感与形式》《艺术问题》等。

译者： 滕守尧，山东人，曾先后就读于北京大学西方语言文学系和中国社会科学院研究生院哲学系美学专业。中国社会科学院哲学所研究员，博士生导师，中华美学学会副会长，常务理事。主要著作有《审美心理描述》《艺术社会学描述》《中国怀疑论传统》《文化的边缘》等，主要译著有《艺术与视知觉》《视觉思维》等。

版本： 南京出版社 2006 年版。

二、著作摘录

（一）

一件艺术品就是一件表现性的形式，这种创造出来的形式是供我们的感官去知觉或供我们想象的，而它所表现的东西就是人类的情感。当然，这里所说的情感是指广义上的情感。亦即任何可以被感受到的东西——从一般的肌肉觉、疼痛觉、舒适觉、躁动觉和平静觉到那些最复杂的情绪和思想紧张程度，还包括人类意识中那些稳定的情调。在阐明艺术品是什么时，我曾使用了“形式”、“表现性”、“创造品”等等字眼，这都是一些关键性的字眼。

迄今为止，人类创造出的一种最为先进和最令人震惊的符号设计便是语言。运用语言可以表达出那些不可触摸的和没有形体的东西，亦即被我们称之为观念的东西；还可以表达出我们所知觉的世界中那些隐蔽的、被我们称之为事实的东西。正是凭借语言，我们才能够思维、记忆、想象，才能最终表达出由全部丰富的事实组成的整体；也正是有了语言，我们才能描绘事物，再现事物之间的关系，表现各种事物之间相互作用的规律；才能进行沉思、预言和推理(一种较长的符号变换过程)。更为重要的是，我们还可以运用语言进行交流，这就是通过将那些可听的或可见的词排列成一种能为大家理解的式样，通过这种式样人们就可以反映出自己各式各样的概念、知觉对象以及种种概念和知觉对象之间的联系。对语言的这种应用方式，我们称之为论述；对论述所使用的这一式样，我们称之为“推论的形式”。

艺术品是将情感(指广义的情感，亦即人所能感受到的一切)呈现出来供人观赏的，是由情感转化成的可见的或可听的形式。它是运用符号的方式把情感转变成诉诸人的知觉的东西，而不是一种征兆性的东西或是一种诉诸推理能力的东西。艺术形式与我们的感受、理智和情感生活所具有的动态形式是同构的形式，正如亨利·詹姆斯所说的，艺术品就是“情感生活”在空间、时间或诗中的投影，因此，艺术品也就是情感的形式或是能够将内在情感系统地呈现出来以供我们认识的形式。艺术中的“善”就是看其是否能够将内在情感系统明晰地呈现出来以供人们认识。

艺术形式是一种比起我们迄今所知道的其他符号形式更加复杂的形式。实际上，它并不是从拥有这种形式的事物中抽象出来的，我们可以把某种形状从那些具有这种形状的事物中抽象出来而无须顾及色彩、重量、质地、大小等因素。但是对于一个艺术形式来说，色彩是起作用的，其他如线条的粗细、材料的外观和重量等因素同样也都起着举足轻重的作用。一个三角形的形状放在任何一种位置上都不会改变，但对于艺术形式来说，位置、平衡以及周围背景等都是起重要作用的因素。我们这里所说的形式，就是人们所说的“有意味的形式”或“表现性的形式”，它并不是一种抽象的结构，而是一种幻象。在观赏者看来，一件优秀的艺术品所表现出来的富有活力的感觉和情绪是直接融合在形式之中的。它看上去不是象征出来的，而是直接呈现出来的。形式与情感在结构上是如此一致，以至于在人们看来符号与符号表现的意义似乎就是同一种东西。正如一个音乐家兼心理学家说的：“音乐听上去事实上就是情感本身。”同样，那些优秀的绘画、雕塑、建筑，还有那些相互达到平衡的形状、色彩、线条和体积等等，看上去也都是情感本身，甚至可以从中感受到生命力气的张弛。

一个艺术家表现的是情感，但并不是像一个大发牢骚的政治家或是像一个正在大哭或大笑的儿童所表现出来的情感。艺术家将那些在常人看来混乱不整的和隐蔽的现实变成了可见的形式，这就是将主观领域客观化的过程。但是，艺术家表现的决不是他自己的真实情感，而是他认识到的人类情感。一旦艺术家掌握了操纵符号的本领，他所掌握的知识就大大超出了他全部个人经验的总和。艺术品表现的是关于生命、情感和内在现实的概念，它既不是一种自我吐露，又不是一种凝固的“个性”，而是一种较为发达的隐喻或一种非推理性的符号，它表现的是语言无法表达的东西——意识本身的逻辑。

(二)

每一种大型的艺术种类都具有自己的基本幻象，也正是这种基本幻象，才将所有的艺术划分成不同的种类。各类艺术之间同样也存在着复杂的关系——例如音乐和诗歌之间的关系，诗歌和造型艺术之间的关系等等。从一开始起，我就一再强调过，去寻找各类艺术之间的根本区别并不是一件十分重要的事情，因为这种做法并不能使它们之间的内在亲密关系变得更加显而易见，而只会使得这种关系变得更加不可理解。正是由于这种不可理解，才使得某些人把艺术之间的共同之处断定为是一个信仰问题，而否认它是按照我们所发现的那种合乎规律的道理而存在着。但是，所有的艺术所遵循的创造原则毕竟还是一致的，即使创造物之间有着极大的差别，也不影响这种基本原则的一致。每一种艺术品都是一个完整的创造物，而不是虚幻要素和现实材料的混合物，材料永远是真实的，但组成艺术的要素却永远是虚幻的，而艺术家用来构成一种幻象——一种表现性形式的东西却恰恰就是这些虚幻的要素。

艺术家从经验中抽象出的形式完全是通过创造一种纯粹的幻象来进行的。这个纯粹的幻象与实际没有牵连，或者看上去根本就没有牵连。这就是幻象的主要功能，它既不是虚假的，又不是造作的。也不会招致任何不真实之感。它仅仅是省略了通常的事实判断过程，也省略了通常的判断过程中所表现出来的那种超出表现形式本身而从中寻找另外一些事物的倾向。因为一旦作品被看作是一种纯粹的形式，它的符号性质——它与运动着的生命形式在逻辑上的类似性——就不言而喻了。这时候，我们即使不用推理性的判断就可以感知到这种逻辑上的类似性，因为我们直接地看到了或听到了这种类似或一致，也就是说，直接从眼前的表现形式中看到了或听到了有机整体的发展、生长和它的情感活动。每当我们观看、倾听或阅读作品时，我们便能觉察或感知到这一切，而这一切看上去也就好像是直接地包含在作品之中，而不是单纯由作品象征出来的。作品本身就貌似生命，当艺术家们谈到“生命的形式”时，他们指的是某种艺术的东西，而不是生物学的东西。而这就是我们将在明天谈的题目。

(三)

总之，要想使一种形式成为一种生命的形式，它就必须具备如下条件：第一，它必须是一种动力形式。换言之，它那持续稳定的式样必须是一种变化的式样。第二，它的结构必须是一种有机的结构，它的构成成分并不是互不相干，而是通过一个中心互相联系和互相依存。换言之，它必须是由器官组成的。第三，整个结构都是由有节奏的活动结合在一起的。这就是生命所特有的那种统一性，如果它的主要节奏受到了强烈的干扰，或者这种节奏哪怕是停止上几分钟，整个有机体就要解体，生命也就随之完结。这意味着，生命的形式就应该是一种不可侵犯的形式。第四，生命的形式所具有的特殊规律，应该是那种随着它自身每一个特定历史阶段的生长活动和消亡活动辩证发展的规律。

高级的有机体还应具备一种额外的节奏，这就是它对周围环境所进行的那些专门化反应节奏。在高级的有机体中，整个系统都充满着张力的生与灭的过程，这些过程具体就是情感、欲望、特定的知觉和行为等等。当有机体发展到人的水平时，大多数本能便为直觉所取代，直接的反应也被符号性反应所取代(符号性反应指具有想象、记忆和推理的反应)，而那种简单的情绪性兴奋也就被一种持续稳定的和富有个性特征的情感生活所取代。但是，人类所具有的所有这些专门的机能都是从一种更加深层的生命情绪中进化而来的，而且即使在这种高级水平上，也仍然能够展示出这些深层情绪的基本特征——这就是它的能动性、不可侵犯性、统一性、有机性、节奏性和不断成长性。这些特征也就是一种生命的形式所具有的基本特征。

在我看来，如果说艺术是用一种独特的暗喻形式来表现人类意识的话，这种形式就必须与一个生命的形式相类似，我们刚才所描述的关于生命形式的一切特征都必须在艺术创造物中找到，事实也正是如此。但是，我们必须记住，所谓类似就不是等同，与生命相类似的事物也就不一定与生命本身的图式丝毫不差，一种用来引起变化感受的创造式样，其本身并不一定要发生变化；一种用来引起明显的生长感受的创造式样，其本身也并不一定是在逐渐生长。艺术形式是一种投影，而不是一种复制；因此，在一件艺术品的构成要素和一个有机体的构成要素之间是没有直接的关系的。艺术具有它自身的规律，这就是表现性规律，它的构成要素都是虚幻的东西，而不是真实的物质材料；这些要素不仅本身不能与物理要素相比较，就是它们的机能也不能与物理机能作比较；我们所要比较的是由这些要素构成的产品——表现性的形式或艺术品——的特征与生命本身的特征，是这两种特征之间的象征性联系。

（四）

还是让我们回到艺术领域中来吧，因为我们所关心的主要还是对作品的表现性的认识以及对艺术意味的知觉等问题。

我认为，对艺术意味（或表现性）的知觉就是一种直觉，艺术品的意味——它的本质的或艺术的意味——是永远也不能通过推理性的语言表达出来的。一件艺术品就是一个表现性的形式，也就是一种符号，但它并不是那种超出了自身的，而且使人的思想转移到被标示的概念上去的符号。在这种符号中，概念紧紧地粘附在表达这一概念的形式之中，这就是我为什么不愿意把这种传递的或干脆说是一种呈现的概念称之为感性形式的意义的原因。我对这一意义使用的字眼是一个不太合乎哲学气味的字眼——“意味”，因为在我看来，只有这样一个字眼才能表达出这种感性的形式——艺术品——所表现的意义。

一切符号表现都要涉及到给所要表现的东西赋予一种形式，都要包含着对形式的把握和初步的抽象活动，而这种抽象活动又是直觉的一种主要功能。在推理性的语言中，我们一般是通过概括得到抽象的（或达到对形式的知觉的），而在艺术中我们就不能进行概括，任何一件艺术品都是对它所要表达的意味的一种个别的和特殊的呈现，而要作到使这种意味能够被人感知，就必须使得这种意味通过表现它的形式被直接抽象出来。这就是为什么一切优秀的艺术品既是抽象的，又是具体的原因。正如弗劳波特所说：“概念不仅是由一种初步的直觉感知到的，而且它根本就没有同表达它的符号相脱离，它只与一般性有关。”

我想强调指出的一点就是，当我们欣赏一件富有意味的艺术品时，那种时时参与到理解活动之中并构成了推理活动的基础的直觉，就立即变成了艺术知觉。理性洞察活动与艺术洞察活动之间的最大区别，就在于它们各自发出的直觉方式的不同。无须费力去弄清心灵和外部世界中的所有带有神秘味道的因素，我们就可以断定，艺术知觉是一种直接的、不可言传的，然而又是一种合乎理性的直觉，它是“自然之光”的主要表现形式之一。

艺术对人类生活的影响启迪了我们，使我们真正明白了，某种艺术之所以会在其全盛时期促进文化的发展，其基本原因就是它为情感赋予了一种新的形式，这事实上也就是一个新的文化时代的开始，同时也是对许许多多反映素材的新的揭示。因此，对艺术教育的忽视，实际上也就是对情感教育的忽视。大多数人都有这样一个根深蒂固的观念，认为情感是人类和动物的一种无形的组织兴奋状态，认为加强情感教育、扩大情感的范围和特征，不是疯狂的想法，也是奇怪的念头。

艺术还有另一种功能，这就是：它不仅有利于文化的发展，而且更有助于一种文化的稳定。这种功能事实上也就是对于情感对象化的补充和逆反应，也是艺术创造的一种能动力量：它培养我们在观看、倾听和阅读艺术作品时如何去获得一种形象，这事实上也就是培养人们的眼睛成为艺术家的眼睛。所谓艺术家的眼睛，就是能将看到的事物(或声音、运动、事件)同化为内在形象的眼睛，也就是将表现性和情感意味移入外部世界之中的能力。艺术家从现实生活中所取得的一个图案、一束鲜花、一片风景、一桩历史事件或一桩回忆、生活中的任意一种花样或课题，都被转化为一件浸透着艺术活力的想象物，这样以来，就使每一件普通的现实物都染上了一种创造物所应具有的意味。这就是自然的主观化，也正是这种主观化，才使得现实本身被转变成了生命和情感的符号。

现在让我对上述论述作一个简单的总结。为什么被很多人看作是一种文化的点缀品的艺术事实上从来就不是一种类似茶话会或礼仪等社会交往形式的文化装饰品呢？为什么艺术在人类文化刚刚诞生的时期就已经被创造出来了呢？为什么一经创造出来之后，它在获得成熟的风格和技巧时的速度就超出了其他的领域呢？为什么那使文化诞生的个人、社会和宗教的情感发展起来的最主要手段又是艺术呢？概括起来，有如下几个方面的原因：

1. 艺术可以使情感明朗化和对象化，从而使人们得以观照它和理解它；

2. 对艺术的认识和熟悉又会反过来为实际情感提供形式，正如语言可以反过来为感性经验和实际观察提供表达形式(符号)一样；

3. 艺术可以训练人的感官，使它习惯于通过表现性的形式去观察自然。这样以来，就使现实世界本身在一定程度上变成了情感的符号(不是拟人化，而是使它具有了人的情感表现)，具有了人的意味。

总之，艺术的作用就是使主观现实客观化，或是使人对外部自然的经验主观化。艺术教育就是情感教育。一个忽视艺术教育的社会就等于是使自己的情感陷入无形式的混乱状态，而一个产生低劣艺术的社会就等于使自己的情感解体，这恰好是统治者和政客们所要利用的一个主要的非理性因素。

(五)

在总结本文的时候，我还要指出，艺术符号和艺术创造中使用的符号之间的区别，不仅仅是它们发挥的功能上的区别，而且是一种类型上的区别，艺术创造中使用的符号是一种普通的符号。即使这种符号具有种种不同的复杂程度——从最简单的直接符号到最复杂的非直接符号；从单一的符号到相互之间纵横交叉的混合符号；从极其透明清晰的符号到模糊的符号——它们仍然是一种普通的符号。这些符号都具有一定的意义。即那种为语义学家们充分肯定的意义。这些意义以及负载着这些意义的意象都是作为艺术的构造成分进入艺术品的。它们起的作用就是构造艺术品或构造表现性的形式。

但艺术符号就与此不同了。所谓艺术符号，也就是表现性形式，它并不完全等同于我们所熟悉的那种符号，因为它并不传达某种超出了它自身的意义，因而我们不能说它包含着某种意义。它所包含的真正的东西是一种意味，因此，仅仅是从一种特殊的和衍化的意义上说来，我们才称它是一种符号。它并不具有一个真正的符号所具有的全部功能，它所能作到的只是将经验加以客观化或形式化，以便供理性知觉或直觉去把握。尽管如此，它却没有抽象出一个可供理性思维的概念。它的意味是在形式之中直接看出来的，这种意味与一个纯粹的符号传达的意义不同，因为它并不是通过符号传达出来同时又与符号分离。艺术中使用的符号是一种暗喻，一种包含着公开的或隐藏的真实意义的形象；而艺术符号却是一种终极的意象——一种非理性的和不可用言语表达的意象，一种诉诸直接的知觉的意象，一种充满了情感、生命和富有个性的意象，一种诉诸感受的活的东西。因此它也是理性认识的发源地。

三、著作导读

苏珊·朗格的《艺术问题》在西方文艺理论界具有重要的价值。作为符号学美学代表人物之一，苏珊·朗格在《艺术问题》中表达了她对艺术本质的独到见解及其理论体系的建构。该书收集了苏珊·朗格的十篇讲演稿和一篇附录，从不同角度论述了艺术的本质问题。与其他西方理论著作宏观的表述方式不同，该书从“舞蹈艺术”这一具体的动态形象入手。第一讲《动态形象——对舞蹈的一些哲学探讨》从哲学的高度，分析了舞蹈艺术作为演员创造出的一种形象或一种幻象的概念，它的作用是呈现人类的情感。作者提出了“艺术的本质是一种表现情感的形式，它们所表现的正是人类情感的本质”这一基本命题。接着作者在第二讲至第四讲中，分别以“表现”“创造”“生命的形式”为题，指出了艺术本体几个方面的特征。首先，她认为，所有艺术的共同特征或基本特征是“表现性”，艺术家表现的绝不是他自己的情感，而是他认识到的人类的情感。而艺术表现的方式，是通过创造一种“感性的幻象”实现的。在比较了绘画和音乐在创造内容上的差异后，她认为，绘画创造的是诉诸视觉的虚幻空间，而音乐创造的则是诉诸听觉的虚幻时间，她总结出每一种大型的艺术种类都具有自己的基本幻象。接着，苏珊·朗格进一步指出，每一件艺术品是一种与生命的基本形式相类似的逻辑形式，具有生命形式的基本特征——能动性、不可侵犯性、统一性、有机性、节奏性和不断成长性。而且，这种生命形式可以通过“艺术知觉”被人们感知。在第五讲《艺术知觉与“自然之光”》中，她分析了艺术知觉是一种直觉的洞察力或顿悟能力，即洛克所谓的“自然之光”。因此，她认为一切艺术都是创造出来的表现人类情感的知觉形式。之后的章节，苏珊·朗格分别以“表面的类似——各类艺术之间的真实关系和特殊关系”“各类艺术中的模仿和‘转化’”“艺术原则与艺术创造原则”“艺术符号和艺术中的符号”为题，进一步探讨了艺术的共性和个性的关系，较为完整地建构起她的艺术符号学理论体系。苏珊·朗格指出，艺术中使用的符号是一种暗喻，一种包含着公开的或隐藏的真实意义的形象；而艺术符号却是一种终极的意象——一种非理性的和不可用言语表达的意象，一种诉诸直接的知觉的意象，一种充满了情感、生命和富有个性的意象，一种诉诸感受的活的东西，因此它也是理性认识的发源地。全书的结尾，苏珊·朗格以“谈谈诗的创造”为题，回归到诗歌本身这样一种艺术形式的研究，使得她的艺术理论更加具体和清晰。

在《艺术问题》中，苏珊·朗格对艺术的本质做出了明确界定，“艺术品是将情感（指广义的情感，亦即人所能感受到的一切）呈现出来供人观赏的，是由情感转化成的可见的或可听的形式。它是运用符号的方式把情感转变成诉诸人的知觉的东西，而不是一种征兆性的东西或是一种诉诸推理能力的东西。艺术形式与我们的感受、理智和情感生活所具有的动态形式是同构的形式”，艺术是一种表现情感的符号形式。这是苏珊·朗格想要表达的核心观点，也是她的理论创新之处。从方法论的运用上，她始终站在哲学美学的高度，紧紧抓住艺术的基本问题，对各种艺术进行了深入研究。正如她自己所说的：“尽管艺术中有各式各样的问题，每一个问题又有自己特定的几个方面，但只要解决了它的基本问题，其他枝节问题也就迎刃而解了。”

苏珊·朗格在《艺术问题》中提出的艺术符号美学理论，对于传媒艺术的研究极富启发性。依照苏珊·朗格的观点，艺术活动是人类创造符号形式的一种活动，艺术作品就是人类创造出来的一种表达情感的符号形式。传媒艺术作为人类创造出来的一种特殊的媒介符号，它符合苏珊·朗格艺术符号美学的几个基本特征：首先，艺术符号是一种幻象符号。传媒艺术符号与实在的形象相异，它呈现给人的也是一种“纯表象”或幻象，如电影等艺术通过虚幻的空间制造各种幻象。其次，艺术符号是一种艺术形式，是呈现给感官的一种特殊的形式，传媒艺术也是一种作用于人的感官的纯粹的形式，是一种“表现性的形式”。再次，艺术符号还是一种情感形式。传媒艺术作为一种“有意味的形式”，摆脱了实际的束缚而充当符号以表达人类情感，这是传媒艺术的主要功用。最后，艺术符号是一种生命形式。苏珊·朗格认为，艺术形式之所以能够表达情感，是因为它本身就是一种生命形式。“生命形式”也就是“活的形式”，这种“活的形式”是所有成功的艺术创造的必然产物。传媒艺术拥有与生命形式同构的基本特征，作为人类情感的符号形式的创造，它显露出内在生命的情感与体验，呈现给人们直觉与想象，从而让大众产生共鸣。

苏珊·朗格在《艺术问题》一书中提出的美学思想，是对西方现代艺术经验新的理论阐释，她所强调的诸如“表现性形式”“生命的形式”“幻象符号”“艺术抽象”等艺术问题，具有鲜明的现代特征，为我们把握当代传媒艺术的实质及其内涵，打开了一个更为开阔的理论视阈。总之，《艺术问题》是研究传媒艺术领域不可或缺的经典之作。

（撰稿人：吴雁）

美学散步

一、著作信息

作者：宗白华，中国著名美学家、诗人。著有《美学散步》《美学与意境》，译有康德《判断力批判》《欧洲现代画派画论选》等。

版本：上海人民出版社 1981 年版。

二、著作摘录

（一）

莱辛的意思是：并不是道德上的考虑使拉奥孔雕像不象在史诗里那样痛极大吼，而是雕刻的物质的表现条件在直接观照里显得不美（在史诗里无此情况），因而雕刻家（画家也一样）须将表现的内容改动一下，以配合造型艺术由于物质表现方式所规定的条件。这是各种艺术的特殊的内在规律；艺术家若不注意它，遵守它，就不能实现美，而美是艺术的特殊目的。若放弃了美，艺术可以供给知识，宣扬道德，服务于实际的某一目的，但不是艺术了。艺术须能表现人生的有价值的内容，这是无疑的。但艺术作为艺术而不是文化的其他部门，它就必须同时表现美，把生活内容提高、集中、精粹化，这是它的任务。根据这个任务各种艺术因物质条件不同就具有了各种不同的内在规律。拉奥孔在史诗里可以痛极大吼，声闻数里，而在雕像里却变成小口微呻了。

莱辛这个创造性的分析启发了以后艺术研究的深入，奠定了艺术科学的方向，虽然他自己的研究仍是有局限性的。造型艺术和文学的界限并不如他所说的那样窄狭、严格，艺术天才往往突破规律而有所成就，开辟新领域、新境界。罗丹就曾创造了疯狂大吼、躯体扭曲，失了一切美的线纹的人物，而仍不失为艺术杰作，创造了一种新的美。但莱辛提出问题是好的，是需要进一步作科学的探讨的，这是构成美学的一个重要部分。所以近代美学家颇有用《新拉奥孔》标名他的著作的。

（二）

世界是无穷尽的，生命是无穷尽的，艺术的境界也是无穷尽的。“适我无非新”（王羲之诗句），是艺术家对世界的感受。“光景常新”，是一切伟大作品的烙印。“温故而知新”，却是艺术创造与艺术批评应有的态度。历史上向前一步的进展，往往是伴着向后一步的探本穷源。李、杜的天才，不忘转益多师。十六世纪的文艺复兴追摹着希腊，十九世纪的浪漫主义憧憬着中古。二十世纪的新派且溯源到原始艺术的浑朴天真。

现代的中国站在历史的转折点。新的局面必将展开。然而我们对旧文化的检讨，以同情的了解给予新的评价，也更形重要。就中国艺术方面——这中国文化史上最中心最有世界贡献的一方面——研寻其意境的特构，以窥探中国心灵的幽情壮采，也是民族文化底自省工作。希腊哲人对人生指示说：“认识你自己！”近代哲人对我们说：“改造这世界！”为了改造世界，我们先得认识。

意境的意义

龚定庵在北京，对戴醇士说：“西山有时渺然隔云汉外，有时苍然堕几席前，不关风雨晴晦也！”西山的忽远忽近，不是物理学上的远近，乃是心中意境的远近。

方士庶在《天慵庵随笔》里说：“山川草木，造化自然，此实境也。因心造境，以手运心，此虚境也。虚而为实，是在笔墨有无间，——故古人笔墨具此山苍树秀，水活石润，于天地之外，别构一种灵奇。或率意挥洒，亦皆炼金成液，弃滓存精，曲尽蹈虚揖影之妙。”中国绘画的整个精粹在这几句话里。

恽南田《题洁庵图》说：“谛视斯境，一草一树，一丘一壑，皆洁庵（指唐洁庵）灵想之所独辟，总非人间所有。其意象在六合之表，荣落在四时之外。将以尻轮神马，御泠风以游无穷。真所谓藐姑射之山，汾水之阳，尘垢粃穅，淖约冰雪。时俗龌龊，又何能知洁庵游心之所在哉！”

画家诗人“游心之所在”，就是他独辟的灵境，创造的意象，作为他艺术创作的中心之中心。

什么是意境？人与世界接触，因关系的层次不同，可有五种境界：(1)为满足生理的物质的需要，而有功利境界；(2)因人群共存互爱的关系，而有伦理境界；(3)因人群组合互制的关系，而有政治境界；(4)因穷研物理，追求智慧，而有学术境界；(5)因欲返本归真，冥合天人，而有宗教境界。功利境界主于利，伦理境界主于爱，政治境界主于权，学术境界主于真，宗教境界主于神。但介乎后二者的中间，以宇宙人生的具体为对象，赏玩它的色相、秩序、节奏、和谐，借以窥见自我的最深心灵的反映；化实景而为虚境，创形象以为象征，使人类最高的心灵具体化、肉身化，这就是“艺术境界”。艺术境界主于美。

所以一切美的光是来自心灵的源泉：没有心灵的映射，是无所谓美的。瑞士思想家阿米尔(Amiel)说：

> “一片自然风景是一个心灵的境界。”

中国大画家石涛也说：

> “山川使予代山川而言也。……山川与予神遇而迹化也。”

艺术家以心灵映射万象，代山川而立言，他所表现的是主观的生命情调与客观的自然景象交融互渗，成就一个鸢飞鱼跃，活泼玲珑，渊然而深的灵境；这灵境就是构成艺术之所以为艺术的“意境”。（但在音乐和建筑，这时间中纯形式与空间中纯形式的艺术，却以非模仿自然的境相来表现人心中最深的不可名的意境，而舞蹈则又为综合时空的纯形式艺术，所以能为一切艺术的根本型态，这事后面再说到。）

（三）

中国人与西洋人同爱无尽空间（中国人爱称太虚太空无穷无涯），但此中有很大的精神意境上的不同。西洋人站在固定地点，由固定角度透视深空，他的视线失落于无穷，驰于无极。他对这无穷空间的态度是追寻的、控制的、冒险的、探索的。近代无线电、飞机都是表现这控制无限空间的欲望。而结果是彷徨不安，欲海难填。中国人对于这无尽空间的态度却是如古诗所说的：“高山仰止，景行行止，虽不能至，而心向往之。”人生在世，如泛扁舟，俯仰天地，容与中流，灵屿瑶岛，极目悠悠。中国人面对着平远之境而很少是一望无边的，象德国浪漫主义大画家菲德烈希（Friedrich）所画的杰作《海滨孤僧》那样，代表着对无穷空间的怅望。在中国画上的远空中必有数峰蕴藉，点缀空际，正如元人张秦娥诗云：“秋水一抹碧，残霞几缕红，水穷云尽处，隐隐两三峰。”或以归雁晚鸦掩映斜阳。如陈国材诗云：“红日晚天三四雁，碧波春水一双鸥。”我们向往无穷的心，须能有所安顿，归返自我，成一回旋的节奏。我们的空间意识的象征不是埃及的直线甬道，不是希腊的立体雕像，也不是欧洲近代人的无尽空间，而是潆洄委曲，绸缪往复，遥望着一个目标的行程（道）！我们的宇宙是时间率领着空间，因而成就了节奏化、音乐化了的“时空合一体”。这是“一阴一阳之谓道”。《诗经》上蒹葭三章很能表出这境界。其第一章云：“蒹葭苍苍，白露为霜。所谓伊人，在水一方。溯洄从之，道阻且长。溯游从之，宛在水中央。”而我们前面引过的陶渊明的《饮酒》诗尤值得我们再三玩味：

“采菊东篱下，
悠然见南山。
山气日夕佳，
飞鸟相与还。
此中有真意，
欲辨已忘言！”

中国人于有限中见到无限，又于无限中回归有限。他的意趣不是一往不返，而是回旋往复的。唐代诗人王维的名句云：“行到水穷处，坐看云起时。”韦庄诗云：“去雁数行天际没，孤云一点净中生。”储光羲的诗句云：“落日登高屿，悠然望远山，溪流碧水去，云带清阴还。”以及杜甫的诗句：“水流心不竞，云在意俱迟。”都是写出这“目既往还，心亦吐纳，情往似赠，兴来如答”的精神意趣。“水流心不竞”是不象欧洲浮士德精神的追求无穷。“云在意俱迟”，是庄子所说的“圣人达绸缪，周遍一体也”。也就是宗炳“目所绸缪”的境界。中国人抚爱万物，与万物同其节奏：静而与阴同德，动而与阳同波(庄子语)。我们宇宙既是一阴一阳、一虚一实的生命节奏，所以它根本上是虚灵的时空合一体，是流荡着的生动气韵。

(四)

文学与民族的关系

邵元冲先生在他的《如何建设中国文化》一文里说：“……一个民族在危险困难的时候，如果失了民族自信力，失了为民族求生存的勇气和努力，这个民族就失了生存的能力，一定得到悲惨不幸的结果。反之，一个民族处在重大压迫危殆的环境中，如果仍能为民族生存而奋斗，来充实自己，来纠正自己，来勉励自己，大家很坚强刻苦的努力，在伟大的牺牲与代价之下，一定可以得到很光荣的成功！……”吾人只要打开中外历史一看，就可证明邵先生的话不错！因为一民族的盛衰存亡，都系于那个民族有无“自信力”。所以失掉了“自信力”的犹太人虽然有许多资产阶级掌握着欧洲的经济枢纽，但他们很不容易以复国土。反之，经了欧洲的重创，和凡尔赛条约宰割的德意志，她却能本着她的民族“自信力”向着复兴之途迈进。最近的萨尔收复运动，就可表明她的民族自信力的伟大——然而这种民族“自信力”——民族精神——的表现与发扬，却端赖于文学的熏陶，我国古时即有闻歌咏以觇国风的故事。因为文学是民族的表征，是一切社会活动留在纸上的影子；无论诗歌、小说、音乐、绘画、雕刻，都可以左右民族思想的。它能激发民族精神，也能使民族精神趋于消沉。就把我国的文学史来看：在汉唐的诗歌里都有一种悲壮的胡笳意味和出塞从军的壮志，而事实上证明汉唐的民族势力极强。晚唐诗人眈于小己的享乐和酒色的沈醉，所为歌咏，流入靡靡之音，而晚唐终于受外来民族契丹的欺侮。有清中落以后，桐城派文学家姚姬传提倡文章的作法——“阳刚阴柔”之说，曾国藩等附和之，那一个时期中国文坛上，都充满着阴柔的气味，甚至近代人林琴南、马其昶等还“守此不堕”，而铁一般的事实证明咱们中国从姚姬传时代到林琴南时代，受尽了外人的侵略，在邦交上恰也竭尽了柔弱的能事！由此看来，文学能转移民族的习性，它的重要，可想而知了。而作者这一篇短短的文字，当不致被人视为无聊之事吧！

唐代诗坛的特质与其时代背景

我们在整个的中国文学史看来，无疑的唐代诗歌在中国文学史上有特殊的地位。不但它声韵的铿锵和格调的度化，集诗歌的大成，为后来的学诗者所效法，而那个时代——唐代的诗坛有一种特别的趋势，就是描写民族战争文学的发达，在别的时代可说决没有这样多的。如西汉中世，于富贵化的古典词赋甚发达，北宋二百年只有描写儿女柔情的小词盛达。在唐代却不然了，初唐诗人的壮志，都具有并吞四海之志，投笔从戎，立功塞外，他们都在做着这样悲壮之梦，他们的意志是坚决的，他们的思想是爱国主义的，这样的诗人才可称为“真正的民众喇叭手”！中唐诗人的慷慨激烈，亦大有拔剑起舞之概！他们都祈祷祝颂战争的胜利，虽也有几个非战诗人哀吟痛悼，诅咒战争的残忍；但他们诅咒战争，乃是国内的战乱，惋惜无辜的死亡，他们对于与别个民族争雄，却都存着同仇敌忾之志。如素被称为非战诗人的杜少陵，也有“男儿生世间，及北当封侯，战伐有功业，焉能守旧邱！”“拔剑击大荒，日收胡马群，誓开玄冥北，持以奉吾君！”看吧！唐代的诗人怎样的具着“民族自信力”，一致地鼓吹民族精神！和现在自命为“唯我派诗人？”“象征派诗人？”只知道“蔷薇呀！”“玫瑰呀！”“我的爱呀！”坐在“象牙之塔”里，咀嚼着“轻烟般的烦恼”的人们比较起来，真令人有不胜今昔之感呢！

唐代诗坛的特质既如上述。但我们要问为什么唐代的诗歌都含着民族意味？为什么民族诗人在唐代不断地产生？我们要解答这个问题，就要了解唐代是一个什么时代？

研究中国历史的人们，谁都知道唐代的国势之强，唐代的武功，至今外人话及，尚有谈虎色变之概！因为唐代除了它的没落时期——晚唐——其余一二百年，差不多都注意于对外的民族斗争。

在这种威加四夷，万邦慑服的时代里，当然能陶冶得出“有力的民族诗歌”！养成“慷慨的民族诗人”了！

三、著作导读

> 对于这样一位源生于传统文化、洋溢着艺术灵性和诗情、深得中国美学精魂的大师以及他散步时低低的脚步声，在日益强大的现代化的机器轰鸣声中，也许再也难以再现了。然而，如何在愈益紧张的异化世界里，保持住人间的诗意和生命的憧憬，不正是现代人所要关注的一个世界性问题吗？而《美学散步》正好能给我们以这方面的启迪。
>
> ——编者《美学散步·重版说明》

宗白华于1920—1925年留学德国，先后在法兰克福大学和柏林大学学习哲学和美学。他回国后，在南京、北京等地任教。他曾任中华美学学会顾问和中国哲学学会理事，是我国现代美学的先行者和开拓者，被誉为“融贯中西艺术理论的一代美学大师”。《美学散步》汇集了他一生最精要的美学篇章，也是他生前唯一一部美学著作。1981年6月，该书由上海人民出版社首次出版，至2016年3月第40次印刷。正如书的开篇所写：“散步是自由自在、无拘无束的行动，它的弱点是没有计划，没有系统。……但是西方建立逻辑学的大师亚里士多德的学派却唤做‘散步学派’，可见散步和逻辑并不是绝对不相容的。”[①]的确，作者没有建构所谓的美学体系，而是告诉我们如何欣赏美的艺术，如何拥有审美的心态，乃至如何塑造健全的人格。因此，“阅读这本书本身就是一种艺术的享受，作者用他抒情的笔触、爱美的心灵引领读者去体味中国和西方那些伟大艺术家的心灵，去体味那些风流潇洒的人们的心灵，

① 宗白华：《美学散步》，1页，上海，上海人民出版社，1981。

待得我们散步归来，就会发觉自己的心灵得到了升华与净化。”①

作者从诗(文学)和画的分界出发，一路探寻美的所在以及美的实现，即“哲学求真，道德或宗教求善，介乎二者之间表达我们情绪中的深境和实现人格的谐和的是‘美’。文学艺术是实现‘美’的。文艺从它左邻‘宗教’获得深厚热情的灌溉……文艺从它的右邻‘哲学’获得深隽的人生智慧、宇宙观念……”②由此可见，宗先生的美学有着鲜明、崇高的文化品格。通过广泛的古今中外艺术作品比较，作者进一步探讨了中国美学的基本特征和思想，即“虚实”“空灵”“意境”始终贯穿于中国的诗、书、画、舞、乐、建筑等相关的艺术门类中。由此说明，宗先生相当准确地把握住了那属于艺术本质的东西，特别是有关中国艺术的特征。《美学散步》“形散而神不散”，从不同的角度，诗意地呈现了宗先生的中国特色美学思想。比如，关于“虚”与“实”的思考：“……我们欣赏山水画，也是抬头先看见高远的山峰，然后层层向下，窥见深远的山谷，转向近景林下水边，最后横向平远的沙滩小岛。远山与近景构成一幅平面空间节奏，因为我们的视线是从上至下的流转曲折，是节奏的动。空间在这里不是一个透视法的三进向的空间，以作为布置景物的虚空间架，而是它自己也参加进全幅节奏，受全幅音乐支配着的波动。这正是抟虚成实，使虚的空间化为实的生命。”③宗先生认为，“实”是艺术家所创造的形象，“虚”是欣赏者被引发的想象。此外，“虚”和“实”的问题还应是一个“哲学宇宙观的问题”。先生继而指出，儒道不同，老庄由虚入实，孔孟由实入虚，但儒道两家都认为宇宙是虚和实的结合，因而彼此并不矛盾。

在《论文艺的空灵与充实》中，宗先生指出：“空灵和充实是艺术精神的两元”，“文艺境界的广大，和人生同其广大；它的深邃，和人生同其深邃，这是多么丰富、充实!”“然而它又需超凡入圣，独立于万象之表，凭它独创的形相，范铸一个世界，冰清玉洁，脱尽尘滓，这又是何等的空灵?”可见，空灵与充实是文艺的两种风格形态，但其并不矛盾，是对立统一的二元，既各有所重，又互补互成，相得益彰。体现于艺术创作中，则既要反映广阔、深邃、复杂的内容与情感，又要拥有“萧条淡泊，闲和严静”的心襟气象，这样，艺术上的神韵才会油然而生。这样的哲思与王国维先生在《人间词话》中关于“入”与“出”的见解相互映照：“诗人对宇宙人生，须入乎其内，又须出乎其外。入乎其内，故能写之。出乎其外，故能观之。入乎其内，故有生气。出乎其外，故有高致……”

“意境”是宗先生美学思想中的又一重要理论。那么，什么是意境呢？宗先生给我们分析道：“人与世界接触，因关系的层次不同，可有五种境界：(1)为满足生理的物质的需要，而有功利境界；(2)因人群共存互爱的关系，而有伦理境界；(3)因人群组合互制的关系，而有政治境界；(4)因穷研物理，追求智慧，而有学术境界；(5)因欲返本归真，冥合天人，而有宗教境界。功利境界主于利，伦理境界主于爱，政治境界主于权，学术境界主于真，宗教境界主于神。但介乎后二者的中间，以宇宙人

---

① 宗白华：《美学散步》，内容简介，上海，上海人民出版社，1981。

② 宗白华：《美学散步》，19～20页，上海，上海人民出版社，1981。

③ 宗白华：《美学散步》，92页，上海，上海人民出版社，1981。

生的具体为对象，赏玩它的色相、秩序、节奏、和谐，借以窥见自我的最深心灵的反映；化实景而为虚境，创形象以为象征，使人类最高的心灵具体化、肉身化，这就是'艺术境界'。艺术境界主于美。"①

尽管书中对西方自古希腊以来的艺术理论和美学思想也做了分析和评价，但《美学散步》的精神实质和学术理想是属于中国的。例如，"中国人不是象浮士德'追求'着'无限'，乃是在一邱一壑、一花一鸟中发现了无限，表现了无限，所以他的态度是悠然意远而又怡然自足的。他是超脱的，但又不是出世的。"②再如，宗先生认为，民族精神和民族自信力端赖于文学的熏陶，"因为文学是民族的表征，是一切社会活动留在纸上的影子"③，等等，这正是全书一以贯之的主题，对我们今天的艺术创作和文化自省、自信有着重要的启发意义。

（撰稿人：吴辉）

① 宗白华：《美学散步》，59页，上海，上海人民出版社，1981。
② 宗白华：《美学散步》，125页，上海，上海人民出版社，1981。
③ 宗白华：《美学散步》，247页，上海，上海人民出版社，1981。

视觉思维——审美直觉心理学

一、著作信息

作者： 鲁道夫·阿恩海姆，德裔美籍作家、美术和电影理论家、知觉心理学家，曾先后任教于纽约社会研究院和萨拉姆·劳伦斯学院(Sarah Lawrence College)，1968年担任哈佛大学视觉与环境研究系艺术心理学教授，是格式塔心理学美学的代表人物。1976年获得“全美艺术教育协会突出贡献奖”。著作有《艺术与视知觉》《视觉思维——审美直觉心理学》《电影作为艺术》等。

译者： 滕守尧。

版本： 四川人民出版社1998年版。

二、著作摘录

为了对感官的机能作出正确的解释，我们必须记住，它们并不是仅为认识而存在的认识工具，而是为生存延续而进化出来的生物性器官，从一开始起，它们的目标就对准了或集中于周围环境中那些可以使生活变得更加美好和那些妨碍其生存活动顺利进行的方面。这意味着，人们已经感到，视觉乃是一种积极的器官，对此，我可以引用我在其他场合讲的一段话来加以证明：

> “在观看一个物体时，我们总是主动地去探查它。视觉就象一种无形的‘手指’，运用这样一种无形的手指，我们在周围空间中运动着，我们走出好远，来到能发现各种事物的地方，我们触动它们，捕捉它们，扫描它们的表面，寻找它们的边界，探究它们的质地。因此，视觉是一种主动性很强的感觉形式。基于这样一种经验。古代有很多思想家描述了视觉中发生的相应的物理过程，举例说，柏拉图在《蒂迈欧》一文中就曾宣称，那种使人的身体保持温暖的、柔和的火焰会变为一种均匀而又细密的火流从人的眼睛喷射出来，从而在观看者与被观看的物体之间搭成一座实实在在的桥梁，这时外部物体发出的光线刺激便顺着这一桥梁进入眼睛，继而又从眼睛到达人的心灵。[①]

---

① 鲁道夫·阿恩海姆：《艺术与视知觉》，加利福尼亚大学出版社，1964年，第28页。

这样一种见解是从本能经验中得来的，但是，当人们认定眼睛对外物的录制，是一种被动性的活动，这样一种性质也就被进一步扩大到视觉活动的整个心理—物理过程。人类对这样一种观点的修正一直是犹疑不决和缓慢的。大约在公元500年，罗马的哲学家波修斯(Boetheus)曾写道："一切人都能获得视觉形象，但这种形象究竟产生于进入到眼睛中的意象，还是由于眼睛向外界物体发射出光束，这对学者们仍然是个谜，虽然普通人还不知道这个谜的存在。"①一千年之后，列奥纳多·达·芬奇又曾对这一看法加以驳斥说：

"那些数学家们说，眼睛本身不能产生向远处发射的精神能量，因为假如能发射，在使用眼睛时，这种能量就不可能不减少。这样，即使眼睛同大地的体积一样大，在注视远处的星星时，它自己也要受到损耗。根据这样一种理由，他们便坚持说，眼睛只是从外部世界中摄入能量，它自己则从不向外发送什么。"

"有许多例子证明，事情恰好与此相反，那被称为女妖的蛇，每天都吸引庄稼娃们来看它，据说，它是用自己拿凝视的目光把他们吸引到自己眼前来的，就象磁石能吸引铁屑一样，又好象夜莺总是用它那悲哀的歌声吸引死神……据说，鸵鸟和蜘蛛在孵蛋时也总是用自己眼睛盯住蛋才使幼鸟和幼蛛孵出来的。"

"当然，更值得一提的是那些美丽的少女，据说，她们的眼睛中蕴藏着一种神奇的力量，能把爱她们的男人吸引过来。"②

总之，积极的选择是视觉的一种基本特征。正如它是任何其他具有理智的东西的基本特征一样。在它们喜欢选取的东西中，最多的是环境中时时变化的东西。由于有机体的需要是经由眼睛加以调节的，对于变化的东西自然要比对不动之物感兴趣的多。当某种东西出现或消失时，当它们从一个位置移向另一个位置时，当它们的形状、大小、色彩或亮度发生改变时，一个正在观察的人或动物就会发现，他的处境正发生着某种变化：是敌人正在逼近，还是某种机会已经失掉？是一种要求需要自己去达到，还是某种信号需要自己去服从？等等。即使最低级的视觉器官，如蛤的感光器或北极鹅的感光神经纤维等，都集中于接受光线亮度变化的信息。这样，当某种阴影(由于敌人到来而造成的)遮断太阳光线时，它们便立即缩回到它们的躯壳中。而对周围环境中不动部分的观照，则应算作是它们的一种享乐，这种观照的用处最多是探察到将来可能要发生的某些变化的地点或是探测到某些将要发生的事件的背景或前后联系。

在那些不动的东西中固然看不到变化，就是在那些不断地重复着同一个动作或是一直作着同一个动作的事物中，同样也见不到变化。某些研究厌腻现象和适应现象的心理学家指出，当某种特定的刺激一次又一次出现时，动物，甚至是那些很低级的动物，都会停止它们的反应。视域中的某些永不变化的因素，如阳光照射时那种永不变化的色彩，很容易从意识中消失，正如一直出现的某种噪音或气味再也引

① 波修斯的话转引自斯特鲁克：《音乐史原理》第50页，纽约，1950年。

② 达·芬奇：《日记》伦敦版，1910年，第1卷，第250页。

不起人们的注意一样。当一个人因迫不得已去审视一个特定的图形时，他就会利用任何一个机会去变更它或偏离它，以便看到其中的变化：他可能会把它的构成成分重新组合，或通过视点的改变，使自己看到它的倒转过来的样子等等。一种色彩，如果一直盯住它不放，就会脱色或变白，如果让眼睛紧盯住一个图形，不作任何扫视活动(在一般情况下，都要经常扫视)，这一式样很快就会消失。对单一不变的东西的反应，有着从有意识的自卫，到纯粹是因为一种静止不变的情境在大脑中产生的生理反应的疲劳等一系列不同的表现形态。它们都是理智不重视那些不能引起它注意的东西的最基本表现方式。总之，对理智说来，只有引起它注意或关心的东西，才是对它重要的东西。人总是尽量使自己摆脱厌倦。

这种对“变化”的选择性的注视虽然十分有用，但仍然有一定的欠缺和弊端——它使得对生活中永恒不变的因素的把握变困难了。每当思想家或科学家想对那些不能展示出可见变化的东西进行研究时，这一弊端便显示出来。在物理的事件、心理的状态以致社会的情势中，那些不变的方面是最容易被忽视的，也是最难理解的。这就是说，知觉的上述典型特征，不光对理智是有利，还会限制它。

眼睛本身在眼窝之内活动，它的选择性的观看还会进一步因观看者头部和整个身体的活动而得到大大加强。但即使是在眼球内部进行的录像活动，同样也是高度选择性的。举例说，自上世纪初以来，人们就已经提出了如下有道理假设：视网膜向大脑“报告”色彩时，不会把无数种色调中的每一种都用一个特殊的信息录制下来，而是仅仅录制少数几种可以由之推衍出其他色彩的最基本的色彩或色彩域限。这样一种假设今天已经在试验中和解剖中得到证实。这一发现意味着，眼睛的光化学活动中也同样在进行着一种抽象过程，通过这样一种抽象，我们便在有意识的知觉水平上看到了从少数几种基本色彩中变幻和组合出来的五光十色的颜色。通过这种巧妙的简化手段，视觉便用少数几种传递者完成了在其他情况下多得无法估计的传递者才能完成的任务。由此我们可以肯定，即使在生理水平上，视觉也在它要录制的材料上投射了(或加诸了)一种概念性的结构或秩序。

在色彩知觉中发生的事情同样适合于对形状的知觉。一种运动，即使很微弱和离注意中心很远，都会使动物和人以闪电般的速度对其作出反应，从而很快看到它。它们之所以能做到这一点，完全是借助于对动态与静态的快速区别。这种区别即使在视网膜水平上也能到。我们习惯上总是认为，视网膜上的接受器根本不知道如何区别。它们所能做到的一切，只不过是将色彩和亮度的不同层次记录下来，而对于运动的把握，只能留待于大脑在对无数个针尖大小的光点变化作计算后推导出来。今天的研究证明，在青蛙的眼睛中至少包含着四类接受器，每一类都只对某一种特定的刺激作出反应，在其他刺激出现时，则无动于衷。其中有一类接受器被称之为“昆虫侦探器”，它只对小小的爬行动物，即对青蛙的生存最关紧要的那些小动物作出即刻反应。为了完成这些反应，还要由多个接受器结合成一个个束，编成“队列”来协同作用，因为只有这样，那些大型的刺激物的形状或运动才能够得以把握。这意味着，即使在视网膜层次上，也不含有机械录制的成分。在莱特温(Lattvin)、玛都拉那(Maturana)、麦克库拉克(McCulloch)和皮特斯(Pitts)等人合写的《青蛙的眼睛向青蛙的大脑报告了些什么》的文章中，曾得出如下结论：

“如果这样一种区别(即与机械录制间的区别)是有意义的，那么这里发生的活动就应该是知觉而不是感觉。这就是说，这种把它(外物)作出最好的描述的语言，乃是来自于视觉意象的一种复杂的抽象语言”。①

事实上，这样一种筛选也同其他任何筛选一样，它加快了对原材料的加工过程，与此同时又仅限于对筛选剩下的东西进行加工(其余的都漏掉了)。一个青蛙可能会守着一只不再动弹的死苍蝇而饿死，尽管这只苍蝇可以成为它的佳肴。这种现象使我们想到了发生在人身上的“盲目性”——他下定决心去做一件事情，但又不能对那些不可预见的“机遇”作出反应。这就是我们为“节省”付出的学费(或代价)。

不管怎样，这样一种天生的选择作用还是十分有用的，这不仅是因为它避免了精力的浪费，还因为它通过使知觉仅局限在有限的选择物上而使它的反应变得更迅速和更稳靠。因此，对那些相对地讲较简单的生物说来，由于它们的需要比较单一和恒定，适于在一个较为稳定不变的环境中生存，致使它们的寻食、生殖和自卫等维持生命所必需的功能都局限于一些规范化的反应。换言之，只有在某些固定的信号出现时，才会出现这些维持生命的反应。有关这种高度选择性行为的最有说服力的例子，曾由康拉德·劳伦兹(Konrad Lorenz)和N. 丁柏根(N. Tingbergen)等生态学家作出过描述。由于动物自己不能告诉我们它们看到了些什么，我们便很难肯定它们的知觉以及它们对自己所见之物的反应中选择程度有多高。可以说，在任何情况下，任何刺激物，除非它在知觉中被识别或辨认出来，否则就不可能引起反应。一个最大的可能是，这样一种识别或辨认，并不是由那些最专门和最初级的视网膜接受器(如专门使青蛙对蠕动的虫子产生反应的那种接受器)负责的，而是由大脑神经系统对于眼睛传进来的有关视域的某些特殊方面的选择性反应完成的。对某些信号或“信息发出者”(刺激物)的反应是某些“种”的动物特有的。以鸥为例，在它的黄嘴的下喙尖端会渐渐长出一个红色的点，新孵化出的幼鸟一看到妈妈嘴上的红点，就去啄食它嘴端叼着的食物，在见不到这个红点时，幼鸟就不会去啄食，母鸟也就不会把嘴中的食物放开。这类信号有两个最基本的特征，一是必须具有纯粹的色彩和简单的形状，从而一眼便能被清楚地认出来；二是必须同周围环境中其他普通的可见物有着十分明显的区别。

这些动物的知觉与它们那高度选择性的反应是分不开的，它们的视域大都主次分明而不是同质的。某些知觉特征之所以被突出，是因为它们与这些动物的生存需要更为密切。更进一步说，除非它们在知觉中就被辨别出来，否则动物就不会对它们作出快速反应。这是关于“抽象”的一个最早的例子，动物在这时已能辨认出一种基本信号类型或范畴——如幼鸥对于嘴尖的红点的识认——然而这种抽象能力是来自于“种”的遗传，而不是个体后天学习而得，这就是说，它完全是天生的。

---

① 莱特温特的《青蛙的眼睛向大脑报告了些什么》，收集在伊万斯《大脑生理学与心理心》第95～122页，加利福尼亚大学出版社，1966年。

三、著作导读

传统心理学认为知觉是对客观刺激物的直接反映，是人的心理过程中低级的认知心理现象；而思维则是对客观事物的间接反映，具有概括和抽象的能力，是心理过程中高级的认知心理现象。知觉与思维之间的分裂所引起的现代人的各种营养缺乏症促使阿恩海姆试图在知觉与思维之间建构一座沟通的桥梁，这就是视知觉，“所谓视知觉，也就是视觉思维。”

在《视觉思维——审美直觉心理学》中，阿恩海姆阐述了视觉思维的主要观念。

第一，视知觉具有理性功能。他认为艺术活动是理性活动的一种形式，知觉与思维相互交织，合而为一，感官特别是视觉理解周围环境所涉及的典型的机制与思维心理学中所描绘的那种作用机制极为相似，视知觉具有思维所具有的理解、选择、概括和抽象的能力。

第二，一切思维活动，特别是创造性思维活动离不开视觉意象。这种意象既具体又抽象，当我们把思维集中在事物之关键点，而忽略次要部分的时候，就容易获得非具体的、模糊的意象。这种意象是一种“视觉闪现”①，类似于印象派中的形象——基于抽象思维的作用，一个具体的视觉对象可以简化为一个具有基本动力特征的结构，达到与思维活动本身的同构。事实上，意象就是一种代表事物本质或者某种内在情感表现力的图式。

阿恩海姆引入了赛奥杜尔·雷波特实验，该实验检测人的头脑中是否存在一种高度抽象的图式，样本是 900 人，其中只有一个人承认自己看到了非模仿性的抽象样式。这些抽象样式往往模糊到刚认出的程度，既感性又理性，“它们也许十分普遍而且对任何一个思考一般性问题和需要以抽象的纯形状去思考的人都是不可或缺的。雷波特承认，他自己‘倾向于相信’意象的逻辑是创造性思维的首要推动者。”②一方面，视觉思维起源于直接感知，具有向未知的探索性；另一方面，视觉思维是一种直觉，能够在对具象的把握中直接抓住事物的本质。具象是有限的，而抽象是无限的，因而其具有巨大的想象空间，成为创造力的源泉。

节选部分的主题即视觉的选择性，阿恩海姆从两个层面探讨了这个命题。

第一，感官是为了使人类生存延续的生物性器官，人类大约 80％的信息是从眼睛获取的，从一开始，眼睛的目标就是集中于周围环境信息，发现促进生活或者妨碍生活的方方面面，因而它是积极的器官。

阿恩海姆举了一个生动的例子——海鸥孵蛋。随着幼鸟的出生，它黄色的喙下端就会慢慢长出一个红点。幼鸟一看到妈妈嘴上的红点就会去啄食它嘴里叼着的食物。当看不到这个红点的时候，幼鸟不会去吃，雌鸟也不会放开嘴里的食物。阿恩海姆得出结论：“这类信号有两个最基本的特征，一是必须具有纯粹的色彩和简单的

① ［美］鲁道夫·阿恩海姆：《视觉思维——审美直觉心理学》，141 页，成都，四川人民出版社，1998。
② ［美］鲁道夫·阿恩海姆：《视觉思维——审美直觉心理学》，151 页，成都，四川人民出版社，1998。

形状，从而一眼便能被清楚地认出来；二是必须同周围环境中其他普通的可见物有着十分明显的区别。”[①]

红点被辨识出来，幼鸟据此做出判断，这其实是一种抽象的能力，然而这种能力却来自遗传。视觉的主动性与动物的求生本能紧密相关。人类的视觉积极性更是与生存分不开，达·芬奇在《日记》中记载，那些美丽的少女的眼睛中蕴含着一种神奇的力量，能够把爱她们的男人吸引过来。

第二，眼睛作为认识的器官具有积极性，“积极的选择是视觉的一种基本特征”[②]。比如，运动物体能够很容易地成为注意力的中心，而静态物体则很容易被忽略，从心理学上来看，从有意识的自卫到由于静止而引起生理性的疲劳都是理智不重视那些引不起它注意的事物的最基本的表现形式，这是一种节省，也是格式塔理论中简化的具体体现。

在认知水平上，视觉还具有抽象的能力，阿恩海姆认为在眼睛的光化学活动中存在一种抽象的过程，人的眼睛具有把几种基本色彩变幻和组合出色彩世界的能力，通过这种简化，即五光十色可以简化为基本色彩，可以肯定视觉在它所看到的影像中投射了一种概念性的结构。

这些建立在心理学实验基础之上的观念也得到了影像实践的证实，在摄影中总是那些运动的东西能够成为视觉关注的对象，而具有视觉形式的影像能够与人内心产生共鸣。

（撰稿人：潘可武）

① [美]鲁道夫·阿恩海姆：《视觉思维——审美直觉心理学》，30页，成都，四川人民出版社，1998。

② [美]鲁道夫·阿恩海姆：《视觉思维——审美直觉心理学》，26页，成都，四川人民出版社，1998。

艺术与错觉：图画再现的心理学研究

一、著作信息

作者：[英]E. H. 贡布里希，曾在伦敦大学瓦尔堡学院长期工作，是英国科学院院士。主要论著有《艺术的故事》《艺术与错觉：图画再现的心理学研究》《秩序感——装饰艺术的心理学研究》《图像与眼睛——图画再现心理学的再研究》等。他融合了维也纳学派和瓦尔堡学派的传统，统一了克里斯的心理学和波普尔的哲学方法，并结合了艺术研究的心理学派和文化史学派，开拓了艺术史研究的新境界，是20世纪最伟大、最有影响的艺术史家之一。

译者：杨成凯，笔名林夕。1981年毕业于中国社会科学院语言系，获硕士学位。1981年起在中国社会科学院语言研究所从事研究工作。杨成凯先生学术活动范围广泛，在语言学理论、汉语语法、文学艺术、目录版本、古籍整理等领域都有著述发表，尤为倾心中国古文收藏和研究，系国家文物鉴定委员会委员。主要著作有《汉语语法理论研究》等。

李本正，1972年以知青身份到天津教师进修学校学中文，1983年进入天津教育学院英语业余大专班学习，1984年进入天津教育学院英语本科专业学习。20世纪80年代以来，独译、合译大量西方美术著述，代表译作有《艺术与错觉：图画再现的心理学研究(第二版)》《偶发与设计——贡布里希文选》《通过知识获得解放》等。

范景中，1977年考入北京师范大学哲学系。1979年入浙江美术学院攻读艺术理论研究生，获硕士学位。先后任《美术译丛》和《新美术》主编、中国美术学院教授、博士生导师、图书馆馆长、出版社总编等职。

版本：广西美术出版社2012年版。

二、著作摘录

有时我们看见天上的云像一条蛟龙；
有时雾气会化成一只熊、一头狮子的形状；
有时像一座高耸的城堡、一座突兀的危崖、
一堆雄峙的山峰，或是一道树木葱茏的青色海岬俯瞰尘寰，用种种虚无的景色戏弄我们的眼睛。

——莎士比亚《安东尼与克莉奥佩特拉》

[Shakespeare, *Antony and Cleopatra*]

(一)

来自可见世界的信息，必须由艺术家译成代码。我们业已看到，怎样使这种代码适应于艺术应该传递的那种信号，现在就该再次研究译码这一方面，研究我们怎样学会解读温斯顿·丘吉尔爵士所说的画布上的“密码”。

在这方面，最透彻的讨论见于一位古代作者的著作，他对模拟的本性进行的探索远较柏拉图和亚里士多德深刻。那些材料出自一部奇特而感人的文献，即菲洛斯特拉托斯[Philostratus]撰写的提阿那的阿波罗尼俄斯[Apollonius of Tyana]的传记，它记载了衰落的异教。阿波罗尼俄斯是基督那个时代的一位毕达哥拉斯学派[Pythagorean]的哲人，曾周游世界，沿途传播智慧并创造奇迹。他的传记作家记述了在周游过程中他怎样到达印度，他和他的忠实信徒曾在那里对亚历山大大帝时代制作的一些希腊风格的金属浮雕赞叹不已。在他们等候国王召见的时候，这位哲学家以最典型的苏格拉底方式盘问他的同伴达米斯[Damis]：“告诉我，达米斯，有绘画这种东西吗?”“当然有。”达米斯说。“这门艺术都包括什么?”“嗯，”达米斯说道，“在于调色。”“为什么要这样做呢?”“为了模仿，为了要一条狗、一匹马、一个人、一条船或世间别的什么东西的一个写真。”“这样说来，”阿波罗尼俄斯又问道，“绘画就是模仿，模拟了?”“那么还能是什么呢?”这位配角答道，“如果不这样做，那么绘画简直就是荒唐的色彩游戏了。”“不错，”他的先生说道，“不过，当天空中白云飘荡时，我们看到的半人半马怪、雄羚羊、狼和马等东西又是怎么回事呢？它们也是模仿之作吗？难道上苍是位画家，有了空闲就这样寻开心吗?”不是的，他们两位意见一致，都认为云彩的这些形状本身没有任何意义，它们的形成纯属偶然；正是我们，天生就有模仿的倾向，并对这些云彩进行分节。阿波罗尼俄斯又探问道：“但是，难道这不是意味着艺术模仿有双重性吗？难道不意味着一方面是运用手和心灵制造模仿物，另一方面是仅运用心灵制造写真物吗?”在模仿活动中，观看者的心灵也有其本分。甚至一幅单色图画或者一件青铜浮雕，也给我们相似的印象——我们把它看做形式和表现。“即使我们用白色粉笔画下一个印度人来，”阿波罗尼俄斯总结说，“他也似乎是黑肤色，因为画中会有他的扁平鼻子，卷曲的硬头发，突出的下巴……在会看的人眼中，这幅画就变成了黑色的。因为这个缘故，我要说观看绘画和素描作品的人必须具备模仿能力，除非他知道那些动物的模样，否则谁也不会看懂画的马或牛。”

我摘引这样长的一段文字。是因为它概括了我们现在转而讨论的问题——在理解艺术家描绘的图像方面，我们亦即观看者的本分。关于阿波罗尼俄斯所说的我们的“模仿才能”，在一个方面，我们所了解的大大超出这位哲人所设想的范围。因为我们业已看到，这种能力已经以“投射”[projection]为名而成为心理学中整整一个分科的兴趣的焦点。对我们从云中读解出的种种图像进行的描述，使我们想起那些利用对称的墨迹诊断人的反应的心理学测验。“罗夏测验”中所使用的这些墨迹胜于云彩，因为我们可以重复使用那些墨迹，比较一下不同的受试者提出的那些解释。但是，在考虑这些精神病学的工具时，跟我们有重要关系的是它们证实了这位古代哲学家的直觉。我们把这些偶然形状读解为什么形象，取决于从它们之中辨认出已经存储在自己心灵中的事物或图像的能力。比如总把这样一个墨迹解释为一只蝙蝠或者一只蝴蝶，就意味着某种知觉分类的行为——在我心灵的归档系统中，我把它跟我曾亲眼见到过或梦见过的蝴蝶归为一类。

（二）

这种投射能力在许多上下文中都激起了艺术家的兴趣和好奇心。对于我们，最有趣的是试图把偶然的形状用作我们所谓的“图式”，即艺术家语汇的起点。墨迹成了画谱的竞争对手。十分凑巧，上一章结尾论及的那本画谱，即我们看到康斯特布尔曾加以摹写的天空和云的画样，就表明了这种双重可能性。因为这些由种种可能的天空图案形成的排列是亚历山大·科曾斯名为《帮助发明风景构图的新方法》[*A New Method of Assisting the Invention in Drawing Original Compositions of Landscape*]的那本奇特著作的一部分。科曾斯在书中提倡他所谓的“墨迹”[blotting]的方法——使用偶然形成的墨迹作为胸怀大志的业余画家的风景画母题的启示。当时，这种方法大受嘲笑。保罗·奥派[Paul Oppé]最近为这位艺术家撰写的权威性传记中甚至还不得不为他辩护，对那种指责他纯靠偶然的做法进行反驳。科曾斯所作的序言表现出他对于构思形状所涉及的因素有更多心理学的理解。他提出的方法是对传统的艺术教学法的蓄意挑战。

> 毋庸置疑，摹写别人的作品耗费了过多的时间，这导致削弱发明能力；我毫不踌躇地断言，可以用过多的时间去摹写大自然本身的景色。
>
> 我感到痛心，因为还没有一种机械方法足以迅速地……引出喜欢研究设计艺术的机敏心灵和种种观念。
>
> 画速写……是把心灵中的观念迁移到纸上……圣迹则是制造各种不同的斑点……产生一些偶然的形状……各种观念由此浮现于心灵……画速写是用线条描画出观念：墨迹则提示这些观念。

科曾斯提出的方式跟150余年后罗夏研究出的诊断工具之间可能存在着某种历史联系。德国浪漫主义诗人贾斯蒂努斯·克纳[Justinus Kerner]也许提供了这一缺少的联系环节，他用对折纸页上的墨迹激发自己和朋友们的想象力，并写了许多诗记述这些产物暗示给他的种种离奇的幽灵怪相。克纳是唯灵论者[spiritualist]，在他的对称的墨迹中看到的大都是鬼怪。在科曾斯看来，墨迹是提示风景画母题的一种方法。二者的差异说明是被描述为心理定向的选择在发挥作用。我们前面已遇到过这个观念。它包括那些要影响我们的知觉的态度和预测，它们使我们准备好去看到或听到某一事物而不是另一事物。应用罗夏测验的精神病医生总要避免影响他的病人的心理定向——不过这能否完全办到尚有怀疑。相反，科曾斯却求助于业已调谐好的心灵。他的学生们利用墨迹是为了获得创作风景画的观念，因此，他们从墨迹中发现的就是风景画的母题……

然而，我们要是说科曾斯的学生们受到的训练是从他的墨迹中看到一些风景，或许还是过于简单化。他们看到的以及希望看到的是风景的绘画。他们是18世纪的男女，他们是在对克劳德的赞美声中长大。正是这些速写，为如画理想[picturesque ideals]树立了标准，而他们想仿效的也正是这些速写。他们已有一种现成的艺术形式语言准备投射到那些墨迹中。他们期望的是那些观念的新的组合和新的变化，而不是一套全新的语汇。

因此，难得有什么实例比这些科曾斯"新方法"的示范更清楚地表现出制作和匹配、暗示和投射之间相互作用的复杂过程。如果对于克劳德的风格一无所知，英国的绘画爱好者就绝不会想到在本国的风光中发现他所谓的"如画的母题"[picturesque motif]。但是，这种习惯以及反过来由这种习惯而产生的图画，又进一步做好准备要在稍似风景素描的一切事物中——即使是用中国墨在一张纸上染成的墨迹中——看到这些久蓄心中的形状。稍事调整就足以使它成为一幅仿效克劳德的母题的清晰可辨的风景画。

这可能是制作支配匹配的一个极端的例子，但是，它所使用的原则在一切艺术中都不同程度地发挥着作用。在荷兰17世纪作家霍格斯特雷滕[Hoogstraeten]记述的一段逸事中或许可以发现最为接近科曾斯方法的实例。我们在书中读到，有三位荷兰风景画家打赌，看谁能在最短的时间里画成一幅风景画。其中一个叫尼普伯根[Knipbergen]，"像一个迅捷的抄写员一样"写下了他的母题——我们可以认为，他曾学过我们上一章所讨论的课题。然而杨·凡·格因[Jan van Goyen]作画的方式大不相同，他把颜料涂到画布上——这里浅一块，那里深一块——看上去直至像一块带有条纹的玛瑙石，然后他"毫不费事地"使一片杂乱无章的颜料令人惊讶地显示出一幅完美的画。格因利用了他在画布上的准备工作和底色，就像利用供他往上投射自己心爱的母题的墨迹一样。只要看一下这位艺术家的一幅绘画，就能看出这段逸事的根据所在。按照这位荷兰作家的记述，上面这两位艺术家都没有获胜。胜利属于皮尔塞勒斯[Perselles]，他不动画笔，任凭时间流逝。他先在心中绘成他的画，然后动笔一挥而就。

这最后一种理性规划的方法无论有什么优点，都有迹象表明，世界不同地区的风景画家不约而同地都发现了投射的价值。最有趣味的类似情况来自中国。据说11世纪的艺术家宋迪曾对陈用之的风景画作过如下评论：

> "汝画信工，但少天趣。""汝先当求一败墙，张绢素讫，倚之败墙之上，朝夕观之。观之既久，隔素见败墙之上，高平曲折。皆成山水之像。心存目想：离处为山，下者为水，坎者为谷，缺者为涧，显者为近，晦者为远；神领意造，恍然见其有人禽草木飞动往来之像，了然在目，则随意命笔，默以神会，自然境皆天就，不类人为，是谓活笔。"用之自此画格进。

人们经常提到，这位中国艺术家的忠告跟莱奥纳尔多·达·芬奇的《绘画论》[Treatise on Painting]中的段落相似乃尔，令人惊讶。实际上，正是莱奥纳尔多的著作把这种新方法提示给科曾斯，科曾斯所依赖的正是莱奥纳尔多的权威性。莱奥纳尔多那些话中有一段最著名，其中谈到他的“激起发明精神”的方法：

> 你应该看看某些潮湿污染的墙壁，或者看看色彩斑驳的石块。如果你一定要发明一些背景，就能从这些东西中看到神奇风景的形象。饰有形形色色的群山、废墟、岩石、树丛、平原、丘陵和山谷；你也能从中看到战斗场面和正在施行暴力的奇怪人物，有种种面部表情，各式各样的衣服，还有无数离奇的东西你都能把它们划归为完整的正常形状。在这种墙壁中跟在钟声中的情况一样：你能想象到的单词，要哪一个你都可以在钟声中听到。

莱奥纳尔多还有一些更为有趣的段落，其中讨论了诸如云彩或浊水等“混乱的形状”所具备的激励心灵从事发明的能力。他甚至劝告艺术家避免谨小慎微的传统素描方法，因为迅疾、不整的素描又会给画家提示新的可能性。他像上述逸事中的格因一样，利用自己未完工的作品作屏幕，把他的观念投射到上面。

大概我们现在已有更充分的准备，可以重新研究上一章中提到的心理学家F. C. 艾尔描述“训练有素的画家”的作画程序的一段引文：“训练有素的画家学会大量图式，依照这些图式他可以在纸上迅速地画出一只动物、一朵花或一所房屋的图式。这可以用作再现他的记忆图像的支点，然后他逐渐矫正这个图式，直到符合他要表达的东西为止。”

被这位心理学家说成艺术家记忆物支点的创造，恰恰是投射的方法。它是制作和匹配相互作用过程的另一个方面；艺术家在纸上做出一个构形，这个构形将为他提示一个图像。不过，他最好让他的图像灵活可变，这样，在投射过程中无论遇到什么困难，都可以得到调整和纠正。

由这个观点来看，艺术家向它投射图像的那个初始形状是人造的还是发现的，这确实不太重要。重要的倒是从这个初始形状中能够画出什么东西来。

莱奥纳尔多并没有忘记把这一课讲到家。在他的论文中引人入胜地记述了一段谈话。这一定是他和波蒂切利[Botticelli]的谈话，谈的是艺术家必须多才多艺，必须通晓可能不得不收入画面的一切事物的构造。“我们的波蒂切利”曾主张这样的研究并无必要，“因为只需将一块饱蘸颜料的海绵向墙壁上一抛，就留下一块色迹，从中能得到一帧漂亮的风景。”莱奥纳尔多说道，确实，在这样一块色迹中你可以看到“你希望从中寻求的任何东西”。但是，虽然它们给你提供种种发明，却不会告诉你怎样处理细部。“那样的画家，”莱奥纳尔多下结论说，“画的风景画最糟糕。”在这段文艺复兴时期的画室谈话中，有许多回忆往事之处也许值得追溯。抛掷饱蘸颜料的海绵这个故事来自普林尼，他十分称赞机遇[Chance]在艺术发明中的作用：一位画家力图再现狗嘴里吐出的泡沫，却枉费心机，最后在灰心丧气之下把一块海绵向画板抛去，瞧！竟达到了心目中的效果。但是，对于一些偶然形状以及向它们进行图像投射所产生的新兴趣，真正的根源一定是阿尔贝蒂。在前面的一章中，我曾有必要地引用了他的艺术起源于偶然形状的理论，并且研究了他的理论有何道理。当然，在大多数文化中，在偶然形状中发现图像的做法仍然只是艺术边缘上的新鲜玩意儿。

算命先生可能还要把胎痣或茶叶渣读解为一些大有讲究的形状，或者在除夕时玩笑似的或认真地研究铸造出的铅的形状。旅游者会看到一些呈动物形状的石头，而围绕那些呈人形的岩石，总要编出各种传说。天然的物体若酷似人们熟悉的东西，就被收集起来，当做Lusus naturae（反常现象），感到畏惧。但是，除非有艺人把这样一块石头或珍珠镶入了适当的底座形成完善的图像，否则很少有艺术家会注意到这些偶然现象。早期的一个例外是曼泰尼亚[Mantegna]，我们在他画的云中可以看出人的面孔，表明他对想象力的作用感兴趣。只是在近年，某些艺术家才重新注意怪模怪样的卵石或一块浮木之类的objet trouév（俯拾之物）。但是，在这些古怪的东西中，甚至在莱奥纳尔多和科曾斯借投射激发创造性想象力的那些方法中，我们都不能真正了解那股力量在艺术的交流合作过程中的重要性。只有考虑到观看者的心灵，它的重要性才会表现出来。

三、著作导读

1956年，在华盛顿国家美术馆举办的“A. W. 梅隆美术讲座”上，贡布里希开设了题目为《可见世界和艺术语言》的讲座，该讲座共进行了7次。讲座为他赢得了世界性的声誉，也建构了《艺术与错觉：图画再现的心理学研究》的主要内容。该书分为导论、心理学和风格之谜、写真的界限、功能和形式、观看者的本分以及发明和发现等几部分，核心问题就是从知觉心理学的角度来解释风格问题，正如贡布里希所说：“然而本书实际所论却是：种种再现风格一律凭图式以行，各个时期的绘画风格的相对一致是由于描绘视觉真实不能不学习的公式。”①

传统上，人们认为风格是时代的表现，在贡布里希看来这并不能够说明什么，“我在写作本书时，不能不抛开某些艺术史研究中出现的那些简单的解释，例如把艺术风格的变化看成复现世界经历的实际变化的观点。”②艺术分为“概念性艺术”和“自然艺术”，前者是儿童或者是人类祖先画画的方式，他们所画是所知道的世界的某种象征，而并不是世界本身，而后者则是以观看为基础的现代西方写实艺术。这种划分歪曲了艺术的本质，因为任何艺术家都只能用他所学到的方式绘画。这种方式即贡布里希沂认为的图式。所谓图式贡布里希认为“图式并不是一种‘抽象’过程的产物，也不是一种‘简化’倾向的产物；图式代表那首次近似的、松散的类目，这个类目逐渐地加紧以适合那应复现出来的形状”③。图式受制于传统，艺术家观察客观世界时，只有那些和图式相匹配的景象才能够成为注意的中心。“风格跟手段一样，也创造了一种心理定向，使得艺术家在四周的景色中寻找一些他能够描绘的方面。绘

① [英]E. H. 贡布里希：《艺术与错觉：图画再现的心理学研究》，中文版序言，1页，南宁，广西美术出版社，2012。

② [英]E. H. 贡布里希：《艺术与错觉：图画再现的心理学研究》，中文版序言，2页，南宁，广西美术出版社，2012。

③ [英]E. H. 贡布里希：《艺术与错觉：图画再现的心理学研究》，64页，南宁，广西美术出版社，2012。

画是一种活动，所以艺术家的倾向是看到他要画的东西，而不是画他所看到的东西。”①

图式对于艺术家和艺术家的风格有着最初的影响，他们也在通过现实中的认知，不断修改这些程式，让他们的知识能够更好地反映世界，即通过图式和矫正的过程，艺术家把世界的表象不断细化，并且试图在各个方面都能够更好地反映世界，走出眼睛带来的错觉，接近艺术的真实。种种修正的完成还依赖于心理定向的配合，所谓“心理定向”通俗地讲就是我们只能看到我们自己想看到的东西，能看到什么取决于我们已有的知识。这就是从《艺术的故事》以来贡布里希所探讨的“看”与“知”的关系。一方面世界具有多义性，另一方面画面中有给我们进行心理投射的留白，因而我们理解艺术品乃至理解世界，就是进行一个投射——检验——再投射的心理过程。艺术家创作艺术品，也就是进行制作——匹配——再制作的过程。而投射或者制作都依赖于我们自身的图式，以及图式背后的传统和知识。

节选部分从艺术家作为观看者的角色来审视图式与投射，也暗含了观看者与艺术品的传播互动关系。

漓江两岸的山峰，从象鼻山到骆驼峰，形态万千。天上的云彩，随着风力飘荡，形状各异，皆是观看者内心的投射。贡布里希引用了莎士比亚的《安东尼与克莉奥佩特拉》中关于云彩图像的描绘，以及毕达哥拉斯派哲人阿波罗尼俄斯和同伴达米斯有关模拟本性的探索性对话，借以指出，云彩的各种造型，是我们用手和心灵模仿的制造物，同时还是仅仅运用心灵制造的写真之物，从而引出了在了解艺术家描绘图像方面，我们即观看者的本分。亦即观看者的图式制约了写真之物的解读，“我们把这些偶然形状读解为什么形象，取决于从它们之中辨认出已经存储在自己心灵中的事物或图像的能力。比如总把这样一个墨迹解释为一只蝙蝠或者一只蝴蝶，就意味着某种知觉分类的行为——在我心灵的归档系统中，我把它跟我曾亲眼见到过或梦见过的蝴蝶归为一类”②。

观看者不仅是艺术家本人，同时还有受众。来自可见世界的信息需要艺术家译成代码，而代码在传递过程中，同样需要作为受众的观看者的译码。图式不仅作用于艺术家，同时也作用于观看者。图式成为艺术创作与传播中认知的重要因素。

对于艺术家而言，图式是艺术家语汇的起点。在这里，贡布里希引入了心理学中的一个重要词汇——“投射”(projection)。在“罗夏测验”(Rorschach Test)中，一批标准墨迹(standard inkbolt)交给受试者进行解释，同一块墨迹既可以被读解为蝙蝠，也可以被读解为蝴蝶，解读的答案众多。对此，罗夏解释说，在人们心灵中的印象归档与投射引起的各种解释之间，只有程度的差异。因而，自然对象和再现之间也只是程度的差异而不是种类的差异；因而，一片云、一座山就有可能成为一种动物。

这种投射是重要的创作机制，“它是制作和匹配相互作用过程的另一个方面；艺术家在纸上作出一个构形，这个构形将为他提示一个图像。不过，他最好让他的图

---

① [英]E. H. 贡布里希：《艺术与错觉：图画再现的心理学研究》，73页，南宁，广西美术出版社，2012。

② [英]E. H. 贡布里希：《艺术与错觉：图画再现的心理学研究》，155页，南宁，广西美术出版社，2012。

像灵活可变，这样，在投射过程中无论遇到什么困难，都可以得到调整和纠正。由这个观点来看，艺术家向它投射图像的那个初始形状是人造的还是发现的，这确实不太重要。重要的倒是从这个初始形状中能够画出什么东西来"①。不仅如此，在这投射机制之中，在人们的心灵归档系统中，还能找到艺术的起源。

而对于观看者而言，那些偶然的现象，需要经过艺术家的形式处理，才能够进入注意力的范围，从而投射再起作用，建构了艺术交流合作的机制，正如贡布里希所说，"只有考虑到观看者的心灵，它的重要性才会表现出来"②。

（撰稿人：潘可武）

① ［英］E. H. 贡布里希：《艺术与错觉：图画再现的心理学研究》，160页，南宁，广西美术出版社，2012。

② ［英］E. H. 贡布里希：《艺术与错觉：图画再现的心理学研究》，161页，南宁，广西美术出版社，2012。

美学与哲学

一、著作信息

作者： 米盖尔·杜夫海纳，法国美学家，现象学美学的主要代表之一。毕业于巴黎高等师范学校，曾任普瓦提埃大学、巴黎大学等大学教授。后为法国《美学评论》杂志社社长。

译者： 孙非，1968 年毕业于南京大学。1978 年入中国社科院研究生院，师从李泽厚学习现代西方美学，并有若干著作和译作。

版本： 中国社会科学出版社 1985 年版。

二、著作摘录

前言：美学对哲学的贡献

人类在制造概念或机器之前，在制造第一批工具的同时，就创造了神话，绘制了图像。但是，首先创造的是宗教还是艺术这种争论，在人类的幼年期也许是毫无意义的，因为宗教与艺术的分家是以后的事。在这里，我们只要知道自发的艺术表现了人与自然的联系就够了。而这正是美学所要思考的。美学在考察原始经验时，把思想——也许还有意识——带回到它们的起源上去。这一点正是美学对哲学的主要贡献。

但是，美学并不去追溯人类的蒙昧时代，因为它不是史学，它所探求的史前史并非无历史的“社会史前史”，而是在历史之中的首创精神的史前史。在任何时代，都是由首创精神建立起文化并开辟历史的。是的，每一种首创精神，如一个人投向风景的新眼光或创造一种新形式的新动作，都记载在文化之中。美学的注意力集中在文化之物的范围内。那么它力求做什么呢？它力求除了把握与文化之物既相对立又相联系的自然之物之外，更主要的是把握本原，即审美经验本身的意义，这既包括构成审美经验的东西，又包括审美经验所构成的东西。要进行这种研究，人们就一定会求助于康德。康德认为，使审美经验成为可能的永远是批判的问题，人们可以把批判引向现象学，然后再引向本体论，并研究这个问题。康德的另一个考虑，是确定这一经验使什么东西成为可能，以及它如何保证对真理的探求和证实人类的道德使命。因此，就让我们无拘无束地引述《判断力批判》这部著作吧。

然而，在涉及批判问题之前，我们必须描述一下审美经验。这种描述提出的第一个问题，也是美学已经与哲学相结合的一个问题：即人在感到美时处于一种什么样的状态？也就是说，在他能够根据趣味的规范性评价美并根据想象力产生美时，他处于一种什么样的状态？美是其他价值之中的一种价值，美通向其他价值。那么，什么叫价值呢？价值不仅仅是被寻求之物，而且也是被得到之物。它是迎合我们的某些倾向、满足我们的某些需要的物品或利益的特性。对价值的要求植根于生命之中，而价值则植根于某些对象之中。绝对有价值的东西并不是真正有绝对的价值，而是相对于作为主体的这个绝对物而言，是当主体对于能够满足他在饮料、正义或爱情方面的渴求的一个真实的或想象的对象感到满足或需要满足时才有价值。在人类身上，有一种对美的渴求吗？答案应该是肯定的，即使把这种渴求看作是被文化唤醒的、或者至少是被文化指引的一种人为的需要也罢。而创造文化的永远是自然，即使它是为了在文化中否定自己。这一渴求可能既不非常迫切，也不十分自觉(这就说明何以我们的文明并不经常考虑它，而是倾向于优先考虑有用性，如在建筑中和在生活环境的布置中就是如此)，而只有在被满足之后才得到人们的认识。被什么东西满足呢？被那些只是呈现但在感性中却得到辉煌的充分肯定的对象所满足。美就是这种从事物之中被感受到的事物的价值，是那种在表象的独立自在之中直接显现的价值；在那种情况下，知觉不再是一种实用的反应，实践不再是功利性的。在审美经验中，如果说人类不是必然地完成他的使命，那么至少也是最充分地表现了他的地位：审美经验揭示了人类与世界的最深刻和最亲密的关系。他需要美，是因为他需要感到自己存在于世界。而存在于世界，并不是成为万物中之一物，而是在万物中感到自己是在自己身上，即使这万物是最惊人的、最可畏的，因为万物都是有表现力的。或者说，审美对象在自己的躯壳内产生一种感觉，犹如风使大草原具有生命力一样；它是向我们作出的一种信号，要我们只参照信号。为了具有意义，对象无限化，变成了一个独特的世界，它让我们感觉的就是这个世界。这个对我们说话的世界向我们说的是世界，丝毫不是观念、抽象的图式、添加于视觉之中的无视觉的景象，而是成为一个世界的一种式样、在明显的感性中的一个世界的原则。可见物的表面，也就是梅洛·庞蒂(Merleau-Ponty)所说的，“使它配有不可见的储备的东西”，就是这表面所含有的、构成表面的感觉的这个世界。这是一种在身体最深处回荡的感觉，但是它不像狩猎物、障碍、工具或者甚至谈话，它根本不要求活动，这种感觉仅使人感觉到，它的理想性还不过是一种想象性。因此，审美经验现象学就直接遇到了在呈现中再现的发生即感觉的产生这一基本问题。人们因此可以理解，梅洛·庞蒂为什么思考艺术的非直接性语言和无声的呼声的问题。

感觉只有当意识的所有能力都在感觉中得到显示时才能在这一经验中出现。审美知觉确是这种充分展开而又美好的知觉，它证明这些能力并激起对这些能力的反思。同时，它对意识宣布和准备未来，它为意识的未来奠定基础，如同我们在上面所说的那样。首先，人类能够感到美，康德说，这确实说明了人类的道德能力。只有当各种能力的运用就像被升华了时，它们才能自由协调，在我们身上唤起某种愉快的感觉。当概念扩展成为审美理念，当百合花的白色变成纯洁的象征时，理解力就被超越而走向理性。只有在这时，想象力才突破理解力的统治而去思考对象的形式，并“在形象的静观中进行活动”。因此，协调处于超感性中的一个集中点，这一集中点证明了人类的理性使命和人类在实践领域中的道德使命。要赞同这种分析，不需要把超感性设想成对感性的一种彻底超越，把道德设想成对一种超越任何内容的纯粹形式的顺从。我们从康德那里采纳的，首先是所有能力有自发的、美好的和谐这种思想；审美经验使我们同自己和解；当我们自己对对象的呈现开放时，我们不否认自己的认识能力，我们让一种感觉渗透自身，这种感觉大概是不确定的，但却是迫切的，可能是道德属性的象征，正如山峰作为纯洁的象征，或者暴风雨作为激情的象征一样。此外，美并不像任何刺激物那样产生刺激，它只是产生启示，它调动整个心灵，使它自由自在。正是在这个基础上勾画出道德的形象，前提是，这些形象既需要人格的全部参与，又需要有超越真实之物走向能成为一种理想的非真实之物的能力。

然而，人的全部心灵也是走向真的。追求真理的判断力自身就牵连到各种能力的协调，而决定的判断力之所以能表现出立法者理解力的权威，只是因为反思的判断力首先表示出各种能力有协调的可能。因此，审美经验证明人类有从事科学的能力。当然，科学是由实践引起的，尤其是由这种实践的失败引起的。作为理论而言，科学首先是概念的建造，然后是机器的建造，机器是按照概念制造物体的，所以科学来自思维，即判断力。当想象力不受理解力的任何控制，像在梦中那样自由驰骋时，这种思维就成为妄想。但是当表象具有意义，或者当表象由于才华的作用变成审美理念时，这种妄想就平息下来，成为理性的希望。诗无疑不是科学，但它为科学作准备。它不仅透过认识论的障碍去激起实证思想，而且还使理解力在仍然是想象的对象上得到锻炼。同时，诗也肯定科学：一种理论的真理总有它的优美之处，就像美是真的一种保证那样。事实上，任何理论，即使还没有形式化，它已是有形式的了，而且只有在形式上真实时，在内容上才能真实。因为，它所许可的演绎首先应该根据形式标准证明它们的有效性。在审美经验中所显示的恰恰是形式；甚至在内容(matière)方面的想象，在巴希拉尔(Bachelard)看来，也是诗歌语言的形式素质激起这种想象的，只要内容的梦幻者是“一个词的梦幻者”。此外，内容总是具有一定的形式的。然而，人们会说，适合逻辑必然性的逻辑形式，与依靠某种感性必然性的格式塔(Gestalt)毫无共同之处；逻辑必然性以语言即一种逻辑符号体系作为前提，而在艺术中，除诗歌之外是毫无语言的。同样，规定某种实践的美学形式主义与建立某种理想对象的逻辑形式主义，也是截然不同的。情况确实如此。但是，尽管逻辑形式仅仅为能具有纯粹性和严格性的思想而存在；它却具有某种“形式”，这种形式虽不能被感觉，但仍然求助于感性，仿佛理想的对象有一种理想的连接式样似的。另一方面，如果规范的形式主义不使灵感枯竭的话，艺术实践就能够创造真实的、非理想的对象，以“引人思考”，也只有在这个条件下审美对象才令人愉快；否则，这个对象就令人无动于衷，或者仅仅是令人愉快的和空洞的。这一思想肯定还不是某种论域的形式思想，也不是科学领域的实证思想，它实际上是对一个世界的情感，对真实的一种可能的情感。然而，建立作为真实的脉络的逻辑所可能进行的操作，也许就是在想象的行为中进行准备的。这种想象行为，在把握富有感觉的形式时，是面向世界的非真实的形象的。这些形式上的性质，给予一座建筑、一首奏鸣曲或一片风景以成为一个可能的世界的变化无穷的能力。把握这些性质，就是在情感范围内模仿那种为解释表象而建立一些逻辑形式主义的合理的推理方法。因此，人们会说，美有助于知识，恒量、秩序、规律的基本观念，是由美的对象的某些性质提示的；人们也会说，某些造型的或音乐的对象的创造，要求诸如计数、衡量、排列之类的活动，在这些活动中，想象已经是示意的，而且这些活动是仿效科学的程序的。其次，当科学的推理方法被加以运用之后，当表象被攻破和掌握之后，对感性形式的趣味就会更加激起对存在之圆满以及我们与存在天然亲密的那种不可替代的情感。

因此，美的经验要求哲学去思考"形式"这个词的意义的统一性(对"结构"一词亦然)，也就是说，去思考审美对象所专有的被作为有意义的格式塔给予的感性形式和为了理解真实对象、以一个理想对象替代真实对象的各种形式主义所制定的理性形式这二者之间的关系。换言之，美的经验要求去思考巴希拉尔所说的"如同绝妙的对立物相互补充的"这两种活动——诗歌与科学——的统一性。

然而，同样的经验或许提示我们说：这种统一性的根源不在人类的逻各斯(Logos)之中，不在构成的活动之中，而在自然之中。因为人们只要避免转向神学，可以说，是审美经验提示哲学要从先验走向超验，从现象学走向本体论。还是康德教导了我们。他本人偏爱自然美，并在揭示了审美判断中的各种能力的自由协调之后，又思考了自然与我们的能力的偶然协调。是的，当代美学虽然如此注意于在艺术家身上揭示出类似那个建立科学的自我(ego)的一种先验的自我的活动，但它却逐渐忘记了自然产生美的这一点。艺术家往往要提醒美学家说，他是受自然的启示的，既按照其使命，又按照其行为，即使看起来他背离自然，他也是在表现自然。在知识的推理方法中，抽象所追求的是它所由产生的真实，同样，在艺术生产中，抽象所说的是仍然是世界向艺术家所提出的那个世界。尤其是艺本家，他被世界的美所激动，从而去生产自然能在其中得到表现的美。通过美，自然表现了对我们的好意。正如康德提醒我们的，审美判断所涉及的目的性可能是一种无目的的、主观的、形式上的目的性，其现实性存在于"我们的主观能力的关系的内在目的性之中"。但是，归根结底，自然与我们是协调一致的：自然似乎模仿艺术，艺术生产是有意识地为我们知觉的愉快而安排的。那么是否应该说，这种协调只是偶然的呢？是的。如果仅仅从批判的观点去考虑自然的话，就像那多变的经验，它是理解力所赋予形式的原材料。然而美的现象要求改动自然的观念。能够形成美的自然，通过经验的多样性来看，就是一种隐藏着的力量、盖亚(Gaia)、母亲，也是召唤丈夫的妻子，但并不像内容希求形式那样，因为内容已经被形式或图像揭示出来了，而是像无意识希求意识，黑夜希求白天那样。那经验的多样性从来就不是真正自然的，因为它已经不断地加上了手和人类的理解力的标记。人类只因为自己是自然的产品、自然的儿子，才是这个自然的关联之物；自然对人类说话时，给人类许多它显示自身的图像，以便人类能够谈论它。它的好意既不是虚构的，也不是偶然的。这绝不是说自然是事先考虑的。只有人类才提出目的，这是因为他自身就是由一种只有在自己身上才能被认识的力量当作目的而产生的。因此，艺术响应自然发出的这一召唤：艺术在表现自然所孕育的那些世界时表现自然，它赞颂自然。

但是，科学家和道德家也以自己的方式作出响应。因为，自然也对他们发出同样的召唤，给予同样的启示。科学创立有关某些领域的理论，这些理论力求汇集在宇宙的一个形象上。这时，科学说的也是自然，不过方式不同罢了。自然当然必须配合科学，朱砂的性质当然必须是永恒的，简单的物体当然不是太多的：给定物的可理解性，内容的真和形式的真二者几乎神奇般的契合，这些如果能用先验和后验的相互发生去加以解释的话，它们的根源可能就在自然之中，在自然启示的光明之中。同样，技术实践就其本质而言，根本不对自然施加暴力，而是与自然友好，认识自然，实现自然；它既不去歪曲自然，也不一定就使人异化。最后，道德行为，它力求在世界上实现自由的概念，通过历史的可怕曲折过程，努力去推进有目的的共和国。它针对的是自然与人的终极关系：民事宪法应该由人类根据自己的理性去制订，丝毫不要违背自然。如果说某一进步是可能的话，这是因为自然需要在人类身上和世界上有文化，作为发扬它的东西。因此，力求在感性力量的盲目作用中得到实现的超感性，也许就是次感性的愿望，就是作为基础的自然的愿望。

因此，在人类经历的各条道路的起点上，都可能找出审美经验：它开辟通向科学和行动的途径。原因是：它处于根源部位上，处于人类在与万物混杂中感受到自己与世界的亲密关系的这一点上；自然向人类显出真身，人类可以阅读自然献给他的这些伟大图像。在自然所说的这种语言之前，逻各斯的未来已经在这相遇中着手准备了。创造的自然产生人并启发人达到意识。这就是为什么某些哲学偏重选择美学的原因，因为这样它们可以寻根溯源，它们的分析也可以因为美学而变得方向明确，条理清楚。

三、著作导读

杜夫海纳的这部《美学与哲学》提出了一个非常重要的论题——美学与哲学的密切关系问题，二者的联姻可谓历史悠久。自古希腊柏拉图提出“美是什么”开始就注定了美学研究具有了哲学意味的思辨性特征，之后的美学一直以艺术哲学的面貌藏翼于哲学门类之下，如哲学执着于抽象的普遍性意义探寻一样探讨着“美的本质”等基本问题，试图追寻五彩缤纷的美的感性世界中蕴含的万变不离其宗的具有统摄性的根源——抽象思辨的美的规律，之后的美学研究虽然不断地变换着提问方式，但都在透过变幻莫测的表象揭示某种内在的普遍性，表现出强烈的形而上的思辨性特征，而且，这些美学家首先都是著名的哲学家，他们进行的美学研究往往本身就是出于对哲学体系构建的初衷需要，并且，美学也的确成为其哲学大厦不可或缺的有机构成部分。

美学学科研究深受哲学观念与方法的影响，无论是学科框架的搭建，还是理论范式、话语体系的运用，从本质问题的追问到方法论意识的凸显，都呈现出强烈的哲学印记。更具讽刺意味的是，那些以讨伐黑格尔形而上学的面目登场，高举反哲学理性传统大旗的现代美学流派，却以思辨严密的理性构建起倡导非理性主义的哲学体系，在解构传统哲学的同时又堆砌了新的哲学大厦，运用理性武器论证了非理性的正确性，他们陷入了卖矛又卖盾的窘境，再次以否定方式确证了美学与哲学的盟友关系。

杜夫海纳是现象学美学的主要代表人物。杜夫海纳认为人与自然沟通的桥梁就是人的审美感知，当投入伟大自然世界怀抱之时人类才能真正感知自然的既非物质的实用意义，也非认识意义的真谛，由此确定了艺术活动所具有的独一无二的基于人的感受力的可以沟通人类与自然之间关系，从而获得对自然真切感知的地位和作用。杜夫海纳以经验主义化的视角与方式改造了英伽登的现象学美学理论，将以往的聚焦于艺术创作活动主体的"意向性"转向艺术接受主体的"审美经验"维度的揭示，于是，主体的审美感知和审美对象以及二者之间的有机联系就上升为其理论探讨的核心，他认为，审美对象诞生的逻辑前提是艺术文本同审美知觉融为一体。他认为，审美知觉包含审美呈现、审美再现和想象、反照和情感三个阶段，在这个逐步上升的过程中，审美主体与审美对象互动建构起审美经验。

《美学与哲学》除了前言，另有三个部分："第一部分：美学中的哲学问题""第二部分：艺术与符号学""第三部分：今日之艺术"。导读部分选自前言这部分内容。

在前言中，杜夫海纳认为，由于自发的艺术反映了人与自然的联系而成为美学的研究对象，这种原始起源问题的探究恰是美学对哲学的主要贡献。由此他开门见山地提出了审美经验问题——既包括构成审美经验的内容，也涵盖审美经验所包含的因素。审美经验就成为杜夫海纳研究的核心问题。

杜夫海纳从多元价值层面讨论审美经验的问题。他提出的问题是"人在感到美时处于一种什么样的状态"，即"在他能够根据趣味的规范性评价美并根据想象力产生美时，他处于一种什么样的状态"，而美又是价值中的一种并通向其他价值。在论述价值的基本规定性后，杜夫海纳肯定了价值是"迎合我们的某些倾向、满足我们的某些需要"的客体特性，是"绝对有价值的东西……是相对于作为主体的这个绝对物而言，是当主体对于能够满足他……渴求的一个真实的想象的对象感到满足或需要满足时才有价值"，这样，他把价值的生成与存在置于主客体关系之中研究，无疑具有科学性。同样，人也有对美的渴望，这种渴望可以"被那些只是呈现但在感性中却得到辉煌的充分肯定的对象所满足"，"美就是这种从事物之中被感受到的事物的价值，是那种在表象的独立自在之中直接显现的价值"。那么，主体如何感知客体对象的价值？审美经验——它揭示了人类与世界的最深刻和最亲密的关系。值得圈点的是，杜夫海纳并没有简单地将美归结为客体的属性，而是深刻认识到具有什么属性的客体不再是自在的、自然的世界，而是"让我们感觉的就是这个世界。这个对我们说话的世界向我们说的是世界"。反之，我们的审美感觉"只有当意识的所有能力都在感觉中得到显示时才能在这一经验中出现"，而"审美知觉确是这种充分展开而又美好的知觉，它证明这些能力并激起对这些能力的反省"。[①] 杜夫海纳进而论述这种审美的性质，认为"审美经验证明人类有从事科学的能力"，"一种理论的真理总有它的优美之处，就像美是真的一种保证那样"；同时，"美……调动整个心灵，使它自由自

① ［法］杜夫海纳：《美学与哲学》，3 页，北京，中国社会科学出版社，2005。

在。正是在这个基础上勾画出道德的形象”，说明美与科学的真、与意志的善相关联的属性。

由审美经验的破题，杜夫海纳谈到“美的经验要求哲学去思考‘形式’这个词的意义的统一性(对‘结构’一词亦然)，也就是说，去思考审美对象所专有的被作为有意义的格式塔给予的感性形式”，因此，“审美经验提示哲学要从先验走向超验，从现象学走向本体论”。[①] 于是，审美经验的研究就将美学纳入哲学研究的视野之中。

（撰稿人：杨杰）

① [法]杜夫海纳：《美学与哲学》，6页，北京，中国社会科学出版社，2005。

理解媒介：论人的延伸

一、著作信息

作者： 马歇尔·麦克卢汉，加拿大传播学家。20 世纪 50 年代起，陆续出版《机械的新娘》《理解媒介：论人的延伸》《媒介即讯息》等著作，强调传播技术的革新对社会变动的促进作用。

译者： 何道宽，深圳大学英语及传播学教授、政府津贴专家、资深翻译家，曾任中国跨文化交际研究会副会长，现任中国传播学会副理事长、深圳市翻译协会高级顾问，从事文化学、人类学、传播学研究 30 余年，著作和译作近 50 种，逾 1400 万字。著作有《中华文明撷要》(汉英双语版)、《创意导游》(英文版)。电视教学片有《实用英语语音》。译作逾 40 种，主要有：《思维的训练》《文化树》《理解媒介：论人的延伸》《麦克卢汉精粹》《数字麦克卢汉：信息化新纪元指南》等。

版本： 商务印书馆 2000 年版。

二、著作摘录

媒介即是讯息

我们这样的文化，长期习惯于将一切事物分裂和切割，以此作为控制事物的手段。如果有人提醒我们说，在事物运转的实际过程中，媒介即是讯息，我们难免会感到有点吃惊。所谓媒介即是讯息只不过是说：任何媒介(即人的任何延伸)对个人和社会的任何影响，都是由于新的尺度产生的；我们的任何一种延伸(或曰任何一种新的技术)，都要在我们的事务中引进一种新的尺度。比如说，由于自动化这一媒介的诞生，人的组合的新型模式往往要淘汰一些就业机会，这是事实，是其消极后果。从其积极因素来说，自动化为人们创造了新的角色；换言之，它使人深深卷入自己的工作和人际组合之中——以前的机械技术却把这样的角色摧毁殆尽。许多人会说，机器的意义不是机器本身，而是人们用机器所做的事情。但是，如果从机器如何改变人际关系和人与自身的关系来看，无论机器生产的是玉米片还是卡迪拉克高级轿车，那都是无关紧要的。人的工作的结构改革，是由切割肢解的技术塑造的，这种技术正是机械技术的实质。自动化技术的实质则与之截然相反。正如机器在塑造人际关系中的作用是分割肢解的、集中制的、肤浅的一样，自动化的实质是整体化的、非集中制的、有深度的。

电光源的例子在这方面可以给人启示。电光是单纯的信息。它是一种不带讯息(message)的媒介。除非它是用来打文字广告或拼写姓名。这是一切媒介的特征。这一事实说明，任何媒介的“内容”都是另一种媒介。文字的内容是言语，正如文字是印刷的内容，印刷又是电报的内容一样。如果要问“言语的内容是什么”，那就需要这样回答：“是实际的思维过程，而这一过程本身却又是非言语的(nonverbal)东西”。抽象画表现的是创造性思维的直接显示，就像它们在电脑制图中出现的情况一样。然而，我们在此考虑的，是设计或模式所产生的心理影响和社会影响，因为设计或模式扩大并加速了现有的运作过程。任何媒介或技术的“讯息”，是由它引入的人间事物的尺度变化、速度变化和模式变化。铁路的作用，并不是把运动、运输、轮子或道路引入人类社会，而是加速并扩大人们过去的功能，创造新型的城市、新型的工作、新型的闲暇。无论铁路是在热带还是在北方寒冷的环境中运转，都发生了这样的变化。这样的变化与铁路媒介所运输的货物或内容是毫无关系的。另一方面，由于飞机加快了运输的速度，它又使铁路塑造的城市、政治和社团的形态趋于瓦解，这个功能与飞机所运载的东西是毫无关系的。

我们再回头说说电光源。无论它是用于脑外科手术还是晚上的棒球赛，都没有区别。可以说，这些活动是电灯光的“内容”，因为没有电灯光就没有它们的存在。这一事实只能突出说明一点：“媒介即是讯息”，因为对人的组合与行动的尺度和形态，媒介正是发挥着塑造和控制的作用。然而，媒介的内容或用途却是五花八门的，媒介的内容对塑造人际组合的形态也是无能为力的。实际上，任何媒介的“内容”都使我们对媒介的性质熟视无睹，这种情况非常典型。只是到了今天，产业界才意识到自己所从事的是什么业务。国际商用机器公司发现，它的业务不是制造办公室设备或商用机器，而是加工信息；此后，它才以清楚的视野开辟新的航程。通用电器公司获取的利润，很大一部分靠的是制造灯泡和照明系统，它还没有发现，正如美国电话电报公司一样，它的业务也是传输信息。

电光这个传播媒介之所以未引起人们的注意，正是因为它没有“内容”。这使它成为一个非常珍贵的例子，我们可以用它来说明，人们过去为何没有研究媒介。直到电光被用来打出商标广告，人们才注意到它是一种媒介。可是，人们所注意的并不是电光本身，而是其“内容”(实际上是另一种媒介)。电光的讯息正像是工业中电能的讯息，它全然是固有的、弥散的、非集中化的。电光和电能与其用途是分离开来的，但是它们却消除了人际组合时的时间差异和空间差异，正如广播、电报、电话和电视一样，它们消除时空差异的功能是完全一致的，它们使人深深卷入自己所从事的活动之中。

三、著作导读

(一)一个视角

麦克卢汉被誉为信息社会、电子世界的“圣人”“先驱”和“先知”。他出生于加拿大，求学于英国剑桥，在美国多所大学从事教学研究工作。他是20世纪名副其实的传播学大师，是最富有原创性的传播学理论家。他用艺术的方式进行探索，就意味着放弃逻辑推理式的话语，就是说放弃因为和所以那类的推断。麦克卢汉说："我不解释，我探索。"

不要以为读了这本书，就能够读懂媒介，因为这是一本越读越让人糊涂的书。所以大家在正式开读这本书之前，应该好好阅读一下"麻省理工学院版序——永恒的现在"，这个序言开篇主要表达的就是这个意思。不过序言也提到，1994年以前麦克卢汉在本书中的许多想法是匪夷所思的，但1994年在人类开始驶上信息高速公路后似乎理解起来就容易多了，所以从这一点上来讲，麦克卢汉不仅是一个理论家、一个传播学大师、一个教授，更像是一个预言家。或许预言家的思维都是超前的，反映在语言和表达层面就是古怪和令人难以理解的。这一点从《理解媒介：论人的延伸》每一章的小标题上就可以看出。除了显得佶屈聱牙的语言表达外，整本书旁征博引，随手拈来的西方艺术世界的各种典故，对没有一定西方文化背景的中国读者来说，还真是不容易理解。

因此，对于这本书，本章导读无意对其深入解读，只想客观地罗列一下其中的主要观点，简单谈一点自己的感受，旨在为大家阅读本书提供一个视角，至于本书丰富的媒介思想还是待你们阅读后自己提炼吧。

(二)主要观点

《理解媒介：论人的延伸》分为两个部分，第一部分是对媒介的宏大叙事，提出"媒介即是讯息""媒介是人的延伸""热媒介和冷媒介""地球村"等观点，第二部分则是对具体媒介的微观论述，分析照片、报纸、汽车、广告、电报、电话、电影等的发生发展。以下四个主要观点主要来源于第一部分。

首先，"媒介即是讯息"。

一般认为，媒介是信息传播的渠道，与作为内容的信息无关。但是，麦克卢汉提出"媒介即是讯息"，彻底改变了这种观念。所谓"媒介即是讯息"是说："任何媒介(即人的任何延伸)对个人和社会的任何影响，都是由于新的尺度产生的；我们的任何一种延伸(或曰任何一种新的技术)，都要在我们的事务中引进一种新的尺度。"

由此可以看出，麦克卢汉认为媒介对个体和社会的影响源于新的尺度的产生；任何一种新的媒介都会为人们的社会生活引进一种新的尺度；一种新媒介的出现总是意味着人的能力能获得一次新的延伸，从而总会带来传播内容(讯息)的变化。所以，这一思想强调媒介传递的真正"讯息"是它本身对受众的刺激，而非它所传递的内容；从长远的角度看，真正有意义的"讯息"并不是各个时代的媒介所提示给人们的内容，而是媒介本身。

媒介最重要的作用就是"影响了我们理解和思考的习惯"。人类只有在拥有了某种媒介之后才有可能从事与之相适应的传播和其他社会活动，即媒介引起了人间事物的尺度变化和模式变化，媒介改变、塑造和控制人的组合方式和形态。因此，对于社会来说，真正有意义、有价值的"讯息"不是各个时代的媒体所传播的内容，而是这个时代所使用的传播工具的性质、它所开创的可能性以及带来的社会变革。

随着媒介形式的多元化，大众传播媒介在信息传播方面的选择性与倾向性特征也越发鲜明。平面媒体之于区域性、结论性的文字类信息有着先天的优势，广播电视对于时效性、动态性的影像信息则是擅长，而基于互联网技术的各种新媒体则恰恰弥补了此前大众传播媒介的主体性、互动性、社交性不足的劣势，并推动媒介进化到一个新阶段。尤其近年来随着移动互联网的发展，智能手机成为一个无所不能的媒介平台，原本活跃于基于电脑屏幕的新闻网站、QQ、BBS、贴吧、博客等，在手机屏幕上已经由微博、微信以及各种各样的App所取代。这些不同的媒介技术和媒介形式正推动着全球信息传播格局的悄然变化，而中国的舆论格局甚至因此而改变。这一切都越发显示出“媒介即是讯息”这一思想的博大精深。

其次，“媒介是人的延伸”。

媒介是人的延伸。其实，任何一种工具都是人的某种器官的延伸，如轮子是对人的双脚的延伸，电话是对人的嘴巴的延伸，遥控器是对人的手的延伸，等等，而媒介其实只延伸了眼睛和耳朵。媒介所传播的信息，与艺术一样，都是将人的视觉与听觉器官即眼睛和耳朵作为最终接受器官。

但是在麦克卢汉看来，印刷媒介及其以前的各种媒介仅仅是对人的个别器官的延伸，文字和印刷媒介是人的视觉能力的延伸，广播是人的听觉能力的延伸，而电子媒介是传播媒介对人类感官中枢的影响，即人的视觉、听觉和触觉能力的综合延伸。关于电子媒介是人类感官中枢的延伸的解释，麦克卢汉的确从一个奇特角度将人的延伸一分为二：电子媒介是中枢神经系统的延伸，中枢神经系统把人整合成一个统一的整体；与此相反，机械媒介(尤其线性结构的印刷品)使人专精一门、偏重视觉，使人用分析切割的方法去认识世界。所以，麦克卢汉指出，电子时代的人应该是感知整合的人，应该是整体思维的人，应该是整体把握世界的人，电子时代的人应该是“信息采集人”。

显然，现代电子媒介尤其是电视正在改变人类受视觉支配的状况，电视不仅扩张了人类的视觉和听觉，而且因其强烈的现场感和接触感而扩展了人类的触觉，因此，现代人正在找回长期失落的“感觉总体”，重新回到一种感觉平衡的状态。

这一思想的意义在于，麦克卢汉不再把媒介当作冷冰冰的外在化的存在，而是认为媒介就是人的身体、精神的延伸。媒介改变了人的存在方式，重建了人的感觉方式和对待世界的态度。所以，麦克卢汉的“媒介即人的延伸”的观点具有重要的启发意义，但它并不是严密的科学考察的结论，而是建立在“洞察”基础上的一种思辨性的推论。①

观照当下，麦克卢汉如果九泉有知，肯定会说相对于电视媒介，网络显然对人类器官的延伸更具有综合性，视觉、听觉、触觉共同产生作用并且人与人能够彼此互动的媒介对人类社会的影响更为深远。不过，在20世纪60年代，麦克卢汉已经有此远见，实在令人钦佩。

---

① 郭庆光：《传播学教程》，119～120页，北京，中国人民大学出版社，2011。

再次，“冷媒介与热媒介”。

麦克卢汉认为媒介有冷热之分，热媒介传递的信息比较清晰明确，无须更多感官和联想就能理解；冷媒介相反，信息含量少，但需多种感官联想配合理解。

书籍、报刊、广播、无声电影、照片属于热媒介，口语、手稿、漫画、电话、有声电影、电视等属于冷媒介。

媒介的分类方法有很多种，但相比较而言麦克卢汉的分类比较古怪一些。比如，同样基于口语传播，广播属于热媒介，而电话属于冷媒介；同样属于电子媒介，广播属于热媒介，而电视属于冷媒介；同样属于文字传播，印刷(书籍、报刊)属于热媒介，而手稿则属于冷媒介；同属电影，无声电影属于热媒介，而有声电影属于冷媒介。

但是仔细思考一下，我们会觉得麦克卢汉的这种分类方法或许也有一定道理。他的道理在于人在信息传播过程中的参与程度的大小。所谓热媒介就是媒介在传播过程中信息清晰度高并且到位，受众在信息接受过程中不用或者较少程度调动自己的器官和思维参与其中，即所谓的参与程度小。而所谓冷媒介则是媒介在信息传播过程中信息清晰度较低，受众在信息接受过程中必须调动相关器官深度参与，即所谓的参与程度大。

麦克卢汉认为由于受众的参与程度小，热媒介的排斥性较强，而由于受众的参与程度较大，冷媒介的包容性则相对较强。正是基于两类媒体的区分，麦克卢汉对冷媒介、热媒介的态度也有所不同。麦克卢汉认为“热媒介只延伸一种感觉，并使之具有‘高清晰度’。高清晰度是充满数据的状态。热媒介要求的参与程度低；冷媒介要求的参与程度高，要求接受者完成的信息多”。从麦克卢汉的划分中我们可以看出以上媒介都是单向度的或不完整的对感知的延伸。鉴于这种情况我们可以断言在电脑之前的任何一种媒介都无法完成人类除了嗅觉和触觉以外的感官延伸的完整性。

最后，其他精彩观点。

麦克卢汉关于地球村的理论人所共知，此处就不再赘述。不过在其他章节，麦克卢汉还有不少精彩观点。

第一，在《理解媒介：论人的延伸》中，麦克卢汉预言了媒介发展的“人性化趋势”，这被后人称为“后视镜理论”，“我们透过后视镜看现在，我们倒退走步入未来”。有人认为“后视镜”一说是麦克卢汉一个价值连城的思想工具。这一观点可以给未来导航。我们可借以警惕错误和陷阱。用后视镜可以看得清过去和未来，麦克卢汉对这一观点的解释是：“我们面对一种全新的情况，我们往往依恋……不久前的客体。”

第二，在《理解媒介：论人的延伸》中，麦克卢汉还最早提出了媒介融合是一种必然趋势的观点。麦克卢汉认为任何一种新的媒介对人的感知的延伸都要改变各种感知的比率。“媒介作为我们感知的延伸，必然要形成新的比率。不但各种感知会形成新的比率，而且它们之间在相互作用时也要形成新的比率。”麦克卢汉指出了新老媒介的交替并不是简单的取代与被取代的关系，而是一种杂交的能量。但这种杂交的影响却是不明确的。因为麦克卢汉认为“两种媒介杂交或交汇的时刻，是发现真理和给人启示的时刻，由此而产生新的媒介形式”。任何新的媒介在延伸一种感知的同时也会对旧有媒介对感知的延伸形成一种压抑和削弱。

第三，麦克卢汉还不无忧虑地探讨了媒介何以使人自恋和麻木的作用机制，以及要防范和警惕的误区。

（三）一些余论

媒介与其他技术与工具一样，都是基于人类的生存与发展的基本诉求而产生的，只不过媒介是基于人类信息交往的诉求。亚伯拉罕·马斯洛将人的诉求分为五个层次（另有一说是六个层次），其中关于人的信息交往的诉求属于第三个层次的社交需求（爱情、友谊、归属感等），位于生理需求与安全需求之上，位于自我实现、尊重的需求之下，属于较高层次的诉求，也就是说是在解决温饱和生存等基本诉求之后才产生的较高级的诉求。

在人类社会的发展长河中，人类的诉求不断推动人类去探索发现世界、科学掌握世界，并逐步建立起从低到高、从简到繁的科学理论和技术体系。作为满足人类信息交往诉求的工具，媒介技术也呈现出从低端到高端、从简单到复杂、从单义到多义的进化式发展。原先的鸿雁传书、狼烟烽火、击鼓传花、鸡毛信等无不显示出人类的智慧。就中国古代四大发明而言，其中造纸术、活字印刷术两项都是关于人类信息交往的技术创造，可见信息交往对于人类文明发展的重要性。

科学技术的发展其实与人类的诉求之间时刻发生着互相促进、彼此激发的关系。在某种技术之上人类某种诉求得到满足之后，新的诉求就会被挖掘和激发出来，媒介技术的发展也是如此。例如，广播实现了声音的传播，人类就开始希望在传播声音的同时传播图像，于是后来就有了电视的发明，所以电视与广播是技术同源的关系。电视实现了视听信息从媒体机构到大众的点对面传播，但人与人的点对点则由通信技术来完成，从最初的只能传播文字的电报，到传播声音的电话，又从固定电话发展到可移动的“寻呼机”，再从可移动的“寻呼机”发展到时下流行的智能手机，尤其是智能手机与移动互联网的紧密结合，各种新媒体形态的不断涌现，使人类信息的交往水平达到前所未有的高度，人类从此进入“海量生产，按需分配”的信息“共产主义”时代。

梳理媒介发展史可以发现，每一种新的媒介技术或者媒介形态都是基于前一种媒介的不足而产生的，补偿性媒介的产生并不意味着完美无缺，它同样也会存在不足，之后的新媒介又会对它继续修正和提升。这一点也与莱文森的“补偿性媒介”理论存在相似之处。究其原因也不复杂，背后的主因就是人类信息交往诉求的无限性与人类科学技术进步的阶段性之间存在的差距，这样势必导致媒介发展呈现出螺旋式上升的形态。每一种媒介的发展都是技术发展的结果，而且每一种媒介都有先天的技术优势，这种先天的优势最后带来的红利将在一段时间使其占据上风，但这种优势不可能永远保持，因为技术的更迭式发展是永恒的。

不过无论怎样，人关于信息交往的诉求是推动媒介发展的最根本动力，而不是技术。但是离开技术，媒介的进化与发展却不可能存在。我们要辩证地看技术在媒介发展过程中的作用，认识到技术决定论的科学性，但同时更要看到媒介发展的人性化趋势既是技术发展的结果，更是人类自身发展的结果。如果认为媒介技术是社会变革和发展的唯一决定性因素，就肯定了媒介在时间和空间上对社会组织产生决定性的影响，但却忽略了生产关系和社会关系等各种复杂的社会因素的作用，这显然是有失偏颇的。

（撰稿人：张国涛）

镜与灯——浪漫主义文论及批评传统

一、著作信息

作者：M. H. 艾布拉姆斯，欧美现当代文学理论大师。作于1953年的《镜与灯——浪漫主义文论及批评传统》是现代文学理论的扛鼎之作，至今仍是文学批评学界的必读书。他的文字被认为是“批评权威的标准”。另著有《文学术语词典》《自然的超自然主义》等。

译者：郦稚牛、张照进、童庆生。

版本：北京大学出版社1989年版。

二、著作摘录

（一）

本书的书名把两个常见而相对的用来形容心灵的隐喻放到了一起：一个把心灵比作外界事物的反映者，另一个则把心灵比作一种发光体，认为心灵也是它所感知的事物的一部分。前者概括了从柏拉图到十八世纪的主要思维特征；后者则代表了浪漫主义关于诗人心灵的主导观念。这两个隐喻以及其它各种隐喻不论是用于文艺批评，还是用于诗歌创作，我都试图予以同样认真的对待，因为不管是在批评中还是在诗歌中，使用隐喻的目的尽管不同，其作用却是基本一致的。批评思维也象人类在其兴趣所至的各个领域中的思维一样，很大一部分是通过比拟手段进行的，因为批评中的论争在很大程度上同样也是类比性质的论争。本书的探讨将表明，许多概念对于澄清艺术的性质和标准都极有裨益。然而这些概念并非获自对审美事实的简单考察，而似乎是从那些有益的类比中发掘出来的。这些类比物的属性由于隐喻性的转义而成了艺术作品所固有的属性。据此，从新古典主义批评到浪漫主义批评的变迁，可以初步表述为批评术语中典型隐喻的根本变化。

（二）

每一件艺术品总要涉及四个要点，几乎所有力求周密的理论总会在大体上对这四个要素加以区辨，使人一目了然。第一个要素是作品，即艺术产品本身。由于作品是人为的产品，所以第二个共同要素便是生产者，即艺术家。第三，一般认为作品总得有一个直接或间接地导源于现实事物的主题——总会涉及、表现、反映某种客观状态或者与此有关的东西。这第三个要素便可以认为是由人物和行动、思想和情感、物质和事件或者超越感觉的本质所构成，常常用“自然”这个通用词来表示，我们却不妨换用一个含义更广的中性词——世界。最后一个要素是欣赏者，即听众、观众、读者。作品为他们而写，或至少会引起他们的关注。

在这个以艺术家、作品、世界、欣赏者构成的框架上，我想展示各种理论进行比较。为了强调这种构架的人为性，同时使分析更加醒豁，我们可以用一个方便实用的模式来安排这四个坐标。就用三角形吧，把艺术品——阐述的对象摆在中间：

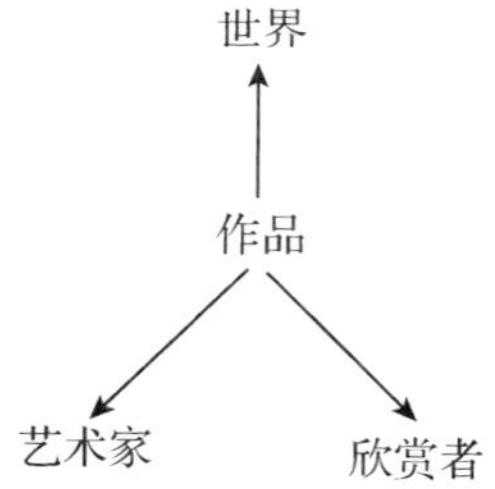

尽管任何像样的理论多少都考虑到了所有这四个要素，然而我们将看到，几乎所有的理论都只明显地倾向于一个要素。就是说，批评家往往只是根据其中的一个要素，就生发出他用来界定、划分和剖析艺术作品的主要范畴，生发出藉以评判作品价值的主要标准。因此，运用这个分析图式，可以把阐释艺术品本质和价值的种种尝试大体上划为四类，其中有三类主要是用作品与另一要素(世界、欣赏者或艺术家)的关系来解释作品，第四类则把作品视为一个自足体孤立起来加以研究，认为其意义和价值的确不与外界任何事物相关。

然而，把握住一种批评理论的主要倾向，还只是恰当的分析工作的开始。这四个坐标并非一成不变，而是随着各自所处的理论不同而产生不同的含义。就拿我称之为“世界”的要素来说，在任何一种理论中，人们认为艺术家在模仿或鼓励他们去模仿的自然诸方面，可以是特殊的也可以是典型的，可能特指世间优美或高尚的方面，也可能只是泛泛而指。艺术家的活动天地既可能是想象丰富的直觉世界，也可能是常识世界或科学世界。同一块天地，这种理论也可以认为其中有神祇、巫师，妖怪和柏拉图式的理念，那种理论也可以认为这一切均属子虚乌有。因此，即使有多种理论一致认为规范作品的首要制约力在于它所表现的世界，这其中也可区分出从崇尚最坚定的现实主义到推崇最飘渺的理想主义这样迥然不同的流派来。我们还会看到，其余几个要素，根据其所处的不同理论，根据理论家各自特有的论证方法，根据主要由这些理论所构成的，外在或内在的“世界观”的不同，在意义上和功能上也随之产生变化。

(三)

华兹华斯1800年版《抒情歌谣集》序言……这篇序言在某种意义上确实是浪漫主义的一个宣言。序言(以及华兹华斯1802年加入的一些诗句和附录)之所以赢得了特殊地位，部分地是因为它提出了有关诗歌本质和标准的一套命题，这套命题被华兹华斯的同代人广泛采用，包括那些对于他们所拟想的华兹华斯的作诗目的最不赞同的人。所有这些命题都倚仗这一基本论断，它也就往往被用作诗的定义，即：

(1)诗歌是情感的表现或流露，或是情感起关键作用的想象过程的产物。

我们知道，当时几乎所有的重要批评家都作过大致如此的陈述，它们与华兹华斯的感觉论和雪莱的柏拉图主义，柯尔律治的有机理论和约翰·斯图尔特·米尔的实证论这些毫无联系的哲学理论，或多或少总能糅合到一起。

(2)诗歌是情感心境的传载工具，它的对立面不是散文，而是非情感性的事实断想，或称“科学”。

华兹华斯曾抱怨说：“批评理论中产生的大量混乱，都是因为诗歌与散文的对立区别而引起的；诗歌应与事实或科学相区别，这样才比较合于哲理。”自古以来，人们都认为诗歌与历史相对，这样区分的理由是，诗歌所模仿的是某种普遍的或理想的形式，而不是实际事件。浪漫主义批评家的惯常做法是以科学代替历史来作为诗歌的对立面，并将这种区别建立在表现与描写，或情感性语言与认知性语言之间的差异之上。一位作者于1835年在《黑檀木杂志》上写道：“散文是理智的语言，诗歌是情感的语言。”

(3)诗起源于原始的情感吐露，并因机体之故而自然地富于韵律和形象。

用华兹华斯的话说：“一般说来，各民族最早的诗人都是出于由真实事件所激发的热情而写作的；他们写得很自然，自然得就像人：由于他们的感受十分强烈，他们的语言也就非常大胆，并充满形象。”柯尔律治认为，诗歌由于是情感的本能性吐露，因而早先的人肯定觉得是比散文更加自然、更加有特征的语言；“它是喜怒哀乐的语言，是他们自己在狂喜和愤慨等心境下所说的、所听到的语言。”尽管浪漫主义批评家对于原始诗歌的优美之处看法很不一致，但大多数都接受这种假说，即诗歌发端于激情的吐露——而不是像亚里士多德所猜想的那样起始于模仿的本能。

(4)诗歌能够主要地通过修辞手法和韵律来表现情感，语词也因此能自然地体现并传达作者的情感。

以前人们曾认为，形象语言和韵律从根本上讲是用以增强审美快感的装饰品；华兹华斯则表达了与此相对的典型的浪漫主义观点：诗歌没有必要背离日常语言“去取诗文体的高贵，去增强人们觉得它应该有的装饰性，这是因为，只要诗人选择题材恰当，到时候他就自然会有热情，而由热情产生的语言，只要选择得正确得体，也必定高贵而且丰富多彩，并由于比喻和形象而充满生气”。由此得出：

(5)诗歌的根本就在于，它的语言必须是诗人心境的自然真挚的表现，绝不允许造作和虚伪。

以这一论点为基础，华兹华斯(柯尔律治也审慎地、有理有据地)抨击了“机械搬用”修辞手段的做法，他以为十八世纪的诗歌用词拙劣就是因为这个缘故。浪漫主义者也根据这一论点而普遍以自然天成、真挚和思想与感情的整体统一作为诗歌的根本标准，以此取代了新古典主义诗歌的准则，即判断、真实、用词恰当、能与说话者、题材和文学种类相匹配。

(6)生就的诗人与一般人的不同之处，尤其在于他具有与生俱来的强烈情感，极易动情。

华兹华斯说，诗人与一般人不同，因为他“具有更敏锐的感受性，具有更多的热忱和温情……他喜欢自己的热情和意志，内在的活力使他比别人快乐得多……”……柯尔律治也说，“既深沉又敏锐”的感受性和具有深度的热情是造成诗才的根本因素，尽管他坚持认为，与此相对立的非个人性和“思想的活力”等力量也同样重要。雪莱强调认为，生就的诗人具有“敏锐的感受性”，极易受到诱惑，约翰·斯图尔特·米尔也详尽描绘了“天才诗人”的画像：他天生有着“细腻的感觉”和“容易激动的机体……这个机体在受到物质或道德的影响时，比一般机体更容易进入愉快或痛苦等各种激动状态……”后来，米尔又说，诗人由于有着如此细腻而脆弱的情感神经，在当今竞争激烈的社会中，只会备受折磨。

> 这倒不是因为虚荣心受到压抑，而是诗人的性情本身所致，因为这社会本是为性格更为坚强的人所安排的；在这个世界中，除了没有感受力的人以外，谁也不会得到满足和安宁，除非进行许多艰苦的奋战。①

至此，我们已经开始接近原型了，这原型便是可诅咒的诗人，他具有双重意义的感觉天赋，这使他比社会的其他成员既得到更多的祝福也受到更多的诅咒。他命中注定了是社会的弃儿。

(7)诗歌最重要的功用，是凭借它令人愉快的各种手段，使读者的感受性、情感和同情心进一步发展并变得敏锐。

浪漫主义诗歌仍然是带有目的的诗歌，但它的目标已不再是“给人慰藉和教益”，而主要是培养人的天性中的感情成分。华兹华斯曾这样表述当时的一句平常语：“诗歌的目的是引起一种激情，使它与失去平衡的快感并存”，诗歌的作用是“矫正人们的情感”，加强他们的同情心，引起或增强他们“不用巨大猛烈的刺激也能够兴奋起来”的能力。

这些或类似的命题自十九世纪初以来一直是表现主义美学的组成部分。尤金·维龙在他的《美学》(1878年)中，对于表现情感的艺术作了十分全面的叙述。这一叙述囊括并扩充了华兹华斯的所有这七个论点。理论家们仍在提出这些论点，并予以各种新的解释和组合，不过他们都偏重于表现，并且同克罗齐和艾·阿·理查兹一样，在其它方面表现出原则上的分歧。

(四)

下面将讨论他们是如何对待这一问题的，但在此之前，先让我们为了便于区分，把有关诗的价值的诸种学说粗略地分为两大类：

---

① “阿尔弗雷德·德·维涅”，《论文与探讨》(波士顿，1846年)，卷一，348—349页。关于这个问题，另见：《雪莱的文学批评》，154—158页；哈兹里特，《全集》，卷五，129—130页；卷八，83页；福克斯，《藏珍月刊》(1833年1月)，31页，史密斯“诗的哲学”，《黑檀林杂志》38期(1835年)，835页。

(1)诗有其内在的价值，作为诗，它只有内在价值。文学批评家只把它设想为诗，认为它本身就是目的，而并不考虑它是否会对读者的思想、情感和行为产生影响。

(2)诗有其内在价值，也有其外在价值，它是超越本身而获得的道德和社会效果的一种手段。二者不可能(至少是不应该)因批评家对诗的价值所作的评估而被断然割裂。

第一种看法在为艺术而艺术的各种表达形式中都能见到。十八世纪后期德国批评中的各种趋向也都朝着这一观点汇集。由于一部艺术作品被类比为自然界的一个有机体，因此人们想到诗的目的，可能是它作为整体而存在；如歌德所说，"对待一件艺术品必须像对待一件自然作品一样"，这是因为"二者的价值都只是产生于各自本身，也只有从各自本身才看得出来"[①]……

第二种主张认为，对诗的价值的判断不应该脱离其对读者所产生的效果的考虑。自古希腊起直至整个十八世纪，除少数人例外，批评家大都持这一主张。在英国，这一主张仍为浪漫主义时期的诗人和批评家所肯定，并且不像在德国那样对它作了很多修正。

但是，十九世纪早期的诗人如果因循传统而宣称诗除了美以外别无他用的话，那这种说法也是有着重要的特征性区别的。先前的批评家们曾从根本上把诗界定为改变读者心灵的令人愉快的方法；华兹华斯式的批评家则认为，诗从根本上表现的是诗人的自我心灵。这种表现的产物的确影响到人类的改善，但只是通过表现从而激发人的那些情感状态和想象状态，并且这些状态是人的幸福、道德决定以及行动的根本条件。诗人把读者置于自己那受到感染的心境之中，从而直接形成了性格，而不必费神再唠叨什么主张。

与约翰逊形成对照的是，华兹华斯认为诗不是以告诉人或启示人去做什么变得更为高雅，而是通过使人的情感变得敏锐、纯净和坚强而直接使人变得高雅。他说，一个伟大的诗人应该"纠正人们的情感……使它更健康，更纯洁，更持久"。又说：一个人之所以比另一个人优越，是因为他"不用巨大猛烈的刺激也能兴奋起来，"因此"竭力培养或增大这种能力，是各个时代的作家所能从事的一个最好的任务"。

雪莱的《为诗辩护》在浪漫主义关于诗的道德价值的所有论述中论证最详细，给人印象也最深刻。皮科克在《诗的四个时期》中引用功利主义论据时也许只是作为一种规范的讽刺，但雪莱却以极其严肃的态度对待自己的论点，因为他强烈地希望诗人和改革者的作用能合为一体。雪莱在年轻时就坚持认为，"诗的美应该从属于人们

---

① 《率直运动》，见《全集》卷二十八，122页。

反复聆听的道德”，诗也应该是“传递有益和重要教导的令人愉快的载体”。[①] 然而，从他那些长诗的序言中可以看出，他越来越蔑视以道德主张来教导人，直至在《解放了的普罗米修斯》序言中，他还直言不讳地说，“我憎恨那种教训人的诗”。不过他承认，他一直没有放弃“改革世界的热情”。[②]

雪莱承认以功用为标准有其合理性，但又认为功用的含义并不止于此。技术和科学的知识功用是“排除我们兽性的欲望之烦扰”和“驱散粗野的迷信之幻想”，这种功用是实在而短暂的。他嘲笑皮科克说，更高级的功用在于产生“持久的、普遍的、永恒的”快乐；在这层意义上，“凡是足以增强和净化感情，扩大想象，并且使感觉更为活泼的，都是有用的”；“凡是产生和保证这种快乐的人便是诗人，或者是具有诗才的哲学家”。雪莱继而对功利主义者发难，他把对社会日趋邪恶的责难归咎于科学的发展与人类诗的想象和道德想象的发展之间的严重失调。下面的一段话是雪莱这篇文章中的精妙之处，并且仍然是对我们这个崇尚技术和物质、渴求知识的社会所作的经典性责难。

> 科学已经扩大了人们统辖外在世界的王国的范围，但是，由于缺少诗的才能，这些科学的研究反而按比例限制了内在世界的领域；而且人虽然已使用自然力做奴隶，但是人自身却依然是一个奴隶……当由于过度的自私自利和计较得失，我们外在生活所累积的资料，竟超过了我们同化能力的限量，以至于不能依照人性的内在定律来消化这些资料，在那个时期，我们最需要诗的修养。[③]

约翰·米尔在十九世纪二十年代末对诗歌作出了新的发现之后，并没有放弃功利主义价值观，而是像雪莱所做的那样扩大了这一价值观，使之也包括了他的幻觉得以产生的领域……

米尔不仅读华兹华斯的诗，也赞同他的批评。像华兹华斯一样，他也认为诗人的责任是“培养人的情感”和帮助人们“形成性格”。他的心理学依据是“强烈的情感机能”，这虽然被认为会干扰判断，“却也是构成一切主题的原材料”，因此“性格的力量总是激情的后代”。[④] 一首诗就是一篇独白，诗人只有忘记听众，才能保证他表现当时准确感受到的“各种情感”，[⑤] 这个事实恰恰是更好地保证了情绪效果的总体性……他在1835年这样写道，“每一位伟大的诗人……也是伟大的思想家”，而诗人只有通过“有步骤地培养智力”才能实现他的情感天赋，才能获得。

---

① 致伊丽莎白·赫西纳，1811年6月5日，《全集》，英格本和帕克编辑，卷八，100页。

② 《诗歌作品全集》，托马斯·哈辛森编辑，207页。

③ “为诗辩护”，《雪莱的文学批评与哲学批评》，148—152页。关于威廉·哈兹利特对诗歌的功利主义贬值的答复，见《平易的说话人》，《全集》，161—162页；245—248页。

④ 《自传》，106页；《早期文论》，234页。

⑤ 《早期文论》，209页。

> 诗作为一种智力追求的最崇高的目的，即通过他们的情感来影响人类的各种欲求和人格，使其本质日臻完善。[①]

这是一种人文主义文学批评的观点，米尔也很有美妙的理由来谴责马修·阿诺德缺乏区别力而“把我归为文化之敌”[②]。确实，米尔在告别了他那几篇论本瑟姆和柯尔律治的优秀文章所最能代表的党派偏见后，便可以说他也同任何英国人一样，预示着并且赞同阿诺德的人文主义的中心思想——即反对英国的思想偏狭性和自满情绪；对从古到今所思所言之最优秀者倍加推崇；指控一个工商业社会所产生的残酷影响；坚持个人价值，反对群体服从这种日趋严重的压力。[③]

三、著作导读

《镜与灯——浪漫主义文论及批评传统》是西方文艺界在浪漫主义文论及批评领域具有里程碑意义的著作。虽然该书着重讨论西方浪漫主义文学理论和文学批评，但同时它也对西方文艺理论做了一个全面的总结和回顾。它不仅在浪漫主义研究领域占据了重要地位，而且其使用的理论范式和研究方法深深地影响了20世纪后期的西方文艺学研究。诚如作者M. H. 艾布拉姆斯在序言中所指出的，“本书的书名把两个常见而相对的用来形容心灵的隐喻放到了一起：一个把心灵比作外界事物的反映者，另一个则把心灵比作一种发光体，认为心灵也是它所感知的事物的一部分。”“镜”与“灯”的比喻对我们完整地理解西方文论的发展历程应该是有所帮助的。

在本书的第一章导论部分，艾布拉姆斯提出了他影响深远的文学批评的四大要素，即作品、艺术家、世界、欣赏者。艾布拉姆斯认为，“每一件艺术品总要涉及四个要点，第一个要素是作品，即艺术产品本身。由于作品是人为的产品，所以第二个共同要素便是生产者，即艺术家。第三个要素是由人物和行动、思想和情感、物质和事件或者超越感觉的本质所构成，常常用‘自然’这个通用词来表示，我们却不妨换用一个含义更广的中性词——世界。最后一个要素是欣赏者，即听众、观众、读者”。在这四大要素组成的范式体系当中，“作品”要素被置于中心，其余三者则在其外围，根据作品与其他三要素(世界、欣赏者或艺术家)的关系，以及作品作为一个自足体的孤立的对象，艾布拉姆斯将自古希腊起至20世纪上半叶的文艺理论概括为模仿说、实用说、表现说与客观说。凭着自己对古今文论发展的了如指掌，艾布拉姆斯从历史发展的角度，对当今文学理论的范式给予了颇为恰当的归纳和评价：模仿说，这不仅是现实主义文论所要追求的崇高审美理想，同时也是浪漫主义文论孜孜追求的目标；实用说，往往强调艺术的直接教益性功用，这在西方的实用主义

---

① “丁尼生的诗歌”，《早期文论》，260—261页。

② 致亚历山大·贝恩，1867年11月4日，《书信集》，卷二，93页。

③ 譬如，参阅米尔的“论文明”(1836年)、“在圣安德鲁斯学校开学典礼上的演讲”(1867年)以及收在《专题论文与讨论》中的其他文章。

批评那里被推到了极致，后来又在注重读者作用的批评流派那里得到进一步弘扬；表现说，则是本书着重讨论的浪漫主义文论的基本特征，也是传统的弗洛伊德精神分析学派注重的方面；客观说，强调的是批评的客观性和科学性，这一点尤其体现在20世纪的各种形式主义批评学派的实践中。可以说，艾布拉姆斯的这种宏观的总结是相当全面的。

纵观全书，艾布拉姆斯论述了从柏拉图到18世纪新古典主义批评的主流理论，并认为它们主要着眼于论证作品与世界的关系，“艺术的目的是模仿自然”。与之相对的则是表现说，它表明艺术转变成艺术家内心的光辉向外部世界的投射，其主要代表正是浪漫主义的文艺理论。这也是西方文论首次将关注的重点移向艺术家自身。在艾布拉姆斯的阐述中，英国浪漫主义时期的代表人物被确定为华兹华斯、柯勒律治两人，同时他反复引述和提及的英国理论家还包括雪莱、哈兹里特等人。此二人的理论可谓代表了浪漫主义文艺理论，亦即表现说的典型范式，即主张诗歌(不论是总体概念上的“诗”还是具体的某一诗作)应是艺术家心灵的反映或表现。华兹华斯的理论，核心在于主张诗歌是诗人情感的表现或流露，并与“科学”相对立。与其同时代的柯勒律治对他的理论有进一步的阐发或者反拨，创立了与机械主义的文学创造论相对立的有机说。另外，柯勒律治在论述主观和客观，也就是诗人在诗歌中究竟是呈现自己情感还是“如上帝一样”隐藏在诗句背后创作诗歌的世界方面，也有着巨大的贡献。这些理论为众多批评家或理论家反复引用和论述，因而使得华兹华斯和柯勒律治在世界上成了英国浪漫主义的代表人物。尽管该书强调批评的一种共同走向，特意选择“浪漫主义”批评加以阐述，但是，却缺少对德国浪漫主义的系统介绍，尤其是对于其代表人物如施莱格尔兄弟、歌德、席勒等人的理论没有成体系的阐述，这对于准确理解和认识浪漫主义的历史造成了一定的局限。

该书虽然主要讨论的是浪漫主义文学理论，但它对我们今天的传媒艺术理论却具有极为重要的指导意义和价值，这种意义更多地体现在他所提出的关于该书的隐喻意义。这两个隐喻不仅适用于文学批评，还适用于艺术创作，尤其是传媒艺术领域的创作，不仅需要一个把心灵比作外界事物的反映者——机械复制时代的传媒艺术，而且随着向人类更高级的感性生存体验的需求与发展，传媒艺术作为心灵所感知的事物的一部分，如同人类自身的发光体，通过它的四个基本要素，即作品与世界、艺术家和观众之间的内在联结，折射出它独特的价值与意义。这使得传媒艺术更加深刻地建构和影响人类艺术的格局和走向，而成为当前人类最重要的审美对象和审美经验来源，这也恰恰符合本书所侧重表达的浪漫主义文论的一种美学倾向。

（撰稿人：吴雁）

资本主义文化矛盾

一、著作信息

作者：丹尼尔·贝尔，当代美国著名的学者和思想家。从少年时期开始，贝尔就对马克思主义和社会主义表现出极大的热忱。他先后就读于纽约城市学院和哥伦比亚大学研究生院。贝尔在20世纪四五十年代主要从事新闻工作，曾任《新领袖》杂志主编、《幸福》杂志编委和撰稿人；在六七十年代，主要从事教学工作，曾在哥伦比亚大学和哈佛大学担任社会学教授，还从事一些与未来研究和预测有关的活动，担任过美国文理学院"2000年委员会"主席、美国总统"八十年代议程委员会"委员等职。贝尔在战后西方的社会学、未来学和发达资本主义研究诸领域均有很深造诣。贝尔密切关注并深入广泛分析了当代社会政治、经济、文化各个领域的现象和问题，撰写了一系列颇具影响的著作，如《意识形态的终结》《后工业社会的来临》《资本主义文化矛盾》等。

译者：赵一凡，中国社会科学院外国文学研究所研究员，博士生导师。主要学术专长是欧美文学与文化理论，现从事英美文学研究。他先后兼任美国文学研究会常务理事、中华美国学会常务理事、中国外国文学学会理事。多年从事美国文学与文化研究，强调学术思想性，关注理论创新与批评，提倡跨学科交叉研究，讲究文风文体。著有《美国文化批评集》《欧美新学赏析》，主持翻译《资本主义文化矛盾》《美国的历史文献》《爱默生集》《美国赖以立国的文本》等。

蒲隆，原名李登科，甘肃定西人，著名翻译家，翻译出版过英美文学名著三十余种，如《爱默生随笔全集》《培根随笔全集》《洪堡的礼物》《汤姆叔叔的小屋》等。

任晓晋，山西孝义人，武汉大学外国语学院教授，担任多种国家级、省级、校院级学术或行政职务，获得过多项奖励，出版过各类著作和教材十余部，主要译著有《论和谐生活的准则》《海明威》《走遍美国》等。

版本：生活·读书·新知三联书店1989年版。

二、著作摘录

（一）

社会中的个人或群体之所以有不同的行为，是因为他们在社会结构中属于不同阶级或占有不同地位。个人地位既然千差万别，也就会依据诸如年龄、性别、职业、宗教和城乡分布等明显的共同社会属性，在利益、态度和行为方面产生系统性差异。这种推断的根据是，社会属性以特殊的方式——通常从社会阶级上去认定——聚集成形，致使人们在选举行为、消费习惯、养育子女等方面呈现出阶级或地位上的差异，并且可为人预测。

对于社会中的多数人，对于社会生活诸多方面而言，这一概括性论断或许仍能站住脚。然而日益明显的是，在为数颇多的人看来，社会地位和文化气质间的相应关系已不复成立——尤其当人们以工人、中产或上层阶级的粗略分类来考虑问题时，情况更是如此。

在个人经历和成长的过程中的那些特殊方面——如性格属性、身体类型、父母的严教或娇纵、与同辈的交往——日益变得比既定的社会属性更为重要了。当传统的社会阶级结构陷于瓦解时，越来越多的人希望根据他们的文化趣味和生活方式来相互认同，而不再拘泥于职业基础(在马克思主义的意义上)的类同与否。

(二)

中产阶级欣赏者，即那些殷实的艺术品消费者，从此不再控制艺术。在绘画界、电影界(也许高雅音乐的情况有所不同)，艺术家(通常是先锋派艺术家)已占据文化的统治地位。正是他们迅速地造就着观众和市场，而不是相反。

现代主义的发展经历是一部有关自由创作精神同资产阶级长期交战的历史。且不说这种说法有几分真实性。当人们谴责画家惠斯勒是“向观众脸上猛掷颜料瓶”时，这场战争不啻是一幅绝妙的当代讽刺画。当今世界上，尤其在文化领域，究竟还有谁在维护资产阶级呢？然而，在那些自认为对文化持严肃态度的人们中间，在为数众多、爱好时髦的文化追随者中间，自由创作精神的战斗传奇仍然在支撑着“敌对文化”——因为它的敌人已经不仅仅限于资产阶级社会，而是涉及到“文明”及其“压迫性容忍”或另外一些限制“自由”的事物。

敌对文化业已经控制了文化体系。这正是文化的祭祀们——画家、作家、制片人——目前支配了观众而非相反的原因。事实上，敌对文化的赞助者人数众多到足以构成一个特殊文化阶层。

今天，每一代人都以上一代敌对文化的既有成就为自己的起跑线。他们用横扫一切的姿态宣称，现存体制代表着落后的保守主义或压抑势力，接着便向社会结构发动旋风般的进攻。

(三)

现代社会的文化改造主要是由于大众消费的兴起，或者由于中低层阶级从目前为奢侈品的东西在社会上的扩散。在这一过程中，过去的奢侈品现在不断地升级为必需品，到头来人们竟难以相信普通人曾经无缘受用某一种普通物品。

大众消费始于本世纪(20世纪，笔者注)二十年代。它的出现又归功于技术革命，特别是由于大规模使用家用电器(如洗衣机、电冰箱、吸尘器等等)……大规模消费意味着人们在生活方式这一重要领域接受了社会变革和个人改造的观念，这给那些在文化和生产部门创新、开路的人以合法的地位。

电影有多方面的功能——它是窥探世界的窗口，又是一组白日梦、幻想、打算、逃避现实和无所不能的示范——具有巨大的感情力量。电影作为世界的窗口，首先起到了改造文化的作用。

在迅速变化的社会里，必然会出现行为方式、鉴赏方式和穿着方式的混乱。社会地位变动的人往往缺乏现成的指导，不易获取如何把日子过得比以前更好的知识。于是，电影、电视和广告就来为他们引路。

(四)

在美国，心理学取代了传统的道德观，心理焦灼取代了负罪感。享乐盛行的时代自有与其相应的心理疗法。

享乐主义时代也自有它合宜的文化方式——流行艺术。流行艺术一词为批评家劳伦斯·阿洛韦所创造。他认为这种方式反映了大众的审美观。流行艺术的偶像作品来自日常生活，如家用物品，影视形象(滑稽图片和招贴画)，食品(汉堡包与可口可乐瓶)，衣服等等。流行艺术的特征是画面上没有紧张强度，只有诙谐的模仿。

享乐主义时代还有它胜任的预言家——马歇尔·麦克卢汉。享乐主义时代是市场的时代。此时的知识变成了以公式、广告标语和二进位数编制出来的信息号码。人掌握了这些号码，就能轻松自如地理解周围复杂的世界。麦克卢汉这位作家不仅能利用编码方法为享乐主义时代下定义，而且在自己的文体中试用一套入时的公式，把这一时代的思想用号码法表示出来——真是精于此道，无与伦比！他的做法是把媒介看成是信息(因此思想仅占第二位，或不算数)。

讲究实惠的享乐主义代替了作为社会现实和中产阶级生活方式的新教伦理观，心理学的幸福说代替了清教精神。但是，资产阶级社会正如它早期的勃兴时代那样，受到了旧道德观念的变化和推动，它此时已不能轻易地接受变革。它竭力提倡的一种追求享乐的生活方式——只消看看(20世纪，笔者注)二十年代广告术的变化即可得知——却无法为之辩护。这场变革缺乏新的宗教和价值体系来取代旧宗教和旧价值观念，结果出现了脱节现象。

(五)

我们的技术文明不仅是一场生产(含通讯联络)革命，而且是一场感觉革命。这种文明特色——称之为“大众社会”或者“工业社会”——可以通过很多方式来理解。我倒愿意从如下几个方面(并非包罗无遗地)来加以说明:数、相互影响、自我意识、未来的定向。实际上,我们接触世界的方式就是由这些因素来决定的。

随着大众传播媒介的扩大——随着政治的膨胀、娱乐明星和社会名流的猛增——每个人所知道的人的数目急剧增大。总而言之,我们每个人邂逅的人数,以及我们必须掌握的姓名、事件和知识的范围——这就是今天我们面临的已知世界有目共睹的事实。

当代社会的特征不仅仅表现在它的大小和数目上,而且表现在已经增大的相互影响——既是身体上的(反映在旅游、庞大的工作单位和居住密度方面),又是心理上的(通过大众传播媒介)——这种相互影响把我们同如此众多的人既直接又象征地联系在一起。增大的相互影响不仅导致了社会差别,而且作为一种经验方式也导致了心理差别——它造成对变化和新奇的渴望,促进了对轰动的追求,导致了文化的融合,凡此种种都十分突出地表明了现代生活的节奏。

一个人把自己的经验当作检验真理的标准,他便寻求那些与他有共同经验的人,以便发现共同的意义。在这种情况下,一代又一代人崛起,代序感便成了现代身份的焦点。不过这种变化也是一种“身份危机”的源泉。

我们的社会已经全面地转向以“未来定向”:一个政府必须计划未来的发展;一个公司必须盘算未来的需要(资本来源、市场和产品变化等等);个人必须从事业的角度考虑问题。事实上,社会不再以自生的方式前进了;它为某些特定的目的而被动员起来。

(六)

我们长期地倾向于认为,文化是以某种方式纠结在一起,而这种纠结方式便被称为它的风格。比起大多数文化来,宗教文化具有更大的统一性,因为这种文化的一切因素都被指向某种共同的目标:强调神秘性,制造敬畏感,激励人奋发向上,劝勉人超越凡俗。这种统一,由于受到情绪上的强调,就像一根线穿过它的建筑、它的音乐、它的绘画、它的文学——表现在教堂塔尖、礼拜仪式、祈祷、空间形象表现和圣经经文中。各种世俗文化难得有这种自觉的设计。不过它们也有一种共同的风格,用节奏和情绪表现出来。

大众社会的最触目的方面就是:尽管它把广大群众合并到社会里来,但又创造了更加纷繁多变的局面和一种对经验的剧烈渴求,因为世界越来越多的方面——地理的、政治的和文化的——进入了普通男女的眼帘。这种眼界的扩大、这种艺术的融合、这种对新事物的追求,不论把它看作是探索之途,还是作为一种想出人头地的势利的努力,它本身就在创造一种新风格,创造一种现代性。

造成涣散感的不仅仅是五花八门令人眼花缭乱的文化领地(以及严肃的、半生不熟的、业余的文化实践者的剧增)，而且还因为缺乏一个既提供权威又提供地点的(地理上或精神上的)中心。有了这样一个地点，画家、音乐家、小说家里的头面人物就可以在此相遇、结交。从前，几乎所有具有“高级文化”的社会都具有某种中心——会场、广场或市场——在那里，通过集中、交换、竞争、比赛，艺术家们相互激励，从交流中创造并获得了一种活力感。

今天，接触的缺乏令人寒心。在某种程度上，作家和知识分子也许更多地卷进他们自己协会的政治事务中了。要么，艺术家也许变得更讲求专门技巧，更加职业化了。然而我倒要说，更主要的原因是现代性本身到了山穷水尽的地步……现代主义既新鲜而且又是新闻。它宣布新的美学，新的形式，新的风格。然而这些“主义”现在成了“昨日黄花”。没有中心；有的只是边缘。

不论国内，还是国际，现代主义文化都缺乏中心。而文化又割裂成分门别类的断层，这就不可避免地割断为整个社会维持一种文化的言路。

群众娱乐(马戏、奇观、戏剧)一直是视觉的。然而，当代生活中有两个突出的方面必须强调视觉成分。其一，现代世界是一个城市世界。大城市生活和限定刺激与社交能力的方式，为人们看见和想看见(不是读到和听见)事物提供了大量优越的机会。其二，就是当代倾向的性质，它包括渴望行动(与观照相反)、追求新奇、贪图轰动。而最能满足这些迫切欲望的莫过于艺术中的视觉成分了。

在新的空间概念上，有一种固有的距离的消蚀。不仅新型的现代运输手段压缩了自然距离，引起对旅游、对见大世面的视觉快乐的新的重视，而且这些新艺术的各种技巧(主要是电影和现代绘画)缩小了观察者与视觉经验之间的心理和审美距离。立体主义强调同步性，抽象表现主义则重视冲击力，这都是要强化感情的直接性，把观众拉入行动，而不是让它观照经验。这也是电影的基本原则。电影利用蒙太奇的手法，在“调节”感情方面，比其它任何当代艺术走得更远。因为它刻意地选择形象，更变视觉角度，并控制镜头长度和构图的“共鸣性”。现代性的主要特征——按照新奇、轰动、同步、冲击来组织社会和审美反应——因而在视觉艺术中找到了主要的表现。

当代文化正在变成一种视觉文化，而不是一种印刷文化，这是千真万确的事实。这一变革的根源与其说是作为大众传播媒介的电影和电视，不如说是人们在十九世纪中叶开始经历的那种地理和社会的流动以及应运而生的一种新美学。乡村和住宅的封闭空间开始让位于旅游，让位于速度的刺激(由铁路产生的)，让位于散步场所、海滨与广场的快乐，以及在雷诺阿、马奈、修拉和其它印象主义和后印象主义画家作品中出色地描绘过的日常生活类似经验。

视觉媒介——我这里指的是电影和电视——则把它们的速度强加给观众。由于强调形象，而不是强调词语，引起的不是概念化，而是戏剧化。电视新闻强调灾难和人类悲剧时，引起的不是净化和理解，而是滥情和怜悯，即很快就被耗尽的感情和一种假冒身临其境的虚假仪式。由于这种方式不可避免的是一种过头的戏剧化方式，观众反应很快不是变得矫揉造作，就是厌倦透顶。戏剧艺术和绘画齐头并进，更进一步地表现震惊状态，探索极端情景。最近以来，由于观众已经分化，电影也同样如此。电视作为媒介中最“公开”的，则有它的局限。然而，整个视觉文化因为比印刷更能迎合文化大众所具有的现代主义的冲动，它本身从文化意义上说就枯竭得更快。

从十六世纪中叶到十九世纪中叶，西方的审美意向就是要围绕对空间和时间的理性组织建立起某种正式的艺术原则。和谐一致的审美理想，作为一项调整原则而起作用。它的焦点就集中在相关的整体和形式的统一上。

（七）

每个年代——我们现在把年代或世代看作社会时间的单位——都有它自己的标记。二十世纪六十年代的标记就是政治和文化的激进主义。二者当时被一种共同的叛逆冲动联合起来，然而政治激进主义，归根结蒂，不仅是叛逆性的，而且还是革命性的，它试图建立一种新的社会秩序以取代旧秩序。文化激进主义除了在风格和布局中的形式革命外，则基本上是叛逆性的，因为它的冲动来自愤怒；正因为如此，人们在六十年代的文化情绪中看到了文化现代主义的一个关键方面的枯竭。

五十年代文化情绪主要是一种文学情绪。在这一时期代表性的批评家如莱昂内尔·屈瑞林、伊沃尔·温特斯和约翰·克劳·兰塞姆等人的著作里，强调的是复杂、可笑、暧昧和悖论。这些都是思想上的特殊属性。这些属性养成了一种批评态度，一种超然和距离，以纠正并防止那种因过分介入和迷信某种教条或经验，而使人变为牺牲品的倾向。这种态度从最坏处讲是一种清静无为的表现，从最好处讲是一种自我意识，而且它的调子基本上是温和的。六十年代的情绪则以洪水猛兽般的，甚至愚笨莽撞的方式摒弃了那种情绪。这种新的情绪由于对这个时代怒不可遏，它因此表现出喧闹而又咒骂成性的特征，且流于淫秽，好用转折连词向人提出每一个问题，不管是政治问题还是其它。

六十年代最触目的趋向是，早先对自我的热衷现在又故态复萌了，尽管其形式更加刺耳、更加刺目。在罗伯特·罗厄尔、安·塞克斯顿、西尔维娅·普拉斯的“自白”诗里，对童年痛苦的强调代之以揭示诗人最隐秘的经验——甚至精神病的发作，不过在艾伦·金斯堡这样一些诗人的作品里，由于具有来自惠特曼、布莱克和印度吠陀经的富于幻想的特殊价值，天真感仍然完好无恙。荒谬感得到了发挥，所以——像尤奈斯库的剧本里那样——物体具有了自己的生命。价值的颠倒实际上是完全彻底的，不过这一回所有的欢乐和调笑都因讴歌低级的东西而荡然无存了。

然而，除此之外，六十年代文化情绪还有一些自己的特色，诸如热衷于暴力和残忍；沉溺于性反常；渴望大吵大闹；具有反认识和反理智的情绪；想一劳永逸地抹煞“艺术”和“生活”之间的界限，熔艺术与政治于一炉。

（八）

社会扩展的效果也是一目了然的。随着交通运输业和通讯业的更新，人们之间的交往逐渐增多，互通有无的活动日益频繁，相互之间的联系更加密切，埃米尔·杜尔凯姆——他曾经描述过社会扩展的过程——所说的社会“道德密度”也有所提高。不过，同以往一样，随之而产生的效果也常常具有两面性。一方面，由于事件得到迅捷的报道，“震惊”的种类越来越复杂，“震惊”的程度越来越强烈；个人在对这些事件做出反应时所能得到的“反应时间”也越来越短。有人认为，人们每天都能在美国的电视屏幕上看到越南战场的实际情形，以至于他们的态度起了变化，反而憎恨这场战争。这种看法是不无道理的。另一方面，过多的“震惊”和屏幕形象导致人们只是远远地站着观看那些事件，感情显得麻木。当一架轰炸机飞翔在三万英尺的高空时，它的机组人员感觉不到炸弹的威力。电视屏幕上毁灭一切的情景成了家常便饭，可能使人们的感觉能力和反应能力变得迟钝，总之，正像许多其它的社会发展，也有导致负荷过重的可能性一样，社会的扩展也导致人们的情感负荷过重。

（九）

在人类历史上，信仰危机是周期性发生的。这并不会使信仰危机变得微不足道，尽管谈论这个主题要冒着陈词滥调的危险。人们之所以被绝望所吸引，是因为社会发展的恶果固然并非总是直接的，但它却是实实在在的，而人们在它们面前却又无能为力。人们可以发明一些方法，可以制订一些规划，可以设立一些机构。但是信仰却具有一种有机性质，它不可能通过行政命令的手段得以产生。一旦信仰破灭，它需要很长的时间才能重新生长起来(因为它的土壤是经验)，并重新发挥效用。

三、著作导读

本书关于资本主义文化矛盾的阐释主要集中在20世纪60年代及其前后几十年的文化观察，以及对社会政治、经济、国际局势、艺术思潮等的相应分析上。在这个时期，传媒艺术，尤其是影视艺术，还处于起步发展时期，电影和广告的发展已经引起重点关注，但是电视的影响力还比较弱。然而这并不影响贝尔对传媒艺术与文化的深入观察与思考。甚至可以说，恰恰是因为站在影视发展的原点，他才对传媒艺术与文化有了特别的体验和观察，而且他的一些观点至今看来都很有深意。在对传媒艺术特性的把握上，贝尔对传媒艺术美学及哲学的分析都很深刻，更为可贵的是，他已经对传媒艺术即将产生的影响力有了十分准确的预言。

第一，传媒艺术的产生离不开“大众文化”社会土壤的培育，不管是“随意型社会”的形成还是“消费社会”的出现，都是新的大众传媒形式诞生、快速发展的前提。

传媒不能就事论事，传媒与一个时代的政治气候、社会结构、技术发展有着紧密的联系，这种联系是一个整体，不能简单地分割肢解，否则很难理解传媒发展之所以这样而不是那样的原因。

第二，传媒艺术带来明显变化的是艺术家与大众的关系。这种变化不只是简单地反映了艺术家社会地位的变化，而且体现在工业社会中的文化形态、文化走向发生了根本变化，从根本上说，这是资本主义文化发展以及艺术发展的必然趋势。对我们启发最大的是贝尔关于资本主义文化这种“敌对属性”的分析，即每一代都把上一代文化作为自己的起跑线或者是对立面来加以否定，并予以“旋风般的进攻”。这种文化“敌对性”，甚至有些“为了敌对而敌对”的文化逻辑和文化性格，注定要割裂传统文化的连续性和权威性，这对于我们理解今天的媒介文化走马灯式的变化有很大的启发性。

第三，不管是感觉革命、视觉文化、自我中心还是距离消蚀，它们都精准概括了传媒艺术的艺术特征，而追求新奇、轰动、同步、冲击的审美反应已经抓住了传媒艺术的命脉。如今，商业电影、电视综艺、电视剧、广告、纪录片等无不以“新奇”自居，也唯有此，似乎才能在市场上找到观众，才能获得关注、吸引眼球。传统的崇高、尊严、统一、权威、连续性及相关的原则都被抛诸脑后。审美日常化、审美生活化、庸俗、通俗、低俗在艺术世界中屡见不鲜，这是残酷的现实，不管你承认不承认，我们都需要面对。

第四，大众文化究竟需要什么样的哲学。传统的宗教、家庭和工作已经被新的文化现状及价值观消解，技术理性让位于感性，一切将变得捉摸不定。贝尔综合人类社会发展的经验教训提出了“公众家庭”这一概念，试图来解决大众文化时代哲学的基础命题问题，但是很显然，这种理想的王国横跨了政治、经济和文化等多个领域，要付诸实践，难度可想而知。

第五，交通的变革缩短了人与人之间的物理距离，通信的变革大大降低了信息传播的成本，提高了信息传播的速度，但是人与人距离的拉近以及交流的频繁并不代表人与人之间的关系就变得更加亲密，这一点在现代主义艺术作品中有很多荒诞的人物和情节去体现。诚如贝尔在三个世界观中所阐述的，后工业社会主要是解决人与人之间的关系问题。时至今日，在网络化的时代，网络媒体已经把全世界彻底放在了一个“村子”里，但是人与人、社团与社团、族群与族群、国家与国家、文明与文明之间的矛盾并没有因此变得缓和，甚至冲突更加激烈，这就引发了我们的深刻反思，人类社会究竟需要怎样的信仰、价值观来引领？

（撰稿人：周建新）

简明文化人类学

一、著作信息

作者：祖父江孝男，生于东京，毕业于东京大学理学院人类学系，留学于美国哈佛大学、加利福尼亚大学等，曾任明治大学教授等，现任日本国立民族学博物馆名誉教授。著有文化人类学专著《国民性》《日本人——他的结构分析》(编著)等。

译者：季红真，沈阳师范大学特聘教授。

版本：作家出版社 1987 年版。

二、著作摘录

(一)

如果这样看，人类的语言和猴子及类人猿比，具有最大的不同特色。那就是"不限于仅仅表达出感情、情绪及马上迫近即来的消息，而能够叙述不久以前，或者过去了很久的事情"[①]这一点。

那么，究竟为什么只有人类语言具有这样的特色呢？有人作了这样的说明："只有人类的语言是根据各种各样的声音组合，具有多种多样特定的意思，创造出许多单词，并且这些单词进一步根据一定的规则，被复杂地组合起来，造出句子(phrase)和文章(sentence)[②]。"也就是说，在此发现了这样的事实，人类的语言能够把形形色色的意思，由一定的单词、句子和文章，表达出自己原原本本的想法。把这一特点学术化，就叫作"符号(symbol)性"。符号这个词在日常的使用方法中，也被译作象征，比如说类似"鸽子是和平的象征"这样的说法，在特定的场合中，就被应用于更广泛的意义。也就是说，一般情况下，某个事物(A)，代替另一个事物(B)所具有的意义时，"A 是 B 的符号"。上面提到的鸽子的情况，也是符号的特殊性意义，因为"把和平这个意思替换给鸽子表现出来"，就规定了鸽子变成和平的象征这一意义。而符号最好的例子，实际上是人类的语言。也就是说人类的语言具有"符号

---

① 筑岛谦三：《语言的本性——其心理学的考察》，东京法政大学出版部，一九五九。p. 94。

② PANNEROEK. A. Anthropogenesis：A Study of the Origin. of Man. Amsterdam，North-Holland publishing Co. 1953，pp. 41-42。

化的机能”，或者说“符号性机能”，这一点，是它的特色①。

而猴子的表达能力，最大限度也只能达到把自己的感情以原封不动的状态表达出来，并发出短短的叫声为止，而不能把那些声音加以组合，造成具有特定意思的单词，更何况把单词组合成有主语和谓语的文章，这样的事情怎么办也办不到。也就是说，猴子的叫声和人类语言的差异，是因为没有符号性机能，结果就决定了它所表达和获得的内容，仅仅限于很小的范围之内。这种情况，就连狗的叫声也是同样的。各种各样的叫声即便种类很多，但能够表达的内容也是非常有限的。

于是，发现只有人类具有这样卓越的信息联络手段。那么，“在动物之中究竟是不是也有语言呢?”这成为一个令人为难的问题。诚然，如果连猴子所具有的叫声，也称作语言的话，就应该确切地回答“是”；而如果只把象人类的语言这样的，具有符号性机能的才称作真正的语言的话，毫无疑问，结果就只能变成“否”②来回答。

那么，在这里成为疑问的是，为什么在人类和动物之中会产生出这样的差异呢?既然象狗熊和海狗(腽肭兽)这样的动物，也可以被训练成马戏动物，而它们在野生状态中的时候，却并没有被人们发现能做这样漂亮的特技让人看。因为与此相同，如果猴子和类人猿从出生的时候起，便由人来养育，教它们各式各样的语言，它们也会变成能讲话的动物了吧？对于这一点持有疑问的人们很多。而且，曾有人尝试着把类人猿的后代从生出来的时候起，就和人类的孩子放在一起，并试着和人一样地抚育。可是，终究还是不行。人的孩子到了一定的年龄，便渐渐地学会了语言。可类人猿的后代无论怎么教它，一句话也不能被教会。因此，最后得出结论是，人脑的脑髓毕竟比类人猿发达了一截这一事实。那么，有什么样的差异呢？让我们再试着思考一下这一点吧。

(二)

这样，人类具有的语言能力，是由两个语言中枢和前综合中枢，三者巧妙地组成三位一组的结构产生出来的。而在动物之中，就连最优秀的类人猿，也不存在语言中枢的结论，成为确切的事实。由于这种“质”的差异，类人猿无论怎样训练也不能判断语言，不能说话。于是，这一点是人类区别于动物的最大特色。

(三)

因此，为了表示人类的这一特色，人类学者们想出“文化”(culture)这一概念。然而这个文化概念，实际上有形形色色的用法。在德国等国家中，叫作Kultur，因为是从强调教养这方面的意义来使用，就连日本等国家向来也是以这样的使用方法为主引进的。善意地说，“文化人”这句话具有“教养高的人”这样的意思，是德国式的使用方法。可是在人类学等领域中，莫如说在英美的学者之间被使用的意思，如果简单地说：

---

① 关于符号机能的问题，在心理学者和人类学者之间，进行了非常多的研究。关于这些有更进一步很好的记载。筑岛的《语言的本性》第四、五章。

② 比如说，美国著名的语言学家萨丕尔(EDWARD，SAPIR)把语言定义为：“是随意被创造出来的符号(symbol)的集合体系(system)”。(Language. New York. Harcout. Brace 或 Co. 一九二一年版 p. 8)。从这个定义看也可以说语言仅为人类所有。

文化就是“由后天被造成的，成为群体成员之间共通具有且被保持下来的行为方式(也可以叫模式)”。在这个意义上的文化概念中，象前面举过的从宗教的行为，到价值观这样的东西，全部包涵在内。另外，按照特定的说法，是“在后天被造成的”，这意味着将诸如“候鸟的本能”这样的后天性、本能性行为全部排除在外①。

那么，这样看来，一发展到猴子、类人猿水平的动物，诚然，后天性习得的东西，可以说的确增加了很多，但终究因为没有语言，而不能一点也不受限制地传授到伙伴们之间。尽管“共通而被保持”的行为方式这样的东西稍微形成了一些，但是，因为不存在宗教行为与价值观之类的东西，我们当然推断它们的行为方式或模式等，也理应和人类有非常大的差异。所以，这就决定了动物即使有近于人类文化这样的东西，也和人类所具有的存在着质的极大差异。

(四)

实际上，作为文化的影响，更为醒目的，可以说是这个姿势。日本人在说什么的时候，几乎没有一边作手势，一边晃动肩膀的姿势，可是，如果变成美国人，他们则一边伸开两手、耸动肩膀，一边说话。同样地具有日本人血统，然而却出生在美国，并且在美国养育成长的第二代日本人，则仍然显露出美国人式的耸肩姿势。一到第二代日本人，即使他们并不满足，但也长期生活在美国，并且和美国人有很多的接触，于是，他们的姿势也变成美国人式的。象这样的例子，我们经常可以看到听到。其次，比起美国人来，法国人越发因姿势花哨而为世界所知，和以过于夸张地摆姿势为下品的英国人，可以说是很好的对照。还有一个说话时手的动作特别大(比如说，一边喋喋不休，一边一下一下地挥舞着手臂等等)的种族，是犹太人。即使同样是美国人，犹太血统的人，比起其他血统的美国人来，非常惹人注目的时候也很多。这是因为就象父子之间的血缘承袭似的，自古以来的传统，自然而然地被传下来，除此以外，没有其它的原因。

在这里，再按顺序补充一点，虽然是同一个人，但姿势也随着所说的语种，而发生相当大的变化。我作大学生的时候，有一位中国留学生，他在日本数年，日语熟练得近于完美。和我们用日语谈笑的时候，我们完全只能看见日本人的样子。可是，有一次，他家乡的朋友偶然到那里来探望他，一开始用汉语讲话，他的神态突然地全都变了。“噢，他仍然是中国人的样子呀!”我们从一旁看着他，心中暗自感叹。

(五)

克拉克洪(CLYDE. KLUCKHOH 或者 HENRY. A. MURRAY)说：“所谓人

① 应该怎样给文化下定义呢？有关同化这一点在下列著作中将更详细地被论述：KROEBER. A. L. 和 KLUCKHON. C. Culture; A Critical Review of Concepts and Definitions (Papers of the Peabody Museum of American Archaeology and Ethnoloy, vol. XLV Ⅱ, NO. 1)1952。文化这个词，就连在日本，也仍然在类似“文化人”等这样，意味着教养的时候，容易被搞错。因此，今西博士们，故意用英美人类学者使用的意思，想原封不动地以英文叫作“Culture”的办法(译者注，原著为区别文化教养的意思，在这里，用音读的办法，译作“カルチエア”。在此，直接用英文原词 culture)。可是，同这位博士曾说过的“动物也有文化”是矛盾的，因为这个 culture(原文译作カルチエア)的定义方法和在本书中的情况是不一样的。

格，是贯穿于一个人从生到死之间，存在于主要的过程和外在行为的延续中，一贯显示的机能性形态和能力[①]”。

日高六郎认为，人格是“有关表面性显露的，或者有关作为一个准备阶段潜在化的，也就是个人具有的整体性行为的特质[②]”。

南博说，人格是“把群体中的个人从他人中区别出来，表现出整体性特征的形态”。[③]

这样看来，就可以知道人格这一概念，和通俗的说法“性格”(character)这一概念非常接近，比性格具有更广泛的意味。可是，因为这两者原本有非常近的关系，因人而异，在很多情况下，两者常常以大致相同的意味被使用。

无论如何，人格这个东西是怎样随着文化的差异而变化形态呢？也就是说，文化和人格之间的相互关系，究竟是什么样的呢？

（六）

那么，在这里首先出现的问题是，人格究竟是怎样形成的呢？而事实上，从很早以来，许多心理学者和人类学者对此反复地争论过。大致地归纳一下这些学说，可以分为以德国为中心遍及欧洲的思想，和美国式的思想两类。前者重视遗传，认为它是决定性的要素；与此相反，后者则认为围绕着人的社会性因素，是重要因素。

隆布罗索(C. LOMBROSO)是十九世纪意大利的精神病医生，同时，他又作为犯罪学者而著名。在他的著作中，特别著名的是结集为全三卷大开本的《犯罪者》(1863—1900)。他认为罪犯这样的人，全部都是一生下来，就具备犯罪性的人。

不象隆布罗索那样极端，而且不仅仅限于罪犯这样特殊的人们，而是广泛地论述一般正常人性格中的先天性，在这一点最著名的是德国的医学家克雷奇默(ERNST KRETSCHMER)。他于一九二一年发表了《体格和性格》[④]，并且从那以后又一再再版重印，因此而变得闻名于世。而那本书中的重要主张是这样的：

他首先把人的体格大致分为“肥满型”(Pynischer Typus)、“细长型”(Asthenischer Typus)、“斗士型”(Athletischer Typus)三种。而且，他倡导把这些体型归结为各自特定的性格型。也就是说，肥满型的人豪爽爱笑，是热情好动粗心大意的，有这种气质的人情绪不稳定，刚还高高兴兴，马上又变得消沉。可是，无论他们处于哪一种状态，也可以说同样具有人类的温情这一特征。因此，他把这一种性格叫作“躁抑质”。也就是说，具有这种体型的人，明显地表现为时而热情浮躁，时而忧郁消沉，两者交替这样的状态。而克雷奇默进一步指出，精神病症之一的“躁抑症”，就是这种性格极端的表现形态。

---

① KLUCKHOHN. C. & MURRAY. H. A(With SCHNEIDER. D. M) (eds) Personality in Nature, Society and Culture (Rev. ed) New York Knopf, 1954, p. 49.

② 福武直、日高六郎：《社会学——社会和文化的基础理论》，东京，光文社，一九五二。p. 26。

③ 南博：《人类的心理》，东京，每日新闻社，每日丛书，一九五二。p. 11。

④ KRETSCHMER · E, Kōrperdau und Charakter. Berlin. Verlagvon. Julius Springer 1921, (Elfteu. Zwōlfte Aufl. 1936.

和这种情况正相反的，是细长型的人。他们最明显的特征是不喜欢社交，保守谨慎非常认真。第二个特征是，具有癔病式的羞怯腼腆和神经质的敏感，除此之外，也还有异常的迟钝。

其次，第三种类型，是“斗士型”。这种类型大致处于前面提到的两种类型之间，而性格也正好相当于两者的调和。

以上叙述的，是强调人格和性格形成方面，遗传要素的学说，可是，把这一理论进一步展开，扩到人种和民族这样大的集团范围中的，是独一无二的法西斯——德国的领袖们。他们宣扬“近代的欧洲文明，是由在广泛意义上的日耳曼人创造出来的。接受了日耳曼人最纯正血统的是我们德意志人”。作为它的佐证，他们提出从歌德和贝多芬之后，世界上就没有出现过大批卓越的人物。所以，为了使这个世界上至高无上的血统保持纯粹，德意志人必须彻底避免和具有不纯的“恶的种子”、“劣等的种子”的犹太人种混血！独一无二的瓦斯杀人工场，也是以这样极端的遗传性学说为口实，被制造出来的。

最后，让我们试着涉及一下血型和性格的关系吧。这两者之间有关系这样的理论，是由我们国家明确提出来的，而这一学说又是根据昭和初年的心理学家古川竹二先生发表的论文，首先公之与世的①。正象已经成为常识的那样，人类的血液分为A型、B型、AB型、O型四种。而A型内向，遇事深谋远虑，优柔寡断；B型相反，喜好社交性情开朗处事果断。AB型具备A型和B型两方面的特质，判断内向和外向困难。最后，O型是倔强的性格，意志坚强。——以上是古川先生的学说，是基于对学生、军人、罪犯等许多人的调查结果得出的结论。

德国人认为，人不可估量的大才大智，是从生出来的时候，就由命运决定了的。他们喜好这样的思想方法。而美国人不太喜好讲遗传和素质，不爱承认“超越性的权威”。总之，他们认为人这个东西，就象一个被放置在磁场中的物体，随着环境的压力，而具有向任何方向变化的可能性。明确地说，他们当然认为人决不是被宿命地决定的。如果追溯这一想法的源头，大概可以说到华盛顿开创的、美国历史的纪元时期吧。最初的移民们，无论什么样的荒地，他们也踏上去并且适应了恶劣的环境，因为有在那里拓荒开垦的经验，所以他们朝着特别强调人的可塑性的方向，发展自己的理论。其次，在美国社会，无论什么样的人，都可以受到雇用，全凭个人努力开辟自己道路的可能性很大，因此，理所当然，只强调遗传的理论影响是微弱的。首先，美国的社会是靠从各国来的所谓移民汇集起来的联邦。从各种各样的国家来的形形色色的人，当然具有不同的遗传基因，并且也生活过来了。在他们之中，无

① 古川竹二：《血液型和气质》，东京，三省堂，1932。现在是《血液型和民族性》(现代史学大系10卷所收)，东京，共立社书店，一九三三。作为反驳古川先生结论的见解，还有安井哲《血液型和气质的关系》《民族卫生》vol，13。NO，1.1946，pp.1-4。

论意大利人的第二代，还是日本和中国的第二代人，结果也大体具有与美国人相同的性格，而和各自祖国的人们，反而变得全然不同。在直接面对着这一事实的美国，重视环境作用的学说，理所当然会大量涌现。

(七)

在他的学说中，最核心的是“社会性性格”(social-character)这一概念，意味着“在同一文化中的大部分成员，共同具有的性格结构的核心部分”。这个概念和卡特纳说的基本性人格结构的差异点在于，在卡特纳的理论之中，认为这是由于乳幼期的育儿法产生出来的，也就是说，以所谓“发生性”的看法来使用，而与此相反，在弗洛姆的理论中，当然是根据各种各样的社会性要求，决定的一种性格类型。他强调在那个社会成长起来的人们中间，这种性格是被要求的(require)这一点。也就是说，每个社会都具有由于各种各样的条件形成的，各自独立的结构。所以，为了很好地在那个社会中生活，也必须把在那里所要求的性格类型逐步化为自身的习惯。

弗洛姆诸如此类的理论，是强调社会结构的整体，决定着在社会中必要的性格类型，在其中生活的人们性格的形成，是基于那里的“被要求性”而完成的这一看法。

(八)

其次，林顿把弗洛姆的想法更推进了一步，提出“身份人格”(status personality)这一概念。在这里首先提出“身份”这个概念看一看。这个概念和日语中说“高贵的身份”和“身份卑微”等时候的意味稍有不同，如果定义一下，就变为“在一定的生活场景中，个人所处的位置(position)”这样的意思。也就是说，即使同一个人，白天在公司工作的职业生活场景中，具有作为课长的身份，而晚上回到家里，在过家庭生活的场景中，又承担着作为父亲的身份，或者与此同时，还具有作为召集附近人们的联谊会会长的身份，类似的情况也是有的。总之，他认为即使同一个人，也好象具有适应处于各个不同生活场景的不同身份。

由林顿所定义的身份性人格这一点，引起很多人的共鸣。其后，吉灵(JOHN GILLIN)、克拉克洪(CLYDE KLUCKHOHN)等人类学家，使用“对外性人格”，或者更进一层“职业性活动”(role-action)这样的用语，来作为在研究根据社会性环境，人格形成发展过程的重要概念[①]。

---

① 使用Public这个词的著作有：GILLIN，J. The Ways of Men：An Introduction to Anthropology. New York，Appleton-Century-Crofts. 1948，pp. 580-582。

使用peripheral这个词的著作有：KLUCKHOHN，C. Mirror for Man：The Relations of Anthropology to Modern Life ，New York，Whittlesey House，1949，p. 208。

使用role-action这个词的著作有：KLUCKHOHN. C. &. MURRAY. H. A. “Outline of a Conception of Personality，(pp. 18-19) &. MURRAY. H. A. (eds.) Personality in Nature，Society and Culture，1953。

三、著作导读

《简明文化人类学》是日本著名学者，也是日本当代文化人类学奠基人祖父江孝男的名著之一，出版于1959年(昭和34年)，1989年由季红真翻译成中文，列入作家出版社推出的"作家参考丛书"。本书是关于文化人类学极为简洁而又通俗易懂的入门性读物，被称为"理解文化人类学的极好入门书"。由于作者曾留学美国哈佛大学，又曾在日本明治大学国立民族学博物馆任职，一方面他有着深厚的人类学、民族学实证的丰富经验；另一方面他对于全球文化人类学学术研究有着广阔而透彻的把握。尤其是他的学术表达以简洁、精准、通俗易懂著称。本书就是他众多著作中极具代表性的一部，便于初学者较快地把握并了解文化的本质及文化研究的概貌。

该书从人类的具体行为特点尤其是与动物的区别入手，对于人类行为的生理与心理基础，尤其是人类行为的深刻的文化影响做了透彻的描述与阐释。在此基础上，该书对欧洲学派、美国学派的文化研究诸多著名学者的学术观点，做了全景式的综述与解读，进而对于与文化影响相关联的人类一些所谓"异常行为"进行了深入探究。

在"人类的行为"这一研究中，作者从狮身人面的斯芬克斯之谜入手，对人类与动物之间的相似行为，尤其是借与人类相近的猴子、猩猩等灵长类动物的行为，进行了对比分析。

比如，同样是发声，猴子之类的发声行为和人类的发声行为有何不同？二者都可以表达某种情绪和感受，是不是可以认定动物也具有语言呢？作者对此进行了深入的对比分析，从而得出结论：人类拥有语言，而动物仅仅是表达感性感受的发声而已，构不成语言。而决定二者分野的，就是人类的发声具有符号性，也就是具有可以抽象、概括的特性。而恰恰是这一点，使得人类可以在具有符号性语言的能力基础上，演化出句子和文章，也就是具有高度理性意义的思想，这恰恰是人类可以创造文化的重要前提。因此，语言是人类有别于动物的最重要的特征之一，也是人类的行为区别于动物的行为的起点。正因此，人类的行为成了文化的行为，而动物则不可能具备这一特点。由语言进而延伸出文化，从而形成不同的价值体系与诉求，如不同的信仰、不同的宗教等，而这些不仅构成了人类独特的历史，也深刻地影响着人类的现实行为。这恰恰是文化的意义所在。

作者以"运动的动作"为例，研究各种动态的动作背后的文化性影响。例如，在"姿势"这一部分中，作者以美国人、日本人，在美国成长的第二代日本人、中国人，在日本的中国人、犹太人等人的同样的典型的手势、动作为例，生动地展现出同一个人在不同的文化情境下呈现出来的不同的手势、姿势，以此深刻地揭示人类行为背后的文化的影响与文化的力量。

在"文化和人格"的研究中，作者对影响人类的人格的不同学术派系、学说做了清晰的梳理，作者将人格研究分为倾向于遗传决定论的欧洲学派和倾向于环境决定论的美国学派，并对二者有代表性的学者和学说做了言简意赅的梳理。除了对弗洛伊德、弗罗姆等著名学者的学术思想做了清晰阐释外，作者还对产生、形成这些思想背后的社会原因、历史原因做了分析。

作者认为欧洲较为悠久的历史沉淀，使他们更倾向于他们自己独特而优越的遗传基因。沿着这种思路，他们更多倾向于从血型、性格等因素对文化人格进行研究。而美国学派之所以更倾向于环境决定论，这或许基于他们自己的深刻经验。因为美国的历史较为短暂，作为一个移民国家，他们更多的是靠在新的环境中的个人的努力与奋斗才获得成功。先天的遗传基因在这里并不会显著地发挥作用，而恰恰是后天的社会环境更深刻地影响着人格的形成。

（撰稿人：胡智锋）

娱乐至死

一、著作信息

作者：尼尔·波兹曼[①]，美国著名媒体文化研究者和批评家，一生均任教于纽约大学，担任文化传播系系主任多年，首创媒体生态学专业。波兹曼的主要著作包括《娱乐至死》《童年的消逝》《技术垄断》《教学：一种颠覆性的活动》《教学：一种保存性的活动》《诚心诚意的反对》《疯狂的谈话，愚蠢的谈话》《如何看电视》《建造通向18世纪的桥梁：过去怎样改变未来》。其中，《娱乐至死》和《童年的消逝》已译成多种文字在许多国家出版。

译者：章艳，上海外国语大学国际金融贸易学院英语教授。

版本：广西师范大学出版社2004年版。

二、著作摘录

在历史上的不同时期，不同的城市都曾经成为美国精神熠熠生辉的焦点。例如，18世纪后期，波士顿是政治激进主义的中心，震惊世界的第一枪在那里打响，那一枪只会在波士顿的郊区打响，而不会是在其他任何地方。事件报道之后，所有的美国人，包括弗吉尼亚人，从心底都成为了波士顿人。19世纪中叶，来自世界各地的弃儿们在埃利斯岛登岸，并把他们陌生的语言和陌生的生活方式传播到美国各地，纽约从而成为大熔炉式国家的象征——至少是有别于英国。20世纪早期，芝加哥开始成为美国工业发展的中心。如果芝加哥的某个地方有一座屠夫的雕像，那么它的存在是为了提醒人们记住那个到处是铁路、牛群、钢铁厂和冒险经历的时代。如果现在还没有这样的雕像，那么我们应该尽快来做这件事，就像代表波士顿时代的有民兵雕像，代表纽约时代的有自由女神像一样。

今天，我们应该把视线投向内华达州的拉斯维加斯城。作为我们民族性格和抱负的象征，这个城市的标志是一幅30英尺高的老虎机图片以及表演歌舞的女演员。这是一个娱乐之城，在这里，一切公众话语都日渐以娱乐的方式出现，并成为一种文化精神。我们的政治、宗教、新闻、体育、教育和商业都心甘情愿地成为娱乐的附庸，毫无怨言，甚至无声无息，其结果是我们成了一个娱乐至死的物种。

---

① 一译尼尔·波斯曼。

我写作此文时的美国总统是昔日好莱坞的演员。他的主要竞争对手之一是20世纪60年代最为人瞩目的电视节目的宠儿，也就是说，是一名宇航员①。很自然，他的太空探险被拍成了电影。

此外，美国前总统理查德·尼克松曾把自己的一次竞选失败归罪于化妆师的蓄意破坏，他就如何严肃对待总统竞选这个问题给了爱德华·肯尼迪一个建议：减去20磅体重。虽然宪法对此只字未提，但似乎胖子事实上已被剥夺了竞选任何高层政治职位的权利，或许秃子也一样不能幸免于此，当然还有那些外表经过美容仍无法有较大改观的人。我们似乎达到了这样一个阶段：政治家原本可以表现才干和驾驭能力的领域已经从智慧变成了化妆术。

美国的新闻工作者，如电视播音员，对此也心领神会了。他们中的大多数人在吹风机上花的时间比在播音稿上花的时间多得多，并且由此成为娱乐社会最有魅力的一群人。虽然联邦新闻法没有明文规定，那些不上镜头的人其实已被剥夺了向大众播报所谓“今日新闻”的权利，但是那些在镜头前魅力四射的人确实可以拥有超过百万美元的年薪。

美国的商人们早在我们之前就已经发现，商品的质量和用途在展示商品的技巧面前似乎是无足轻重的。不论是亚当·斯密倍加赞扬还是卡尔·马克思百般指责，资本主义原理中有一半都是无稽之谈。就连能比美国人生产更优质汽车的日本人也深知，与其说经济学是一门科学，还不如说它是一种表演艺术，丰田每年的广告预算已经证明了这一点。

不久前，我看到比利·格雷厄姆和谢基·格林、瑞德·巴顿斯、迪昂·沃威克、弥尔顿·波尔及其他神学家一起向乔治·伯恩斯表示祝贺，庆祝他在娱乐性行业成功跌打滚爬了80年。格雷厄姆教士和伯恩斯说了很多关于来世的俏皮话。虽然《圣经》里没有任何明示，但格雷厄姆教士向观众保证，上帝偏爱那些能让人发笑的人。这是一个诚实的错误，格雷厄姆只是错把美国全国广播公司当成了上帝。

鲁斯·威斯西马博士是一个心理学家，她主持了一档很受人欢迎的广播节目及一个夜总会节目，在这些节目中，她向听众们介绍有关性事的林林总总，所用的语言在过去只能是卧室和某些阴暗的街角里专用的。她和格雷厄姆教士一样是一个有趣的人，她曾经说过：“我的初衷并不是为了逗乐，但是，如果我所做的确实能让人开心，我不妨继续下去。有人说我取悦于人，我说这很好。如果一个教授上课时表现幽默，人们就会带着记忆下课。”②她没有说人们带着怎样的记忆，也没有说这些记忆有何裨益，但她说明了一点：能够取悦于人，真好。确实，在美国，上帝偏待的是那些拥有能够娱乐他人的才能和技巧的人，不管他是传教士、运动员、企业家、政治家、教师还是新闻记者。在美国，最让人乏味的是那些专业的演员。

对文化表示关注和忧虑的人，如正在阅读此类书的人，会发现上面的这些例子并不罕见，已是司空见惯了。批评界不乏有识之士，他们注意并记录了美国公众话语的解体及其向娱乐艺术的转变。但他们中的大多数人，我相信，还没有开始探究

---

① 指约翰·格伦，美国第一个绕地球轨道飞行的宇航员，退役后当选为美国参议员。——译注

② 引自1983年8月24日的《威斯康星州日报》，第1页。

这种变化的根源和意义。那些已经对此作过研究的人告诉我们，这一切都是走向穷途末路的资本主义的余渣，或者，正相反，都是资本主义成熟后的无味的果实；这一切也是弗洛伊德时代神经官能征的后遗症，是人类任凭上帝毁灭而遭到的报应，是人性中根深蒂固的贪婪和欲望的产物。

我仔细研读过这些阐述，从中不是没有学到东西。马克思主义、弗洛伊德理论，甚至神学家们，都是不能等闲视之的。在任何情况下，如果我的见解能够基本接近事实，我都会感到惊讶。正如赫胥黎所说的，我们没有人拥有认识全部真理的才智，即使我们相信自己有这样的才智，也没有时间去传播真理，或者无法找到轻信的听众来接受。但是在这里，你会发现一个比前人的理解更为透彻的观点。虽然这个观点并不深奥，但它的价值体现在其视角的直接性，这样的视角正是2300年前柏拉图提出的。根据这个观点，我们应该把焦点放在人类会话的形式上，并且假定我们会话的形式对于要表达的思想有着重大的影响，容易表达出来的思想自然会成为文化的组成部分。

我形象地使用“会话”这个词，并不仅仅指语言，同时也指一切使某个文化中的人民得以交流信息的技巧和技术。在这样的意义上，整个文化就是一次会话，或者，更准确地说，是以不同象征方式展开的多次会话的组合。这里我们要注意的是，公众话语的方式是怎样规范乃至决定话语内容的。

我们可以举一个简单的例子，如原始的烟雾信号。虽然我不能确切地知道在这些印第安人的烟雾信号中传达着怎样的信息，但我可以肯定，其中不包含任何哲学论点。阵阵烟雾还不能复杂到可以表达人们对于生存意义的看法，即使可以，他们中的哲学家可能没有等到形成任何新的理论就已经用尽了木头和毡子。你根本不可能用烟雾来表现哲学，它的形式已经排除了它的内容。

再举一个我们更熟悉的例子：塔夫脱，我们的第27任总统，体重300磅，满脸赘肉。我们难以想像，任何一个有着这种外形的人在今天会被推上总统候选人的位置。如果是在广播上向公众发表演讲，演讲者的体型同他的思想是毫不相干的，但是在电视时代，情况就大不相同了。300磅的笨拙形象，即使能言善辩，也难免淹没演讲中精妙的逻辑和思想。在电视上，话语是通过视觉形象进行的，也就是说，电视上会话的表现形式是形象而不是语言。政坛上形象经理的出现以及与此相伴的讲稿作家的没落证明了这样一点，就是：电视需要的内容和其他媒体截然不同。电视无法表现政治哲学，电视的形式注定了它同政治哲学是水火不相容的。

还有一个例子，更复杂一些：信息、内容，或者如果你愿意，可以称之为构成“今日新闻”的“素材”，在一个缺乏媒介的世界里是不存在的——是不能存在的。我并不是说，火灾、战争、谋杀和恋情从来没有在这个世界的任何地方发生过。我想说的是，如果没有用来宣传它们的技术，人们就无法了解，无法把这一切纳入自己的日常生活。简而言之，这些信息就不能作为文化的内容而存在。“今日新闻”的产生全然起源于电报的发明(后来又被其他更新的大众传播工具发扬光大)，电报使无背景的信息能够以难以置信的速度跨越广阔的空间。“今日新闻”这种东西纯属技术性的想像之物，准确地说，是一种媒体行为。我们可以了解来自世界各地对于各种事件的片断报道，因为我们拥有适用于报道这些片断的多种媒体。如果某种文化中没有具有闪电般速度的传媒工具，如果烟雾信号仍是最有效的传播途径，那么这种文化就不会拥有“今日新闻”。如果没有媒体为新闻提供传播的形式，那么“今日新闻”就不会存在。

用平白的话语来说，这本书是对20世纪后半叶美国文化中最重大变化的探究和哀悼：印刷术时代步入没落，而电视时代蒸蒸日上。这种转换从根本上不可逆转地改变了公众话语的内容和意义，因为这样两种截然不同的媒介不可能传达同样的思想。随着印刷术影响的减退，政治、宗教、教育和任何其他构成公共事务的领域都要改变其内容，并且用最适用于电视的表达方式去重新定义。

马歇尔·麦克卢汉有一句著名的警句：“媒介即信息。”如果我上面所说的有引用之嫌，我决不否认其中的联系(虽然很多值得尊敬的学者觉得否认和他的联系很时髦，但是如果没有麦克卢汉，他们也许至今仍然默默无闻)。30年前遇到麦克卢汉的时候，我还是一名研究生，而他也只是一个普通的英语教授。那时我就相信，现在仍然相信，他继承了奥威尔和赫胥黎的传统，对未来进行了预言。我对他的理论坚信不疑。他认为，深入一种文化的最有效途径是了解这种文化中用于会话的工具。我也许应该补充一点，最早激发我对这个观点产生兴趣的是一位比麦克卢汉更伟大、比柏拉图更古老的预言家。我年轻时研究过《圣经》，在其中我获得了一种启示：媒介的形式偏好某些特殊的内容，从而能最终控制文化。这种启示来自“十诫”中禁止以色列人制作任何具体形象的第二诫：“不可为自己雕刻偶像，也不可做什么形象，仿佛上天，下地，和地底下水中的百物。”和很多其他人一样，我那时很疑惑，为什么上帝要规定人们应该或不应该怎样用符号表现他们的经历。除非颁布训诫的人认定人类的交际形式和文化的质量有着必然联系，否则把这种禁令归于伦理制度之中的做法是不可理喻的。我们可以冒险作一猜测：那些如今已经习惯于用图画、雕塑或其他具体形象表达思想的人，会发现他们无法像原来一样去膜拜一个抽象的神。犹太人的上帝存在于文字中，或者通过文字而存在，这需要人们进行最精妙的抽象思考。运用图像是亵渎神祇的表现，这样就防止了新的上帝进入某种文化。我们的文化正处于从以文字为中心向以形象为中心转换的过程中，思考一下摩西的训诫对我们也许是有益的。即使这些推想有不妥之处，我仍然认为它是明智而中肯的。我相信，某个文化中交流的媒介对于这个文化精神重心和物质重心的形成有着决定性的影响。

语言无愧为一种原始而不可或缺的媒介，它使我们成为人，保持人的特点，事实上还定义了人的含义。但这并不是说，除了语言之外没有任何其他媒介，人们还能够同样方便地以同样的方式讲述同样的事情。我们对语言的了解使我们知道，语言结构的差异会导致所谓“世界观”的不同。人们怎样看待时间和空间，怎样理解事物和过程，都会受到语言中的语法特征的重要影响，所以，我们不敢斗胆宣称所有的人类大脑对于世界的理解是一致的。

如果我们考虑到，在语言之外还有如此丰富多样的会话工具，我们就不难想像，不同文化在世界观方面会存在多大的分歧。虽然文化是语言的产物，但是每一种媒介都会对它进行再创造——从绘画到象形符号，从字母到电视。和语言一样，每一种媒介都为思考、表达思想和抒发情感的方式提供了新的定位，从而创造出独特的话语符号。这就是麦克卢汉所说的“媒介即信息”。但是，他的警句还需要修正，因为，这个表达方式会让人们把信息和隐喻混淆起来。信息是关于这个世界的明确具体的说明，但是我们的媒介，包括那些使会话得以实现的符号，却没有这个功能。它们更像是一种隐喻，用一种隐蔽但有力的暗示来定义现实世界。不管我们是通过言语还是印刷的文字或是电视摄影机来感受这个世界，这种媒介—隐喻的关系为我们将这个世界进行着分类、排序、构建、放大、缩小、着色，并且证明一切存在的理由。卡西尔曾说过：

> 随着人们象征性活动的进展，物质现实似乎在成比例地缩小。人们没有直面周遭的事物，而是在不断地和自己对话。他们把自己完全包裹在语言形式、艺术形象、神话象征或宗教仪式之中，以至于不借助人工媒介他们就无法看见或了解任何东西。[①]

媒介的独特之处在于，虽然它指导着我们看待和了解事物的方式，但它的这种介入却往往不为人所注意。我们读书、看电视或看手表的时候，对于自己的大脑如何被这些行为所左右并不感兴趣，更别说思考一下书、电视或手表对于我们认识世界有怎样的影响了。但是确实有人注意到了这些，尤其是在我们这个时代，路易斯·芒福德[②]就是这些伟大观察者中的一个。他不是那种为了看时间才看钟表的人，这并不是因为他对大家关心的钟表本身的分分秒秒不感兴趣，而是他对钟表怎样表现“分分秒秒”这个概念更感兴趣。他思考钟表的哲学意义和隐喻象征，而这些正是我们的教育不甚了了的地方，钟表匠们对此更是一无所知。芒福德总结说：“钟表是一种动力机械，其产品是分和秒。”在制造分秒的时候，钟表把时间从人类的活动中分离开来，并且使人们相信时间是可以以精确而可计量的单位独立存在的。分分秒秒的存在不是上帝的意图，也不是大自然的产物，而是人类运用自己创造出来的机械和自己对话的结果。

三、著作导读

（一）批判还是警告

《娱乐至死》是近年来中国文化媒体领域比较推崇的一本书，如果仅从书名就认为可以嗅到其强烈的批判气味，如果再联想到近年来的“限娱令”“限秀令”“限童令”等，感觉《娱乐至死》批判的就是当下的中国（媒体或电视）。如果真做如此解读，那就对《娱乐至死》真的是一知半解啦！

波兹曼所说的“娱乐至死”应该不是我们当下要批判的现象，因为他根本不在乎娱乐节目的泛滥或媒体的娱乐化倾向。他其实更多的是通过与印刷文化的对比，以

---

① 卡西尔，《人论》，纽约花园城：双日出版社，铁锚丛书，1956，第 43 页。

② 路易斯·芒福德（Lewis Mumford，1895—1988），美国社会哲学家、教师、建筑及城市规划评论家，其著作多涉及人与环境的关系。——译注

确认电视媒体的表达方式是娱乐化，在此基础上他才提出警告。但是这种警告只是面向知识分子同行，提醒他们不要贪恋在电台、电视节目中侃侃而谈，一夜之间曝得大名；他呼吁知识分子同行要到书斋中去，他认为，印刷文明更适宜理性思考，电台、电视只会沦为大众娱乐的工具，任何有志于知识工作的人都应该回到书斋，那才是他们应该待的地方。

波兹曼也担心自己的观点可能会被读者扭曲，他还特别做了这样的解释："为了避免我的分析被理解成对电视上的'垃圾'的司空见惯的抱怨，我必须解释一下，我的焦点是放在认识论上，而不是放在美学或文学批评上，说实话，我对这些所谓'垃圾'的喜爱绝不亚于其他任何人，我也非常清楚地知道，印刷机产生的垃圾可以让大峡谷满溢出来。而在生产垃圾这一点上，电视的资历还远远比不上印刷机。""因此，我对电视上的'垃圾'绝无异议。电视上最好的东西正是这些'垃圾'，它们不会严重威胁到任何人或任何东西。而且，我们衡量一种文化，是要看其中自认为重要的东西，而不是看那些毫无伪装的琐碎小事。这正是我们的问题所在。电视本是无足轻重的，所以，如果它强加于自己很高的使命，或者把自己表现成重要文化对话的载体，那么危险就出现了。具有讽刺意义的是，这样危险的事情正是知识分子和批评家一直不断鼓励电视去做的。"

至此明白作者的原意之后，再看这本书，你会发现所谓的"批判"更多的是读者的引申，"警告"才是作者的本意，当然"警告"比"批判"所显示的严重性与指责力度要弱许多。这里，波兹曼还指出，"衡量一种文化，是要看其中自认为重要的东西，而不是看那些毫无伪装的琐碎小事"，这也正是辩证法所教导的"主流还是支流"的问题。事实上，在社会生活中，人们往往存在抓住一点就以为得到了"尚方宝剑"，而不顾其余对事物进行鞭挞的心理。近年来电视文化尤其受伤，无论是谁，都在批判电视的娱乐化，而且动不动就要引用波兹曼的"娱乐至死"作为"真理"，其实这些都歪曲了波兹曼的本意。因此，本导读也有意提醒一下我们的读者，无论是阅读该书，还是面对电视文化，甚至整个媒介文化，我们都要更理智和清醒一些，要更多地从理论和思辨的角度关注该书、关注电视文化、关注媒介文化的整体格局。

(二)关于该书的框架

《娱乐至死》的前言以两个著名的"反乌托邦"寓言开篇，一个是奥威尔的《1984》，一个是赫胥黎的《美丽新世界》。前者恐惧于"我们憎恨的东西会毁掉我们"，而后者害怕"我们将毁于我们热爱的东西"。波兹曼相信，奥威尔的预言虽然已经落空，但赫胥黎的预言则可能会成为现实，文化将会成为一场滑稽戏，等待我们的可能是一个娱乐至死的"美丽新世界"，在那里，"人们感到痛苦的不是他们用笑声代替了思考，而是他们不知道自己为什么笑以及为什么不再思考"。

本书共包括"媒介即隐喻""媒介即认识论""印刷机统治下的美国""印刷机统治下的思想""躲躲猫的世界""娱乐业时代""好……现在""走向伯利恒""伸出你的手投上一票""教学是一种娱乐活动""赫胥黎的警告"十一章。其中，前两章是理论探讨部分，波兹曼主要表达了从麦克卢汉"媒介即讯息"延伸而来的"媒介即隐喻"的思想，从而认为媒介能够成为人们认识世界的一种独特而不可或缺的方式，即认识论；而后四章(第三至第六章)则描述了印刷文明时代的社会是怎样的一个情况，之后这个时代又如何被电报、图片、广播、电影等新的媒介形式所改变，直到电视的出现，印刷文明已经被彻底改写。其后四章(第七至第十章)则从电视新闻节目、宗教节目、电视竞选、教学教育类节目分别阐述了“娱乐至死”的各种表现。在最后一章(第十一章)中，波兹曼重申赫胥黎的预言，“我们将毁于我们热爱的东西”。结论发人深省，启迪振聋发聩。

(三)该书的主要观点

《娱乐至死》一书的副标题是“演艺时代的公共话语”，该书直接而全面地剖析和批判了电视传媒所主导的文化。该书认为20世纪的传媒技术发展，使人类从以印刷文字为中心的“读文时代”转向以影像为中心的“读图时代”，其中，电视图像已经成为当代支配性的传媒形式，它改变了社会认知与人际交往的模式，引发出深刻的文化变迁。印刷术时代步入没落，而电视时代蒸蒸日上；电视改变了公众话语的内容和意义；政治、宗教、教育和任何其他公共事务领域的内容，都不可避免地被电视的表达方式重新定义。电视的一般表达方式是娱乐。一切公众话语都日渐以娱乐的方式出现，并成为一种文化精神。一切文化内容都心甘情愿地成为娱乐的附庸，而且毫无怨言，甚至无声无息，“其结果是我们成了一个娱乐至死的物种”。

作者的这一结论其实是建立在“媒介即隐喻”和“媒介认识论”这两个思想之上的。

首先，媒介即隐喻。

波兹曼继承了麦克卢汉的理论传统(技术至上、媒介决定论)，并受麦克卢汉“媒介即讯息”的启发，发展出自己的“媒介即隐喻”的思想，并且建树卓著。

波兹曼在《娱乐至死》中提出了“媒介即隐喻”的思想，他首先对麦克卢汉提出的“媒介即讯息”的思想做了修正，他认为媒介不仅是信息，更是一种隐喻，用一种隐蔽却有力的方式来定义现实世界，并且通过这种媒介——隐喻的关系对这个世界进行分类、排序、构建、放大、缩小、着色，从而证明一切存在的理由。作为一种传播方式，媒介在人的推动下让其有了生命与立场，媒介在传播的过程中不知不觉地传达传播者的态度、思想以及立场，并试图通过这些传递的信息来影响人们的思考，改变人们对事物的看法。然而这种传达与影响往往是不为人察觉的，正如有句诗所说的“随风潜入夜，润物细无声”，在不知不觉中影响着人，改变着人。

媒介即隐喻，即用暗示的力量定义现实世界：媒体能够以一种隐蔽却强大的暗示力量来“定义现实世界”。其中，媒体的形式极为重要，因为特定的形式会偏好某种特殊的内容，最终会塑造整个文化的特征。这就是所谓“媒体即隐喻”的主要含义。正如波兹曼所说的：如果我们能够意识到，我们创造的每一种工具都蕴含着超越其自身的意义，那么理解这些隐喻就容易多了。我们的语言即媒介，我们的媒介即隐喻，我们的隐喻创造了我们的文化的内容。

以前人们常说“眼见为实”，但是生活在媒介化的环境中，眼见的也不一定就是真实的。媒介的传播潜移默化地影响着人们的思想，现在人们思想观念的形成在很大程度上来自周围的媒介环境。而人们很多时候都是身处其中而不知，认为我们感受到的都是真实的，我们感受到的媒介环境就是我们身处其中的现实世界。这种媒介环境影响着人们的判断，有意无意间影响着人们的意识、思维方式，影响着人们对外界事物的看法。作为媒介传播方式，文字、电视、互联网等改变了人们对周围事物的认知与接受。以电视为代表的图像传播，消解了文字印刷传播时代形成的理性、客观、深刻、有序、富有逻辑的认知结构，取而代之的是感性的认知方式，富有动感的画面，视觉的快感，碎片化的、没有逻辑的呈现。

人们习惯将电视以及几乎一切技术视为“中性”的东西，电视既然作为一种传播手段，我们就想当然地认为它天然就适于传播一切内容。然而和大脑一样，每种技术也都有自己内在的偏向。对于媒介来说，不同的媒介由于其自身结构、传播形式和范围的不同而具有不同的特点，这些特点导致媒介具有各自的倾向，并且对传播的内容会有不同的效果，经过物竞天择、优胜劣汰最后迎合此媒介的内容会成为其传播内容的主体。

正如前文所言，波兹曼在《娱乐至死》中指出，他反对的不是电视所具有的娱乐功能，而是反对把娱乐本身变成表现一切内容的表达形式，反对所有的内容都以娱乐的形式呈现。现在几乎所有的电视节目都或多或少地存在节目内容娱乐化的现象。为了争取更多的观众，达到更高的收视率，电视节目过多地增加了娱乐的成分来吸引观众的眼球。正如波兹曼在《娱乐至死》中所说：“我们的文化对于电视认识论的适应非常彻底，我们已完全接受了电视对于真理、知识和现实的定义。无聊的东西在我们的眼里充满了意义，语无伦次变得合情合理……电视只有一种不变的声音——娱乐的声音……电视正把我们的文化转变成娱乐业的广阔舞台。”

其次，媒介认识论。

这一观点描述了媒介认识功能的发展历程及其演变，尤其是详细阐述了口语、文字与图像如何相继塑造着人类的文化。

“我希望能让你们相信，印刷文化的认识论在日益衰退，电视文化的认识论在同步壮大，这些都会在大众生活中产生严重后果，其中一个后果就是我们将变得越来越可笑……眼见为实作为一条认识论的公理，从来都享有重要地位……真理和时间一样，是人通过他自己发明的交流技术同自己进行对话的产物。”

“印刷术树立了个体的现代意识，却毁灭了中世纪的集体感和统一感；印刷术创造了散文，却把诗歌变成了一种奇异的及精英的表达形式；印刷术使现代科学成为可能，却把宗教变成了迷信；印刷术帮助了国家民族的成长，却把爱国主义变成了一种近乎致命的狭隘情感。”

“我们现代人对于智力的理解大多来自文字，我们对于教育、知识、真理和信息的看法也一样。随着印刷术退至我们文化的边缘以及电视占据文化的中心，公众话语的严肃性、明确性和价值都出现了危险的退步……”

在《娱乐至死》中，波兹曼精准地剖析了娱乐的篡位历程。在印刷术统治世界的时代，报纸和图书是人们获得知识的主要途径；电报的发明大大提高了信息的即时性，全球各地的新闻都可以瞬间穿越时空出现在人们眼前，这使得人们在潜意识中修正了时空的观念和信息的定义；而接下来的这次“图像革命”，尤其是随着摄影技术的发明和大规模应用，具有强烈视觉冲击力的照片开始统治人们的眼睛，照片开始重塑语法体系。

到了电视时代，信息的生产与传播开始转换为视觉、听觉和虚拟化的特征和单向传递，受先天技术所陷，受众的被动接受天生伴随而来，而相比印刷术，电视的娱乐内容和娱乐化的政治内容越来越成为电视传播内容的主体。所以，我们说电视技术的倾向就是将所有的内容都以娱乐的方式表现出来。现在，波兹曼明确指出某些内容并不适合电视传播，因为诸如政治、哲学等严肃内容是不应以娱乐的方式表现的。这确实对我们富有启发和警示意义。因而，今后在媒介的运用和发展上，我们应该研究其倾向性问题，利用这个特性来实现人们的目的，操控媒介的作用方向而不是被媒介"娱乐化"了。

波兹曼指出，只有深刻而持久地意识到信息的结构和效应，消除对媒介的神秘感，我们才有可能对电视、电脑，或其他任何媒介有一个较为清醒且完整的认识。

最后，娱乐是电视时代的表达方式。

在"媒介即隐喻"和"媒介认识论"两个思想之上，波兹曼提出娱乐成为电视时代的主要表达方式。正如书中所说："用平白的话语来说，这本书是对 20 世纪后半叶美国文化中最重大变化的探究和哀悼：印刷术时代步入没落，而电视时代蒸蒸日上。这种转换从根本上不可逆转地改变了公众话语的内容和意义，因为这样两种截然不同的媒介不可能传达同样的思想。随着印刷术影响的减退，政治、宗教、教育和任何其他公共事务的领域都要改变其内容，并且用最适用于电视的表达方式去重新定义。"

由此可看出，波兹曼在《娱乐至死》这本书中认为"娱乐"已赢取了我们这个时代"元媒介"的地位。尤其在大众文化语境中，由印刷机开创并延续经年的所谓"阐释时代"已然让位于由电视机开创的"娱乐业时代"。电视及其文化如今既是我们对世界的认识，也是我们认识世界的工具。为此，波兹曼说："电视在安排我们交流环境方面的能力是其他媒介根本无法企及的。"而罗兰·巴特则说："电视已成为我们这个时代的'神话'。"

波兹曼对西方媒体的娱乐化持一种批判的倾向，但是在展开批判的过程中，他也道出了这是媒介发展的大势所趋：一切都在朝着娱乐化的方向迈进。娱乐化并没有错，关键是如何能把娱乐和电视的其他功能结合起来，这是目前电视最需要认真思考的问题。

波兹曼关于娱乐是电视时代的表达方式，在书中是这样展开的。

第一，娱乐业时代：电视中一切皆娱乐。

电视无法延伸或者扩展文字文化，相反，电视只能攻击文字文化。和大脑一样，每种技术都有自己的内在偏向。在它的物质外壳下，它常常表现出要派何种用场的倾向。

只有那些对技术的历史一无所知的人，才会相信技术是完全中立的。每一种技术都有自己的议程，都是等待被揭示的一种隐喻。

思考无法在电视上得到很好的表现。思考不是表演艺术，而电视需要表演艺术。

电视包容了话语的所有形式。除了娱乐业没有其他行业。

娱乐是电视上所有话语的超意识形态……电视上的一切都是为了给我们提供娱乐……"好电视"同用于陈述的语言或其他口头交流形式无关，重要的是图像要吸引人。

第二，“好……现在”：这种独特新闻话语方式使新闻纯粹成为娱乐。

掩藏在电视新闻节目超现实外壳下的是反交流理论，这种理论以一种抛弃逻辑、理性和秩序的话语为特点。

当新闻被包装成一种娱乐形式时，它就不可避免地起到了蒙蔽的作用。

第三，走向伯利恒：宗教在电视中也走向了娱乐。

宗教和图像从来都是紧密相连的……很多宗教都努力通过艺术、音乐、神像和令人敬畏的仪式来表现自己的吸引力。宗教的美感是它吸引人们的重要原因……我们在宗教中看到的图像是以施展魔力为目的的，而不是为了娱乐。

宗教之所以成为娱乐是电视本身的倾向决定的，而不是因为这些所谓传教士存在缺陷。

我们无法神化电视节目播出的空间……电视屏幕本身也有着很明显的现世主义。

第四，伸出你的手投上一票：政治也被电视娱乐化。

选举政治的本质是娱乐大众，美国就是个很好的例子。在2016年的美国大选中，擅长表演和出风头的特朗普，竟然出乎意料地击败希拉里赢得大选。我们不得不感叹，真人秀节目《实习生》(又译《飞黄腾达》)多年的锤炼，成就了特朗普高超的本色表演的能力，其水平不亚于奥斯卡任何一届“影帝”。

第五，教学是一种娱乐活动：教学节目在电视上成为一种娱乐活动。

如果要给这样一种没有前提条件、没有难题、没有阐述的教育取一个合适的名字，那么这个名字只能是“娱乐”。

电视在培养深层次的、具有推论性的思维方面明显不如铅字。

电视是新认识论的指挥中心……所有一切都证明了，电视的倾向影响着公众对于所有话题的理解。

电视已经取得“元媒介”的地位——一种不仅决定我们对世界的认识，而且决定我们怎样认识世界的工具。

不过在波兹曼看来，人们会渐渐崇拜那些使他们丧失思考能力的工业技术。奥威尔害怕的是那些强行禁书的人，赫胥黎担心的是失去任何禁书的理由，因为再也没有人愿意读书；奥威尔害怕的是那些剥夺我们信息的人，赫胥黎担心的是人们在汪洋如海的信息中日益变得被动和自私；奥威尔害怕的是真理被隐瞒，赫胥黎担心的是真理被淹没在无聊烦琐的世事中；奥威尔害怕的是我们的文化成为受制文化，赫胥黎担心的是我们的文化成为充满感官刺激、欲望和无规则游戏的庸俗文化。

请谨记赫胥黎的警告：“我们将毁于我们热爱的东西。”

“我这里建议的解决方法也正是赫胥黎提出的。我无法超越他的智慧。他和赫伯特·乔治·威尔斯一样相信我们正处于教育和灾难的竞赛之中，他不懈地著书强调理解媒介政治和媒介认识论的必要性。最后，他试图在《美丽新世界》中告诉我们，人们感到痛苦的不是他们用笑声代替了思考，而是他们不知道自己为什么笑以及为什么不再思考。”

（撰稿人：张国涛）

技术垄断：文化向技术投降

一、著作信息

作者： 尼尔·波斯曼。
译者： 何道宽。
版本： 北京大学出版社 2007 年版。

二、著作摘录

柏拉图的《斐德罗篇》(*Phaedrus*)里有一个关于上埃及法老塔姆斯(Thamus)的故事。用梭罗(Thoreau)的话来说，我们这样的人往往沦为工具的工具；对我们而言，这个故事富有深刻的教育意义，其他传说难以与之匹敌。苏格拉底向斐德罗讲述的故事是这样展开的：有一次，塔姆斯款待特乌斯(Theuth)神。特乌斯发明了许多东西，包括数字、计算、几何学、天文学和文字。他向塔姆斯炫耀这些发明，主张把这些发明向埃及人宣传，让人人都用上这些发明。苏格拉底接着说：

> 塔姆斯询问各项发明的用途，特乌斯如数家珍，逐一道来。塔姆斯根据自己的判断，按照特乌斯是否有道理而表示臧否。历数塔姆斯对特乌斯全部发明表示的赞同与否定，难免太费时间，只说文字这个发明吧。特乌斯声称："陛下，我的成就是，文字会增强埃及人的智慧，强化他们的记忆。毫无疑问，我找到了改善记忆和智慧的担保书。"塔姆斯答曰："特乌斯，你真是发明家的典范，然而技艺发明人并不是评判发明利弊的最佳人选，使用者才能够做出恰当的评判。文字也是这样；你是文字之父，你喜爱自己的孩子，所以你把文字的利弊和它的实际功能搞颠倒了。识文断字的人可能不再利用记忆，可能会成为健忘的人；他们会依赖文字，用外在的符号帮助自己回忆，而不再依靠内在的资源帮助自己回忆。你发现的是帮助回忆，而不是促进记忆力的担保书。至于智慧，你的弟子可能会虚有其名、名不副实：他们接受的将是大量的信息，而不是老师的真传；结果，人们认为他们知识广博，然而实际上他们多半很无知。由于他们自负张狂，自以为有智慧而不是真有智慧，他们就会成为社会的负担。"①

---

① Plato. *Phaedrus and Letters* Ⅶ *and* Ⅷ. New York：Penguin Books，1973，p. 96.

本书以塔姆斯的传说开篇，因为他的回答包含了几条健全的原理，我们可以据此学习如何精明而谨慎地思考技术社会存在的问题。实际上，塔姆斯的评判有一个错误，我们可以从中获得重要的启示。他的错误不是他判定文字有害；他说文字损害记忆、造成虚假的智慧——这没有错。文字的这种弊端是可以验证的。他的错误在于这样的信念：文字会成为社会的负担，全然的负担，舍此无他。尽管塔姆斯很英明，但他并没有想到，文字也有一些好处，而且的确是有相当大的好处，这本来是众所周知的道理。从这个传说我们可以得到这样的教益：认为技术革新只会产生片面效应的观点是错误的观点。每一种技术都既是包袱又是恩赐，不是非此即彼的结果，而是利弊同在的产物。

当然，这个道理非常明显，对那些愿意思考的人尤其如此。然而，我们身处狂热特乌斯们的包围之中，周围满是独眼龙似的先知，他们只看到新技术之所能，想不到新技术帮倒忙的后果。我们不妨把这些人称为技术爱慕者(Technophiles)，他们就像把情人看做西施那样看心爱的技术，白璧无瑕，对未来不怀丝毫的隐忧。这些人是危险的人，我要小心翼翼地和他们打交道。另一方面，有些独眼龙似的先知，比如我(或者说人家对我的指控)，往往只(以塔姆斯品头论足的方式)议论新技术带来的包袱；对新技术提供的机会，却三缄其口。技术爱慕者应该为自己辩护，到处宣传自己的主张。我自卫的立场则是，有的时候，我们需要不同的声音，以缓和成群结队的技术爱慕者喋喋不休的喧闹。倘若你要出错，站在塔姆斯怀疑主义一边犯错误似乎是更为可取的。当然，这样的错误毕竟是错误。我不妨指出，除了对文字的评判之外，塔姆斯对其他发明的评判并没有错。如果再读一遍这个传说，你或许会注意到，他对特乌斯的每一种发明的评论都兼顾利弊，亦臧亦否。这是因为每一种文化和技术的关系都必然有一个磨合的过程，无论他是否意识到这一点。磨合的过程就是交易的过程，技术和文化的关系是彼此既有给予，亦有索取。聪明人深知个中道理，戏剧性的技术变革很难得给他们留下深刻的印象，从来都不会使他们欣喜若狂。弗洛伊德对这个问题的论述即为一例，在《文明及其不满者》(*Civilization and Its Discontents*)里，他说：

> 你会问：如果我能够随心所欲地听见千百里之外的孩子的声音，如果我能够尽快知道我的朋友经过艰苦的长途旅行已经平安抵达目的地，难道我不会为此而更加快乐吗？难道这不是明白无误的幸福吗？医学成就使婴儿死亡率大大降低，使产妇感染的危险大大减少，而且使文明人的寿命明显地延长——难道这没有重大的意义吗？

弗洛伊德很清楚，我们不能够低估技术进步和科学进步的意义，所以他在卷首就承认科学技术进步的意义。但是在这段话的结尾，他提醒我们注意科学技术进步的副作用：

> 倘若铁路没有克服空间距离，我的孩子就不会离开故乡，我就不需要打电话听他说话；倘若跨洋旅行的技术没有开发，我的朋友就不会坐海船旅行，我

> 就不需要打电报来舒缓对他是否平安的担心。婴儿死亡率的降低给我们生儿育女强加了诸多限制，以至于在考虑各种因素的情况下，我们生育的孩子并不比讲究卫生之前多。与此同时，这又给我们婚后的性生活造成诸多困难……最后要问，倘若生活困难，罕有欢乐，倘若生活充满苦难，以至于我们只能够把死亡当做解脱来欢迎，那么，长寿对我们又有什么好处呢？①

在历数技术进步的代价时，弗洛伊德遵循的路线使人感到压抑。他同意塔姆斯的评论：我们的发明只不过是手段的改进，目的却未见改善。技术爱慕者无疑会反驳他说，生活一直是没有欢乐的荒原，充满苦难，然而电话、远洋邮轮尤其是卫生习惯的普及不仅能够延年益寿，而且使生活更加宜人。毫无疑问，这是我会提出的论点(证明我不是恐惧技术的独眼龙)，不过此刻我们不用追求这个观点。我把弗洛伊德拽进这里来参与会话，仅仅是为了证明，即使他这种愁眉紧锁的智者在批评技术时，也必须以承认技术的成就为开场白。倘若塔姆斯法老像他的名气那样充满智慧，他在对文字的价值做出评判时，就会预见到文字开创新局面的力量。在衡量技术变革时，人需要一定程度的冷静。

塔姆斯的疏漏就谈到这里。另一种疏漏值得我们注意，但这种疏漏不是错误。文字不是中性的技术，文字的利弊取决于人利用文字的方式——塔姆斯把这个道理视之为理所当然，所以他觉得没有必要把这个道理说出口。他知道，任何技术的用途多半是由技术的结构决定的，也就是说技术的功能是技术形式的自然产物。塔姆斯关心的不是人们会写下什么内容，而是人们要使用文字这种技术。凭空想象塔姆斯会用今天标准化的技术爱慕者那种方式对人们提出忠告：只把文字用来生产某些文本，而不是生产其他文本(比如用文字写戏而不是写历史或哲学)，文字的破坏性就会降低到最低限度——那实在是荒唐之举。他会认为，这样的意见实在是天真之极。我想，他可能会允许人们把某一种技术拒之门外。但是，我们可以学习塔姆斯的言外之意：一旦被人接受，技术就会坚持不懈，就会按照它设计的目标前进。我们的任务就是懂得技术的这个目标，换句话说，我们容许一种技术进入一种文化时，就必须要瞪大眼睛看它的利弊。

我们可以从塔姆斯的沉默推导出以上的意思。不过，我们从他说出口的话中学到的东西比较多，从他没有言说的东西中学到的道理则要少得多。比如他说，文字会改变“记忆”和“智慧”的意义。他担心，人们会把记忆的意义和他鄙视的“回忆”的意义混为一谈。他担心智慧和纯粹的知识的区别会变得模糊不清。我们一定要把他这个评判牢记在心，因为截然不同的技术会使旧词语产生新的定义，而且人们往往没有充分意识到这个创造新词义的过程。因此这个机制是阴暗而危险的，和新技术创造新词汇的机制迥然不同。在我们这个时代，我们有意识地给英语添加了数以千计的表达新技术的新词汇，比如 VCR、比特、软件、前轮驱动、机会之窗、随身听，等等。它们并不会使我们感到错愕。新事物需要新词汇，但新事物也可能修正旧词汇的意义，修正旧词汇也就是修正语义深深扎根的词汇。电报和廉价的“便士

---

① Freud, S. *Civilization and Its Discontents*. New York: W. W. Norton & Co., 1961, pp. 38-39.

报”改变了我们所谓“信息”的意思。电视改变了“政治辩论”、“新闻”和“公共舆论”等词语的意义。文字改变了“真理”和“法律”原来的意义，印刷术也改变了语词的意义，如今的电视和电脑又再次改变它们的意义。诸如此类的变化接连不断地发生，迅速、必然，而且在一定程度上静悄悄地进行。词汇学家不需要在这个问题上搞公民投票。谁也不愿意花时间写一本教科书来解释真正发生的词义变化，学校不注意词义的修正。然而，这些词汇不再具有原来的意义，有的时候甚至获得了完全相反的意义。这是塔姆斯希望教导我们的地方——技术专横跋扈地支配我们最重要的术语。技术重新界定“自由”、“真理”、“智能”、“事实”、“智慧”、“记忆”、“历史”等词汇的意义。所有这些词汇都是我们的生活必须依靠的词汇。技术不会停下脚步向我们公开宣示这样的变化，我们自己也不会驻足向技术询问词汇的变化。

技术变化的事实需要我们做一些阐述，我将在稍后的一章里回到这个主题。在这里，我们还需要从塔姆斯的评判里另外挖掘几条原理，这些原理需要费一点笔墨，因为它们是以下几章论述的预兆和铺垫。比如，塔姆斯警告说，特乌斯的弟子获得的智慧可能会名不副实。他的意思是说，学会新技术的人成为精英，没有学会新技术的人赋予这些精英权威和声望，但盛名之下，其实难副。这个事实隐含的命题有多种不同的表达方式。现代传播学之父伊尼斯(Innis)反复论述重要技术造成的“知识垄断”。他的意思和塔姆斯心里想说的意思完全相同：控制技术运行机制的人积累权力，必然要密谋防备那些无法获取专门技术知识的人。在《传播的偏向》(*The Bias of Communication*)里，伊尼斯提供了许多历史事例，说明新技术如何摧毁传统的知识垄断，造成一种新的知识垄断，即由另一群人来把持的知识垄断。换句话说，一种新技术的利弊长短不会势均力敌。仿佛是游戏，有输家也有赢家。在许多情况下，输家出于无知为赢家欢呼雀跃，现在的情况依然如此；这实在是令人困惑，使人心酸。

以电视为例。在美国，电视扎根之深超过其他国家，许多美国人认为电视是上帝的恩赐；那些待遇优厚、志得意满的电视人，那些主管、技师、新闻节目主持人和娱乐节目主持人，尤其觉得电视是天大的恩赐。这样的人形成新的知识垄断，他们为自己欢呼喝彩，捍卫自己的地位，张扬电视技术，这并不使人奇怪。另一方面，从长远的观点来看问题，电视可能会逐渐终结教师的职业生涯，因为学校是印刷机的发明，它的兴衰有赖于印刷词语享有的地位。四百年来，教师一直是印刷术创造的知识垄断的组成部分，他们正在目击这种知识垄断的解体。看来，对于如何防止这样的解体，他们多半是无能为力的；老师们对正在发生的事情热情洋溢，这实在是和情理相悖。这样的热情老是让我回想起上一个世纪之交时的铁匠，他们赞美汽车，而且相信汽车会促进他们的营生。我们现在知道，汽车没有促进铁匠的生意，反而使他们的生意过时，或许一些头脑清醒的铁匠会预感到末日的来临。即使这样，他们又有什么回天之力吗？除了哭泣，他们还能够做什么呢？

在电脑技术的发展和普及中，我们遭遇到类似的情况，这里同样是既有赢家，也有输家。毋庸置疑，电脑加强了大规模组织机构的权力，军队、航空公司、银行或税务机关就是这样的机构。同样清楚的是，电脑对高层次的物理学和其他自然科学研究人员而言，已经成为不可或缺的工具。然而，电脑在多大程度上对普通人有好处呢？电脑已经侵入钢铁工人、菜店老板、学校教师、汽修工人、音乐人、砖工、牙医等大多数人的职业生活，电脑对他们有多大的好处呢？他们的隐私更容易被强大的机构盗取。他们更容易被人追踪搜寻、被人控制，更容易受到更多的审查，他们对有关自己的决策日益感到困惑不解；他们常常沦为被人操纵的数字客体。他们在泛滥成灾的垃圾邮件里苦苦挣扎。他们容易成为广告商和政治组织猎取的对象。学校教他们的孩子操作电脑化的系统，而不是向孩子们传授更加珍贵的知识。总而言之，孩子们需要的东西几乎不会送到他们手中。输家之所以输，其原因就在这里。

赢家怂恿输家以满腔的热情去拥抱电脑技术，这本在意料之中。这就是赢家获胜之道，于是，他们有时就对输家说，有了个人电脑之后，一般人就更容易做好收支平衡，就更容易查找营养食谱，就会使自己的购物单更加合乎情理。他们还告诉输家说，你们的生活会安排得更有效率。至于效率是按照谁的观点衡量的，他们则三缄其口、避而不谈，他们也不说输家会付出什么代价。倘若输家持怀疑态度，赢家就喋喋不休地宣扬电脑的神效，把输家搞得晕头转向；电脑的神效和输家生活质量的关系，只能够说是勉强沾边的，但这些工具的魅力却给人留下深刻的印象。最后的结果是输家败下阵来，原因之一是他们相信掌握新技术的人有专门的知识，而专门的知识是一种智慧——这是塔姆斯的预言。这些新技术大师也相信自己的智慧，这同样是塔姆斯的预言。结果，有些问题就无人问津。比如，技术赋予谁更大的权力、更多的自由？谁的力量和自由又会被削弱？

或许，我的表述使这样的结果像一场精心策划的密谋，仿佛赢家对输赢的一切成竹在胸。不过，实际发生的情况并非完全如此。一种情况是，一些文化具有民主精神，其传统比较弱，且容易接受新技术，于是人人都倾向于热情欢迎新技术，都相信新技术最终会使人人平均受益。美国的情况尤其明显，美国人对新东西的贪求没有止境，这样的幼稚信念随处可见。事实上，美国人很难得把任何社会变革都看成是赢家输家皆可获利的结果，这种情况的原因之一是，美国人的乐观主义在大量的文献中被描写得淋漓尽致。在技术产生的社会变革中，企业家利用了普通美国人的乐观主义，他们竭力灌输大家共享却不太可能实现的希望。他们心里清楚，从经济上来看，揭示技术变革的代价不是明智之举。所以你不妨说，倘若有什么密谋的话，这个密谋就是美国文化自己给自己添麻烦的密谋。

此外更重要的是，技术闯进一种文化时，谁是最大赢家，谁又是最大输家？这个问题并非一目了然，至少在初始阶段并不是很清楚的。这是因为技术引起的变革即使并非绝对神秘，也至少是难以细察的，甚至可以说是难以预料的。最难以预料的后果可以说是技术引起的意识形态变革。塔姆斯告诫特乌斯说，使用文字的人会依赖外在的符号，而不是内心的资源，他们接受大量的信息，却得不到良好的教育。塔姆斯发出这样的警告时，心中想到的就是意识形态变革。其意思是，新技术改变我们的“知识”观念和“真理”观念，改变深藏于内心的思维习惯，一种文化对世界的感觉就是这种思维习惯赋予的。这种感觉是何为自然秩序、何为合理、何为必需、何为必然、何为真实等等的感觉。因为这样的变革是用旧语词的新意义表达的，我将对这个问题暂时存而不议，留待稍后阐述美国当前宏大的意识形态变革时再去讨论。在这里，我只想举一个例子说明，新技术如何造成“真实”的新观念，说明这个过程如何瓦解老观念。这个例子是给学生的试卷评分的惯例。表面上看，这个惯例无害。对我们多数人而言，这个做法自然而然，所以我们难以觉察它隐而不显的含意。我们难以想象，我们判分的数字和字母是一种工具；更难以想象，我们用这种技术去评判一个人的行为时，我们是在做某种奇特的事情。事实上，初次给学生评分的事情发生在剑桥大学，那是 1792 年；发明者是一位名叫威廉·法里希(William Farish)的老师。[①] 无人熟悉这位老师，听说过他的人更是屈指可数。他的想法是，应该给人的思想进行量化的价值判断。这个做法迈出了坚实的一步，人们自此尝试用数学观念来构建现实。倘若可以用数字来判定思想的品质，那么用数字来判定慈悲、爱心、仇恨、美好、创造性、智能甚至心智健全的品质，都是可能的。伽利略说，自然的语言是数学语言，他没有把人的情感、成就或洞见包括在内。然而，如今我们大多数人都倾向于把这些概念包括在内。我们的心理学家、社会学家和教育家发现，如果不用数字，他们的工作就不可能进行。他们相信，如果不用数字，连获取或表达正宗的知识都是不可能的。

我在这里不会说这个念头愚蠢或危险，只想说这个观点很奇怪。更加奇怪的是，我们许多人居然不觉得它奇怪。说某人应该干得更好因为他的智商是 134；说某人的灵敏度是 7.2 度；说一个人论资本主义兴起的文章应该得 A－，另一个人的文章应该得 C＋。对伽利略、莎士比亚或杰斐逊来说，这一切都像是胡言乱语。我们之所以觉得这种做法有意义，那是因为我们已经习惯于数字这种技术，因而看世界的方式和他们不一样。我们对真实的想法有所不同。换一种说法就是：每一种工具里都嵌入了意识形态偏向，也就是它用一种方式而不是用另一种方式构建世界的倾向，或者说它给一种事物赋予更高价值的倾向；也就是放大一种感官、技能或能力，使之超过其他感官、技能或能力的倾向。

这就是麦克卢汉的警语“媒介即讯息”的意思。这也是马克思的意思，他说：“技术透露了人对待自然的方式”，技术造成了“交流的条件”，我们通过交流建立彼此之间的关系。这也是维特根斯坦(Wittgenstein)论述我们最重要的技术时所要表达的意思。他说，语言不仅是思想的载体，而且是思想的驱动器。这就是塔姆斯想要使特乌斯明白的道理。简而言之，这是一种历史悠久、永世长存的智慧，其最简单明快的表现是古老的箴言：在手握榔头者的眼里，一切都仿佛是钉子。不必太死守字面的意思，我们就可以引申这个自明之理：在手握铅笔者的眼里，一切都像是写下的清单；在拍照人的眼里，一切都像是图像；对使用电脑的人来说，一切都像是数据；对手握成绩单的人而言，一切都像是数字。

然而，这一切预设的偏见(prejudice)在技术起步时并非总是一望而知的。在技术变革中，谁也不可能预先就谋划好成为赢家，其道理就在这里。比如，机械时钟的发明最终会推进谁的利益和世界观？谁也不可能预见到这个问题的答案。时钟的

---

① 这件事情有详细的记述。见 Keith Hoskin，“The Examination，Disciplinary Power and Rational Schooling”，in *History of Education*，vol. Ⅷ，no. 2(1979)，pp. 135-146。霍斯金教授对法里希的介绍如下：剑桥大学工程学教授，在自己的剑桥家园里设计并安装了活动隔板墙，由滑轮驱动，在楼上楼下升降。一天晚上，他在楼下熬夜感到冷，就把活动墙拉下来保暖。这样的技术没有多大的故事性，说明历史本身并不能揭示接下来会发生什么事情。这一切说明，人们对法里希的了解少之又少。

发明肇始于12、13世纪的本笃会修道院[①]。这个发明的推动力是使修道院的日常事务或多或少有章可循，首先是每日七次敲钟报时的制度。钟声表示读经礼拜的时辰；时钟技术提供准确的时间让修士做功课。这个功能是完成了。然而修士们没有预料到，时钟不仅是计时的手段，而且是要求他们起居修炼同步进行、控制他们的工具。到了14世纪中叶，时钟走出了修道院，给工人和商人的生活提供准确的计时。刘易斯·芒福德(Lewis Mumford)写道："机械钟表使按部就班的生产、准确计时的工作和标准化的产品成为可能。"总之，如果没有钟表，资本主义的兴起是绝无可能的。[②]悖谬、奇怪而神奇的是，发明钟表本来是要人用更加刻板的制度去侍奉上帝，然而终极的结果却是相反，钟表最大的用处是让人积攒金钱。在上帝和财神的终极斗争中，钟表偏爱的是财神爷，这实在是出人意料。

许多人认为他们看得清清楚楚，新技术会把我们引向何方，然而无一例外，难以预料的后果却横亘在他们的路上。即使技术发明人也不可能是可靠的未来先知，塔姆斯发出的正是这样的警告。比如，无论怎么说，谷登堡都算得上是虔诚的天主教徒，但倘若他听见路德的异端邪说，他一定会十分震惊。路德把印刷术说成是"上帝最大的恩赐，是推动商业福音的力量"。路德懂得的道理，谷登堡却一窍不通。路德知道，《圣经》进入了每个主妇的厨房以后，每一位基督徒就成了自己的神学家，还可以说成了他自己的神父，更加准确地说，按照路德本人的观点，每一位基督徒就是他自己的教皇。在宗教信仰的统一和多样的斗争中，印刷机偏爱的是信仰的多样性。我们可以认为，谷登堡做梦也没有想到这种可能性。

塔姆斯深知发明人受到的局限，他深谙发明的社会心理偏向，即意识形态偏向。我们可以想象他会对谷登堡这样说："谷登堡，你真是发明家的典范，然而技艺发明人并不是评判发明利弊的最佳人选，使用者才能够做出恰当的评判。印刷术也是这样。你是印刷术之父，你喜爱自己的孩子，所以你认为，它会推进教皇的事业，然而实际上，它会在教徒之中播下不和的种子，它会损害你热爱的教会的纯正，摧毁教会的垄断。"

我们可以想象，和他对特乌斯的回答一样，塔姆斯也会向谷登堡指出，谷登堡新发明的印刷机会造就大群的读者，但这些人"接受的将是大量的信息，而不是老师的真传……他们自负张狂，自以为有智慧，而不是真有智慧"。换句话说，阅读将与过去的学习形式一争高下。这是我们能够从塔姆斯的评判演绎出来的有关技术变革的另一条原理：新技术和旧技术的竞争，是为争夺时间、注意力、金钱和威望而竞争，主要是为自己的世界观夺取主导地位而进行斗争。一旦认识到每一种媒介都有一种意识形态偏向，我们就知道，媒介之间的竞争是隐而不显的。这样的竞争是激烈的竞争，这是意识形态竞争特有的激烈竞争。这样的竞争不仅仅是工具对工具的竞争，不仅仅是字母表对会意文字的攻击、印刷机对插图手抄本的攻击、摄影术对绘画艺术的攻击、留声机对印刷术的攻击、电视对印刷词语的攻击。在媒介互相争

---

① 本笃会修道院（Benedictine monastery），西方基督教隐修院，529年由圣本尼狄克（St. Benedict，480？—547？）创建，肇始于意大利卡西诺山，修士每日劳动、读经、抄书。日后采纳这一制度的修会，叫本笃会，即本尼狄克会。——译注

② 关于芒福德对机械钟表影响的详细论述，请见芒福德的《技艺与文明》(*Technics and Civilization*)。

斗杀伐时，它们的竞争还是不同世界观的冲突。

在美国，我们处处都可以看到这样的冲突；在政治、宗教、商业里随处可见，但在学校里看得最清楚。在学校里，两种强大的技术毫不妥协地竞争，以求控制学生的头脑。争夺的一方是印刷词语的世界，其重点是逻辑、序列、历史、解说、客观性、超脱和纪律；另一方是电视的世界，它倚重的是图像、叙事、历历如在眼前的现实性、同步性、贴近性、即刻的满足和迅速的情感回应。学龄儿童已经习惯了电视的偏向，上学以后他们遭遇的却是印刷词语的世界。一种心理战随之发生，造成惨重的伤亡。不能或不愿学习读书写字的儿童，在简单的段落里都不会以逻辑结构组织思想的儿童，不能静下来听老师讲解的儿童，就是这场战争的受害者。这些儿童之所以打败仗，并不是因为他们愚笨，而是因为他们背后正在进行的媒介之战，是因为他们站到了错误的一方，至少是暂时站错了队。谁知道25年后的学校会是什么样子呢？50年之后的学校又会是什么样子呢？到那时，目前成绩不好的学生说不定会被认为是优秀学生，而目前的优秀生说不定会被认为是残障生吧，这些优秀生有可能会反应迟钝，太超脱，缺乏激情，可能没有足够的能力在心理上构建现实的画面。请琢磨塔姆斯这句话："自以为有智慧的自负"，即通过书面词语获得的非真实的知识，这样的自负最终成了学校珍惜的最明显的知识形式。我们没有理由认为，这样的知识形式必须永远得到很高的评价。

再举一例。电脑进课堂时，我们打破的是四百年的休战，对垒的一方是口语培养的群居性和公开性，另一方是印刷词语培养的内省和独处。口语倚重的是群体学习、合作和社会责任感；塔姆斯认为，这是地道的传授和真正的知识交流所必须依靠的语境。印刷术强调的是个体化的学习、相互竞争和个人独立。四百年来，老师们一方面强调印刷文字，同时又容许课堂上使用一定程度的口语交流，因而在教学方法上实现了两种学习形式的和平相处，进而最大限度地发挥了每一种学习方法的价值。现在轮到电脑登场了，它重新高举个人学习、独立解决问题的旗帜。电脑在教室里的普及会不会一劳永逸地战胜集体口语的一切主张呢？电脑会不会把自我中心（egocentrism）提到美德的高度呢？

这些问题是技术变革使人想到的问题。如果你像塔姆斯一样看问题，你就能够把握这个道理：技术竞争点燃的是全面的战争，换句话说，新技术的影响不可能被控制在有限的人类活动的范围内。倘若这个比方太残忍，我们可以试用一个比较温柔、和蔼的比方：技术变革不是数量上增减损益的变革，而是整体的生态变革。我所谓的生态就是环境科学家所谓的生态。重要的变化会牵一发而动全身。你把毛毛虫从它栖息的环境里清除掉时，剩下的环境并不是单纯减去毛毛虫的环境：你得到的是一个新环境，你重新构建了生存的条件；同理，你把毛毛虫放进一个没有毛毛虫的环境时，整个环境也为之一变。媒介环境运行的机制也是这样的。一种新技术并不是什么东西的增减损益，它改变一切。到1500年，即印刷机发明之后五十年，欧洲并不是旧欧洲和印刷机简单的相加。那时的欧洲已截然不同。电视问世之后的美国不只是美国加电视的美国；电视给每一场政治运动涂抹了一种新的颜色，使每个家庭、每所学校、每个教会、每种产业都带上了新的色彩。媒介的竞争之所以激烈，其道理就在这里。每一种技术都有一套制度，这些制度的组织结构反映了该技术促进的世界观，其生存竞争反映出来的世界观的竞争就更不用说了。因此，一种新技术向一种旧技术发起攻击时，围绕旧技术的制度就受到威胁。制度受威胁时，文化就处在危机之中。这是一个严肃的问题，所以当教育工作者问，学生用电脑学数学的效果是否胜过用课本学数学的效果时，我们从这个问题里学到的东西等于零，其原因就在这里。同理，如果商人问用什么手段能够销售更多的商品，如果牧师问用电视布道影响的人数是否会超过用广播布道影响的人数，如果政客问用不同媒体发表讲演会取得什么不一样的效果，我们从这些问题里是学不到任何东西的。这些问题只对提问题的人有直接的价值，它们反而会转移我们的注意力。它们分散我们的注意力，使我们看不见新媒介引起的严重的社会、思想和制度危机。

也许打一个比方会有助于说明问题的要害。谈到诗歌的意义时，艾略特(T. S. Eliot)说，诗歌外在内容的主要用途是“满足读者的阅读习惯，分散他的注意力，使他安静，以便让诗歌在他的身上起作用：就像窃贼总是随身携带滋味鲜美的肉团来分散看门狗的注意力一样”。换句话说，教育工作者、企业家、牧师、政客提出那些具体的问题时，他们就像看门狗，在他们享用肉团时，窃贼已经把房子洗劫一空了。也许，其中一些人知道这样的后果，可他们并不特别介意。毕竟，不求自来的美味确乎解决了下一顿饭的问题。然而，对我们其他人而言，让窃贼打劫而不加抗议或浑然不知窃案已然发生，那是不能够接受的。

我们需要在这里考虑的电脑的作用，和它作为教学工具的效果没有关系。我们需要考虑的是，电脑如何改变我们学习的观念，它如何与电视携手破坏我们关于学校的老观念。谁会去关心依靠电视能够推销多少包麦片呀！我们需要知道的是，电视是否会改变我们对现实的看法，是否会改变富人和穷人的关系，是否使幸福观念本身发生改变。如果牧师只考虑一种媒介如何使他的听众的人数增加，他就忽略了一个重要的问题：在什么意义上新媒介改变了宗教、教会甚至上帝的观念呢？如果政客考虑问题时不能够超越下一次选举，我们就必须要问：新媒介对政治组织的理念和市民的概念会产生什么样的影响呢？

在思考这样的问题时，塔姆斯的评判能够助我们一臂之力。他用传奇故事对我们进行的教诲正是哈罗德·伊尼斯试图给我们提供的教益。新技术改变我们兴趣的结构：我们思考的对象要变化。新技术改变我们的符号：我们赖以思考问题的符号要变化。新技术改变社群的性质：我们思想发展的舞台要变化。塔姆斯相隔两千多年对伊尼斯说话时，我们必须要洗耳恭听，参与他们的会话，使之恢复活力。这是因为，美国发生的事情奇怪而危险，人们的意识却非常模糊甚至愚钝，原因之一是，这样的危险难以名状。我把这个危险叫做技术垄断(Technopoly)。

三、著作导读

媒介环境学派自20世纪初期发轫，历经三代学人砥砺，终于在新千年迎来曙光。伴随着互联网技术在全球范围内的迅速普及和由此带来的对社会结构、群体交往、个人生活的深入影响，越来越多的人开始反思这些学者当年没有收获足够关注或理解的成果。

今天，国内学子对媒介环境学派的奠基人哈·罗德·伊尼斯和马歇尔·麦克卢汉的观点耳熟能详，对约书亚·梅罗维茨和保罗·莱文森的著作也不陌生，不过最让人津津乐道的，恐怕还要数波斯曼的媒介批评三部曲。三部曲的前两部《童年的消失》和《娱乐至死》2004年由广西师范大学出版社翻译出版，前者抨击电视文化抹杀儿童和成人的界限，后者控诉电视对读写能力的戕害、对人们大脑和心灵的蚕食。这两本书因其篇幅的简短、洞见的密集和文字的通俗迅速成了流行的媒介批评读本。

《技术垄断：文化向技术投降》作为三部曲的最后一部，延续了“技术对社会、文化和心理影响”的主题，也延续了作者一贯的通俗文风。它旨在提醒世人，美国正在进入技术支配文化的新阶段。技术让信息泛滥成灾，让信息控制机制走向崩溃，让传统的世界观消失得无影无踪。更让人不安和痛心的是，在技术垄断文化中，受害者为加害者喝彩。

本书的第一章借柏拉图《斐德罗篇》中上埃及法老塔姆斯与掌管文字、数学、天文学的特乌斯神的对话，提出了这样的问题：谁能评价技术？如何评价技术？这是我们理解技术社会的基本问题。

技艺发明人并不是评判发明利弊的最佳人选，使用者才能够做出恰当的评判。在评价技术时，人需要冷静的态度，“每一种技术都既是包袱又是恩赐，不是非此即彼的结果，而是利弊同在的产物”①。

技术一旦被人接受，就会坚持不懈地按照它设计的目标前进，人们无法再将它拒之门外，或者只允许技术发挥某一方面的作用，因此，人们要懂得技术的目标。当容许一种技术进入一种文化的时候，要看清利弊。使用者们通常比较容易评价技术的“利”，因为它是显性的，它让生活更加便利和有效，因而总是令人欢呼雀跃。而对于技术的弊，使用者们通常模糊而迟钝，因为它是隐性的，但它会引起社会、思想和制度的危机。波斯曼说：“一种新技术向一种旧技术发起攻击时，围绕旧技术的制度就受威胁。制度受威胁时，文化就处在危机之中。”②

这一章关于如何以及为何要认识技术利弊的观点为接下来读者理解社会中的技术变革、技术竞争带来的后果以及技术和文化的关系提供了知识准备。这也是我们节选第一章请读者精读的原因。

媒介环境学的另一位奠基者芒福德认为文明的不同阶段是机器产生的后果，而技术的形态是产生结果的原因，据此他将历史划分为始生代技术时期、古生代技术时期和新生代技术时期。受到他的技术历史分期的启发，波斯曼在本书中也提出了三个技术时代：工具使用时代、技术统治时代和技术垄断时代，并将人类文化对应地分为三种类型：工具使用文化、技术统治文化和技术垄断文化。本书第二、第三章就对这三个时代及其文化的特征进行了阐释。

在工具使用时代，发明工具的目的不是为解决现实生活中的问题服务，就是为艺术、政治、神话、仪式和宗教服务，技术受到社会体制或宗教体制的管束，不会

---

① [美]尼尔·波斯曼：《技术垄断：文化向技术投降》，2页，北京，北京大学出版社，2007。

② [美]尼尔·波斯曼：《技术垄断：文化向技术投降》，10页，北京，北京大学出版社，2007。

侵害它即将进入的文化的尊严和完整。比如，修建教堂并不会挑战甚至颠覆教会的权威。哥白尼、伽利略、笛卡儿和牛顿尽管提出各种挑战中世纪神学和形而上学的科学研究成果，但却终身信守自己时代的神学。

然而到了技术统治时代，工具开始扮演核心角色。以客观、效率、标准、计量为关键词的发明创造不断涌现。社会世界和符号象征世界开始服从工具发展的需要，原有的社会习俗和宗教传统控制变得松散。皇家血统变得荒唐可笑，企业家成为新的贵族并希望获得政治权力。工具向文化发起攻击，试图成为文化的一部分并取而代之。不过，尽管它“把社会传统和符号世界置于从属地位，甚至使之受到羞辱，但它不可能使这些传统失去效力”①，父辈的生存哲学仍在技术统治时代被坚守。

技术垄断让传统价值观消失得无影无踪。波斯曼认为技术垄断的思想源头是19世纪法国哲学家奥古斯都·孔德创建的实证主义和社会学，他认为只有可以计量的东西才是真实的，这种主张把人当作了客体。1911年弗雷德里克·泰勒的《科学管理原理》问世是进入技术垄断社会的重要节点，他将对人进行评估的传统经验法则，替换成了可以计量的法则，如法律、规章、工作原理等“科学法则”，泰勒体系代替工人思考。机器改变人的生活被认为是理所当然的，人听凭机器的摆布。

第四章波斯曼更为详细地阐释了技术垄断文化的特征，指出了信息从稀缺到泛滥以致让世界变得“难以把握”。工具使用时代信息稀缺，普通人没有掌握太多信息，主要依靠神学去揭示生活中的一切事物。这个时代构建起的信念体系就像一副崭新的纸牌，按照一定的顺序，永远不会出错。到技术统治时代，随着印刷机的发明，大量各种类型的信息开始出现，这种文化虽然解决了信息稀缺的问题，但却没有提示信息泛滥的弊端。印刷术制造出来的信息让科学思想普及以及科学系统化的同时，也让“研究表明”“科学家告诉我们”上升到了毋庸置疑的地位。在技术垄断文化中，此类表述更是变得无法超越。电报、便士报、广播和计算机技术接踵而至，让每一个阶段都产生更多的信息，加剧了信息的流动速度。可供检索的信息越来越多，却无法给人类面对的大多数问题确切的答案。人们失去了对技术的驾驭能力，只能在适应新技术的需要中疲于奔命。人们不得不更多地依赖“研究表明”“科学家告诉我们”去解决每天面对的问题。波斯曼说：“如果信息不足，文化受到的损害可能会令人扼腕……另一方面，如果信息泛滥，信息无意义，信息失去控制机制，文化也可能会吃尽苦头。”②在抵御信息泛滥的防御机制崩溃之后，社会遭遇的后果就是技术垄断，进而对社会文化进行压制。

第五章，波斯曼列举了信息控制的七大机制——法庭、学校、家庭、政党、国家、宗教和《圣经》，并分析它们崩溃的原因，指出信息泛滥的危害。任何社会都要以某种方式控制信息，剥夺和摧毁某些信息的原因是让人能给信息以恰当的分量和价值。如果不对信息加以控制，信息泛滥会让人抓不住重点，无所适从，没完没了。法庭对参与审判的信息的准入，学校的课程指南，家庭对孩子信息环境的控制，宗教对道德行为举止的约束等都构成了信息的免疫系统，用以剔除无关、不重要和有

① [美]尼尔·波斯曼：《技术垄断：文化向技术投降》，26页，北京，北京大学出版社，2007。
② [美]尼尔·波斯曼：《技术垄断：文化向技术投降》，41页，北京，北京大学出版社，2007。

害的信息。这七大机制的崩溃伴随着三种技术方法的兴起和对社会的全面控制，它们本是为了信息有序而生，然而却带来了更大的混乱。

第六章到第九章，波斯曼以四个领域的技术垄断为例，深入分析了技术垄断的表现及危害。它们是医疗技术垄断、电脑技术垄断、语言的意识形态偏向和唯科学主义，以此帮助读者进一步理解他之前所说的，机器价值凌驾于人之上带来的文化损害。

在第十章中波斯曼对传统文化符号的流失表示惋惜，他认为文化符号一旦被滥用，它的意义就会消失。比如，粗话的滥用，久而久之会让人不以为奇，它本来的意义就会渐渐消失。更多的情况是技术垄断在压制有意义的符号，让它们变成猥琐的东西。波斯曼还指出，靠近技术垄断的核心地带，是助长商业利益的庞大产业。比如，广告中符号的超载和意义的流失是空前的，但是它带来了巨大的利润。

在最后一章，波斯曼号召人们做一个爱心斗士，抵制并回击技术垄断。这样的斗士，一方面，要能看得见周围的愚蠢、混乱和错误，不要将技术当作自然秩序的一部分去接受；另一方面，还要奋起抵抗。比如，波斯曼本人就终身只用钢笔或铅笔写字，从来不用打字机和电脑。

对于读者来说，要把握该书要义，有三个问题是阅读该书之前需要了解的。

第一，什么是波斯曼所谓的“技术”？在媒介环境学的语境下，“技术”是一个十分宽泛的概念，它包含风车、印刷机、流水线等机器，指南针、望远镜、时钟、电话等工具，语言、文字、报纸、电报、广播、电脑等发明，管理模式、评分系统等指标，统计学、民意测验等方法，摄影和绘画等艺术形式，实证主义、唯科学主义等意识形态……就如麦克卢汉的警句“媒介即信息”中所说的“媒介”，包含从音标、服装、住宅、货币到打字机、留声机、电影、武器和自动化设备。波斯曼和麦克卢汉所谓的“技术”，都是有着偏向性的符号系统，且能够形成某种技术环境，让人不由自主地任它摆布。“每一种工具里都嵌入了意识形态偏向，也就是它用一种方式而不是用另一种方式构建世界的倾向，或者说它给一种事物赋予更高价值的倾向；也就是放大一种感官、技能或能力，使之超过其他感官、技能或能力的倾向……在手握榔头者的眼里，一切都仿佛是钉子……在手握铅笔者的眼里，一切都像是写下的清单；在拍照人的眼里，一切都像是图像；对使用电脑的人来说，一切都像是数据；对手握成绩单的人而言，一切都像是数字。①”这里所说的正是技术的偏向造成了垄断。

第二，波斯曼是“技术决定论者”吗？媒介环境学派的学者常被误解为技术决定论者，认为技术决定历史的走向和文明的构造，对于技术的强大威力无能为力。麦克卢汉所言，一个时代主流的媒体威力如此之大，最努力的反制也是徒劳无功，仿佛坐实了媒介环境学者的悲观主义立场。波斯曼在《童年的消失》和《娱乐至死》中控诉电视的危害，然而他的“悲”并非“悲观失望”，而是“悲天悯人”。他在《技术垄断》里面揭示信息泛滥和失控的危险以及对人类文化的危害，提醒技术的使用者不要一味沉浸在技术带来的便利之中而失去判断力。他认为媒介环境学的全部重要命题是：

---

① [美]尼尔·波斯曼：《技术垄断：文化向技术投降》，7页，北京，北京大学出版社，2007。

要推进我们的洞见：我们何以为人，我们在人生路途中的道德关怀上做得怎样。[①]所以波斯曼指出技术垄断文化的危害，目的是提醒人们，向技术垄断发起进攻。

第三，波斯曼对技术垄断文化的最大忧虑是什么？波斯曼对美国文化被技术垄断忧心忡忡。然而他最大的忧虑还不是信息的泛滥、无序和控制的崩溃、传统文化的流失。他最为痛心和不安的是，在技术垄断的社会中，被害者为加害者喝彩。今天，随着互联网技术的发展，技术垄断文化不仅存在于美国，而且成了全球性问题。使用电脑和手机的族群，在享受技术带来的充裕信息的同时，不但健康受到损伤，还要在泛滥、无序、肤浅的信息中疲于奔命。他们不但对自己所处的境地模糊迟钝，对技术隐藏的意识形态视而不见，还要为技术的进步欢呼雀跃，呐喊助威。波斯曼的贡献就是要提醒那些已经沉浸在技术环境中不能自拔的人们，这个环境已经出现问题，我们需要想办法自保。自保的办法是做一个自觉的斗士，“不向技术投降”。

（撰稿人：俞锫）

① [美]尼尔·波斯曼：《技术垄断：文化向技术投降》，5页，北京，北京大学出版社，2007。

文化生产：媒体与都市艺术

一、著作信息

作者：戴安娜·克兰，美国著名文化社会学家，宾夕法尼亚大学社会学教授，曾任法国社会科学高等研究院客座教授。

译者：赵国新，北京外国语大学英语学院教授，博士生导师。

版本：译林出版社 2001 年版。

二、著作摘录

（一）

在二十世纪七十年代初，欧美的许多社会学家……认为，媒体在传送现实的过程中阐释现实。这里的核心思想是，新闻故事是以影响公众领会其内容的某些方式被构架(framed)出来的。构架是通过选择某些故事而舍弃其他故事而进行的，还借助于那些用来表现被选择供广泛传播的故事所使用的技巧，例如将信息融汇在叙事格式之中，或将特定的角度强加给观众，这些角度强调某些细节而舍弃其他细节，例如争执、危险或冲突[①]。

莫洛奇和莱斯特提出了新闻媒体选择信息的一种有用模型……认为选择新闻题材实际上是由记者四处寻找新闻的方式所决定的，而不是由事件本身的特征决定的[②]。换句话说，选择新闻题材——无论是成为新闻的题材，还是硬性被规定为新闻的题材——受到新闻机构的要求和惯例的引导，而不受事件真实情况的引导。

媒体构架内容的另一种方式是采用特定方式呈现信息。斯诺分析了媒体信息的特点，以便理解它们的效果的性质。媒体是怎样在传播信息和思想的过程中改造它们的？他认为，一种方法是按照老一套的和容易被理解的程式来呈现信息，例如娱乐、戏剧或冲突。节目的安排影响观众认识它们的程度，生产的节奏和速度，以及

---

① Campbell，R. (1987). Securing the middle Ground：Reporter formulas in 60 Minutes. *Critical Studies in Mass Communication*，4，325-350.

② Molotch，H. & Lester，M. (1974). News as purposive behavior：The strategic use of accidents，scandals，and routines. *American Sociological Review*，39，101-102.

镜头、灯光、剪辑和音乐的使用也是如此[①]。

广告最能说明内容的呈现影响意义以及感染受众的方式。将产品置于一种特殊的象征语境之下，构成许多广告基础的基本技巧，这种特殊象征语境赋予自身没有意义的产品以意义。

威廉森认为，广告从其他文化领域中获得意义系统，并利用它们赋予产品以意义。广告商打算使这些特点成为观众心目中的产品形象的一部分，在观众心目中产生了两种联想。首先，人或物与产品联系起来，从而赋予这件产品以意义[②]……还可利用另一种联想方式，使产品本身表现出一种特定信息或起到一种通货的作用，用于其他交易，如获取成功、爱情或幸福等。

(二)

当代马克思主义理论将意识形态的性质和角色重新概念化；它不再完全受到经济因素的决定[③]。社会被看做是由既有相互冲突的利益又有共同利益的许多社会群体组成的，这些利益不能被完全归结为经济利益……同样，媒体广泛传播的各种信息不能被完全解释为经济利益的表现。因为个体可能体现了属于不同群体的成员身份，他或她对某一特殊意识形态信息的反应应该有所不同。

霍尔界定了媒体的三种主要意识形态功能[④]。首先，通过呈现不同社会群体的各种生活方式和行为，媒体提供了有关生活方式和意识形态的详细资料。其次，媒体根据这些材料与社会领域的中心和边缘的关系对它们进行分类和阐释，从而使公众相信中心位置的合法性……大众媒体为我们提供了有关其他社会群体在社会中生活方式的看法，这样一来我们就能够在总体上认识社会。

最后，为了完成这些任务，通过各种方式将事件进行编码，通过将事件置于赋予它们以不同影响力和重要性的语境之中，媒体赋予事件以不同的解释。例如，某些类型的事件和行为被认为属于主导符码，一些事件被认为属于职业或专业符码，还有一些事件被认为需要在支持主导符码的人和对立符码事件之间进行妥协(negotiation)，其余事件被赋予对立角色。对立编码所包括的思想和行为往往被认为是少数派立场的思想和行为，这些少数派立场并非远离主流。极端的观点很可能被完全排除在外。换句话说，可以对主导意识形态进行某些批评，但这种批评不应过多。

媒体阻止对立观点赢得公众共识的技巧有：(1)强调个体的重要性，尤其强调作为被动消费者的个体的重要性；(2)根据占有支配地位的阶级剥削其他社会阶级的程度，掩饰或隐藏社会各阶级间关系的真正性质；(3)强调社会问题的个体解决办法，

---

① Snow, R. P. (1983). *Creating media culture*. Beverly Hills, CA: Sage.

② Williamson, J. (1978). *Decoding advertisements: Ideology and meaning in advertising*. London: Boyars.

③ White. M. (1989). Ideological analysis of television. In R. C. Allen (Ed.), *Channels of discourse* (pp. 134-171). London: Routledge.

④ Hall, S. (1977). Culture, media, and the ideological effect. In J. Curran, M. Gurevitch, & J. Woollactott (Eds.), Mass communication and society (pp. 315-348). London: Edward Arnold.

而不是强调集体解决办法；(4)兼收并蓄各种对立的或有分歧的视点，从而缓和它们之间的差异；(5)通过掩饰社会各阶级间的真实关系，提供一种社会和谐的幻象。因为社会系统内部有许多矛盾和不一致，媒体并没有成功地产生社会和谐和完全接受主导意识形态。

新马克思主义者……相信，媒体没有成功地获取全体社会成员的共识，被迫允许主导意识形态和没有完全占据主导地位的意识形态之间存在一定程度的妥协。与此同时，正如霍尔所强调的那样，真正与主导观点相对立的可能性很有限。

(三)

媒体文化范式普遍认为观众阐释或商讨(negotiating)信息意义。因为受众来自于社会各群体，这些群体对事件的阐释不同于媒体对这些事件的阐释，受众对一个特殊媒体文本的阐释体现了他们的观点和文本表现的观点之间的一种“商讨”。菲斯克陈述说：“读者是根据文本制造出意义的主动制造者，而不是已建构成功的意义的被动接受者。”①

此外，斯诺认为……我们生活在“媒体文化”中②。按照斯诺的看法，我们根据媒体呈现现实的方式看待我们的生活，尽管他并没有认为媒体表现了一种主导意识形态。然而，公众受媒体影响的程度因他们受教育程度的不同而不同：受教育较多的人更善于选择他们所需要的信息，更善于评价媒体的内容。受教育较少的人较有可能接受媒体内容的表面价值，受众中的个体因他们阐释文本或与文本商讨的能力的不同而各异。

(四)

另一种媒体文化范式强调作为社会活动场所的媒体的形象……从这个角度看，媒体塑造信息，它并没有受制于社会精英人士，但它对公众的巨大影响并不是完全可预知的。

梅罗维茨认为，电视是一个社会活动场所，它对公众的巨大影响远远不同于印刷媒体……(电视)媒体创造了一个单一受众③。它将不同的公众混合为一种单一受众。相比之下，印刷媒体创造了许多不同的社会群体，这些社会群体因解读专门化词语编码的能力不同而彼此有别。

因此，按照梅罗维茨的看法……甚至在不存在与每一个人都相关的社会事件的情况下，电视往往将所有的社会群体都囊括在很相似的信息世界中。与此同时，由于电视使用的是视觉形象，它以一种与社会互动非常相似的方式呈现信息。尤其当

---

① Fiske, J.(1989). British culture studies and television. In R. C. Allen(ED.), *Channels of discourse* (p. 260), London: Routledge.

② Snow, R. P.(1983). *Creating media culture*.(pp. 30-31). Beverly Hills, CA: Sage.

③ Meyrowitz, J.(1985). *No sense of place: the impact of electronic media on social behavior*. New York: Oxford University Press. 下同.

它进行实况转播时(与书本上对这类事件的描述截然不同)，电视很可能暴露戈夫曼所说的“幕后行为”[①](backstage behavior)，这种所谓的“幕后行为”揭示一种境况的幕后现实，而不是一种理想化的形象。这就意味着信息不大可能被操纵和扭曲，尤其是如果播放是现场直播和仅仅经过最低限度的编辑整理的话，就更是如此。

与此同时，电视促进了个体与他们自身所属社会群体的认同，因为电视为他们提供了用于比较他们自身境况和其他群体境况的较多信息。

梅罗维茨认为，就其作为一种社会活动场所而言，电视所具有的能力对整个社会产生了许多重要影响。它瓦解了建立在对印刷媒体控制基础上的传统政治权威，而代之以善于操纵视觉媒体的新型领导人……

电视给孩子提供的成人交往方式的知识比他们通常从印刷媒体中获得的这方面的知识更老道，从而瓦解了父母支配孩子的权威……

值得注意的是，美国保守的宗教团体为了维护自身与美国社会其他团体之间的差异，建立了自己的电视网络。

尽管梅罗维茨似乎认为这个社会活动场所很容易为公众所接受，然而希尔加特纳和博斯克(Hilgartner & Bosk，1988)在讨论“社会问题的兴衰”时指出……因为公众注意力是一种稀有的宝贵资源，进入媒体空间要进行激烈竞争……潜在的社会问题有很多，但是其中只有一小部分能够成功地进入大众媒体的社会活动场所……其他文化形式，如流行歌曲、电影、新闻故事等，也面临同样情况。

文化活动场所中的呈现是如何影响内容本身的呢？或许最明显的影响就是反馈效果促成的对一个话题或问题的进一步发挥[②]。那就是说，一旦一个主题通过它的一个亚渠道进入文化活动场所，它就很可能被其他许多渠道所接受，因为这些渠道被跨组织的和个体的社会网络联系起来。传播一个特殊题材的渠道越多……那个主题产生的影响也就越大。

就流行文化而言类似效应也已经被发现。彼得森指出，在赢得广泛接受过程中，乡村音乐开始听起来更像其他形式的流行音乐，逐渐失去其独特性。[③] 具有讽刺意义的是，这些变化是乡村音乐联合会竭力劝说广播电台采用全方位乡村音乐节目编排方式所造成的，这样做是想提高这种音乐的冲击力度和影响力。新的乡村音乐广播电台采用了流行音乐电台的节目编排风格：它们一再重复演奏为数不多的唱片。

---

① Goffman, E. (1959), The presentation of self in everyday life (p. 112). *Garden City*, NY: Doubleday Anchor.

② Hilgartner, S. & Bosk, C. (1988), The rise and fall of social problems: A Public arenas model. *American Journal of Sociology*, 96, 53-78. (p. 67).

③ Peterson, R. A. (1978). A process model of the folk, pop, and fine art phases of jazz, American music: From Storyville to Woodstock (pp. 135-151). *New Brunswick*, NJ: Transaction Books.

这样做大大减少了其作品能被上演的艺术家的数量，同时也降低了这种面向公众的音乐体裁内部的风格多样性。

本雅明是预言文化内容传播产生的另一种重要影响的第一人。大规模的传播意味着内容被非语境化(decontextualized)，在这一过程中，内容失去了本雅明所说的“灵韵”(aura)……特定种类的内容失去了它们作为具有特定指涉的文化符号所应有的特权地位。很明显，一些最具感染力的文化符号，由于在不同种类的媒体上多次曝光，就失去了它们的原初意义，获得了新的内涵。

文化语象(icon)，如《蒙娜·丽莎》或玛丽莲·梦露的照片，每被复制一次，其形象根据它们是出现在广告中、海报中、T恤衫上，还是出现在有关艺术史的著作中，会投射出新的或改变了的意义。非语境化一方面导致一种文化的全部象征内容(symbolic repertoire)大幅度增加，但另一方面，由于一再被复制、并置和剪辑，全部象征内容中的每一项内容的有效性会被非语境化降低。这种情况可能相应地引发了近年来日益增多的对形象和概念的循环利用。一旦形象和概念失去了它们的影响力，就会出现孤注一掷地寻求替代物的情况，由于过度使用和不断重复，这些替代物相应地被排空了意义。

（五）

媒体文化范式对于娱乐的性质和效果有什么启示？尤其值得注意的是，娱乐媒体是如何阐释社会事件的？对公众产生了什么影响？

吉特林认为，电视娱乐的意识形态内容经常随着不同社会阶级的意识形态的变化而变化。电视没有制造出它自身的意识形态；相反，它从社会的其他部门那里接受意识形态……吉特林描述说电视表现了文化与政治的多元化，但与此同时，它传播的信息倾向于商业利益的视角。在娱乐节目播放过程中，受众被当做销售广告宣传的产品的市场。在商业广告中，电视通过表现消费者的满足来表现幸福，在戏剧性很强的节目中，通过表现中产阶级生活方式来表现幸福。

重大的社会冲突一经出现就被吸收到这些节目之中，但一般来说，它们是不会从受这些冲突影响最深的人们的角度来表现这些冲突的。换句话说，社会对立和批评被电视节目所吸收，但是它们被理性化，以至于它们不再对整个社会构成威胁。社会问题的解决办法，表现在个体采取的行动上，而不是改变这类社会问题的社会结构根源的集体企图上。

吉特林指出，主导意识形态本身就是矛盾和不一致的，因为有关影响个体及其生活方式的许多问题没有明确的共识。例如，在以消费为导向的社会中，努力工作和休闲的相对重要性变得越来越有歧义。

与吉特林的观点相似，纽科姆和赫施认为……电视强调的是讨论而不是灌输，强调的是矛盾和困惑而不是和谐一致的信息[①]。换句话说，电视是一个文化论坛，而不是阐述政治与社会教条的舞台。这就意味着电视逐渐吸收了变化着的社会角色和社会冲突的定义，但是，电视不是通过支持变化而仅仅是通过援引这些变化来做到这一点的。

他们(指纽科姆和赫施)利用了菲斯克和哈特利阐发的有关电视具有吟游诗人(bardic)功能的观念，这种观念认为，在传统社会中，吟游诗人或诗人的作用在于证实和增强他们的文化成员所具有的一种适当的认同感。他们认为，“传统的吟游诗人将他所在的那个时期的最重要的关注内容变成诗歌。我们必须记住，电视将我们本人的日常感知变成同样专门化的、但不那么正式的一种语言系统”[②]。

怀特指出，电视往往“为大多数人提供某些事物，提供符合潜在观众的利益和需要的一种受限制的意识形态立场的自由”[③]。她暗示说，看到内容广泛的节目素材的观众，希望发现对他们有特殊意义的一些素材。边缘群体成员经常以创造者始料未及的方式来阐释素材，从而达到这个目的。进行所谓的颠覆性解读，通常需要忽略文本中再现主导规范和价值的那些因素，以及用于构架所指意义、降低其主导地位的因素。颠覆性解读的发生需要忽略整体框架，集中探讨次要主题和次要情节。菲斯克暗示说，电视文本中的一些因素只有从主导意识形态角度才能得以阐释，而其他因素则可以进行“商讨、抵制或对立的解读”[④]。

（六）

媒体文化的性质和作用取决于它们在其中传播的社会的特征。梅雷尔曼认为，媒体尤其是电视传播的文化，在很大程度上不同于它的政治和经济结构的价值和规范[⑤]。一方面，庞大的等级制社会结构，例如联合大企业和政府部门，控制了经济和政治存在的方方面面。另一方面，媒体传播的文化表现了一种个人主义的意识形态。

这种情况的反讽意义在于这一事实：媒体文化产生于象征对个体生活进行组织限制的强有力的等级制政府组织之中。换句话说，电视网络的集中的组织权力，与

① Newcomb, H., & Hirsch, P. (1984). Television as a cultural forum: Implications for research. In W. D. Rowland, Jr. & B. Watkins (Ed.), *Interpreting television: Current research perspectives* (pp. 58-73). Beverly Hills, CA: Sage.

② Fiske, J., & Hartley, J. (1978). *Reading television*. London: Methuen.

③ White, M. (1989). Ideological analysis of television. (pp. 160-161). In R. C. Allen (ED.), *Channels of discourse* (p. 260), London: Routledge.

④ Fiske, J. (1987). Cagney and Lacey: Reading character structurally and politically. *Communication*, 9, 399-426. (p. 272).

⑤ Merelman, R. M. (1984). *Making something of ourselves: Culture and politics in the United States*. Berkeley: University of California Press.

在很大程度上由它们传播的虚构叙事刻画的权力分散的、平等和民主的美国社会形象之间，存在一种奇怪的分裂。

媒体文化与社会之间关系的另一个方面在于它有助于社会整合的程度。在某种意义上，电视扩大了社会整合的规模；每一个人都潜在地与社会活动场所联系在一起。

按照社会学对大众媒体角色的传统阐释，大众媒体广泛传播的文化符号应当促进人们在总体上与社会认同。因为，在大社会中，面对面的传播不可能是发展共识的方式，大众传播成为发展共识的方式。大众传播利用绝大多数人都能理解的固定程式，提供了大多数人能够欣赏的民族英雄和角色模型。与此同时，它们淡化了社会冲突和意见分歧。内尔森以如下方式表达了这种观点：

> 每当我们看电视、阅读通俗杂志或侦探小说、听乡村音乐、看电影或观看职业体育比赛的时候，我们都在重新确认美国文化的信仰和价值。实际上，我们每周都用十五到二十个小时参加美国文化宗教的崇拜仪式①。

实际上，正如我们所见，大众媒体似乎没有促进有关价值、规范和行为的共识；社会团结(social solidarity)正在降低而不是在提高。为了理解这种始料未及的结果，我们必须考虑文化活动场所所呈现的信息对公众的影响。一种可能是，无论虚构的还是非虚构的，信息的广度、多样性和数量都是极为不稳定的，完全不可能吸收人们的日常生活经验……此外，公众旨趣的范围非常狭隘。

卡斯拉特指出，我们正走向其中的生活方式类似于“聚居区”(ghettos)的一种文化，在这种文化中，各个聚居区的成员彼此孤立，相互猜疑。无论怎样，作为社会整合形式的媒体文化的局限需要进一步分析和探讨②。

(七)

有关媒体文化范式似乎存在许多共识，正像将它用于电视分析所表现的那样。电视构成了一种文化活动场所，这个文化活动场所在建构现实和阐释重大事件和社会变迁方面发挥了重要作用。在这个过程中，它表现了内容广泛的、与各种亚群体和从属角色有关的各种观点和意识形态，但是它根据与占主导地位的社会群体，尤其与中产阶级专业人员和商人相关联的价值和行为来构架它们。观众自身在社会系统中的定位不同，他们对这种材料的阐释就各异。属于边缘群体的个体和充当更具有边缘性角色的个体，往往根据离经叛道的而非主导的价值体系阐释一些电视节目素材。

这类著述表明，电视娱乐既是陈旧定型的，又是复杂多样的。无论从艺术性上

① Nelson, J. (1976). Your God is alive and well and appearing in popular culture. Philadelphia: Westminster Press. (p. 17).

② Cathelat, B. (1985). Styles de vie (Vol. 1). Paris: Les Editions d'Organization.

还是从意识形态上看，单个节目很可能相当陈旧和固定。只有比较序列节目编排的连贯，才能看出集合体中的复杂性和多样性。因此，显而易见，在文化活动场所的层面上，能够以各种方式探求和呈现各式各样的视角。与此同时，与个人主义、成功和个人自由有关的无所不在的信息，目前似乎与美国的社会机构的实际性质相抵触，实际上，这些信息正在产生越来越多的疏离，而非社会与文化的整合。

三、著作导读

戴安娜·克兰的《文化生产：媒体与都市艺术》出版于20世纪90年代初，对于今天的读者来说，读来也能触动和勾连关于当下文化生产问题的广泛经验。

克兰运用了社会学、传播学、政治经济学、文化研究等各学科的概念和理论来建构对文化产品的考察，以此阐述文化生产的问题。这种分析的思路和方法走出了文化产品本体论的视野，从文化艺术产品与当代社会群体、文化、政治经济、审美等多元触点的复杂关系网中，揭示文化生产的社会性、复杂性和深刻性。克兰对于当代文化艺术生产的分析基点建立在她对生产与消费这类文化形式的语境的考察上。因此，她着力于去描述、分析、框定生产现代流行文化的语境的特点。正如她在前言中开门见山地提出："研究文化产品的社会科学方法的主要目标，应该是发展一些利用媒体的特点解释媒体广泛传播的文化产品性质的理论。媒体是怎样塑造和构架文化的？创造和广泛传播这些产品的广义语境产生了什么样的影响？相比之下，都市环境是如何扶植或约束都市艺术文化的？"[①]可理解的是，文化产品的确内涵综合、外延广泛，因此，作为一个独特的研究对象，多重理论视域的交叉研究恰能鞭辟入里。

克兰将文化组织类型分为全国性的核心媒体、边缘媒体、都市文化三个领域，并区分了它们所对应的不同的媒介形态和主要受众类型，如全国新的核心媒体中包含有电视、电影、重要报纸，而广播、录像等则被归入边缘媒体，音乐会、戏剧、博览会、游行等则被列入都市文化。如此这般，克兰充分利用了重置概念的手法，在扎实的文献基础上，对当代文化艺术的既存格局、新的文化艺术消费族群、人们新的文化艺术经验与体验等给予界定与描述。实际上，对于如何描述当代语境下的文化生产这一问题，克兰的这种研究思路和方法无疑是有效的。尽管在不同的章节，克兰对录制文化、媒体文化观念、电视、全国性文化工业、都市艺术、文化政策、文化生产全球化等主题各有侧重，但总体而言，克兰对文化生产的阐述保持了一种文化社会学或艺术社会学的理论立场。

文化的生产并不仅仅提供物质形态的产品或者提供文本。尽管在工业时代和消费社会中，它有标准化之嫌，但是，它直面的是人群和社会，搅动的是社会文化心理，并且与时代的发展相随相变。在克兰看来，当代的文化消费语境影响着文化产品的生产，因此，在论述文化产品生产时，她融入了媒体对社会分层的影响，全国性文化工

---

① [美]戴安娜·克兰：《文化生产：媒体与都市艺术》，前言，1页，上海，译林出版社，2001。

业、文化组织、政府政策、全球化等不同层面的考察，还原了文化生产是沉浸在某种社会语境下的生产活动的本来面目，并且确认了文化生产必然与各种社会问题、社会阶层、社会管理、社会发展之间产生紧密地互动。如克兰所言，“文化生产理论关注的是不同类型的组织结构和不同类型的市场对文化产品的多样性和范围的影响”①。

我们节选了书中第二章“媒体文化范式”的内容作为选读部分。在这一章中，克兰以媒体文化范式为核心概念，从不同方面论述了媒体是如何转变和阐释现实的。虽然文中多有引证，但却连贯成了克兰自己的判断。在克兰看来，文本无以自足，读者依托文本而成为意义的主动制造者；因此，媒体与受众互动，从而产生意义。

在这一部分，有几点值得记一笔。首先，媒体的阐释性本性。这种阐释性本性是指，作为意义生产的参与方，媒体并不能提供关于世界和意义的“真”的结论。媒体既有权力归属，又有生产惯性，并非不偏不倚地传递信息；因此，人们对于媒体的文化范式应该加以讨论并进行批评性解读。比如，媒体对信息的选择往往不完全受事件真实情况的引导，还受制于新闻机构的要求和惯例。而在意义的开掘上，媒体自有其“以特定方式呈现信息”的手法，从而创造出意义的“通货”，用于影响大众。其次，媒体的意识形态功能既是凸显的，又是暧昧的。所谓凸显是指，媒体通过提供资料、确立合法性和置入语境等手段，强化了某种意识形态。所谓暧昧是指，媒体烘托主导意识形态，但也加以批评；而尽管加以批评，但这种批评却又不宜过多。由此可见，媒体在为主导意识形态赢得尽可能多的理解过程中，着力于平衡坚持与妥协的关系。最后，克兰将媒体视为社会活动场所。在克兰看来，媒体尤其是电视对于社会具有整合作用。其中的引证和分析都深刻地揭示了媒体文化产品对于社会生活的渗透力。比如，关于媒体领域充满高度竞争的阐释，就揭示出：媒体作为一个社会活动场所，一方面，包罗万象，吸引大众；另一方面，又因为容纳能力有限而设有不易跨越的门槛。如今距离克兰著书已经二十余年，但这一看待媒体的视角仍然具有理论的生命力。在新的媒体技术不断发展和应用的今天，尽管广播电视等一些媒体已经风光不及当年，但是媒体对社会生活的渗透却不减反增。它给人们带来便利的同时，也在利用自己的选择权和限制机制影响现实生活。这样看来，媒体到底是促进了社会与文化的整合还是带来了更多的疏离，确是有待持续的观察和思考。列此三点，并不是原文阐释只限于此，而是希望起到窥一斑而知全豹的作用。读者在阅读节选部分乃至全书的时候，必然会从整体理路到具体观点上得到不同的启发，如书中所言，个体因自身的文本商讨能力不同而收获各异。

文化与艺术产品并不是不食人间烟火，坐而论道，乐而忘言。从文化生产的角度，从文化与社会政治经济、政府政策的关系等角度看待文化与艺术，可以给其找一个现实语境，从而在理论上透视文化艺术与人的关系，不断接近文化艺术生产、消费的规律性内容。对于传媒艺术而言，克兰对媒体工业产品及大众文化所下的笔墨，启发尤甚。

（撰稿人：周子云）

---

① ［美］戴安娜·克兰：《文化生产：媒体与都市艺术》，5页，上海，译林出版社，2001。

理解大众文化

一、著作信息

作者：约翰·费斯克[①]，美国威斯康星大学麦迪逊校区传播艺术教授。生于英国，在大不列颠完成学业，曾执教于澳大利亚西部的科廷大学等。他也是《文化研究》期刊的总编辑之一。作为当代英美学术界著名的大众文化理论家，他因“文化消费主义”的研究主张而被西方学术界普遍称为西方当代大众文化研究代表人物。他撰写了《理解大众文化》、《解读大众文化》、《解读电视》(与 John Hartley 合著)、《传播研究导论：过程与符号》、《澳洲神话》(与 Bob Hodge 和 Graeme Turner 合著)、《电视文化》等著作以及数百篇有关大众文化、大众传播和影视文化的研究论文，在欧美学术界占有举足轻重的地位。他尝试建立不同于法兰克福学派的大众文化理论，倡导积极快乐和随意休闲的大众文化理论，推崇日常狂欢的大众消费精神，试图在大众文化研究中的精英主义和悲观主义之间做出一种超越。

译者：王晓珏，美国宾夕法尼亚大学东亚语言文学系助理教授。

宋伟杰，曾就学于北京大学与哥伦比亚大学，分别获得比较文学博士学位、中国文学硕士与博士学位，曾任美国普度大学外国语言文学系助理教授，现为美国罗格斯大学亚洲语言文化系助理教授。

版本：中央编译出版社 2001 年版。

二、著作摘录

（一）

工业社会的大众文化，可谓矛盾透顶。一方面，它是工业化的——其商品的生产与销售，通过受利润驱动的产业进行，而该产业只遵从自身的经济利益。另一方面，大众文化又为大众所有，而大众的利益并不是产业的利益——正如数量浩繁的电影、唱片或其他产品所表明的，大众让这些产品变成昂贵的“失败”。一种商品要成为大众文化的一部分，就必须包含大众的利益。大众文化不是消费，而是文化——是在社会体制内部，创造并流通意义与快感的积极过程：一种文化无论怎样

① 一译约翰·菲斯克。

工业化，都不能仅仅根据商品的买卖，来进行差强人意的描述。

大众文化是由大众而不是文化工业促成的。文化工业所能做的一切，乃是为形形色色的“大众的层理”(formations)制造出文本“库存”(repertoire)或文化资源，以便大众在生产自身的大众文化的持续过程中，对之加以使用或拒绝。

大众文化是大众在文化工业的产品与日常生活的交界面上创造出来的。大众文化是大众创造的，而不是加在大众身上的；它产生于内部或底层，而不是来自上方。大众文化乃是一门艺术，它权且应付着体制所提供的东西(德塞都，1984)。的确，体制只提供文化或物质意义上的商品，这一事实并不意味着消费这些商品的过程，就尽可差强人意地被描述成大众只能听凭工业巨头的摆布、被商品化为同质化之群众的过程。

在文化经济中，流通过程并非货币的周转，而是意义和快感的传播……在这种文化经济中，原来的商品(无论是电视节目还是牛仔裤)变成了一个文本，一种具有潜在意义和快感的话语结构，这一话语结构形成了大众文化的重要资源。在这种文化经济里，没有消费者，而只有意义的流通者，因为意义是整个过程的唯一要素，它既不能被商品化，也无法消费：换言之，只有在我们称之为文化的那一持续的过程中，意义才能被生产、再生产和流通。

大众文化的创造力与其说在于商品的生产，不如说在于对工业商品的生产性使用。大众的艺术乃是“权且利用”(making do)的艺术。

任何一种产品，它赢得的消费者越多，它在文化工厂现有的流程中被再生产的可能性就越大，而它得到的经济回馈也就越高。因此它必须诉诸大众的共同之处，并否定社会差异。在资本主义社会，大众共同拥有的是宰制性的意识形态，是服从或被剥夺权力的体验。因此，文化工业的经济需要，完全符合于现存社会秩序之规训的、意识形态的要求。于是所有的文化商品，多多少少都具有我们可以称之为中心化的、规训性的、霸权式的、一体化的、商品化的力量。

然而，与这些力量相对抗的，乃是大众的文化需要……这些大众的力量将文化商品转变成一种文化资源，还使文化商品提供的意义和快感多元化，它也规避或抵抗文化商品的规训努力，裂解文化商品的同质性和一致性，袭击或偷猎文化商品的地盘。

倘若某种特定的商品，即将成为大众文化的一部分，它就必须创造出抵抗式或规避式用途或读法的机会，而且这些机会必须获得承认。这些机会的创造，不会受到金融商品(financial commodity)生产者的控制；而这些机会有可能出现，恰恰源于商品的使用者在文化经济中表现的大众的创造力(popular creativity)。

强势者在他们所建造的如下场所(places)，践行他们的权力，如城市、商城、学校、工场车间等，此处仅指出若干物质性场所。而弱势者则在这些场所内部开创自己的“空间”(space)；当他们在这些场所中穿梭往来时，他们暂时将这些场所为其所用，只要他们需要，他们就占领这些场所。场所乃是战略运作之处；而游击队员乃进入其间，将其转化成自己的空间；空间是被实践的场所。

在晚期资本主义的消费社会中，每个人都是消费者。消费是获得生活资源的唯一方式(不管这些资源是物质——功能意义上的资源，如食物、衣服、交通工具等，还是符号——文化意义上的资源，如媒体、教育、语言等)。

实际上，一个理性化的、扩张主义的、中心化的、奇观式的以及声势浩大的生产，正遭遇着一种判然有别的生产，它的名字叫“消费”。其特征是：诡计、分裂(这是环境使然)、偷袭、秘密性、不知疲倦却静悄悄地行为……简言之，“消费”有一种半隐蔽性(quasi-invisibility)，因为它展现自己的方式，不是凭借它自己的产品(它会把这些产品放在哪里呢?)，而是凭借一种艺术，一种利用那些强加到“消费”之上的产品的艺术。

“介乎其间的艺术”是大众文化的艺术。利用他们的产品，为了达到我们的目的，这是介乎生产与消费之间的艺术。

(二)

大众文本应该是“生产者式的”(producerly)。要了解这一术语，我们需要参考巴特(1975a)的论点，他区分了文本中“读者式”(readerly)倾向与“作者式”(writerly)倾向，以及二者分别引发的阅读实践。简单说来，“读者式文本”吸引的是一个本质上消极的、接受式的、被规训了的读者。这样的读者倾向于将文本的意义作为既成的意义来接受。它是一种相对封闭的文本，易于阅读，对读者要求甚微。与此相对的是“作者式文本”，它不断地要求读者去重新书写文本，并从中创造出意义。“作者式文本”凸显了文本本身的“被建构性”(constructedness)，邀请读者参与意义的建构。巴特在阐释这两种文本的倾向时，主要关注的是文学作品，并总结道，“读者式文本”更容易理解且更流行，而“作者式文本”则更难、更具先锋性，因此只对少数人有吸引力。

“生产者式文本”像“读者式文本”一样容易理解……但是，“生产者式文本”同时也具有“作者式文本”的开放性。区别在于，“生产者式文本”并不要求这种“作者式”的主动行为，也不设定规则来控制它。

过度性与浅白性是“生产者式文本”的主要特征……过度性指的是意义挣脱控制，挣脱意识形态规范的控制或是任何特定文本的要求。过度是语义的泛滥，过度的符号所表演的是主流意识形态，然后却超出并且摆脱它，留下过度的意义来逃脱意识形态的操控，这些意义也可以被自由地用来抵抗或逃避主流意识形态的控制。

煽情、浅白、过度、陈词滥调，大众本文所具有的这些特征几乎无法彼此区分……归根到底，真理是一种控制性的话语，而浅白并不提供有洞见卓识的解释，而是让它本身悬而未决。不过，浅白不仅是指文本处理的事物是浅露的，而且其处理方式本身也具有浅露的特征。浅白与陈词滥调是同一件事物的两面。

布迪厄(1984)认为，文化的功能在于区别不同的阶级和阶级群体，并将这些区隔在美学或是趣味的普遍价值中加以定位，藉此伪装这些区隔的社会性质。“高雅”艺术的难度和复杂性首先被用来建立它相对于“低俗”或浅白艺术的美学优越性，然后，使人们自然而然地认为符合这些高雅趣味的人(受过教育的中产阶级)所具有的趣味(或品质)是优雅的……从而在可以欣赏和不能欣赏高雅艺术的人之间划出伪装的却是令人满意的区隔。艺术的复杂性其实是阶级差别：难度是一扇文化的单向旋转门，只接受买对了票的人，而排斥大众。

相反地，大众文化被认为是简单的；布迪厄(1984：486—488)称之为“对容易之物的嫌恶”。可以被任何人阅读的简单的文本被贬斥为“简单的”(easiness)……所以，大众文本不仅是“简单的”，它们还是“病态的”、“腻味的”和“令人反胃的”。这些词汇具有幼稚的趣味，一种不成熟的、轻率的和没有发展完全的趣味。

大众文本通过“展现”而非“倾诉”，用素描而非工笔，将自己向各种各样的社会关系敞开。诉说或揭示隐藏在表面下的真相是封闭的、规训式的文本的行为，这样的文本需要的是解码而非解读。而大众文本展现的是浅白的东西，内在的则未被言说，未被书写。它在文本中留下裂隙与空间，使“生产者式”读者得以填入他或她的社会体验，从而建立文本与体验间的关联。拒绝文本的深度和细微的差别，等于把生产这些深度与差别的责任移交给读者。

指斥大众文本是贫乏的，这一批评背后，隐藏了一个未被审视的假设：文本应该是具有高度技巧性的、完整的和自足的客体，值得尊重和保存。大学、博物馆和艺术馆都是这类文本的收藏者。但是在大众文化中，文本仅仅是商品，因此，它们很少是精巧的(为了维持低廉的生产成本)，它们是不完整的和不充足的，除非它们进入大众的日常生活之后。它们是被不怀敬意地使用的资源，不是受赞赏与尊敬的对象。

许多当代文化理论认为，所有文本都是不完整的，只能在互文关系和接受模式中加以研究。尽管如此，文本分析、保存和展览的社会实践与学院实践依旧认为，“美学”文本是完整、自足和令人尊敬的，而大众文本不配得到这样的尊敬。大众文本是被使用、被消费、被弃置的，因为其功能在于，它们是使意义和快感在社会中加以流通的中介；作为对象本身，它们是贫乏的。

大众文化以互文的方式，流通于我称之为初级文本(原初的文化商品，如麦当娜本人或一条牛仔裤)、与初级文本直接相关的次级文本(如广告、媒体故事和评论)和持续存在于日常生活过程中的第三级文本(如对话、穿牛仔裤的方式，居住在公寓中的方式，逛街观赏橱窗或在高中舞会上采用麦当娜的舞姿)之间。

大众文化中具体文本的贫乏性，不只与其互文性阅读实践相关，而且也因为它的短暂性和重复性。文化商品的频繁再生产，不仅仅是文化工业的需求，也是大众文化的力量使然。具体文本的贫乏性和对意义不断流通的强调，意味着大众文化的标志在于其重复与连续。这些特征使得大众文化能够轻易地适应日常生活的轨道。杂志每星期或每月出版，唱片持续地播放，电视生产出系列剧和连续剧，衣服穿了又丢，电子游戏玩了一遍又一遍，体育代表队参加一场又一场赛事——大众文化建立在重复的基础上，因为没有一个文本是充足的，没有一个文本是完整的对象。大众文化包含的意义和快感处在永远的形成变化之中。

所以，大众文化的文本充满了裂隙、矛盾与不足。正是美学批评所认为的“失败”使大众文本得以邀请“生产者式”的解读；这些失败使大众文本可以在不同的语境、不同的解读瞬间“说出”不同的话。但是这种自由总是与企图限制它的文本的(及社会的)力量进行斗争。大众文本是在封闭与开放的力量之间、在读者式与生产者式之间、在被偏好的意义的同质性与解读的异质性之间进行斗争的文本。它再生产和再创造了社会秩序的规训权力和对此权力进行多重抵抗之间的斗争，这是由下而上的多种力量对单一的由上而下的力量的反抗。

(三)

具备这些(大众文化)特点的文本并不保证该文本能成为大众文化。大众对文化工业的产品加以辨识……既取决于文本的特征，也同样取决于大众的社会状况。而这种大众的辨别力，与学院评价高雅文本的特质时所提倡的批判的或审美的辨识力，是截然不同的。大众的辨识力所关注的是文本的功能性，而不是文本的特质，因为它所关注的是文本在日常生活中的使用潜力。这一筛选过程有三个主要的标准：相关性，符号生产力，消费模式的灵活性。

相关性的标准和审美标准不同，它着眼于读者的社会情境。寄寓在文本中的相关性标准只是一种潜力，而不是一种特质。相关性是由每一个特殊的解读时刻所决定和激发的特质；与审美不同，相关性受到时间与空间的制约。

因此，大众的辨识力和审美辨识力迥然不同，后者深为中产阶级看重，而且在批评行业中被有效地制度化了。对大众文化而言，“特质”一词无足轻重。而中产阶级之所以对这个词青睐有加，是因为它把中产阶级本身的艺术形式与文化趣味所带有的阶级特殊性普遍化了。审美判断是反大众的，它否认解读的多样性，否认文本功能的多样性，也否认同一个文本在社会秩序的不同效忠从属关系中可以实施不同的功能。美学将它自己的价值观放在文本结构的中心位置，从而忽略了使文本和日常生活连接起来的社会切入点。美学否认大众文化的短暂性。它拒绝承认：社会秩序处于变化之中，因而今天相关的艺术，明天也许就变得无关紧要。它也拒绝承认：构成“大众”的效忠从属关系是变化的，因而今天还是大众，明天也许就不是了，今天流行的东西，明天也许就过时了。美学还拒绝承认：大众处在社会结构中的位置也是变化的，因而，社会差异必然生产出文化差异。美学需要的是批评家—牧师，去控制意义与对文本的反应，因此它要求的是正式的教育程序，以教导人们去欣赏"伟大的"艺术。美学是一套规训系统，是资产阶级控制文化经济的企图，就像它控制金融经济一样。"美学话语所重视的价值没有别的，仅仅是对人性的垄断"(布迪厄，1984：491)。美学是赤裸裸的文化霸权，而大众的辨识力正是对这种霸权的拒绝。

如果我们以社会相关性，而非审美特质作为判断标准，那么，我们无法说一种解读比另外一种"更好"。因此，大众批评的评价工作是社会的或政治的，而不是文本的。批评者试图探索与评价文本中相关性的社会政治效力。批评者所关心的是文本做了什么，或被用来做什么，而非文本是什么(虽然，它是什么确实在一定程度上决定了它可以被用来做什么)。相关性是被读者发现或生产出来的；相关性是文化经济中一些特定的生产时刻和生产过程，使得文本不再仅仅是金融经济中的商品。因此，大众的辨识力并不作用在文本之间或者文本内部的文本特质层面上，而是旨在识别和筛选文本与日常生活之间相关的切入点。这就表明，无论读者分属于多少不同的社会效忠从属关系，文本可以提供，至少具有潜力提供，相应的切入点。

布迪厄认为，中产阶级与工人阶级趣味的主要差异是"距离"和"参与"的差异。中产阶级的"距离"是一个双重概念，因为它一方面指读者与艺术作品之间的距离，另一方面指作品与日常生活琐事之间的距离。相反，工人阶级的趣味倾向于参与，也就是说，读者参与艺术作品的体验，而艺术作品参与日常生活文化。中产阶级的美学要求艺术的评判标准依照人性与美学的普遍性，而不是此时此地的特殊性。即使有些艺术是"现实主义的"，并且明显指涉日常生活的细节，但是，中产阶级的"欣赏"必须能够穿越其外，看到它们所基于的"普遍性"。艺术作品与个人当下的社会语境的相关性，并不是中产阶级评价和欣赏艺术的标准。这种审美与日常生活的分离反映在艺术家/表演者与读者/观众的分离，乃至于文本与读者的分离。这种距离是尊敬的距离，是批判的欣赏的距离，这迥然不同于大众对于明星或喜欢的角色的认同，对文本/表演的投入。

大众艺术对日常生活的介入再现了大众对艺术的介入。布迪厄认为，大众趣味把审美消费整合到日常消费的世界中，从而，它拒绝予以艺术对象任何特别的"尊敬"，文本如同其他一切商品一样被加以"使用"，而且和任何商品一样，如果没有用，就会被抛弃。

对大众趣味来说，艺术必须服务于一个目的，或者有一个相关点。布迪厄论述道，从中产阶级的观点看来，质问艺术有什么用是"野蛮"行径，因为这样问，就等于质疑艺术的无功利性或艺术的距离。但是大众艺术的价值是依据其"功利"的程度来评判的，也就是说，有利于日常生活，而不是与之保持距离。

要成为大众的，一个大众的文本必须能够在各式各样的社会语境中，对于各式各样的读者具有相关点。因此，它本身必须具有多元的意义，任何一种解读方式必须是有条件的，因为它必须被它解读的社会条件所决定。相关性要求意义的多元化与相对性，拒绝封闭性、绝对性和普遍性。

大众生产力是以一种“拼装”(bricolage)的方式，将资本主义的文化产物进行再组合与再使用的过程。(而且，这种生产与所谓的艺术原创性别无二致，尽管二者的批判接受与文本评价并不相同)。按照列维-斯特劳斯(Lévi-Strauss)的理论，“拼装”是部落中人的日常实践，他们创造性地组合手边现有的材料与资源，制造出一些可以满足当下需要的物件、符号或仪式。这是一种非科学的工程，是一种最典型的“权且利用”(making do)的作为。在资本主义社会中，“拼装”是被统治者从“他者”的资源中创造出自己的文化的一种手段。麦当娜的“外表”就是一种“拼装”，它使得她可以从他们的资源中创造出她自己的意义，使她的歌迷可以参与其中。海布迪支(Hebdige，1979)早已指出这是青少年亚文化中一种典型的行为，而钱伯斯(Chambers，1986)则说，这是当代都市青少年文化的显著特征。这在亚文化的穿着中表现得尤为明显，比如朋客们(punks)把工人的靴子和军人的制服组合在一起，或者把纳粹和英国的徽章混合起来，成为一种不特别“意指”什么的“新的”风格，仅仅表示他们有权力去制造自己的风格，而在这过程中抵触那些在社会地位上比他们优越的人。在阅读大众文本的过程中，在幻想的建构中，在将大众与口头文化、文化商品与日常生活实践加以混合的过程中，“拼装”也同样表现出来，也许稍不明显罢了。

文化工业的商品要成为大众的，就必须不仅仅具有潜在的多元意义，也就是说，能够生产出多元的意义和快感；它们还必须经由媒体来传播，而媒体被消费的模式也是开放的，灵活的。电视、书本、报纸、录像带及电影等，之所以是大众的，部分原因在于它们作为媒体的性质，允许人们对它们进行随意的使用。这样，它们就无法把意义强加予人，也无法强迫人们按照特定的单一方式把它们纳入日常生活之中。大众辨识力并未局限于选择文本与文本的相关点，而是延展到选择那传递文本的媒体，以及最适合“消费者的”社会文化位置与需求的消费模式。

电视是一种人们可以随意使用的文化资源，而非规定使用方式和控制使用者的文化暴君。如果它是这样的暴君，它就不可能在我们的大众文化中扮演如此重要的角色了。

三、著作导读

大众文化是产生于20世纪晚近资本主义发展和后工业社会的文化潮流，伴随着商品和消费社会在文化领域出现的文化消费的现象。大众文化因其复制化、模式化、批量化、类型化、平面化而饱受诟病。诸如法兰克福学派等左派学者，对于晚期资本主义体制下的大众文化持激烈的批判态度，他们认为在商业机制下生产流行的大众文化(Mass culture)是单调的、浅薄的、庸俗的，是去深度化的。

而费斯克作为当代英美学术界著名的大众文化理论家和西方当代大众文化研究的代表人物，却倡导积极快乐和随意休闲的大众文化，尝试建立不同于法兰克福学派的大众文化理论。他的著作《理解大众文化》和其姊妹篇《读解大众文化》，对大众文化的解读独树一帜，着重强调大众文化的创造性、娱乐性和逆反功能，被视作关于大众文化的经典著作之一，在20世纪90年代以后对大众消费及大众文化做符号学解读的文化研究的最新发展趋势中，《理解大众文化》是具有代表性的著作。

在《理解大众文化》一书中，费斯克依据符号学方法，分七章阐述了资本主义社会中大众文化的生产机制及大众在大众文化生产过程中的地位，指出大众文化的诸项特征及潜在的政治功能。

在第一章“牛仔美国”中，费斯克以美国的牛仔裤文化作为典型案例说明了大众文化的生产机制，论证了文化工业的商品是如何成为大众文化的。他认为晚期资本主义(及其市场经济)的特征是充斥着商品的，商品也包括非物质性的对象，如电视节目、女性的外表或明星的名字，因而具有“物质的”与“文化的”两种功能。以牛仔裤文化符号为例，作者指出了大众文化具有矛盾性的特征，“穿破牛仔裤是大众文化诸种典型矛盾的一个例证，即被抵抗的对象必然出现在抵抗行为本身当中……大众文化属于被支配者与弱势者的文化，因而始终带有权力关系的踪迹……同样，它也显露了对这些力量进行抵抗或逃避的踪迹：大众文化自相矛盾”[①]。

在第二章“商品与文化”中，费斯克进一步说明大众文化的主体是大众，“大众文化是由大众而不是文化工业促成的”。文化工业所能做的一切，乃是为形形色色的“大众的层理”(formations)制造出文本“库存”(repertoire)或文化资源。同时他认为，大众文化的创造力与其说在于商品的生产，不如说在于对工业商品的生产性使用。大众文化对权力力量的对抗性通过“消费”行为体现。在晚期资本主义的消费社会中，每个人都是消费者。消费是获得生活资源的唯一方式，不管这些资源是物质——功能意义上的资源，如食物、衣服、交通工具等，还是符号——文化意义上的资源，如媒体、教育、语言等。大众通过“消费”行为，利用那些强加到“消费”之上的产品的艺术获得资源。因此大众是大众文化的生产者，大众文化是“介乎其间”的艺术，大众利用剥夺了他们权力的体制所提供的资源文化或物质意义上的商品，并拒绝最终屈从于那一权力从而展现出创造力——对文化工业商品的生产性利用。

在接下来的第三、第四章“生产的快感”和“冒犯式的身体与狂欢的快感”中，费斯克从快感分析入手，集中探讨了那些抵抗着霸权式快感的大众式的快感。他认为大众的快感分为两类——躲避式快感和生产性快感。在无秩序与宰制性力量进行对抗的过程中产生了大众的快感，包括身体的快感和生产性的快感，随后也就逐渐产生了大众文化。大众能够将文化商品转变成他们感兴趣的事物，并由于能够将这些商品用来创造属于他们自身的意义，而从中获得快感。大众的身体躲避的快感是通过自我的丧失形成的，因为人是社会性的自我，也在社会建构中丧失自我，也就是

① ［英］约翰·费斯克：《理解大众文化》，9页，北京，中央编译出版社，2001。

对宰制性的意识形态和结构的抵抗。与身体躲避的快感相比，大众的生产性的快感更具有积极性，它围绕社会认同与社会关系，在社会的意义上进行运作，产生属于自己的与日常生活相关联的文化，产生心灵上和精神上的快感。

在第五章“大众文本”中，作者从文本角度对大众文化进行解读。大众文本的特性是既易于阅读，易流行，具有大众性；又具有创造意义的特性。过度性与浅白性是生产者式的文本的主要特征，而一直被视为“简单”的大众文本具有矛盾的复杂性，其复杂性体现在社会中而非文本本身。另外，被视为“文本贫乏”的大众文本以互文的方式，流通于初级文本(原初的文化商品，如麦当娜本人或一条牛仔裤)、次级文本(如广告、媒体故事和评论)和持续存在于日常生活过程中的第三级文本(如对话，穿牛仔裤的方式，居住在公寓中的方式，逛街观赏橱窗或在高中舞会上采用麦当娜的舞姿)之间。因此，大众文本是不充足的，没有一个文本是完整的对象。大众文化包含的意义和快感处在永远的形成变化之中。

在第六章“大众的辨识力”中，费斯克集中论述了大众辨识力对文本的选择。在总结完一个文本之所以能成为大众文化的特点后，费斯克说具备这些特点的文本并不保证该文本能成为大众文化，只有通过大众辨识和筛选才能成为大众文化。作者认为，大众对文化工业的产品加以辨识的标准有三个：相关性，符号生产力，消费模式的灵活性。费斯克在论证中特别强调了大众在大众文化生产过程中的主体地位，指出大众对文本的选择即大众的辨识力决定了一个文本能否成为大众文化。首先，大众看重文本的相关性。大众从自己的社会情境和日常生活出发，强调文本在日常生活中的功能性和使用潜力，能够在与宰制性力量的对抗中发生作用。其次，文本还要具有符号生产力，具有潜在的多元意义，能够生产出多元的意义和快感。最后，文本还要适合“消费者”社会文化位置与需求的消费模式。

最后，费斯克在第七章“政治”中指出了大众文化的政治潜能，大众文化在进步的与微观政治的层面是最有效的，其效果是在社会层面把权力重新分配给那些被剥夺权力的人。大众的变革是社会变革的一种模式，它不是激进的而是一个持续进行的过程，旨在维系或提高体制中大众的自下而上的权力。

受法兰克福学派文化工业批判理论的影响，在很长一段时间里，学术界对大众文化普遍呈现出精英主义和悲观主义两种态度，大众文化也一直处于被批判、被贬低的地位。但随着大众消费社会在更大更广的范围的形成和迅速蔓延，商品消费成为人们主要的生活形式，大众文化以及日常生活开始成为大众形成自己道德和伦理观念的主要资源，当代意识形态也出现了深刻的变化。因此，在新的研究视野里，以精英文化为主体的诸种文化现象，不再作为分析和研究社会体制和意识形态的主要对象。同时，随着符号学的转向，法兰克福学派的大众文化理论日渐式微，符号学研究逐渐兴起。费斯克的大众文化理论深受伯明翰学派的影响，他力图运用符号学原理来解读大众文化，大众不再是某种文化的被动接受者或消极消费者，它还是自己文化的积极创造者和传播者。费斯克认为，大众创造自己的文化，绝不会自娱自乐，它包含着对现实社会的反抗意义。费斯克说：“大众文化始终是一种关于冲突的文化，它总是关涉到生产社会意义的斗争，这些意义是有利于从属者的，并非主流意识形态所喜欢的那种。”[①]当然，无论大众从消费者转为生产者，还是从生产者转为反抗者都并不意味着大众在现实社会中的从属地位发生了改变。但是这种从属者地位并不决定着大众在文化领域中会无所作为、任人摆布。实际上，在费斯克看来，大众文化虽然不居于实际的支配地位，但却具有侵蚀和颠覆的作用。费斯克大众文化理论的主要任务就是在大众文化中找出和确证大众文化所具有的这种微观政治效益。

总之，费斯克继续文化研究的理路，一方面坚持把文化作为政治斗争的场所或工具，另一方面又力图从大众本身出发寻找社会进步的源泉和动力，为大众文化理论的发展做出了重要贡献。正如作者所说的，“贯穿本书的主题是：大众文化是围绕着大众与权力集团之间各种形式的对立关系加以组织的。这种对抗总是包含着变成进步力量的潜能，而且实际上它通常就是这种进步力量。大众的力量正试图规避或抵抗权力集团的规训与控制的力量，就此意义而言，它们正努力开创各种空间，进步性就可在其中运作”[②]。

（撰稿人：赵曦）

① [美]约翰·菲斯克：《解读大众文化》，2页，南京，南京大学出版社，2001。

② [美]约翰·费斯克：《理解大众文化》，193页，北京，中央编译出版社，2001。

西方媒介史

一、著作信息

作者： 让-诺埃尔·让纳内，法国巴黎政治学院教授，曾任法国外贸部部长、法国通讯部部长、法国电台和法国国际广播电台的台长，担任过法国大革命200周年庆祝活动总指挥。

译者： 段慧敏，苏州大学外国语学院教授，南京大学法语系法国当代文学论方向博士，曾获法国外交部奖学金，赴法国巴黎七大博士生院留学。

版本： 广西师范大学出版社2005年版。

二、著作摘录

媒介的历史包含了一个广阔的研究领域。其任务是研究在时代进程中，一个社会如何对自身及其他社会加以表现，以及所有涉及这一研究领域的人们是如何努力使这幅画面按照自己的意图而改变的。因此，它涉及有关媒介的各个方面，与大多数的人类活动相关，包括公共的或私人的。

在每一个时代，每一个国家，一方面是书写媒介历史的人本身的文化所构建的信息，与受众对书写媒介历史的人的影响，构成了一种复杂的辩证法，而媒介史正是以这一辩证法直接涉及集体精神的演变；另一方面，媒介史还涉及政治生活，因为政治生活深受与政府有着千丝万缕联系的书面新闻或视听新闻的影响，同时领导者所关注的“镜子”给他们带来的困扰也影响着这种政治生活。

不管有什么危险，也无论多大开销，他们贪婪地读着，因为这正是人的天性：无视所被允许的事情而追逐所被禁止做的事情。这种关于审查制度和好奇心的辩证法在任何时代都存在。

我们能不能、是否应该、怎样才能够——恰当准确详尽地——对过去发生的事件进行阐述呢？面对这一直存在的问题，已经出现了三种可能的（并且不相互矛盾的）态度：必要的朴实谦逊、反复的担心忧虑和不管怎样都要具备的坚强的信念。

18世纪出版业的蓬勃发展和启蒙运动及哲学精神的发展有着直接而复杂的联

系。这是报纸、“信使”以及各种期刊的第一次飞跃发展时期，也是读报成为欧洲杰出人物的习惯和必需的时期。

这是一个值得称颂的伟大时刻，由此在英国诞生了西方第一份日报：发行于1702—1735年间的《每日新闻》。

为什么会有这样的进展呢？我们可以列出三个主要原因……第一，激烈的政治斗争，辉格党和托利党斗争异常激烈；第二，有着别处所不具备的读者大众，无论在规模上还是他们的好奇心或是文化层次上都没有能与之相提并论的；第三，杰出人才辈出，在很长一段时间内成为整个欧洲的榜样。

如果我们只是探求历史事件的记载或是仅满足于复原报纸的生动的专栏内容，我们便会把革命时期的报刊变成一种狭隘的历史了。如果我们没有看到报纸在百姓向公民转变过程中所起的重要作用的话，我们便失去了基本的观点。

当时最成功的一份期刊《法国革命》把下面的句子作为座右铭：“对我们来说，伟人之所以伟大是我们跪倒在地，站起来吧！”这完全是一条纲领！

如果说统治阶级和哲学家们对“办报人”的不信任感和鄙视在18世纪70年代开始消失了的话，那么法国大革命便体现出了主要的变化，它确立了三种重要的思想观点，体现出这一时期记者们所有的活动。

第一种观点是：秘密通常是可憎的，是特权的保护物，是专制君主政体在其周围建起的壁垒以掩饰他们所维持的不公正秩序。秘密实质上是反革命的。因此，新制度第一个愿望便是容许和要求政治事务的透明度。只说从今以后统治权不是从天而降而是来自人民是不够的，还应该使一切在市民的专注和严厉的目光监督之下公开进行。

第二种观点是：大革命一直就对一种统治模式怀有敬意，即在希腊和罗马城邦中存在的直接民主这一古老模式。我们经常可以看到革命总是试图模仿发生在它之前的革命……

第三个支配法国大革命时期报刊发展的观点是，报刊不仅构成了政治活动的一面镜子，同时也是政治生活中的中心参与者。报刊使事件发展进程加快，而这种情绪上的仓促使当时的人们为之震惊，而今对于历史学家来说，这种仓促依然是不可忽视的。

“公众舆论”——这一概念的出现可以追溯到18世纪中期，它已变成了“历史能动性的主要象征，历史发展的动力”。渐渐地，所有人都同意了这一说法。（对于哲学家们来说，这与很久以前他们体现出的一种对报刊的蔑视是可以并存的：他们曾认为，舆论应该形成于书籍中。）卢梭在1776年写道：“在使我们生活的这个世纪与其他世纪区分开的各种特征中，是一种有系统的、彻底的精神在二十年来引导着公众舆论，至今这些舆论还在人们感情的支配下间或地无规则地闪现，这些情绪不断地相互撞击，使得公众从一方转向另一方，没有一个固定的方向。”在卢梭的眼中，现代特色就是此后形成的一种舆论的凝结物。这种舆论已经不再混乱，不再是一种分散而矛盾的反应，而在此情况下有了一种意义。

公众精神强调一种有组织并已获许可的一致性，用莫纳·欧左夫的话说，就是一种“团体中的完全结合”：自发性、多样性，甚至自由都有被扼杀的危险。

我们可以把革命时期的媒介史分为两个时期。第一时期是粗暴地赢得了自由，虽然这种自由在理论上还是受限的，但是却几乎没有束缚。第二个时期，这种自由在理论上是不受限的，但是事实上却越来越受限制，断头刑运用得非常广泛。

《泰晤士报》就会选择一条既道德又高效的路。它发明了一种“良性循环”，我们可以这样定义它：给著名的、杰出的撰稿人以高薪，通过他们赢得众多读者，由此提高广告的价格，并保证这份报纸相对于国家政权的独立性，取得这种独立性后它又可以赢得新的忠实的读者，这些读者又可以汇集更多的广告，这些广告又可以……

报刊读者的增加和影响力的扩大，使两个由言论自由的胜利而引出的问题变得尖锐起来：一方面，受贿，报刊幕后影响威胁着事实真相；另一方面，诽谤，市民们的名誉经常被报刊不公正地践踏，而报刊却经常逃避各种制裁。

信息市场的发展首先是以新闻通讯社的建立和扩展为标志的。在这一方面，米夏埃尔·帕尔默在他的一本名为《从小型报纸到大型通讯社——现代新闻业的诞生》(1863—1914)的书中提供了有用的信息。

随着技术的进步和不断增加的读者群好奇心的增强，信息产业成为一种世界化的产业，许多报业机构由于安置、供养以及传递信息的费用无法维持在远处的通讯员，这样，19世纪中期产生的新闻通讯社就取得了一种中心地位。

由于平均教育水平的提高和文盲的减少，更为广泛的读者开始阅读书面出版物。从另一方面讲，报纸更接近于大众化的读者。做得最顺的企业家们是那些懂得在降低报纸制作成本的同时，也降低他们产品中的知识野心的人们。

这种很受欢迎的报纸断然远离了文学样式，而文学样式在19世纪中叶以前一直居于统治地位。这一时期按期号零售变得比预订更为重要，这样便导致了收益的不稳定性。因此，对于负责人来说，不停地致力于在耸人听闻的新闻中竞相抬价便成了一种必要。

一战后有人说，“真理是战争的第一个牺牲品。”在出版完全自由的民主体制中，事实上占支配地位的是一种对抗，即事关民族生存的国家利益与讲真话的权力之间的对抗。

一个民主国家在何种外部危机的情况下可以决定限制媒介的言论自由？我们可以从三个层次分析：战争在外交活动中的作用，军民道德，最后是对于政府和领导人的政治评价，这其中审查制度的合法性并不均衡。

还应考虑到所有这些审查制度、幻想、混乱的努力都可能会导致事与愿违的结果。我们似乎觉得这些被剥夺了可靠信息的社会团体不断地创造出收集信息的新方法，反对审查制度，抵御宣传的影响。首先是一种怀疑，而后是一种强烈的怀疑主义，植根于读者中。应该承认夸大式宣传并没有运行得很巧妙。

传闻的异常成功，源于相信它们真实性的人们在没有迹象向他们证明的情况下，发现了邪恶的明显性和那些掩饰了无耻阴谋的恶人们的特殊效力，而不是发现了一种对谨慎的鼓励。

还应考虑传闻与报界的关系。在审查时期这两者往来不断，因为报纸本身很乐于传播这种传闻，尤其是涉及"桃色"新闻的时候，审查制度也很乐于让这些谣传通过审查。

对于法国国家性日报所遭遇的困难应该寻找更深层次的原因。我们可以把它归结为三个主要方面。

看起来最直接原因并需要细致分析的问题是其他媒介的竞争以及娱乐习惯和文化实践；接着是如何采取最佳的经济财政措施问题；最终仍不能逃避的是供应质量的问题，或是用一种更客观的术语来说，日报所提供的信息与潜在读者的要求之间的协调。

总之，即便是在有着古老的民主传统的国家，政府也是非常不愿意放弃对电视业的控制。其关键是政界人物所共有的对电视的万能性的天真信念。他们设想这种新的工具可以左右选举，掌握了它，便等于确保了一种无法反对的力量。这种错误的信念来自政界人物与电视间所维持的心理上的联系：不只是他的演说被转播，他的自恋也被牵连进来，他的形象在别人眼中，在一种由永恒的诱惑所形成的作用中。由于电视的存在，政界人物开始幻想去影响那些不固定的、虚构的选民，那些不到公共场所的人，那些激进的社交网触及不到的人，呆在家里的人；去影响他们认为人数众多的可以随意操纵的被动群体。

这幅公共画面的背景中，从一国到另一国，在行政权对电视的控制方面，其差异的参量是怎样的？首先衡量政府在社会中的相对影响力、中央集权程度的大小、从过去继承的道德影响力——新教国家新闻自由的习惯要比拉丁语国家更为历史久远。

应该注意到负责人委任的方式，这种方式导致了他们不平等的抵抗能力——这是最能揭示电视顺从程度的标志，这方面引起了很多论战的关注……

另外一个值得注意的标准是各国对电视新闻的影响力是通过财政来调控的——大多数政府从掌握财务开始便试图通过财政的舆论进行限制(公用事业收费比率的规定，各种捐赠预算)——电视所拥有的独立性或多或少地出于自愿而作出的让步。

电视与书面出版物不同，它是依靠公用事业收费，即依靠公款生存的一种垄断，因此它阐述和支持法国政治就是合情合理的。

这种高质量的电视节目的特征是什么呢？首先，技术的卓越性，这是依据由一批杰出的电视摄影师及音响师来操作的悠久传统，他们为长期困扰欧洲大陆电视的音质问题而忧虑，因单一的图像而心神不宁；而后，社会新闻的价值，体现在其活动的多样性中，在表面及深层问题方面。英国电视业，例如在谈及工人问题方面，它找到了一种在别处没有的准确基调；最后一点尤为重要，出于一种难以理解的原因，在英国，文化界大体上与电视非常接近。

为什么英国电视业能取得成功呢？除了一些不可触知的原因，有一个理由是与这个中心主题联系紧密的：英国是最能运用实用主义想像能力确保国有和私有部门之间有效的平衡的国家。

这一时期的另一个特点是参与者的演变，尤其是政府参与者，他们开始渐渐明白，过于简单化的新闻宣传可能会起到反作用，而且其影响往往通过精神方面的文化渗透而更有效地产生：这很好地证明了战后45年的历史。

一场重要的理论之争——充满激情的辩论——和众多其他领域一样，两大思想派别相对峙。一方是绝对自由的支持者们，他们认为有能力独自控制好连续不断地出现在网上的信息潮。另一方(本书作者也属于这一方)则乐于引用拉科代尔的话：“在强与弱之间，自由是受到压制的，而正是法律使之得到解放。”在这些人眼中，突出于市场之上的法则应该被固定下来，并且应有合适的机构使之得到遵守。这也同样是考虑到了媒介的利益。至少是在欧洲，很多媒介负责人希望是这样的，希望确立一种反对竞相降价的措施，这种措施可以使他们对于竞争对手不必过于谨慎。

事实上，无论是将来还是现在，一种根本的文化不平等把支配过滤器以及拥有分析选择的能力的人与那些不会武装起来反对他们的人分成两类——前者正观看着那些避免了暂时的幼稚的节目。

在每个时期，每个自由社会，媒介从未建立过这样突出的力量，这种力量将其价值、其强制的命令及其习惯的动作强加于一个消极的民族。

市民们可以抱怨、愤怒、抗议——最终，他们把媒介做成了媒介的样子。他们最后知道了这一点，并且出于警惕或是行动而接受了这一点。

三、著作导读

《西方媒介史》是作者在巴黎政治研究学院讲授的十五节课的讲义基础上拓展而成的媒介史专著。该书不仅论述了西欧各国媒介发展史，而且厘清了各种媒介的发展史以及各个时期媒介的发展过程。通过横向与纵向的对比，该书不仅表明了不同时期、不同媒介彼此间的相互影响，也展现了西欧媒介的整体性。

作为媒介史类的著作，该书最显著的特征是为洞察媒介进化史提供了传媒和政治经济学的双重视角，它不仅是对西方媒介历史的梳理，更是作者作为媒体从业者和政府官员几十年来的思考凝结。作者眼中的媒介，比起施拉姆笔下百年更替变迁的淡定从容，更像是在政治场域的风暴波涛中起伏的一叶扁舟。在他笔下，从诞生伊始的报纸开始，司法追究、腐败、课税、贿赂、压制、审查等重重阻碍危机便无时无刻不追随在各种媒介身边，欲使之堕落、削弱、死亡。而媒介又发挥着形形色色的功效：启蒙、教化、娱乐、诽谤、宣传、战争手段、冷战武器、外交工具……总之，媒介既改变着自身，也影响着其受众乃至整个社会。

全书共有十五章。导论部分，作者主要分析了研究媒介历史的主要任务、研究方法以及研究时所遇到的特殊困难和引起这些困难的原因。让人印象深刻的是作者对媒介与舆论关系的阐述，他认为媒介与舆论是一种辩证的关系，媒介能传达舆论，同时也可以引导舆论。舆论难以捉摸，而媒介应与其维持一种有效的联系。

第一章，史前史和初生期。作者分八个小节阐述了西方媒介的史前期和初生期，讲述了西方媒介自蒙昧时代到近代，即资本主义经济制度尚未完全在西方确立时期的发展。这部分还阐述了记者对报界的三种不相矛盾的态度：必要的朴实谦逊、反复的担心忧虑和不管怎样都要具备的坚强的信念。

第二章，18 世纪：英国的荣誉。18 世纪出版业的蓬勃发展与启蒙运动、哲学精神的发展有着直接而复杂的联系。这是报纸、“信使”及各种期刊的第一次飞跃发展时期，也是读报成为欧洲杰出人物的习惯和必需的时期。这一章同样用八个小节阐明了这一事实。

第三章，法国大革命与报刊。这一章阐述了法国大革命与报纸之间的相互联系与作用以及这一时期出现的杰出人物，并且强调了报纸在百姓向公民转变过程中所起的重要作用，同时阐释了“公众精神”与“公众舆论”的概念与区分。

第四章，自由的延伸。本章主要讲述出版自由在欧洲各国的实现。《泰晤士报》作为这个时期英国文明的标志，作者用一节的篇幅对其发展进行了梳理与总结。在这一时期，技术的进步为争取自由的普遍性运动做出了巨大的贡献，同时技术在新闻的搜集和传播方面同样有着重要的作用。

第五章，黄金时代。19 世纪 70 年代初至第一次世界大战这段时期是西方世界书面报刊的一个黄金时期。这一章主要讲述了这一时期报业的继续拓展和通讯社的发展。

第六章，第一次世界大战。本章讲的是第一次世界大战期间，政府的审查制度和宣传制度，阐述了一个民主国家限制媒体言论自由的三种可能：战争在外交活动中的作用，对政府和领导人的政治评价以及军民道德。这一章对于夸大式宣传的利弊也进行了生动的剖析。

第七章，无线电广播的产生。这一章讲述了广播的产生发展和随之发生的传播格局的改变，重点叙述了无线电广播的产生过程和应用过程，无线电发展的两种模式，政治的影响等。

第八章，广播的战争。这一章以大量的案例与史料讲述了广播的作用、影响。

第九章，1945 年以来的书面出版物：衰落还是转变？该章讲述了第二次世界大战以来的书面出版物，尤其是日报的衰落现象，介绍了其他出版物的发展对报纸的影响，对比了不同国家、不同媒介在受众中的信誉度。

第十章，《世界报》和《华盛顿邮报》。为更好地解释上述章节观点，第十章以两份享有盛誉的日报为例，分别从政治伦理和新闻道义的视角，对二者进行了对比分析。

第十一章，广播：第二次青春。20 世纪 50 年代，电视的声名显赫似乎要把广播的声誉驱走，然而 60 年代初所展现的一个新的时期却是令人惊奇的，由于技术原因，广播被注入了一种新的活力，同时也是因为广播的自由使私人电台在 80 年代初广泛发展。最后，该章还归纳了公共部门的规则，即“要做那些私人部门其他电台不会去做的事情，那些利益动力决不会提供的事”，对当今现实也具有很强的启发意义。

第十二章，电视的政治解放。本章主要讲述了第二次世界大战之后，电视在西方各主要国家的发展。这个时期，英、法、美、德四国在质量、多样性、生命力以及经验方面表现出众，故电视一直被引导着接近政权。之后，该章论述了行政权对电视控制的差异的参量，主要包括政府在社会中的相对影响力、中央集权程度的大小、从过去继承的道德影响力、负责人的委任方式、财政的调控、隐蔽款项的力量等。

第十三章，双重部门的功效。这一章主要探究了美国、法国、英国、意大利和德国的私有部门和国有部门在广播电视行业的矛盾及其分别产生的功效。

第十四章，国际筹码。如今，信息已经成了历史进程中的一个因素。本章主要解释了信息在冷战时期、南北对峙时期的传播情况和欧洲对美国的防守与反击。

第十五章，互联网的闯入：与以往完全不同？20 世纪 90 年代以来，互联网在传媒界的介入是一个有重要影响力的事件。该章阐述了互联网的产生、发展以及对包括其他媒介在内的整个外界时空的影响。

从以上章节的论述中，读者可以感受到作者的媒介实践和从政经历，使该书不仅拥有翔实的案例，同时也能兼备广阔的视野和高屋建瓴的见地。例如，在探究广电体制的国有、私有之利弊时，该书从美国、英国、德国、意大利、法国的发展及特性谈起，既关注政治与媒介之互动，也分析媒介组织的架构和经营模式对媒介内容与形式的深刻影响。在谈论今日媒介发达带来的关于信息透明与保密之争时，作者既给予了信息透明在反对独裁推进民主的进程中以足够的重要地位，又从私人生活秩序、政治领域机密等方面探讨了一定程度上拒绝媒介介入的必要性。作者的亲身经历也是该书许多观点的有力佐证。如其在电台工作时，一反常规地取消一些粗俗节目，提供“引导”听众品位的节目，在三年后取得了成就，这正印证了他“国有电台赢得听众未必要靠提供大量庸俗逗乐的节目”的观点。在谈及克林顿与莱温斯基事件时，作者认为曝光此事的媒体人马特·德拉吉从根本上无异于那些“小道消息”和“花边新闻”的爱好者，他带来的风潮是为了抢独家、头条新闻而不再顾及媒体的严肃、严谨、道德和责任。就此问题，作者更进一步地揭示了大西洋两岸的鸿沟：欧洲舆论认为美国总统的性生活应该在其没有被判定为不法行为之时避免一切司法界或传媒界的询问。作者在结论部分着重论述了媒介的历史与民主的未来之间的关系，这为我们提供了更广阔的思考空间和研究领域。

该书中的“西方媒介史”，提笔于18世纪初西欧的报纸，落笔于新千年互联网的“闯入”，作者将绝大部分篇幅贡献给了百余年来的报纸、广播与电视，而对互联网的阐述则略为简略。而作为一本学术著作，该书的体系性也并不明显，在许多问题的论述上时常会有蜻蜓点水之感。当然，这既与该书来自系列课程讲义有关，也与其写作旨趣有关：“本书的目的不是成为最渊博的著作……我仅建议集中主要注意力在西方世界——几个世纪来最近几十年的一种自由发展过程，为那些因重新发现战争色彩并为准备将来战争而忧虑的市民服务。”同时，作为一名法国作者的著作，该书带有一以贯之的“法国立场”，如在赞扬了18世纪以来英国报业的辉煌成就后，会对比总结法国报刊给法国带来的精神遗产，回顾了《华盛顿邮报》的成长历程，并将其与法国全国性报纸《世界报》两相对照。

总体来说，该书既是一部西方媒介的发展史，也是西方媒介与政治互相交融、彼此影响的互动史，对于人们了解西方媒介的发展脉络、认识媒介与舆论的本质，以及具体的媒体生产与运营都具有深刻而重要的启示意义。

（撰稿人：郝娴贞）

大众艺术哲学论纲

一、著作信息

作者： 诺埃尔·卡洛尔，美国艺术哲学和美学领域的领军人物，因其对电影所做的美学分析而享誉国际，著有《艺术哲学》《电影哲学》等，在文学理论、视觉艺术哲学、社会和文化理论方面亦有著述。

译者： 严忠志，四川外国语大学英语学院教授。

版本： 商务印书馆 2010 年版。

二、著作摘录

（一）

本书的研究对象是大众艺术：电视、电影、畅销小说以及其他种类的通俗小说（录制和电台播放的）、流行音乐、连环漫画、动画片、摄影以及诸如此类的东西①。我们如今生活在一个充满大众艺术的世界之中，这一说法现已没有什么新意了。一般美国家庭观看电视的时间几乎是天文数字。专门从事大众艺术生产和传播的企业在经济中扮演着重要角色。创造大众艺术的明星的名字如今也是家喻户晓。这种情况不仅见于电影演员和歌手，而且也见于作家、导演以及电影制作人。斯蒂芬·金和史蒂文·斯皮尔伯格的知名度超过了许多政界要人。

显然，这种状况在工业化国家中最为明显：对涉及各个阶层、种族和行业的绝大多数人来说，大众艺术——或者，你也可称为大众娱乐——很可能是审美经验最普遍的形式。在美国，大众艺术拥有名副其实的权力，提供我们共同文化的重要部分。

我们难以确定大众艺术时代的开始日期。一个可能的候选对象大概是在西方第一次重大或具有首创意义的大众信息技术——印刷机——问世前后，印刷机的发明

① 包括有创意的广告——不是直接劝诱受众的广告，而是利用蒙太奇、拼贴、并置、艺术构图等艺术手法的广告。

为长篇小说这类早期大众艺术形式的兴起创造了条件①。此外，19 世纪出现了柯尼希蒸汽印刷机和转轮印刷机这样的技术创新，极大地加快了从手抄本到印刷本的变化。19 世纪和 20 世纪初期以来，伴随工业革命的步伐，发明了摄影、胶片、无线电、录音和电视这样的信息技术，从而以重要方式扩展了以批量方式生产和传播艺术的手段。另外，越来越多的生产和传播大众艺术的技术即将出现，包括电脑、激光影碟以及我们不知道的其他东西。所以，我们可以预测，在可以想象的未来，大众艺术的产品将会越来越多，而不是越来越少。

我们在此暂时可以说，大众艺术是利用大众技术生产和传播的流行艺术。当然，如果我们所说的“技术”指的是增加人的自然力量的东西，那么，艺术和技术之间的关系问题是一个持久不变的问题。但是，如果我们所指的是一个较为狭义的技术理念，一个与动力技术的使用相关的理念，即与同一种产品(无论是衬衣还是汽车)的多个实例的重复、自动、批量生产相关的理念，那么，对以技术方式生产和传播的艺术的讨论就成为本世纪中一个亟待解决的问题。其原因在于，尤其是在本世纪中，这种狭义技术(批量制造、动力技术)对艺术品流通所起的中介作用的影响日益增大。

广义的技术是扩大人的力量的辅助性手段②。就此而言，标志工业革命的那些技术是辅助手段。它们通过将人类的第一级技术自动化，提升了人类已经提高了的生产力。让我们将这类第二级技术称为大众技术。正是大众传播技术的发展预示了大众艺术时代的出现，即一个——至少在统计学意义上——被这类艺术品所支配的时代：它们被具体化为大量实例，得以在空间和时间上广泛传播。

大众艺术在现代工业大众社会内部崛起，其明确目的是为该社会所用，利用该社会特有的生产力——即大众技术——将艺术传播给数量巨大的消费人群。大众艺术是大众社会的艺术，它是适合于大众社会需要的。

大众社会自身是随着资本主义、城市化和工业化的演变逐渐崛起的。大众艺术是伴随着印刷机的出现开始发展起来的。作为大众社会重要部分的工业化和信息技术逐步发展；在此过程中，摄影、电影、无线电、电信、录音和现在的计算机技术已被添入大众艺术的武器装备之中。它的影响其实是全球性的。在当今世界上，要找到完全没有接触过大众艺术的人——如果说不是实际上不可能的话——已经变得越来越难了。

而且，正如前文所述，大众艺术为许多人提供了首要的审美经验渠道。由此可见，我们可以预测，在当下和整个 20 世纪，大众艺术将是艺术哲学家探讨的一个重要论题。但是，目前的情况却并非如此。大多数艺术哲学家要么对大众艺术持完全置之不理的态度，更喜欢根据所谓的高雅艺术(或者先锋派艺术)来提出他们的理论，要么——如果他们确实关注大众艺术的话——对它加以排斥，旨在说明它为什么实

---

① 当然，印刷术在中国和朝鲜已经存在很长时间了。但是，为了方便起见，我们可将西方大众信息技术史的起点定在 1400 年左右——约翰·谷登堡那时开始实验印刷术。见 S. H. 施泰因伯格《500 年印刷史话》(哈蒙治华斯：企鹅，1974 年)。

② 帕特里克·梅纳德《拍照时机：作为技术的摄影》，见《加拿大美国研究评述》，22/3(1991)，第 305—306 页。

际上不是艺术，或者说明它必然是糟糕的艺术。于是，尽管我们生活在大众艺术时代，大多数人——我推测——也愿意认为大众艺术可能有良莠之分，迄今为止却没有适当的哲学理论对它进行概括性表述。在我看来，这一情况迫切需要加以纠正。本书的目的就是要朝着这一方向迈出一步。本书旨在为大众艺术哲学的形成略尽微薄之力，或许甚至从分析美学的角度，为大众艺术哲学的问世开拓道路。

在回答"什么是艺术"这一问题时，我公开表明的见解是坚持对艺术的历史性概括描述。[①] 但是在本书中，我对大众艺术的论述含有主要的功能论组成部分。这里是否存在前后不一致的观点？一个人是否可能同时既是功能主义者，又是历史主义者？我研究艺术哲学采用的一般方法是否与我提出的大众艺术理论互相矛盾？

不过，我认为在这一点上也不存在什么矛盾之处。大众艺术有其历史由来。但是，鉴于它吸引大众受众的历史目的，它偏向于使用大多数人容易理解的手法。为了实现这一点，它可能表现一般人几乎普遍具有的特征。它的手法也可能被设计为以这一方式产生作用。但是，这并不排除其历史特性，因为正是大众艺术为特定历史文化(或者文化群)服务这一目的解释了它对某些——或许超历史——可能性的探索，从而实现它从历史继承而来的功能。

这就是说，人们可能提出，大众艺术——按照我对它的看法——仅仅是一个十分短暂的阶段，随后出现的是高度个性化的技术性艺术消费(及生产)。人们可能说，在有限程度上，量身订制的艺术的前景已在有线电视和卫星电视频道中显示出来……人们声称的电话、电脑、卫星和录像技术之间的协同效应许诺了一个个性化艺术消费时代的到来，这将会形成一种令人难以置信的多样化技术艺术品的生产需求。当大众受众不复存在时，大众艺术也将随之消失。另外，有些人还加上了一点，大众受众的消失指日可待。

但是，依我所见，诸如此类的预言实在是为时过早。[②] 我们面对的这种"量身订制"以喜剧频道、动画片频道、儿童频道等频道形式出现，实际上并不是大众艺术死亡的迹象，因为这些频道所提供的选择只不过是大众艺术的种类或体裁而已。喜剧频道和科幻频道的节目都是大众艺术品，旨在便于一般没有受过培训的观众进行快速选择，其结构在性质上实际没有什么不同。

同理，我也相信，有些技术可能具有提供更多样化精神食粮的潜能，但是它们

---

① 诺埃尔·卡洛尔《艺术、实践与叙事》，见《一元论》，71(1988)，第140－156页；诺埃尔·卡洛尔《确定艺术》，见罗伯特·亚纳尔编《艺术惯例》(大学园：宾夕法尼亚大学出版社，1994年)，第3－38页；诺埃尔·卡洛尔《历史叙事与艺术哲学》，见《美学与艺术批评学刊》，51/3(1993)，第313－326页。

② 还记得数年之前提出的所有那些关于全息图的预言吗？人们当时认为，全息图将会不可逆转地改变艺术的面貌。但是，那些自吹自擂的全息图如今在什么地方？在你的钱包上，在你的信用卡上——它们所起的作用不过比商业标记稍强一些而已。

的出现不会让大众艺术销声匿迹。这一观点基于几个理由。首先，技术传媒中可用的规模经济使传播业倾向于形成“批量制造、具有共同特性的大众传媒”[①]。

而且更为重要的是，受众不会仅仅因为技术手段的改变而出现变化。对容易理解的艺术的鉴赏情趣不会很快消失，与人数众多的其他公民分享艺术品带来的愉悦也不会很快消失。人们喜欢与邻居就相同艺术品进行广泛交流。这是康德所称的艺术社会性的组成部分。

由此可见，存在着经济方面和心理方面的反向压力。这种压力阻碍信息革命权威性评论者所预示的个性化交流的万应药的出现。本书所论的大众艺术在可预见的未来中将会继续存在下去。

（二）

在以上六种反对大众艺术的论点[②]中，有一些反复出现的主题贯穿始终，它们包括：大众艺术是程式化的，不是独一无二的；大众艺术是一种商品，因此，它既不超脱社会关注和实际关注，也不是不带利害的；大众艺术既不鼓励欣赏者作出充满想象的回应，也不鼓励欣赏者作出积极回应；它实际引起的回应是“预先灌制的”（即，类别性的），并不是独一无二的。

为了抓住哲学对大众艺术的抵制的要害，我们提出的第一问题是，我们是否可以确定上面所列的这些关注的根源？我认为，这个问题的答案是相当清楚的。其原因在于，这些关注及其系统性的相互联系源于依曼纽尔·康德的美学理论，特别是他的《判断力批判》的第一卷《美的分析论》。[③] 实际上，我认为，哲学抵制大众艺术的经久不衰的主要根源之一可追溯到这一文本，或者更确切地说，追溯到对这一文本的种种误解。那么，我提出这一推测的根据是什么呢？

不用说，因为当年的柯尼斯堡没有有线电视，康德没有提出大众艺术理论。实际上，他根本没有提出艺术理论。更确切地说，他撰写的第三批判相关章节并不讨论艺术，而是讨论对美和崇高的判断力。然而，在贯穿19世纪和20世纪的艺术哲学发展过程中，康德理论的某些部分，尤其是他对美的分析——我认为以不适当方式——被强行用于各种艺术本质观中。[④] 经常出现的情况是，康德的审美反应被当作艺术理论——有时被称为艺术审美论；[⑤] 那些论者采用的方式是功能主义的预先设定，

① W. 罗素·纽曼《大众受众的未来》（剑桥：剑桥大学出版社 1991 年），第 13 页。

② 编者注：这里所提的“六种反对大众艺术的论点”指的是该书第一章中所概括并批评的德怀特·麦克唐纳的大众化论，克莱门特·格林伯格的消极论，R.C. 科林伍德的程式论，T.W. 阿多诺和马克斯·霍克海默的自由论、影响论和境况论。

③ 依曼纽尔·康德《判断力批判》，维尔纳·S. 普鲁哈尔译（印第安纳波利斯：哈克特出版公司，1987 年）。

④ 有关这一点的进一步论证，参见诺埃尔·卡洛尔《美与艺术理论系谱》，《哲学论坛》，22/4（1991）。

⑤ 这类理论的例子，参见门罗·比尔兹利《对艺术的美学定义》，见《什么是艺术？》（纽约：黑文出版公司，1983 年），第 15－32 页。

即，艺术品的设计目的旨在带来康德在(自由)美理论中概括的那种审美反应。[①]

对康德关于美的理论的这种推断是错误的；但是，这种错误做法在哲学传统中根深蒂固，最早这样做的人可能是叔本华。就大众艺术的理论化而言，这一错误的结果是，哲学家们试图从他们错误擅用的康德关于美的理论的角度来认识大众艺术；鉴于他们使用的是与讨论大众艺术毫不相干的观念架构，他们必定要误解、忽视大众艺术，并且/或者对大众艺术持敌视态度。

我的核心假定是，我们到此为止讨论的哲学对大众艺术的许多抵制行为是将康德的自由美理论的条件误用于大众艺术的结果。理论家以这样的观念构架为武器，常常无法将大众艺术看作严格意义上的艺术。常常出现的情形是，理论家——例如，麦克唐纳、格林伯格、科林伍德、阿多诺、霍克海默——将大众艺术视为本质上偏离常规、可能格调低下的假艺术形式。

这一核心假定转而提出了我在其他场合已经进行过长篇辩护的另一个假定，那就是，在逐步发展过程中，现代艺术哲学的倾向之一引起了错误的转变，将康德的自由美理论当成了艺术理论。[②] 这一发展在许多方面扭曲了艺术哲学的进展，其中包括预先设想它具有形式主义倾向的做法。

康德理论不是艺术理论，更别说大众艺术理论了。在《美的分析论》中，康德关注的问题是对自由(而非“依附”)美的分析，例如，对日落(判断采取的形式是“这一日落景象是美的”)这类事物的判断。康德希望提供对这种判断方式的论述：即使这类判断完全基于人们在看到类似于令人震惊的日落景象时愉悦的主观感觉，这类判断也可能是普遍的，必然的。粗略地说，康德希望解释我可能如何——在我自己主观体验的基础上——有道理地希望其他每个人赞同我作出的这一判断，即“这一日落景象是美的”。

为了实现这个目标，康德提出了一套详细展开的真实的鉴赏判断理论。以概括方式表述，它是这样的：就自由美判断而言，“X是美的”是一个真实的鉴赏判断(或者，更直截了当地说，一个审美判断)，其条件为它是一个1. 主观 2. 不带利害的 3. 普遍的 4. 必然的 5. 单一的判断，涉及 6. 每个人应该从 7. 与终极形式相关的知性和想象力的自由游戏中形成的观照愉悦。

根据康德的看法，尽管审美判断仅仅基于人的主观体验，但是作出这类判断的基础是与其他人共同拥有的东西，这就是说，基于不带利害的心态下的认知官能和想象官能，所以审美判断可以是普遍的，即，它们要求得到所有人的赞同。

这一理论的各种要素已被外推为艺术理论。例如，许多理论家认为，艺术品具

① 康德认为，自由美理论弹药不是艺术理论，然而，我的看法是，后来出现的许多理论——包括本章中详细讨论的理论—假定，艺术品的严格意义上所示的功能是在受众中形成自由美(或者部分自由美)的体验，从而试图将它变为艺术理论。

② 诺埃尔·卡洛尔《美与艺术理论系谱》，见《哲学论坛》，22/4(1991)。

有这样的特性：它使人的内心进入不带利害的状态——它使人们摆脱对实际事务和实际目的的关注；此外，某些理论家还将康德的无利害性理念变为这一理念：艺术品本身是自律的，即，独立于外在的认知和(或)功利性目的。当然，这两个观点可以通过指出一点而联系起来：有利于人们形成对艺术的不带利害的反应的，正是客体中的功利性目的的缺席。

康德美学理论的一个特征是审美判断是单独的……康德在此的意思是，当我们说，“X是美的”时，我们并不将确定概念应用于所关注客体。美既没有程式，也没有标准。我们只有通过观照，才能判断事物是否是美的。如果我们观照之后，囿于知性和想象力的游戏，感觉到不带利害的愉悦，在这种情况下，事物是美的。从这一点可以推知，美的事物是没有普遍规则的。布丁不吃不知味。如果我们说某事物是美的，这一判断取决于一种独一无二、令人愉快的体验；它不是从普遍规则推断出来的。

从自由美理论外推至艺术理论，康德理论的这一点变为这个观点：艺术领域既没有规则，也没有程式。每一艺术品与每一美的事物类似，都是独一无二的。艺术品不能被归入目的之下；与之类似，它也不能被归入概念之下。

在康德看来，我们对形成审美判断的客体的反应显然是积极的，自由的……它很可能被轻易地扩展为这一观念：艺术品旨在积极吸引受众，使其参与到形成意义、推论和阐释的过程之中。

以这些理论——我认为它们是康德美学理论的被歪曲的片段——为武器，在试图调协20世纪出现的大众艺术的过程中，艺术家们得出结论说，大众艺术违背了他们的艺术观。其原因在于，他们假定艺术应该既是无利害性的，又是自律的，而大众艺术并非如此，而且，大众艺术并不独立于人们的欲望，诸如此类，不胜枚举。

(三)

本书的前两章旨在清理场地。许多支持或反对大众艺术的最重要论点得以重复和质疑，以便为一种分类性大众艺术理论腾出空间。我在本书第三章中建议了这样一种理论，并且提出，可以沿着技术和易理解性这两条轴线，将大众艺术与其他艺术种类区分开来。此外，我对易理解性的强调侧重探讨了大众艺术与其受众之间的关系，进而突出了大众艺术与接受之间的关系。通过考察大众艺术在情感、道德和意识形态三个方面诉诸受众的方式，转而探讨了大众艺术的接受这一主题。

无可否认，我在本书最后三章中发展的各种结构的理论适用于其他种类的艺术，并非仅仅局限于大众艺术。然而，我在本书各章中尽力强调，大众艺术重视受众易理解性，这决定了这些结构在大众艺术中得以利用的方式。这就是说，大众艺术依赖于吸引受众，所以它调动广泛分布的情感，援引普遍的道德原则和道德概念，利用意识形态的常见说法。假如大众艺术面向不寻常的情感、道德和政治信念，它就不可能获得大众的理解。在理想状态下，大众艺术的设计——除了别的之外——旨在让最大数量的受众付出最少努力，轻松地进行理解。如今，这并不是市场上供出售的惟一艺术。它是一种艺术。它是大众艺术。

如果说有一个主题贯穿全书，它可能是受众参与的主题。在第一章中，我们看到受众参与——或者说假定存在的缺乏受众参与的情况——观念如何被人利用，以便为谴责大众艺术提供理由。大众艺术被认为让受众变得消极。本雅明和麦克卢汉这样的理论家们试图绕过这类关于消极性的指责，他们采用的方式是声称，大众艺术具有能力，要么形成批判性欣赏(本雅明语)，要么重新激活多维度的部落思维(麦克卢汉语)。

但是，在我看来，这两种观点都言过其实，并且受到相关数据的不适合地引导。与之不同，我试图批驳格林这样的消极论者的观点，我采用的方式是说明，对每种大众艺术的平常的、广泛承认的受众反应如何预设共同创作大众艺术品所需要的参与性受众——至少在这个特殊意义上如此：大众艺术品要求读者、听众和观众通过本书讨论的各种活动，对其进行补充。[①]

大众艺术要取得成功，这些吸引受众的结构必须被大量民众所理解。因此，大众艺术品(至少在理想状态下)偏向这样的解构：它们让作品——在认知、情感和道德层面上——能够被大量民众理解。但是，与格林伯格这样的理论家不同，我提出，对易理解性的重视在逻辑或事实上都不排除受众参与。

三、著作导读

虽然大众艺术的概念不易界定，大众艺术哲学中不乏争论，但对于现代生活中的大多数人而言，大众艺术触手可及。因此，断言大众艺术是现代人艺术经验和美学经验的重要来源和表现领地并非言过其实。然而，正如《大众艺术哲学论纲》的作者卡洛尔所言，学者们从不同方面“抵制”大众艺术，置其于“伪艺术”之位而加以批评，否定其在社会发展和文化生活中的积极意义，认为大众艺术往往是肤浅、粗糙劣质而可疑的，因此需要保持哲学批判上的警惕。《大众艺术哲学论纲》一书是卡洛尔对反大众艺术之哲学的一次系统回应，并从大众艺术的性质以及大众艺术与情感、道德和意识形态的关系等方面展开分析，为大众艺术在艺术哲学中走出理论洼地而铺路。

除去绪论与后记，《大众艺术哲学论纲》共分六章。根据卡洛尔的提法，本书的前两章“旨在清理场地”，将哲学对大众艺术的立场分为持“抵制”态度的多数派传统和持“赞美”态度的少数派传统。卡洛尔在第一章中罗列了抵制大众艺术的六种哲学理论，分别是德怀特·麦克唐纳的大众化论，克莱门特·格林伯格的消极论，R. C. 科林伍德的程式论，T. W. 阿多诺和马克斯·霍克海默的自由论、影响论和境况论。

---

① 也许，这样做是不公平的：把格林伯格视为消极论的支持者，似乎他是惟一持这一观点的人。所以，我们应该让记录显示，其他人也该对此负责。例如，欧文·豪说，电影的“制作方式是根据严格意义上的固定模式进行的，这样的模式让观众重新陷入被动观赏的状态”。参见欧文·豪《论大众文化》，见《政治学》，5(1948年)，第123页。

他认为，这六种理论在否定大众艺术中存在主题性的内容，如他们认为大众艺术之所以上不得台面在于其商业化、程式化、类别化等原因。在作者看来，这些理论的批判传统则是源于长期以来学者们对于康德美学理论，特别是他的《判断力批判》的第一卷《美的分析论》的错误推断和使用。卡洛尔认为，康德讨论了美和崇高的判断力，人们做出这类判断基于"不带利害的心态下的认知官能和想象官能"，而这是人与人之间"共同拥有的东西"。但是，康德并没有提出艺术理论，更没有提出大众艺术理论。因此，在"伪康德艺术论"的支撑下对大众艺术所做的否定并不可信，我们不能"将现代主义的成功标准转变为严格意义上的艺术范式"，并且应该尽量摆脱"对大众艺术存在的事实完全处于不敏感的状态"。

在介绍针对大众艺术的哲学赞美中，卡洛尔首先否定了"实践已经产生了一些艺术大师和艺术杰作，因而大众艺术必然是艺术"这一经验性的观点。他着重介绍了本雅明和麦克卢汉对大众艺术的哲学赞美。他将本雅明的机械复制时代的艺术观概括为一种"进步论"和"新艺术论"。这两论认为，"艺术性质随着时间的推移发生变化"，而这类变化的构成原因应该"在生产力和生产关系的变化"中去找。卡洛尔随后介绍了麦克卢汉的观点。在麦克卢汉看来，"历史律动是从这一角度来衡量的，即占主导地位的传播媒介保留多渠道的人类感官系统的丰富多彩特征的程度"，新的大众媒介带来意识方面的变化并促使新的更好的社会化形式的出现。卡洛尔将麦克卢汉的观点概括为意识论。在卡洛尔看来，无论是本雅明还是麦克卢汉，他们的观点都带有黑格尔主义的痕迹，并认为大众艺术是一种新的时代的新的艺术，都相信"信息技术本身带有政治目标和社会目标"，且他们都赞成"在先锋派艺术与大众艺术之间存在着联系"。而这些观点在卡洛尔看来都是有缺陷的。

在随后的四章中，卡洛尔阐释了自己的大众艺术理论，并详细论述了大众艺术与情感、道德、意识形态的关系。卡洛尔认为，大众艺术是一种"在哲学意义上有价值的区分，它基于具体的机构、功能和本体论特性"。大众艺术的艺术品的内在结构特征包括"使用批量生产和传播技术，使用促成面向没有受过培训的大众受众的易理解性的形式策略和(或)风格策略"，简言之，大众艺术是"用批量技术生产，以供批量传播"，为大众社会服务，指向大众消费的艺术。就大众艺术与情感的关系而言，卡洛尔认为，大众艺术因其性质所定，"具有偏重于形成基本或几乎普遍存在的情感的倾向"。但普遍并不意味着肤浅，我们可以根据情感的对象、强度和根由去批评具体作品中出现的问题，但不能因此认为大众艺术整体上总是与"不愉快情感状态的出现"相关，因而消磨人们的意志。就大众艺术与道德的关系，卡洛尔否认了大众艺术总是造成道德威胁的偏见，分析并否定了表述大众艺术与道德之间关系的效果论、命题论和认同论，进而提出了自己的澄清论(或称交互论)，他认为，大众艺术兜售自明之理，在典型的情况下，大众艺术品深化受众的道德认知的方式是"鼓励受众将自己的道德知识和道德情感应用到具体情形中去"，因此改善受众的道德理解力。如果说命题论者所认为的大众艺术道德教化的方向是"从文本到世界"，那么，澄清论者道德教化的方向却是"从世界到文本"。卡洛尔总结说，一般而言，大众艺术将会偏向于"激活在受众中分布最为广泛的道德行为准则、道德概念、道德假定和道德情感"，大众艺术品的设计一般强调"情景的'薄'道德维度，而不是详细展开其'厚'道德蕴含”。就大众艺术与意识形态的关系来说，卡洛尔梳理了意识形态这一概念的用法，指出了一个命题、概念或者分类框架是意识形态的条件，承认大众艺术是传播意识形态的方式之一，并分析了大众艺术的意识形态修辞，认为“大众艺术必然偏向大众受众容易理解的东西。为了实现相同的目的，大众艺术的意识形态诉求也寻求在受众中找到共同纽带”。

虽然行文上破折号使用太多且翻译过后的语言略显缠缠绕绕而欠畅达，不过，整体而言，全书的写作结构清晰，前两章批驳，后四章建构，而在每一章之中又有其批驳与建构的交错。卡洛尔作为有着深厚哲学教育背景的学者，熟练地使用理论语言对大众艺术哲学的理论现状和自己的独立见解展开富有逻辑的阐释，自始至终贯穿着分析哲学的论证手法。总体而言，本书至少有两点值得一提。第一，虽然只有前两章梳理大众艺术研究现有理论，但是这两章的篇幅却接近全书篇幅的一半。而且随后的章节仍穿插着对已有研究的梳理。对这种类似于文献综述或者也可以称为现有研究批评的内容做长篇大论并非多余，实际上很好地梳理了大众艺术哲学传统，较为全面而富有逻辑地向今天的研究者提示了大众艺术在形成自身理论的过程中所面临的处境。或者也可以说，它举起了一面镜子，让我们看到了理论界对待大众艺术可能存有的成见或思维惯性。第二，对于今天的中文读者来说，虽然大众艺术的时代语境有所变化，但是该书仍有很强的解释力。这恐怕也是因为卡洛尔所建构的大众艺术理论所依托的批量技术、批量传播、大众社会、大众消费等概念，在今天的中国社会并不是陌生而遥远的词汇，而是正充斥着个体的大众艺术品消费体验。正如他自己所言，技术和易理解性可算是本书的两条轴线，而受众参与是论证中贯穿的主题。卡洛尔的大众艺术观全力聚焦于“大众”，并承认现代人的艺术审美经验，理性而坦然地对待大众艺术。也正如他自己所言，“如今，这并不是市场上供出售的惟一艺术。它是一种艺术。它是大众艺术”。虽然卡洛尔也只是一家之言，他对其他各家的批判也未必尽然，不过，《大众艺术哲学论纲》对于当下的艺术学研究尤其是传媒艺术研究的学者来说是有益的。

（撰稿人：周子云）

通俗文化理论导论

一、著作信息

作者：多米尼克·斯特里纳蒂，英国莱斯特大学社会学讲师，著有《资本主义、国家与工业关系》《战后英国的通俗媒介文化》(合著)。

译者：阎嘉，四川大学文学与新闻学院教授。

版本：商务印书馆 2014 年版。

二、著作摘录

(一)

通俗文化在现代的社会意义，可以凭大众文化观念所确定的方法来证明。大众媒介的到来，文化和休闲与日俱增的商业化，引发了我们至今仍然面临的问题、兴趣和争论。大众文化观念的成长从 20 世纪 20 年代和 30 年代起就极其明显，这可以看成是本书所关注的、有关通俗文化的主题与看法的历史渊源之一。

这并不是说有关大众文化的论争表现了某些全新的东西。例如，洛温塔尔(1957)已把它的一些核心论点追溯到了 16 世纪、17 世纪帕斯卡尔和蒙田的著作，并把它们的出现同市场经济的崛起联系起来。另一些人则认为它们始终与我们同在，并提到了罗马帝国时代通俗文化的“面包与马戏”的功能。伯克较为令人信服地提出，现代的通俗文化观念与 18 世纪晚期民族意识的萌芽形式有联系，并存在于知识分子(如诗人)把通俗文化建构成民族文化的尝试之中。例如，在这一时期德国诗人赫尔德的作品中，可以发现通俗文化与“高雅”文化或者与“学者”文化之间的区别①。

威廉斯明确指出了与通俗文化观念史相联系的一些截然相反的含义。他在提到 18 世纪与 19 世纪之间“观点的转移”时写道：

> “通俗”是从民众的观点来看，而不是从那些寻求凌驾于民众之上的恩惠或权力的观点来看。然而，早期的含义并未消逝。通俗文化不是由民众而是由其他人来确认的，它依然带有两种较早的含义：下等作品(试比较通俗文学、有别

① Burk, P. *Popular Culture in Early Modern Europe*, London, Temple Smith. 1978(p. 8).

于上流报刊的通俗报刊)；意在获取青睐的作品(有别于平民报刊的通俗报刊或通俗娱乐节目)；还有为很多人所喜欢的更现代的含义，当然，在很多情况下与较早的含义有部分重叠。通俗文化新近的含义是指民众在实际上为自己而创造的文化，它不同于所有那些含义；它经常被用来代替过去的民间文化，但这也是一种重要的现代强调的含义。[①]

通俗文化观念的发展伴随着对含义和解释的论争，这些论争早已发生，但在关于大众文化的论争中则变得极其明显。特别是，在上面提到的著作中可以找到三个相联系的主题或论点，虽然未做到详尽无遗，但却是20世纪各种通俗文化理论中最重要的内容。第一个主题涉及是什么或者是谁在决定通俗文化。通俗文化来自何处？它是作为一种对自己的兴趣和体验方式自发的表现而来自民众自身呢，还是作为一种社会控制的类型由处于权势地位的人们自上而下地强加的？通俗文化是从“下等”人中升起来的，还是从“上层”精英中降下来的，或者不如说是一个两者之间相互作用的问题？第二个主题涉及商业化和工业化对通俗文化的影响。文化以商品形式出现意味着有用性和适销的尺度优先于品质、艺术性、完善和知识需求吗？与日俱增、普遍存在的通俗文化市场，由于能使人们获得实际上想得到的商品而可以确保通俗文化真正通俗吗？当通俗文化以工业化的方式被制造出来并按适销和有用性的尺度在销售时，获胜的是什么——是交易还是品质？第三个主题涉及通俗文化的意识形态作用。是通俗文化在向人们进行灌输，使他们接受并且遵从那些观念和价值标准(它们可以确保处于特权地位、因此向他们行使权力的人们持久的统治)吗？抑或它行将反叛和对抗占优势的社会秩序？它以一种虽然难以觉察的、巧妙的和不完全的方式表现了对权势者的抵抗，以及对占优势的思维方式和行动方式的颠覆吗？

在今天的通俗文化研究中，有一些问题仍然非常活跃，但在20世纪20年代以来开始加速进行的关于大众文化的论争中，这些问题(以及其他问题)得到了系统的、充分的关注。[②] 20年代和30年代是通俗文化研究和评价的很有意义的转折点。电影和电台的出现，文化的大批生产和消费，在一些西方社会中法西斯主义的崛起与自由民主政治的成熟，全都在为大众文化论争提供条件方面起了自己的作用。[③]

由于工业生产技术的发展，文化几乎成了可以无限复制的，这一事实向有关文化和艺术在社会中的作用的传统观念提出了值得重视的问题。[④] 当然，像电影这样的文化产品不会像汽车那样大批生产，因为只需要相对较少的电影拷贝就可以接触到大批观众。但是，在影片制作中引进成批生产技术，如流水线生产法、明确限定

---

① Williams, R. *Keywords: A Vocabulary of Culture and Society*, London, Fontana. 1976(p. 199).

② 有关大众文化论争的资料同样与我对大众社会理论的讨论和对大众社会及大众文化理论的批判有关。那些最有用的资料如下：贝内特(1982)，麦克唐纳(1957)，布鲁克曼(1984)，弗里思(1983)，罗森伯格与怀特(1957)，艾略特(1979)，霍加特(1958)，F. R. 利维斯(1930)，Q. D. 利维斯(1932)，威廉斯(1963)，约翰逊(1970)，内格(1989)，莫德勒斯基(1986a)和斯特里纳蒂(1992a)。

③ 对法兰克福学派来说，这一点尤其真实，下一章将讨论该学派。

④ Benjamin, W. *The Work of Art in The Age of Mechanical Reproduction*, in Illuminations, London, Fontana. 1973.

了的产品、专业化的劳动分工、严格的财经管理等等，以及由电影院提供的大众娱乐场所，都意味着看电影可以像看其他任何商业产品一样。[①] 对于我将在本章中考察的许多作者来说，这意味着电影这样的文化产品不可能是艺术，因为它们再也不具有本真的、名副其实的艺术作品的"韵味"；它们也不可能是"民间"文化，因为它们再也不是来自"民众"，所以不可能反映或者满足他们的体验与兴趣。

除了通俗报刊外，电影和电台是最先出现的、有争议的、原形的现代大众媒介。它们在加深了对于文化商业化的担忧之时，同样极其关注自己为了大众宣传而诉诸政治统治(尤其是并非专指法西斯主义统治)的潜力……大众社会的概念已构成了关于大众媒介和大众文化在现代资本主义社会中的作用的一种重要看法。在英国和美国那样的社会中，正是知识分子对他们所认为的大众社会和大众文化崛起的担忧与焦虑，才形成和激发了对这些发展的争论。

(二)

精英统治论这个词，与对大众文化理论所作的任何批判性评价都有极大的关系。

精英统治论……所关注的首要问题是被授予一种特权地位，从这样的地位上可以理解和解释通俗文化或大众文化。精英统治论的主张以为：只有从高雅文化或"高深"理论所提供的优势地位，根据源于文化精英和知识精英的美学与"鉴赏力"的原则，才可能恰当地理解和解释通俗文化或大众文化……认为大众文化理论是精英统治论的主张之所以能被提出来，是因为精英统治论依靠了一套未经检验的价值标准，它们塑造了为其追随者所坚持的对通俗文化的各种看法。

精英统治论没有认识到，大众文化可以由社会其他群体从独特的、"非精英统治论的"社会立场和美学立场来理解、解释和评价……它们(指精英统治论者)也没有认真对待其他那些解释所持的价值标准。这种情况的出现部分是由于精英统治论通常缺乏社会学的性质，而它倾向于通过削弱通俗文化的大众消费者们的重要性来处理这一问题，因为他们没有具备与精英们相一致的各种设想和美学。这也许就是大众文化理论把大众文化的消费者们视为被动的、易操纵的、可利用的和感情用事的"文化呆子"之原因。正是精英们，才掌握着文化真理的钥匙，其他每个人的鉴赏力因而都不在考虑之列。

精英统治论倾向于忽视通俗文化的范围和多样性，以及它内部的张力和矛盾。它通常认为，大众文化必然地和不可避免地是同质的、标准化的……通俗文化是形形色色的，因为它可以被社会中各种不同的群体作……多种多样的、变化的风格、文本、意象和表现，它们可以在一系列不同的媒介中找到……柯林斯已经提出了这个问题，他写道：

> 如果大众文化果真是同一的话，那么人们就可以指望在它对生活进行表现

---

① 有关对好莱坞电影最好的描述之一，可参见博德维尔(Bordwell)等人(1988)。

> 的核心之中有某种一致性……电视在传达力和节目计划的相似性两方面都是典型的大众文化媒介，它必然会对那种中心产生各种同质性的看法。然而，正好在同一个星期的同一个晚上、同一时间，对立的全国电视网上的两套节目却表现了对城市中心明显不同的看法……[1]

大众文化的确还是经常利用各种标准化的组织形式，但这并不是它所独有的，同样也能在精英文化中找到。[2] 此外，完全有可能欣赏通俗文化或大众文化的某些形式，而不用全盘接受它。既然通俗文化不是同质的，那就不必把它当作一个整体来消费。

在某种程度上，一般人对通俗文化的消费，对“他人”来说始终是个问题，那些人多半是知识分子、政治领导人或者道德改革者和社会改革者。这些“他人”经常持有这样的观点：一般人在理想上应当被某种更有启发性或者更值得花精力的东西占据，而不是被通俗文化所占据……这种论点至少有三个组成部分。第一个是说大众文化占用了更应该花在其他较有创建性和有益追求——艺术、政治活动或复兴民间文化——之上的时间与精力。第二个是认为大众文化对其受众确实具有有害的影响，会使他们变得消极、衰弱、脆弱，因而成为操纵和利用的牺牲品。该论点的第三个组成部分因而是：糟糕的大众文化赶走了好文化——民间文化和艺术。

能够被称为大众文化批判之客观基础的一种方法，是通过妄称代表民众发言，褒扬其与大众文化的人为状态相对的文化的本真性。按定义，大众文化不可能像一种真正的、本真的通俗文化或民间文化那样源于民众的生活与体验，并且和它们相关。不过……“本真”到底是指什么，我们怎么可能知道一种文化是本真的？存在着一种植根于本真社群价值标准中、不受外界影响和商业考虑玷污的“纯”文化这样的东西吗？

通俗音乐是一个特殊风格之根源和本真性成为研究与评价的重要主题的领域……然而，只要大多数音乐家还得谋生，原创性、根源、社群和本真性的尺度就可以演变成市场策略，以便把特定的受众群引向流行音乐。还有，本真性和非本真性怎么影响音乐能向其听众提供的各种愉悦？……对本真性的概念进行追问……表明它可能源于一套特定的文化趣味和价值标准，而不是源于对通俗音乐作过深思熟虑的分析。我们可能会被促使追问：是否存在着一种本真的通俗文化这类东西？

本真性的概念显然与大众文化理论如何设想过去有联系……这种理论具有一种非常理想化和浪漫化的过去观，具有一种非常理想化和浪漫化的社会观和文化观，而那种社会和文化注定要被大众文化的崛起所毁灭。这种关于过去的意识形态被F. R. 利维斯生动地捕捉到了：

---

① Collins, A. *Uncommon Culture: Popular Culture and Post-Modernism*, New York and London, Routledge. 1989(pp. 10-11).

② 在下一章讨论法兰克福学派时，会较充分地讨论到标准化的过程。

> 我们所失去的是体现了那种生动文化的有机社群。民间歌曲、民间舞蹈、科茨沃德农舍和手工产品成了某些东西的标志和表现：一种生活的艺术，一种生存的方式，有序而且典范，涉及社交的技巧、交际的准则和容易引起反应的调节，产生于远古的体验，对应着自然环境和岁月的节奏。①

关于过去的这种概念又明白表现出了该理论的精英统治论，因为这种理想化的过去，是以精英标准支配下的文化等级制为基础的过去，民众被期望要遵从它。

更进一步审视，这种理论所持有的过去概念是很不清晰的。除了科茨沃德地区外，在哪个确切的年代和哪些特定的地方能找到它所谈到过的社群与文化呢？它的鼎盛期是在一个大众文盲的时代吗？与大多数“黄金时代”一样，这是极难从历史上和地理上准确定位的。此外，它的衰落始于何时？始于通俗文化的商品市场出现之时吗？始于现代大众媒介崛起之时吗？始于收音机拥有量扩展之时、好莱坞电影占统治地位之时、抑或电视机进入多数人家庭之时？……对过去进行表现本身就可能是文化建构活动，它们告诉我们的更多的是现在而非过去，如果完全撇开这一事实的话，这些问题又显示出缺乏明晰性，缺乏历史感，显得是一种成为大众文化理论各种论点之特色的、没有事实根据的怀旧。

（三）

她（莫德勒斯基）（对性别与大众文化之间关系）的描述是彻底的，因为它超越了妇女已被通俗文化“歼灭”的说法，超越了追问据以评价通俗文化的语言和设想的各种文化研究。

莫德勒斯基总的论点是：性别在根本上对于通俗文化研究很有意义，而且与大众文化的概念特别有关……她关于性别的论点，是她所提出的、从前很少得到承认的一种看法，并且与这样的观点形成了对照：性别是一个额外的维度或方面，在描绘通俗文化较为完整的图画时必须囊括在内，是众多立场中的一种，是从前没有加以考虑的、与大众文化相对立的一种观点。在莫德勒斯基看来，情况要深沉得多。她论证说，“我们对大众文化的思考方式和感受方式与女性的各种概念有着如此错综复杂的关系，以至于对女性主义批评的需要在论争的每个层面上 4 都已变得很明显”②。她所关注的是这样一种思路：妇女被认为对大众文化及其有害的效果负有责任，而男人则被认为对高雅文化或者艺术负有责任。因而，大众文化与女人气相一致，高雅文化则与男人气相一致。

莫德勒斯基心目中的个案是由道格拉斯提出来的。这不仅是说 19 世纪女作家们的作品比她们的男性同代人的作品低劣，而且坚持认为妇女对大众文化的出现负有责任。她因而援引了道格拉斯如下的话（她就哈丽亚特·比彻·斯陀夫人的小说《汤

---

① Johnson, L. *The Culture Critics*, London, Routledge and Kegan Paul. 1979(p. 96).

② Modleski, T. Femininity as masquerade: A feminist approach to mass culture, in C. MacCabe (ed.), *High Theory/low Culture*, Manchester, Manchester University Press. 1986(p. 38).

姆叔叔的小屋》及其人物小伊娃所写的评论)：

> 斯陀幼稚的女主人公期望提升凡俗(它是大众文化的商标)……她是……成千上万的通俗歌曲和电影描绘过的美国小姐、“愤怒的天使”、无处不在的、普通的、奇妙女孩的充满孩子气的前辈……在某种意义上，我对小伊娃的介绍，对她使人想起维多利亚式的场景、物体和感受的介绍，就是我对消费主义的介绍。小伊娃给予我的快乐，为同样必不可少和使人不安的大众文化的安慰提供了历史的、实际的准备。[①]

按照莫德勒斯基的看法，在这里应当找出的问题是，在父权制社会中，妇女为什么被限制在与消费的关系中，而不是因消费主义的崛起而责备她们。

在莫德勒斯基看来，在有关的看法中，正是道格拉斯所提出的这种论点，“为无数批评家的实践提供了历史准备：他们一方面坚持把女性、消费和阅读等同起来，另一方面却把男性、生产和写作等同起来”[②]。这也有助于揭示“很多注重政治批评的男性主义偏见采用了生产和消费的隐喻，以便区别进步的与倒退的阅读活动(或者是看的活动，根据情况而定)”。[③] 这样，莫德勒斯基表明了用来评价大众文化和使之从属于高雅文化的词语，是如何产生于并反过去指在较广阔的社会中发现的女性与男性性别歧视的建构。接着，它不只是使性别成为通俗文化的另一个特点的问题，而且是理解和挑战考察通俗文化时抬高男性、降低女性地位的范畴等级制的问题。在某种程度上，莫德勒斯基所批评的这种看法，运用了一系列对立的范畴，即以牺牲女性和大众文化为代价，赋予男性和艺术以特权：

高雅文化(艺术)	大众文化(通俗文化)
男性	女性
生产	消费
工作	休闲
理智	情感
主动性	被动性
写作	阅读

它因此使人想到，例如，高雅文化批评家们表现出来的、对于大众文化在使其受众变得消极、脆弱和倾向于消费主义方面所起作用的担心，同样是对受众变得女人气的担心，在莫德勒斯基看来，它说明了性别对于我们理解通俗文化有多么重要。

① Modleski, T. Femininity as masquerade: a feminist approach to mass culture, in C. MacCabe (ed.), *High Theory/low Culture*, Manchester, Manchester University Press. 1986(p. 40).

② Modleski, T. Femininity as masquerade: a feminist approach to mass culture, in C. MacCabe (ed.), *High Theory/low Culture*, Manchester, Manchester University Press. 1986(p. 41).

③ Modleski, T. Femininity as masquerade: a feminist approach to mass culture, in C. MacCabe (ed.), *High Theory/low Culture*, Manchester, Manchester University Press. 1986(p. 42).

三、著作导读

《通俗文化理论导论》初版于20世纪90年代中期，面世已有二十余年。该著作紧扣“通俗文化”这一主题，解读了大众文化理论、法兰克福学派、结构主义、符号学、马克思主义、政治经济学和意识形态理论、女性主义以及后现代主义等各流派的通俗文化理论观念。书中既介绍了各流派的通俗文化观，又批判性地提出了其中可兹商榷之处。

在第一章中，作者阐释了大众文化理论对通俗文化的研究。在作者看来，大众文化理论认为通俗文化缺乏严肃的、理智的和本真的价值标准，弥漫着对文化现状的悲观态度。作者抓住精英统治论和本真这两个核心概念对大众文化理论提出批判性的见解，认为大众文化批评家所划分的大众文化与高雅文化之间的差异既不鲜明，也不稳定。

在第二章中，作者重点介绍了商品拜物教、现代资本主义理论以及文化工业等内容。他认为法兰克福学派理论的缺点在于缺乏经验上的根据且用语艰涩。作者并不认可法兰克福学派的精英知识分子的立场，不同意将受众视为“文化呆子”。在介绍本雅明的过程中，作者认为本雅明持有一种被夸大了的技术乐观主义。

在第三章中，作者介绍了结构主义、符号学对通俗文化的研究。在作者看来，结构主义和符号学的研究，肯定了文本自足，并为通俗文化研究提供了本体研究的视角和方法，但是它们非历史和剔除语境因素的倾向往往引来争议。

在第四章中，作者介绍了政治经济学、阿尔都塞的马克思主义、葛兰西的霸权概念等内容。这些理论或是强调了一种经济决定论，或是强调了统治集团的文化霸权的主导性作用，但在作者看来，通俗文化和大众媒介分析的发展“不可能在一种仍然想以某种方式成为与众不同的马克思主义理论的基础上进行，强调经济决定论的马克思主义在社会学上是有限的”。

在第五章中，作者对女性研究中的内容分析提出了批判，认为内容分析与解释性的理论框架没有关系，是非理论化的，只是对男女进行表现的静止图画。作者在这一章节还介绍了女性主义理论与父权制、精神分析、意识形态研究、符号学等内容的关系。在作者看来，女性主义研究正在走向新霸权理论和后现代主义。

在第六章中，作者聚焦于后现代主义的通俗文化研究。作者概述了后现代主义理论的特点，并介绍了后现代主义理论对电影、电视、广告等领域的阐释。在作者看来，后现代主义理论有其局限。比如，后现代主义设想元叙事正在衰落，在作者看来就经不起推敲。他认为，后现代主义“不适合作为发展一种通俗文化社会学的基础”。

由此可见，对于研究通俗文化的学者而言，该著作既能博览各家言说，又可以选一主题作深度研读。作为一本自命为导论的著作，它的导引性质较为明显。第一，较为全面地引述了与通俗文化相关的理论流派，有助于读者从更开阔的视角理解通俗文化的理论研究被推进到了何种程度。正如作者所言，书中所述的各派理论“都代表了一套观念，对分析和评价通俗文化的意图来说”“构成了一个重要的参照点”[①]。第二，论证的中心始终围绕通俗文化，而不是“放在社会和文化理论更一般的发展”之上。第三，文化立场是批判性的。正如作者所言，该著作并不妄求“一种可供选择的通俗文化理论”，但作者批判性的思考有助于将读者对通俗文化的理解引向深入，反而避免了尽信书的窠臼。

节选的部分集中笔墨阐释了三个方面的内容，分别是通俗文化的起源、大众文化理论中的精英统治论、莫德勒斯基对性别与通俗文化关系的描写。

全书开篇，作者就从大众文化观念的成长史来追溯通俗文化研究的源起。这种历时分析的视角，实际上是为了追踪和透视“通俗文化”这一专有名词的义素——早期含义中带有“下等作品”和“意在获取青睐的作品”的意指，而其新近的含义则是指“民众在实际上为自己创造的文化”。作者概括了20世纪通俗文化理论中最重要的内容：是什么或者是谁在决定通俗文化、商业化和工业化对通俗文化的影响、通俗文化的意识形态作用。而这些须以大众社会的发展为背景。正如作者所言，“正是知识分子对他们所认为的大众社会和大众文化崛起的担忧与焦虑，才形成和激发了对这些发展的争论”。

知识分子的这种“担忧与焦虑”，应该是精英统治论的内在动力之一。知识精英的立场否定了通俗文化的创造与经验，对通俗文化的受众表示担忧，倡导回到艺术的本真。而在作者看来，知识精英的美学立场并不足信，他们所提的本真概念的背后隐藏的过去观显得过于理想化。作者清晰而较深刻地呈现了精英统治论的面貌和根源，把握住了通俗文化理论研究的基调。

作者在第五章女性主义与通俗文化中介绍了莫德勒斯基对性别与大众文化之间关系的研究。莫德勒斯基认为性别与通俗文化研究的关系是根本性的，这种根本性可以从她所建构的一系列对立范畴中看出。女性往往和通俗文化、消费、休闲、情感、被动、阅读等关联，而男性则与高雅文化、生产、工作、理智、主动、写作相关联。

我们做此节选意在实现窥一斑而知全豹之效。实际上，从书中来看，通俗文化的研究尽管可从不同的理论视角实现，但是种种研究的底色却具有相似相关性，这就是一种身处大众社会的知识分子的“担忧与焦虑”，而作者的批判性解读既是对精英立场的重现，也是对精英立场的平衡。

在文化呈工业规模的当今中国，通俗文化显然已经成为不容忽视的文化主角之一，并且构成了多数人主要的文化经验来源。对于今天的中国读者来说，这本多年前的学术著作之所以有益，不仅在于其对主要的通俗文化理论进行了通判，而且在于它有助于我们对自身所面临的文化现实展开有质量的理论思考，从而能更好地梳理自身的文化经验。

（撰稿人：周子云）

---

① ［英］多米尼克·斯特里纳蒂：《通俗文化理论导论》，3页，北京，商务印书馆，2014。

From Celluloid to Cyberspace: The Media Arts and the Changing Arts World

一、著作信息

作者： Kevin F. McCarthy、Elizabeth Heneghan Ondaatje。
版本： Santa Monica，CA：Rand. 2002。

二、著作摘录

1. Structural Features of the Media Arts

Audiences

Gaining access to wider audiences has been an ongoing objective of those in the media arts and one they have often struggled to achieve. This situation may well be changing since the media arts seem better positioned than other art forms to pursue opportunities afforded by the changing arts environment. The public's increasing reliance on the media and increasing familiarity with computers, for example, are well suited to the media arts. Similarly, improvements in reproduction and transmission technologies that enable individuals to enjoy the kinds of art that they want, when and where they want, should also benefit the media arts. Indeed, the growing importance of broadband technology and the Internet in the production and distribution of the arts, the opening up of new markets for work that had largely been abandoned by traditional distributors (e. g. short films), and the possibility of direct exchanges between artists and their audiences should all provide consumers with better access to the media arts.

How these developments will affect the specific media arts may in part depend upon how various intermediaries, e. g. distributors and critics, view the breadth of their market appeal. Of the three categories of media art, narrative work appears to have the broadest appeal-judging by the fact that almost two-thirds of all Americans attend films annually and over 90 percent watch television. In contrast, documentary and experimental work, for a variety of reasons, is more likely to benefit from developments that appeal to specialized audiences. The ability of the media arts to take advantage of these opportunities, however, may well depend on the public's getting better information about and access to the media arts and on the attitudes of those in the media arts community toward commercial success-something about which they have sometimes been ambivalent.

Artists

As is true of the arts in general, the number of media artists has been increasing and their backgrounds have been becoming more diverse. Several developments have contributed to these trends. First, the emergence of computerbased work appears to have attracted a large number of new artists to the field. Second, declining costs of the technology used in the media arts have made work as a media artist more affordable. Third, the growth of university film schools and media arts programs has provided training to a much greater number of potential media artists. Finally, reduction of the traditional barriers to collaboration between the commercial and independent sectors has expanded the employment options of media artists.

Although these developments provide increasing options for media artists, they also raise a series of policy and regulatory issues for the media arts, especially with regard to copyright laws and access to the Internet and other new distribution technologies. They also raise other important questions, such as whether, given the proliferation of new work and new channels for distributing it, media artists will become increasingly dependent upon intermediaries to help overloaded audiences alert them to the voices they want to hear. Finally, if the market for media arts work becomes increasingly driven by economic impulse, how will it affect the content of the media arts, much of whose markets will remain both small and highly specialized?

Organizations

Media artists depend upon a host of intermediaries to help them obtain the resources they need to cover their expenses and produce their work as well as to arrange to have their finished products distributed, exhibited, and marketed. The challenges these processes present are germane to all artists, especially those who are just starting out or whose work is not yet recognized. However, they may be particularly acute for media artists for three reasons. First, media artists often work alone or with groups put together for a specific project and thus may lack the institutional resources available to other types of artists. Second, the market for media arts work is often highly specialized and, given its rapidly changing nature, not well identified or established. Third, the distribution process itself appears to be changing-as festivals for screening new work proliferate, and broadband technology, e-commerce, and digital technology lower distribution costs and enable commercial firms to enter the market profitably.

Although these developments raise problems for the media arts, they also offer new opportunities. For these opportunities to be realized, however, several issues will need to be resolved. Can effective business models be developed to translate the promise of new distribution technologies into reality? Will the entry of commercial firms into the media arts market affect traditional niche market distributors? And will the new commercial distributors make the investments needed to develop the supply of media arts content?

Funding

The media arts, like the arts more generally, face a new and more challenging funding environment. In this new environment, individual media artists must compete for a shrinking pool of grant funds and may have to rely more on earnings to support their work. Media arts organizations face similar pressures to increase their earned revenues in the face of uncertain public funding and an increasing tendency for corporations and foundations to channel their support for the arts through restricted categorical funding.

These challenges may be particularly troublesome for media arts for several reasons. First, government funding for the media arts, particularly National Endowment for the Arts (NEA)funding, has declined sharply. Although small arts organizations (which most media arts organizations are) never received the lion's share of government funding, they have traditionally been more heavily dependent upon government funds. Second, local government and corporation funding for the arts appears to have favored larger organizations over smaller ones-a pattern that puts media arts organizations at a disadvantage. Third, individual contributions, now the largest single source of arts funding, are often tied to developing a sense of community among contributors-and the media arts field appears to lack basic information about its audiences. Finally, increasing attention by public and private funders alike has been focused on the public benefits of the arts and how their contributions can advance those benefits.

2. Introduction

Recent studies have called attention to emerging shifts in America's arts environment and the challenges they are likely to pose for the arts world (McCarthy et al. , 2001; Cherbo and Wyszomirski, 2000; Balfe and Peters, 2000; American Assembly, 1997). Pointing to such developments as changing patterns of consumer demand, increasing diversity of artistic forms and artists'roles, the diffusion of new distribution technologies, increasing collaboration between the commercial and nonprofit arts sectors, and changing funding patterns, these studies argue that the arts in America are entering a new era. The key features of this new era include: a more complex organizational structure in which traditional distinctions between commercial and nonprofit organizations will blur; more emphasis on earned revenues than on public subsidies; and more attention to the role of the arts in society and the public benefits the arts provide. When combined with the financial pressures the arts sector has traditionally faced (Baumol and Bowen, 1966), adjusting to this new environment seems certain to pose a challenge for artists, arts organizations, and arts policymakers.

The key to developing strategies to meet these challenges is to understand the source and nature of the changes engendering them. Our ability to do so, however, is limited by current gaps in our knowledge. We know, for example, how these changes are affecting some art forms, such as the performing arts, much more than others. Similarly, although we recognize that a host of social, economic, political, and, in particular, technological forces have produced these changes, we do not know how those forces operate. Without a better understanding of how these changes are being manifest in different art forms or the dynamics that drive them, arts organizations and policymakers will find it difficult to develop successful strategies to respond to them.

These gaps in our knowledge are particularly glaring with regard to the media arts. Springing from technologies (film, video, and computers) that largely developed during the last century, the media arts are both very new and particularly dynamic. The media arts-defined as art that is produced using some combination of these technologies or incorporating media objects as an essential component of their work-include a diverse array of artistic work. They encompass narrative, documentary, and experimental films; videos and digital products (or work made using some combination of these tools); and installation art that uses media and computer-generated and displayed art.

The media arts differ from other art forms in several important respects. First, the media arts lack the long history, well-established traditions, and external visibility of other art forms. Indeed, when compared with the other arts, the media arts are still in their infancy. Film, the oldest of the media arts, only emerged as an art form at the beginning of the 20th century. Video was not used extensively as an artistic medium until the 1960s, and computers were not adopted for artistic purposes on a significant scale until the 1980s. In contrast, the performing, visual, and literary arts have been in existence for centuries.

Second, the media arts have traditionally emphasized innovation and experimentation. This feature of the media arts is reflected in the strong avant-garde or experimental tradition that has characterized the media arts since their inception. Much of the early film work, for example, was driven by visual artists experimenting with the new medium of film and by early film pioneers whose innovations in their use of the technology and in artistic technique were central to the later development of the medium (Manovich, 2001a). This experimental tradition continued with video artists like Nam June Paik, and later with a host of artists using the computer to develop interactive art.

Third, since their inception, the media arts have relied on technology for their creation and distribution to a much greater extent than other art forms have. This close relationship between the media arts and technology has spawned new art forms and distribution mechanisms within the media arts and also, as Benjamin (1986) pointed out, "transforms the nature of the art itself". In combination, these distinctive features make the media arts worthy of study not only in themselves but also in comparison with the other arts. Indeed, given the influence technology and the new media are having on the arts more generally, understanding how the media arts respond to the challenges posed by the new arts environment may provide important insights into the future of the arts in America.

3. Highlights of Findings

Media artists and arts organization face the same challenges that confront the arts world more generally in the emerging environment: adapting to changing patterns of demand, making an adequate living in an increasingly competitive employment environment, adjusting to changes in the system of distribution of the arts, and securing support in an era of more challenging funding. However, the media arts share several assets that could make them better able to adjust to these changes than the more established performing, visual, and literary arts. The media arts, for example, are less tradition-bound and have cultivated innovation and experimentation both in arts creation and distribution. They are typically at the cutting edge of new information technologies-perhaps the major force in contemporary culture in what many have referred to as the "new information age".

At the same time, the media arts face a number of liabilities that they must overcome if they are to take full advantage of these assets. In particular, the media arts have tended to focus their energy and attention on the development of artistic practice, the internal challenges they face, and how the external world affects them. As a result, the media arts often lack a clear identity and external visibility.

In many respects, these characteristics are an understandable reflection of the media arts'youth and relatively early stage of development. However, we believe that for the media arts to continue to flourish-as they certainly have artistically-they need to address a series of organizational and policy issues. These issues include establishing a clearer identity as a distinctive art genre, increasing their visibility in the external world, and clarifying both their contributions to the public at large and their role in contemporary culture.

The media arts should recognize and leverage their special assets. All of the arts, for example, face the challenge of adjusting to consumers who increasingly favor art experiences and other leisure activities that allow them to choose what they want to do, when and where they want to do it. This has translated into stable attendance rates at live performances, an increasing propensity to participate in the arts through the media, and the increasing financial viability of specialized markets. The media arts have several assets that should position them well to adjust to these changes: a close connection with technologies that enable consumers to tailor participation to individual tastes; a tradition of experimentation and innovation, which has given rise to a diversity of artistic styles and perspectives that appeal to a correspondingly wide array of consumer, public, and research interests; and the specialized nature of the audiences for many of the media arts (both commercial and noncommercial).

For the media arts to leverage these assets, however, they will need better information on their audiences and potential sponsors, how they gain access to the media arts, and whether they understand what the media arts have to offer.

4. The Role of Technology

Evidence of these effects abounds. For example, technology has spawned entirely new art forms, as the history of the media arts attests. This process is not unidirectional. Indeed, the media arts provide ample historical examples of the complex relationship between technological change and the creation of art. Furlong (1983) describes how new artistic visions and practices have driven technological innovation just as new technologies have created new ways of producing art. From the emergence of photography following the invention of the camera in the 1830s, through the development of film after the invention of the motion picture camera, to video art in the wake of television, and most recently, the emergence of digital and web-based art on computers, technology has given rise to a host of new art forms.

Similarly, technology has played a major role in shaping how the arts are distributed. The introduction of motion pictures, for example, was instrumental in the decline of live proprietary theaters during the first few decades of the 20th century (Baumol and Bowen, 1966). In turn, recorded music, radio, and television each played an influential role in transforming how the arts are produced and distributed (Kreidler, 1996). Use of the Internet as a medium for transmitting recorded music, film, and video to consumers-in addition to the written word-has already begun to alter theorganization and role of intermediaries in both the performing and literary arts (Stroud, 2000). And the Internet shows promise of creating more direct links between artists and their audiences and further reshaping how art is distributed and experienced.

5. The Development of the Media Arts

One of the central challenges facing the media arts is to establish a common vocabulary for parsing them. Unlike the performing, visual, and literary arts, where established disciplinary categories are typically used to compare art forms, I there is no common standard for distinguishing among the media arts. Sometimes the media arts are described in terms of the technology used to create them, at other times in terms of the functions of the work, and at still others in terms of the specific styles of the work.

三、著作导读

在人类艺术史发展的长河中，逐渐呈现出传统艺术和传媒艺术两大艺术族群。人类最先熟悉的是传统艺术族群，以音乐、舞蹈、文学、建筑、雕塑、绘画、戏剧等艺术形式为代表。就传统艺术研究而言，无论是对单一艺术形式的考察还是对这一艺术族群的整体考察，人类都有长期而深刻的思索。

而自19世纪30年代摄影术诞生以来，以摄影艺术、电影艺术、广播电视艺术、数字新媒体艺术为代表的传媒艺术逐渐崛起，成为当前人类最重要的审美对象和审美经验来源；更为重要的是，虽然同为艺术，但这些新兴艺术形式在外部与传统艺术有巨大的艺术与美学区别，在内部又共享诸多逻辑一致的艺术与美学特征。这使得传媒艺术族群逐渐成为一个新兴、独立而重要的研究对象与领域。①

不过，我们对传媒艺术的研究，特别是对这一艺术族群的整体考察，尚极为不足；我们在研究中甚至对传媒艺术的命名和概念界定等最基本的问题都尚不清晰，更不用说对传媒艺术的诸多其他本体问题的研究了。

---

① 刘俊：《融合时代的传媒艺术》上编，北京，中国传媒大学出版社，2016。

当前我国的传媒艺术研究刚刚展开，主要由中国传媒大学传媒艺术与文化研究中心承担。我们在研究中认为，传媒艺术是指自摄影术诞生以来，借助工业革命之后的科技进步、大众传媒发展和现代社会环境变化，在艺术创作、传播与接受中具有鲜明的科技性、媒介性和大众参与性的艺术形式与族群。传媒艺术主要包括摄影艺术、电影艺术、广播电视艺术、新媒体艺术等艺术形式，同时也包括一些经现代传媒改造了的传统艺术形式。[①] 当下我们传媒艺术研究与传媒艺术学建构，就是建立在这一对传媒艺术的界定之上的；篇幅所限，对此问题的解释另文阐释。

前面两段文字，分别提示了传媒艺术研究的问题起点与基本界定。以全球视野观照，除了如本雅明的《机械复制时代的艺术作品》等经典作品曾历史地在某个焦点上关注了这个艺术变迁问题，当下也有西方学者关注到这一艺术变迁问题。不过，虽然 Media Arts 的概念在西方学界的使用已经非常普遍，但它的含义要么是混杂的，与我们上段所指的传媒艺术界定并不一致，要么就是把这个词汇当作一种拿来直接用的、似乎是“约定俗成”的字眼。就前者而言，Media Arts 在不少西方学者的笔下特指新媒体艺术，与我们界定的传媒艺术并不一致，应该说是包含于我们所说的传媒艺术的范畴之内的，是一种下层概念；就后者而言，Media Arts 作为新兴的研究对象与领域，必须建立在对其有清晰基本界定的基础上，它自然不是一个“不言自明”的词汇。[②]

从这个意义上说，对 Media Arts 或“传媒艺术”的理解，既与我们对“传媒艺术”的界定与研究趋同，又呈现出一种有意界定 Media Arts 的努力的西方艺术学著作，以笔者视野所及，*From Celluloid to Cyberspace: The Media Arts and the Changing Arts World* 一书可谓代表。

在 *From Celluloid to Cyberspace: The Media Arts and the Changing Arts World* 一书中作者提出并阐释的如下几个问题，与我们的传媒艺术研究与学科建设的思路趋同，这在西方同类论述中比较难得，值得一述。

第一，在选文的第一部分“Structural Features of the Media Arts”中，作者论述了“传媒艺术的结构特征”，这个结构特征包括艺术接受者、艺术家、组织与基金四个方面的结构特征。西方学者在艺术问题探讨时，以“艺术接受者＋艺术家＋组织＋基金”为一种典型的讨论框架，可供我们参考。

在具体讨论时，作者描述了西方传媒艺术接受的媒介化、复制化、消费化、大众化问题，描述了艺术家因为新技术、低门槛、教育与雇佣的大量提供而呈现出多来源的状态；此外，我们特别注意到，选文在传媒艺术讨论时更多地注意到了组织和市场，这恰与我国讨论传媒艺术问题时多提及事业与行政相映成趣，也即“组织和市场”与“单位和监管”是中西方在艺术问题讨论时的一种对举话语，值得关注与思考，当然对这个问题也不能做绝对化理解。

第二，选文的第二部分“Introduction”，是所有选文的重中之重。这是因为这部分选文解决了几个传媒艺术研究的紧要问题。一是，我们关注到这一部分对传媒艺

---

① 胡智锋、刘俊：《何谓传媒艺术》，载《现代传播》，2014(1)。

② 刘俊：《传媒艺术刍论》，博士学位论文，中国传媒大学，2014。

术的界定。选文阐释了传媒艺术的生成、内涵与外延，也即“随着科学技术(如电影、视频、电脑技术)在20世纪如雨后春笋般发展起来，传媒艺术样态新颖而极富活力。传媒艺术是指结合了科技与媒介的手段和要素，而创作生产出的艺术作品和艺术形式，并且这种科技与媒介的手段和元素是艺术生产创作的本质构成。传媒艺术包含了一系列多元的艺术样态，它包括了(叙事性、纪实性、实验性)电影、视频、数字作品，以及综合运用了这些手段的艺术形式；同时也包括运用了媒介与计算机生成手段的装置艺术和展示艺术”。

其实选文的第四部分“The Role of Technology”也有对传媒艺术所包含的艺术形式的介绍：传媒艺术的发展是“自19世纪30年代照相机的发明与摄影术的诞生而兴起，经由动态影像摄像机的发明和随后的电影发展，再到电视带来的视频艺术，直至最新崛起的基于电脑的数字与互联网艺术，科技已经带来了大量的新艺术形式”。这些都与当下我们对传媒艺术研究的界定思路大体一致。

二是，这一部分对传媒艺术区别于其他艺术形式的特征也有论述。传媒艺术的特征，是传媒艺术研究的基础性工作，因为概念界定终究可能是抽象的、挂一漏万的；传媒艺术这个艺术族群能否生动而独立地“立”起来，对传媒艺术的特征探究是关键，当前我们的传媒艺术研究，从艺术本体出发将传媒艺术的特征界定为科技性、媒介性、大众参与性。[①]

选文也对传媒艺术的区别性特征有一些论述，可供参考：“第一，传媒艺术与其他艺术形式相比，尚缺少悠久的历史、完善的传统和外部认知度”；“第二，传媒艺术强调创新性和实验性”；“第三，在很大程度上说，与其他艺术形式相比，传媒艺术的创新与传播从一开始就依赖着科技”。当然，选文的这种特征界定，更多的是从传媒艺术的认知与本体等多角度混合着说的，而不是纯粹从传媒艺术本身是什么的本体角度出发的；不过努力厘清传媒艺术特征的努力与我们当前的研究大体是一致的。

第三，选文的第三部分“Highlights of Findings”，论述了呼吁进行传媒艺术研究的一些必要性，这同样弥足珍贵。这一部分表述了“艺术生态有新变化→呼唤对传媒艺术进行界定→建立传媒艺术认同”的逻辑，首先肯定了当下艺术的全球性变化和传媒艺术这个独特景观的特殊性，而后呼唤对传媒艺术进行界定，最终实现传媒艺术在认知层面有外显度、辨识性、认同度、独立性的特点。我们对传媒艺术研究不断展开也是在这一逻辑之下。

这一问题，在选文的第五部分“The Development of the Media Arts”中也有体现，“传媒艺术面临的一个中心问题，就是要建构一个普遍接受的词汇来描述它。不像表演艺术、视觉艺术、文学艺术，这些艺术分类已经固定而典型，可用于不同艺术形式之间的比较；而传媒艺术尚没有一个普遍标准以进行艺术划分。有时传媒艺术指涉艺术创作中的科技运用，有时传媒艺术指涉艺术功能，有时传媒艺术指涉具体的艺术作品的风格”，有时传媒艺术指涉“艺术创作中的个人化媒介”，有时传媒艺

---

① 胡智锋、刘俊：《何谓传媒艺术》，载《现代传播》，2014(1)。刘俊：《传媒艺术特征论》(三篇)，载《现代传播》，2015(1)(9)，2016(1)。

术指涉一种"个人的艺术实践"。而"通过艺术介质来划分传媒艺术，也已经不足以理解传媒艺术的组织性结构"。

本部分所选的著作，虽然是西方为数不多的聚焦于传媒艺术核心性界定和研究的文本，但它自然未必尽善。作为该书中与当下、与传媒艺术的核心问题贴得最紧密的一部分，本部分的英文文献选读在分析选文的同时，怀有的是一种对传媒艺术研究前行的期待和警醒。如此，文献选读也可能有了更深入的意义。

（撰稿人：刘俊）

Forerunners of Media Art in the First Half of the Twentieth Century

一、著作信息

作者： Dieter Daniels。

版本： http：//www.medienkunstnetz.de/medienkunstnetz/。

二、著作摘录

1. Media Replace Art—Art Responds to Media

Over the past 150 years the audio-visual media (photography, film, radio, TV, multimedia) have gradually taken over an area of human perception that used to be reserved for the classical arts and their various genres (painting, music, theater). Photography was invented in 1839 and expanded to mass status at a lightning pace, further boosted by new printing technology in the second half of the nineteenth century. Film rapidly rose to become an industry with wide-ranging influence all over the world in the early twentieth century, and radio almost exploded into being in the 1920s-which all shows the power wielded by these distribution and production instruments. Then from the 1960s television became the mass medium, hence the coining of the term. Only in the 1990s did it start to have some competition from the Internet and the multimedia platforms linked with it.

Each of the audio-visual multimedia technologies raises new aesthetic questions. This is true in two respects: the first is inherent in the medium (e.g. various forms of montage in photography, film and the digital image media), secondly in the overall cultural context, i.e. how the medium relates to existing media and art forms. The death of painting was first proclaimed when photography was invented, and this cry was heard again in relation to film when television came along. Yet people are still painting and making films today. But the established art and media forms respond to subsequent developments: since Impressionism at the latest, but also in Cubism and Surrealism, painting demonstrates precisely those physiological and psychological aspects that elude photography. In contrast with the fragmented, highly vocal babbling mass of information offered by television, the cinema emphasizes the complete, emotionally binding story. And artists'videos and performances confront the perfection of industrial images with the fractures and disturbances of a new authenticity. So both avant-garde and mainstream have greatly affected each other in terms of both media technology and aesthetics since the early days of Modernism. The radical conclusion to be drawn from this is: All modern art is media art.

2. Why Do Artists Use Media?

Let us first of all look at these complex mutual effects from the artists'point of view. They have two decisive reasons for using media. The first motive lies in modern art's loss of wide-ranging impact, a fact that is as profoundly felt as it is clearly acknowledged. Since the emergence of the avant-garde in the late nineteenth century, and at the latest in the early twentieth century with the arrival of abstraction and Cubism, advanced art ceased to be generally acceptable to the contemporary population's aesthetic common sense. The use of new technologies like film and radio, which are potential mass media, is associated with the hope that the avant-garde can be released from its self-imposed isolation so that art and the people can be reconciled with each other, as Guillaume Apollinaire put it in 1912 in the conclusion of his book on Cubism.

This hope is expressed in early programmatic demands for the artistic use of media like film, radio and television... Walter Benjamin's epoch-making 1936 essay "The Work of Art in the Age of Mechanical Reproduction"also addresses the social and political ineffectuality of the avant-garde and for the first time provides an all-embracing theoretical basis for a concept of art that is changed by the media: art should get over the limited quality of the manually produced original by using technical media, thus reaching a new audience and mobilizing that audience socially. These basic ideas, communicated when they were revived in the 1960s in media-theory essays from Marshall McLuhan to Hans Magnus Enzensberger, greatly influenced the development of media art. They act as leitmotifs for the pioneering days of video art, experimental film and audio art.

The second central motive for artistic work with audio-visual media lies in their aesthetic potential to create image and sound experiences that have never been seen or heard before, in other words art forms that go beyond all known genres...

3. From the 1920s to the 1960s

This development of early forms of today's media art was radically interrupted by the Second World War, and was not taken up again until the 1960s. But there is a considerable difference between the 1920s utopias and post-war practice: in the 1920s, film and radio were still generally seen as potential art forms, as though they were a continuation of art history by other means. But in the 1960s, there was an increasing sense of resignation about what were now called "the mass media", and considered a lost cause for culture. Individual artists were working on alternative models so that they could win the media back at least symbolically, but without in any way being able to change the commercially and politically slanted media as a whole. The thesis "all modern art is media art" was thus radically and pointedly re-emphasized from the 1960s: all media art is anti-media art.

4. A Fresh Start from 1950 Onwards

The utopias that the audio-visual media saw primarily as new artistic resources were overtaken by reality. It could be said that the mass media had finally lost their innocence by the end of the Second World War. After the "Stunde Null"(the zero hour), the moment of the fresh start after the war, artistic developments were at a zero point as well, and it was not until the 1960s that new developments started in what we now usually call media art. But even in the early 1950s it is possible to discern new attitudes to the audiovisual media that made this zero point into a theme. The artists were confronted with a firmly established media system whose technical resources developed more quickly than the corresponding media aesthetics, and it was a system that left very little scope for experiments. For this reason, these approaches relate implicitly or explicitly to the media as a counter-world to art. Using the three media radio, television and film, artistic models were introduced around 1951 - 52 that are already prototypes for all subsequent developments. Three strategies emerge clearly here in their early, radically pure form.

三、著作导读

作为对前一选文的补充，该文提及的几个重要问题，可供我们继续思考。虽然作者在提出这些问题之后，因文章的篇幅所限，未能周延论述，但仅是一种对思考的引发，也足够珍贵。况且该文摘自德国的传媒艺术专门网站“传媒艺术网”，这是当前比较罕见的直接以“传媒艺术”命名的网站，而且该文为该网“传媒艺术概观”栏目的前导性内容，由此也具有一定的典型意义。选文提示的重点问题，论述如下。

第一，选文对艺术与媒介关系问题的重视，值得延伸思考。传媒艺术之所以会以“传媒”命名，这本身就彰显了它和传媒、媒介、媒体的紧密关联。选文开篇便提出包括“摄影、电影、广播、电视、多媒体”在内的视听综合媒体对艺术的重要影响；暗指运用这些视听综合媒体而创作生产的艺术形式，如今不仅磅礴，而且基本取代了传统艺术成为人类接触密度最高的艺术形式与族群。无论是选文对视听综合媒体，或者说对与之相连的视听综合艺术的界定(摄影、电影、广播、电视、多媒体)，还是选文对这些视听综合媒体/艺术的崛起的肯定，都与我们当前推进的传媒艺术研究，思路一致。

艺术与媒介的关系，是当下我们所进行的传媒艺术研究的重中之重，需要专文解释。传媒艺术之所以由“传媒”来命名，体现了艺术对传媒的一种依赖，以及二者之间的紧密而交揉的互动。[①]

而选文提出的“为什么艺术家选择传媒”的重要问题，作者认为答案可以主要从两个方面来论述。一是传统的艺术样态需要借助大众传媒，以增强它的认知度和影响力。关于这一点，20 世纪 30 年代的本雅明和 20 世纪 60 年代的麦克卢汉都有论述；本雅明视摄影为艺术的手工复制时代与机械复制时代的分界线，这与我们对传媒艺术起点的厘定是一致的，本雅明的观点在今天看来依然准确；而麦克卢汉对媒介的思考，特别是他认为媒介具有巨大的魔力，在今天看来也广为应验。艺术借助传媒(特别是大众传媒)获得了发展的新可能与新动力，传媒艺术如今已经成为人类接触密度最高的审美经验来源，这些都可印证选文作者的观点。

而选文作者认为艺术家需要传媒的另一个因素，是艺术家借助视听媒体，呈现出前所未有的视听奇观和美学潜能，并使得新创造出来的艺术形式与样态不同于以往的任何一种艺术。诚如作者所言，随着技术的发展，我们的艺术世界也确实因科技的发展和传媒的勃兴，在影视、新媒体艺术领域不断呈现视听奇观化的艺术作品，艺术接受者在沉浸于这些视听奇观时所体验的“惊颤”和“震惊”之感，更被不断加强。这一点，将在未来的虚拟现实艺术时代里，不断地被张扬与放大。

第二，选文对几个问题的梳理，也值得传媒艺术研究的初涉者参考。一是选文对从摄影术诞生到新媒体崛起这一流变过程的梳理。选文是从媒介发展过程角度来梳理的，但显然从艺术角度来看，传媒艺术也经历了同样的过程。摄影术的发明标志着传媒艺术的开端；电影艺术诞生与“快速崛起”，使得传媒艺术族群迅速有了“世界性、规模性的影响”；广播的问世与普及，首次因为设备的便携，而呈现出传媒艺术巨大的传播能力与可能；而当 20 世纪 60 年代电视成长为大众传媒后，传媒艺术的综合性(视听结合)、传播广度(全球传播)、传播时效(即时传播)等更是呈现出了全新的面貌；其后，自 20 世纪 90 年代起，互联网与多媒体技术带来的数字新媒体艺术，则代表了未来传媒艺术的发展方向。

二是选文对新旧媒介和艺术更迭问题进行了梳理，特别是提及新的媒介与艺术形式是否会让旧有的媒介和艺术消亡这一经典问题。纵观人类传媒艺术的发展史，每当新的传媒样态出现并崛起之时，它的优势与作用往往会被放大，让人惊呼旧有的样态和形式行将消亡。例如，电影崛起曾让人们惊呼摄影将死，电视崛起曾让人们惊呼电影与广播将死；如果将领域拉开、历史推远，摄影的诞生还曾让人们笃定绘画必将灭亡，等等。但人类实践的发展不断表明，在这一问题上，“二元对立”式非此即彼的简单断定，向来难以取得胜利。例如，摄影艺术、电影艺术、广播电视

① 刘俊：《融合时代的传媒艺术》上编，北京，中国传媒大学出版社，2016。

艺术等历经人类实践淘洗，在一个媒介融合、数字新媒体艺术喷薄而发的时代，它们依然是人类主要的传媒艺术样态。人们对不同的艺术样式总有着特殊的需求，典型的媒介样式也总是以其独特性而为历史所保留。[①] 当然，面对挑战，已有的样态与形式自然也需要进行动态调适。

第三，选文的可贵之处在于，它不仅阐释了传媒与艺术的共生，并开放地拥抱这种共生；同时对传媒过度介入艺术，也有适度的思考，并认为这是一种文化的迷失。在本部分英文文献选读的最后，我们有必要请读者也怀有这种正向与逆向、拥抱与批判共存的思维。本书英文选读部分行文至此，我们对传媒艺术多有褒奖和拥抱，特别是我们对传媒艺术作为一个艺术族群充满了热切研究的期望。传媒艺术不断代表了人类进步的最新表征，传媒艺术是一种大时代的艺术景观和文化强力，我们认为传媒艺术的未来发展可能会全方位改变人类的社会结构与联结方式，等等。但我们如果仅仅停留在一种热切的拥抱，而丧失了一种陌生化观照的冷厉，一定会使得所有这些研究变得平面、偏涩，乃至浅薄。缺乏正反两面的思考，也就缺乏一种基本的研究能力和看待世界的态度。

我们的批判思维，并非当下独有，百年来，有文化研究学派对大众文化的褒奖，就有法兰克福学派对大众文化的批判；只是，这种批判的支撑点自然会随着传媒艺术的最新发展，而呈现新的进展，我们需要秉持批判的内核并不断融进新的问题。对传媒艺术的反思应该从艺术和文化两个方面进行：在艺术层面的反思包括：①传媒艺术使艺术生命感缺失，艺术活动从“仿真世界”出发而非从现实世界出发；②传媒艺术使生活与艺术无界限；③传媒艺术使艺术走向速朽。在(大众)文化层面的反思包括：①传媒艺术使个体被“均一化”；②传媒艺术将人固定在满足欲望的模式中；③传媒艺术使人在时光消耗中变得庸常，不辨本质、价值与意义。本书的英文文献选读部分，也便以这种思考做结吧。

（撰稿人：刘俊）

---

① 刘俊、胡智锋：《内容、机构、人才与收益：论当前媒介融合时代的电视活力——兼对“电视之死”的回应》，载《人大复印报刊材料(新闻与传播)》，2015(6)。

说　明

为保证《传媒艺术经典导读》所选内容的经典性、权威性和完整性，呈现传媒艺术领域的杰出成就，以便广大读者学习，本书收录了传媒艺术学这一新兴学科中重要的篇目和译文。本书主编已尽最大能力联系到所选篇目相关作者和译者，但因条件所限，仍有部分作者和译者未能取得联系。在本书面世之际，为了充分尊重、保护著译者的著作权益，烦请相关著译者，及时与我们联系，以便支付相应的稿酬。对这些优秀的著译者，我们再次表示诚挚的谢意。

联系人：北京师范大学出版社　周编辑

联系邮箱：bnu2015ys@126.com

配套资源说明

本教材配有教学课件PPT，请有需要的老师联系以下邮箱，获取《传媒艺术经典导读》（胡智锋主编）、《传媒艺术导论》（胡智锋、刘俊等著）及更多北师大出版社文学、艺术、影视与传媒类教材课件资源。同时也可添加封底“新外大街拾玖号”微信公众号，获取相关课件和数字资源。

联系人：周编辑

联系邮箱：bnu2015ys@126.com

图书在版编目(CIP)数据

传媒艺术经典导读/胡智锋主编. —北京：北京师范大学出版社，2020.10

(传媒艺术学书系)

ISBN 978-7-303-23551-3

Ⅰ. ①传… Ⅱ. ①胡… Ⅲ. ①传播媒介—关系—艺术—研究 Ⅳ. ①J0-05 ②G206.2-53

中国版本图书馆 CIP 数据核字(2018)第 041296 号

营 销 中 心 电 话 010-58807651
北师大出版社高等教育分社微信公众号 新外大街拾玖号

CHUANMEI YISHU JINGDIAN DAODU

出版发行：北京师范大学出版社 www.bnup.com
北京市西城区新街口外大街 12-3 号
邮政编码：100088

印 刷：北京盛通印刷股份有限公司
经 销：全国新华书店
开 本：787 mm×1092 mm 1/16
印 张：16.5
字 数：380 千字
版 次：2020 年 10 月第 1 版
印 次：2020 年 10 月第 1 次印刷
定 价：49.80 元

策划编辑：周 粟 责任编辑：李云虎 李双双 李锋娟
美术编辑：王齐云 装帧设计：王齐云
责任校对：康 悦 责任印制：马 洁